“十四五”普通高等教育规划教材

旅游法规

姚　宏　主编
李秀清　副主编

中国财经出版传媒集团
中国财政经济出版社

图书在版编目（CIP）数据

旅游法规 / 姚宏主编；李秀清副主编. --北京：中国财政经济出版社，2023.2
"十四五"普通高等教育规划教材
ISBN 978-7-5223-1872-1

Ⅰ.①旅… Ⅱ.①姚… ②李… Ⅲ.①旅游业-法规-中国-高等学校-教材 Ⅳ.①D922.296

中国国家版本馆 CIP 数据核字（2023）第018348号

责任编辑：蔡 宾　　　　责任校对：徐艳丽
封面设计：陈宇琰

旅游法规
LÜYOU FAGUI

中国财政经济出版社 出版
URL：http：//www.cfeph.cn
E-mail：cfeph@cfeph.cn

社址：北京市海淀区阜成路甲28号　邮政编码：100142
营销中心电话：010-88191522　编辑部门电话：010-88190666
天猫网店：中国财政经济出版社旗舰店
网址：https：//zgczjjcbs.tmall.com
北京密兴印刷有限公司印刷　各地新华书店经销
成品尺寸：185mm×260mm　16开　17印张　415 000字
2023年2月第1版　2023年2月北京第1次印刷
定价：42.00元
ISBN 978-7-5223-1872-1
（图书出现印装问题，本社负责调换，电话：010-88190548）
本社质量投诉电话：010-88190744
打击盗版举报热线：010-88191661　QQ：2242791300

编写说明

目前“旅游法规”课程使用的教材较多，名称不一，包括旅游法规与制度、旅游法规与政策、旅游法规实务、旅游法规导读、旅游法规等。教材适用范围主要有三类：本科生适用版、高职高专类适用版、导游从业资格证考试类适用版等。多数《旅游法规》教材框架体系来源于国家导游从业资格证考试大纲，本科适用教材则在此基础上结合国家旅游法规制度体系编写。从内容上来看，目前市场使用的教材中，对于旅游消费者、旅游从业者所涉及的重要基础法律的介绍较为欠缺，多数仅介绍旅游法、合同法、旅游行业法规体系中的制度，但对与游客密切相关的消费者权益保护法、侵权责任法、公司法等基础大法的内容，涉及不多，这样不利于学生理解和运用法律，不利于结合国家法律与行业法规来系统理解法规的运用，不利于分析与从业者、消费者权益相关的实事案例。

为了解决上述问题，本教材进行了更加适应本科生教学的框架结构，体现“以学为中心”的OBE理念，注重课程思政，为学生传达“依法治国”的重要思想。我们的重要使命在于，通过课程的学习，传递依法治国的思想理念，树立规则意识，规范规则行为，将理念贯穿到专业、行业中来，不是空洞的说教，而是富有生命力和感染力的文字与素材、理论与现实的充分结合。教材除了思考题、小知识、案例分析，还设计了研习作业，引导学生思考生产实践中的问题。

教材分为上、下两篇，上篇“重要法律基础”包含四章，解读旅游法律与法律关系的概念，介绍旅游从业者、旅游消费者双方涉及较多的基础法律；下篇“行业管理法规”包含七章，包括旅行社、导游人员、旅游饭店、旅游资源、旅游交通、出入境管理、安全管理等，涉及旅游产业链的吃住行游购娱各环节。同时，教材编写期间，恰逢《中华人民共和国民法典》出台实施，涉及合同、侵权责任等内容，教材也进行了相应的补充与调整。

教材编写由姚宏、李秀清完成，姚宏提出全书写作思路和章节设计，并负责全书统稿，编写第一章至第八章；李秀清负责案例组织与整理，编写第九章至第十一章。教材编写中，我们参阅了已经出版的部分教材和文献，并参考相关新闻报道及传媒法律案件分享等，中国财政经济出版社蔡宾编辑对教材编写提出了很多宝贵建议，教材出版受到西安财经大学2019年度校级规划教材建设项目（JC1901）资助，在此一并感谢。由于水平有限，不当之处，敬请广大读者批评指正。

编者

2022年9月

目　　录

上篇　重要法律基础

第一章　导论 …… 3
　第一节　旅游活动相关的法律问题 …… 4
　第二节　旅游法律关系与法律责任 …… 11
　第三节　《旅游法》立法历程、宗旨与内容 …… 18

第二章　旅游消费者权益保障法规 …… 25
　第一节　旅游消费者的权益与义务 …… 26
　第二节　旅游消费者权益的保护 …… 34
　第三节　旅游投诉与处理 …… 37
　第四节　侵犯旅游消费者权益的法律责任 …… 43

第三章　合同与旅游服务合同 …… 47
　第一节　合同的订立 …… 48
　第二节　合同的效力 …… 55
　第三节　合同的履行 …… 58
　第四节　旅游服务合同 …… 62
　第五节　违约责任 …… 67

第四章　旅游侵权责任法规 …… 74
　第一节　侵权行为 …… 75
　第二节　侵权责任 …… 81
　第三节　特殊侵权责任 …… 88
　第四节　不承担责任和减轻责任的情形 …… 90

下篇　行业管理法规

第五章　旅行社管理法律制度 …… 99
　第一节　旅行社概述 …… 100

第二节 旅行社的成立 …… 102
第三节 旅行社的经营 …… 107
第四节 旅行社管理制度 …… 111
第五节 旅行社法律责任 …… 120

第六章 导游人员管理法规 …… 128
第一节 导游人员概述 …… 129
第二节 导游人员的管理 …… 132
第三节 导游人员的权利和义务 …… 139
第四节 导游人员的法律责任 …… 143

第七章 旅游饭店管理法律制度 …… 148
第一节 旅游饭店星级评定管理制度 …… 149
第二节 旅游饭店行业管理规范 …… 156
第三节 旅游饭店的权利与义务 …… 160
第四节 旅游饭店的法律责任 …… 162

第八章 旅游资源保护法规 …… 164
第一节 旅游资源及其管理与保护概述 …… 165
第二节 旅游景区管理法律制度 …… 169
第三节 风景名胜区管理法律制度 …… 175
第四节 自然保护区和国家公园管理法律制度 …… 179
第五节 文物保护与世界遗产管理法律制度 …… 189

第九章 旅游交通管理法律制度 …… 206
第一节 旅游交通管理概述 …… 207
第二节 旅游运输合同 …… 209
第三节 民航运输管理法规 …… 214
第四节 铁路运输管理法规 …… 218
第五节 公路运输管理规定 …… 221

第十章 出入境管理法律制度 …… 225
第一节 中国公民旅游出入中国国境管理 …… 226
第二节 外国人入出中国国境管理 …… 234
第三节 港澳台与边境旅游管理 …… 238
第四节 出入境检验检疫管理 …… 240

第十一章 旅游安全管理 …… 249
第一节 旅游安全管理概述 …… 250

第二节　旅游突发事件处理……253

参考文献……260
附　录……262

上篇　重要法律基础

第一章　导　论

学习目标

理论学习	能力培养
1. 了解法的基本概念 2. 理解法律关系的概念与构成 3. 理解旅游法规的调整对象 4. 理解我国的旅游立法体系与旅游管理体制	1. 通过文献整理理清旅游立法脉络 2. 通过文献整理梳理旅游法律体系 3. 运用分析案例法律关系构成要素

导入案例

旅游合同“霸王条款”:

有不可抗力即可免责?

财产损失概不负责?

中途退团费用不退?

不成团只退费不赔偿?

违约金谁说了算?

出票后不可更改?

地接社额外费用游客自理?

出现自然单间游客补房费?

游客在旅游过程中发生意外，旅行社应否赔偿?

游客可以因旅行社单方面变更旅游景点而要求赔偿吗?

游客自己未尽安全义务而受伤的，可否要求景区管理者赔偿?

旅游纠纷责任主体如何确定?

旅行过程中，游客在和旅行社签订合同时需注意什么? 旅游公司在运营中是否存在“霸王”行为? 游客又该如何维权呢?

思考：结合旅游实践，你认为《中华人民共和国旅游法》的出台有何作用?

第一节　旅游活动相关的法律问题

一、旅游法律规范

（一）旅游法律规范的概念及其构成要素

旅游法律规范是调整旅游社会关系的各种法律规范的总和。其调整对象是旅游社会关系。

旅游法律规范是构成旅游法律法规的基本单位，是旅游法律法规中关于主体的行为模式的明确规定。它由国家权力机关和行政机关制定，并通过国家意志的形式表现出来，是具体规定旅游法律关系主体权利和义务及法律后果的行为规则。其构成要素是：

（1）适用条件。适用条件是指适用该规范的情况和条件。当旅游活动中发生的某一种事实，其情节与法律规范规定的情节、条件相符时，适用该规范。

（2）行为模式。行为模式是指该规范所规定的行为类别，指明旅游法律关系主体行为的方式、尺度、权利和义务等。

（3）法律后果。法律后果是指法律法规对该规范所规定的行为的处理办法，或称为违反该规范时所导致的法律后果、法律责任的那一部分。可分为两类：①肯定性法律后果，即旅游法律法规承认某种行为合法有效并加以保护以至奖励；②否定性法律后果，即法律上不予承认、加以撤销以至制裁。

【相关法条】

《导游人员管理条例》第八条规定：导游人员进行导游活动时，应当佩戴导游证。第二十一条规定：导游人员进行导游活动时未佩戴导游证的，由旅游行政部门责令改正；拒不改正的，处500元以下的罚款。

适用条件：导游人员进行导游活动时未佩戴导游证的。

行为模式：导游人员进行导游活动时应佩戴导游证。

法律后果：由旅游行政部门责令改正；拒不改正的，处500元以下的罚款。

（二）旅游法律规范的分类

旅游法律规范可以从不同的角度分为不同的种类：

（1）根据行为模式的不同性质，分为命令性规范、禁止性规范和授权性规范。命令性规范是指要求旅游法律关系主体必须作出一定行为即承担一定积极作为义务的法律规范；禁止性规范是指禁止旅游法律关系主体作出一定行为，即承担消极作为义务的法律规范；授权性规范是指授权旅游法律关系主体有权自己作出某种行为，或要求他人作出或不作出某种行为的法律规范。

（2）根据法律规范不同的强制程度，分为强制性规范和任意性规范。强制性规范是指对于权利和义务的规定十分明确，不允许当事人以任何方式变更或违反的法律规范。包括上述命令性规范和禁止性规范。任意性规范是指允许当事人在法定的范围内自行确定其权利和义务的法律规范。

（3）根据法律规范本身不同的确定性程度，可分为确定性规范、委任性规范和准用性规范。确定性规范是明确地规定了某一行为规则的内容，而不必援引其他规范来说明的法律规范。委任性规范是指没有明确规定某一行为规则的内容，而是指出其由某一专门机关争以规定的法律规范。准用性规范是指没有直接规定某一行为规则的内容，而是明确指定这一行为规则的问题上准许引用某项规定的法律规范。

在实行成文法的国家，旅游法律规范都是通过法律条文表现出来的，但是，二者并不等同，旅游法律规范是行为规则本身或法律法规的本体，而法律条文则是法律规范的外部表现形式。在一个法律条文内，不一定必须把某一法律规范的全部要件表述出来，即某一法律规范，能由一个或几个法律条文表述；同时，一个法律条文中也可能规定几个法律规范。

二、我国的旅游法律规范体系

我国的旅游立法工作真正开始是在 20 世纪 80 年代初期，它和其他部门立法一样都是建立在一定的经济、政策、法律基础之上的。40 年来，国务院、国家旅游局和其他有关部门颁布了许多行政法规和部门规章，涉及旅游企业及从业人员管理、旅游行业标准、旅游交通、旅游安全、旅游保险、旅游投诉等各个方面。与此同时，一些地方政府因地制宜，适时出台了一些地方性旅游法规。这些法规与有关法律相配套，对旅游业的发展起到了很大的保护和促进作用。

（一）法律

法律可以分为两类，即基本法律和其他法律。基本法律是由全国人民代表大会制定的，其他法律是由全国人大常委会制定的，但是两者的效力都一样。在全国人大闭会期间，全国人大常委会也有权对全国人大制定的法律在不与该法律的基本原则相冲突的前提下进行部分补充和修改。法律的效力低于宪法，不能同宪法相抵触。

1. 旅游法

旅游法通常有广义和狭义两种理解。这里的旅游法是狭义的旅游法。

广义的旅游法，指由国家制定或认可的，以国家强制力保证实施的，与旅行游览有关的规范性文件，包括：国家权力机关按照法定的程序制定或认可的，与旅游内容有关的规范性文件；国家行政机关制定的与旅游有关的行政法规和部门规章，以及各省、自治区、直辖市人大或人大常委会制定的地方性法规等。如旅游法律、法令、条例、规定、规则、决议、决定、命令等。

狭义的旅游法指《中华人民共和国旅游法》（以下简称《旅游法》），它是为保障旅游者和旅游经营者的合法权益，规范旅游市场秩序，保护和合理利用旅游资源，促进旅游业持续健康发展而制定的，由全国人民代表大会常务委员会于 2013 年 4 月 25 日发布，自 2013 年 10 月 1 日起施行。

2. 其他有关法律

涉及旅游的相关法律主要有：

（1）涉及旅游民事与经济争议方面的法律。如《中华人民共和国民法典》《中华人民共和国消费者权益保护法》《中华人民共和国保险法》等。

（2）涉及旅游交通管理方面的法律。如《中华人民共和国民用航空法》《中华人民共和国民用铁路法》《中华人民共和国民用公路法》《中华人民共和国出入境管理法》等。

(3) 涉及旅游资源管理方面的法律。如《中华人民共和国文物保护法》等。

(4) 涉及旅游企业管理方面的法律。如《中华人民共和国公司法》等。

(5) 涉及旅游行政管理方面的法律。如《中华人民共和国行政诉讼法》《中华人民共和国民用仲裁法》等。

(二) 行政法规

行政法规是指国务院制定颁布的规范性文件，其法律地位和效力仅次于宪法和法律，不得同宪法和法律相抵触。全国人大常委会有权撤销国务院制定的同宪法、法律相抵触的行政法规、决定和命令。《中华人民共和国立法法》(以下简称《立法法》)第六十一条规定："行政法规由总理签署国务院令公布。"

如《风景名胜区管理暂行条例》《出入境边防检查条例》《中国公民出国旅游管理办法》《中国公民往来港澳台地区管理办法》《旅行社条例》《导游人员管理条例》等。

(三) 地方性法规

地方性法规的制定机关有两类，一是由省、自治区、直辖市的人大和人大常委会制定；二是由省会所在地的市以及国务院批准的较大的市的人大及其常委会制定，但同时应报省一级人大常委会批准，还要报全国人大常委会备案。地方性法规的效力低于宪法、法律和行政法规。

(四) 行政规章

行政规章包括部门规章和地方政府规章。

部门规章是由国务院的组成部门和直属机构在它们的职权范围内制定的规范性文件，无须经国务院批准。部门规章要服从宪法、法律和行政法规，其与地方性法规处于一个级别。《立法法》第七十六条第一款规定："部门规章由部门首长签署命令予以公布。"其包括文化和旅游部、公安部等制定的规定、细则与办法等，如《旅行社条例实施细则》《旅游投诉处理办法》《旅馆业治安管理办法》《导游管理办法》《旅行社投保旅行社责任险保险规定》等。

地方政府规章是由省、自治区和直辖市人民政府，以及省人民政府所在地的市的人民政府和国务院批准的较大的市的人民政府制定的规范性文件。地方政府规章除了服从宪法、法律和行政法规外，还要服从地方性法规。

三、旅游活动中的法律问题

(一) 旅游业发展法律环境

旅游业的发展除自身条件外，还包括经济、政治、社会文化和法律等环境因素。旅游业中的法律环境指特定的法律规范、法律制度对旅游业的影响，它规定了旅游业各主体的权利、义务和责任，为旅游业的发展创设一套完整的法律秩序。法律环境对旅游业的影响起着十分重要，甚至是决定性的作用。

(二) 旅游合同法律问题

伴随我国旅游业的蓬勃发展，旅游合同纠纷大量出现。我国的旅游合同采用格式条款，属于无名合同，纠纷存在于很多方面，比如：旅行社广告、口头合同、格式条款、未约定条款、违约与欺诈、扣团或甩团、酒店与交通等履行争议等，需要把握住旅行者、旅行社、旅行辅助者之间的合同法律关系。

（三）旅游者权益保护法律问题

旅游消费者是旅游产业的服务对象，是旅游产业发展的动力之源。对旅游消费者的保护，需要根据旅游消费、旅游者权利以及旅游产品的特性，对旅游者的基本权利、争议解决机制、法律责任三个主要方面的内容进行考虑，并且在旅游消费者保护机构、旅游消费者合法权益维护途径、相关保护制度的措施制定方面作出规定。

（四）旅游从业人员管理法律问题

在旅游纠纷中，最常见的问题来自旅游从业人员执业中的若干问题，职业道德水准有待提升，突出表现在部分旅行社、旅游购物、旅游交通等企业的部分管理人员和一线工作人员身上则是服务意识弱、服务态度差甚至恶劣。从管理层面看，在市场激烈竞争的大环境下，一切以追求企业利益最大化为目标，一些企业采取以恶性价格竞争为手段的“零负团费”等经营模式，在侵害旅游消费者和其他旅游经营者及从业人员利益的过程中获取利益，并助推了从业人员功利心理膨胀；从一线从业人员层面看，在恶性价格竞争和“零负团费”的背景下，少部分导游和服务人员完全以个人利益为出发点，由导游变导购，误导、诱导游客甚至辱骂游客、威逼游客消费的行为时有发生，以提高宰客技能的高额收费的非法培训机构“大刀会”“小刀会”也应运而生，并得到热捧。

产生以上问题的主要原因除了功利思想与价值取向扭曲，一个重要的方面是管理教育不够。企业无法实施对从业人员的长期管理和教育，特别是在现行导游管理体制下，除少数归属于旅行社的导游外，大多数导游人员没有实际意义上的归属管理单位，游离在旅行社和导游公司之外，加之无固定薪酬，就干一天算一天、挣一笔算一笔。

（五）旅游资源环境保护法律问题

旅游资源是旅游事业发展中最重要的生命线之一，资源开发、利用和保护等问题关系到经济发展和生态环境。只有通过法律规定各职能部门、团体和个人等对旅游资源的开发、利用和保护的权利、义务，充分协调旅游资源的开发、利用和保护三方面的关系，才能够真正实现人类资源的持续利用和可持续发展。目前对旅游资源的法律保护散见于各类规章制度、地方性法规，部分法规内容不完善、内容过时、不符合国际惯例、规定不够详细、可操作性弱。旅游执法人员的法律素养不高，执法过程中态度蛮横，不严格依照法律办事，甚至出现违法执法现象；受到行政方面的影响，在执法过程中权大于法、以言代法的情况时有发生；地方性保护问题严重，在出现纠纷时，往往对当地的旅游企业法外开恩，对外地的游客的合理请求置之不理，这样的行为亵渎了法律的公正性，在国际环境大背景下不利于与国际接轨。

旅游资源开发法律问题的完善与解决，需要加快现有的法律制度对旅游资源开发利用进行有效的规制和引导，制定出针对我国旅游资源保护的专门性法律，修改、补充完善旅游业法律规范中旅游资源利用开发的规定，如此才能更好地促进旅游业发展过程中类似于旅游资源开发与利用等诸多问题的解决。

（六）旅游者出入境管理法律问题

“入境旅游、国内旅游、出境旅游”是我国旅游业的三驾马车，随着我国逐渐成为世界第一出境、第三入境旅游大国，国际旅游地位不断提高，有关旅游者出入境的法律法规显得尤为重要。出入境旅游管理涉及国籍事务、涉外事件，有时候还关联出入境违法事件，比较敏感，规范的法律监管尤为重要。比较突出的问题如领队业务问题、旅游者非法滞留境外、入境旅游者分团脱团、旅行社风险防控等。既要维护国家主权、安全和利益，又要方便往来，需要依法管理、保障出入境者的正当权益。

（七）旅游企业经营管理法律问题

旅游业是一个综合性产业，是以为旅游者提供服务为核心，涉及食、住、行、游、购、娱等多个行业，并以此使相关企业紧密联系在一起的产业，它涉及多种行业群体，构成复杂。旅游行业管理规范与监管体系还不完善，存在若干企业竞争中的不合规现象，企业内部人事、财务管理等都存在若干问题，旅游者对旅行社、酒店、景区服务等投诉越来越多。

（八）旅游争议投诉法律问题

在旅游活动中，不可避免地会出现争议与纠纷，为了保护旅游者与旅游经营者双方的合法权益，旅游法律关系当事人，除可以采用协商、调解、仲裁、诉讼方式解决旅游纠纷外，还可以采用投诉方式，请求旅游行政管理部门维护其合法权益。旅游投诉制度是我国旅游活动中相对完善的一项法律制度，是处理旅游纠纷五种方式中最具旅游特色的一种。当事人投诉后，由旅游行政管理部门作出处理决定，即行政制裁。行政制裁具有准司法行为的性质，是行政机关解决一定范围内的带有民事性质的争议案件的活动，属于行政裁判行为的一种。旅游投诉制度的建立，有利于国家旅游行政机关更好地行使行政权力，公平合理地处理双方当事人的矛盾和纠纷，保护旅游经营者的合法权益，规范其经营行为，加强对其旅游服务质量的监督，维护旅游市场秩序，促进旅游业持续、健康地发展。

其他还包括旅游国际合作相关的法律问题等。中国与其他国家的旅游合作越来越多，无论政府间还是行业或企业间合作，都会涉及法律问题，甚至是国家主权问题、国际法律权利和义务的实现问题、国际旅游合作中的法律责任问题等。

【小知识】

三部门：因疫情造成游客滞留　新增食宿费用游客承担

2020年，新冠肺炎疫情暴发，产生了大量的解除合同纠纷。2020年7月13日，最高人民法院、司法部、文化和旅游部联合发布《关于依法妥善处理涉疫情旅游合同纠纷有关问题的通知》（法〔2020〕182号），要求涉及合同纠纷的旅游企业与旅游者依法妥善处理涉疫情旅游合同纠纷。摘录部分通知内容如下：

各省、自治区、直辖市高级人民法院、司法厅（局）、文化和旅游厅（局），解放军军事法院，新疆维吾尔自治区高级人民法院生产建设兵团分院、新疆生产建设兵团司法局、新疆生产建设兵团文化体育广电和旅游局：

为贯彻落实党中央关于统筹推进疫情防控和经济社会发展工作部署，扎实做好“六稳”工作，落实“六保”任务，依法妥善化解涉疫情旅游合同纠纷，切实保障在常态化疫情防控中加快推进生产生活秩序全面恢复，抓紧解决复工复产面临的困难和问题，力争把疫情造成的损失降到最低限度，保障人民群众生命安全和身体健康，现将有关事项通知如下。

一、处理涉疫情旅游合同纠纷的基本要求

1. 增强大局意识。旅游业是国民经济的重要支柱产业，推动旅游业平稳健康发展，对于促进经济平稳增长、持续改善民生具有重大意义。新冠肺炎疫情给旅游行业造成巨大冲击，由此导致旅游合同纠纷数量激增。文化和旅游部门、司法行政部门、人民法院要充分认识妥善处理旅游合同纠纷的重要意义，增强责任意识，发挥好行政机关与审判机关化解纠纷的职能作用，协同处理涉疫情旅游合同纠纷，为促进旅游业与经济社会持续发展、维护社会稳定提供服务和保障。

2. 妥善化解纠纷。文化和旅游部门、司法行政部门、人民法院应当始终以法律为准绳，客观、全面、公平认定疫情在具体案件中对旅游经营者、旅游者造成的影响，在明确法律关系性质和合同双方争议焦点的基础上，平衡各方利益，兼顾旅游者权益保护与文化旅游产业发展，积极、正面引导旅游经营者和旅游者协商和解、互谅互让、共担风险、共渡难关，妥善化解纠纷，争取让绝大多数涉疫情旅游合同纠纷以非诉讼方式解决，维护良好的旅游市场秩序。

二、建立健全多元化解和联动机制

3. 建立旅游合同纠纷多元化解机制。文化和旅游部门、司法行政部门、人民法院应当充分发挥矛盾纠纷多元化解机制作用，坚持把非诉讼纠纷解决机制挺在前面，强化诉源治理、综合治理，形成人民调解、行政调解、司法调解优势互补、对接顺畅的调解联动工作机制。文化和旅游部门、人民调解组织应当充分发挥调解职能作用，及时组织调解。司法行政部门应当组织律师积极参与旅游合同纠纷调解，充分发挥律师调解专业优势。当事人起诉的，人民法院可以征得当事人同意后，通过人民法院调解平台，委派或者委托特邀调解组织、特邀调解员进行调解。对调解不成的简易案件，人民法院应当速裁快审，努力做到能调则调，当判则判，及时定分止争。

4. 畅通矛盾纠纷化解的协作对接渠道。文化和旅游部门、司法行政部门、人民法院应当发挥主观能动性，在兼顾法、理、情的基础上主动服务、创新服务。各部门、各单位之间主动加强沟通协调，共享信息，相互支持配合，形成工作合力。文化和旅游部门、司法行政部门对投诉、调解中反映出的新问题应及时与人民法院沟通。人民法院与当地文化和旅游部门、司法行政部门共同研判纠纷化解思路，确保纠纷处理的社会效果和法律效果统一。

5. 充分发挥非诉讼纠纷化解机制作用。文化和旅游部门指导旅游经营者通过网络、电话、面谈等多种沟通方式加速涉疫情旅游合同纠纷的处理，简化流程、缩短时间；指导旅游经营者对员工进行培训，有效提升处理投诉人员业务水平，做好解释和安抚工作；做好涉疫情旅游合同纠纷的投诉处理工作，引导投诉人与被投诉人达成和解。人民调解组织可引导当事人选择人民调解调处矛盾纠纷并安排业务精通的调解员进行调解；律师调解工作室（中心）接到人民法院委派、委托调解或者接到当事人调解申请后，积极组织具有相应专业特长的律师调解员进行调解。当事人达成调解协议后，能够即时履行的即时履行，不能即时履行的明确履行时间，并引导当事人对调解协议申请司法确认。人民法院通过司法审查、司法确认等方式为非诉纠纷解决提供支持。

6. 提供便捷高效的诉讼服务。人民法院开辟旅游合同纠纷诉讼绿色通道。有条件的地方可以充分发挥“旅游巡回法庭”在基层一线的作用，及时调处旅游合同纠纷。充分运用在线诉讼平台，开展线上调解、线上审判活动，切实将“智慧法院”用于解决群众实际困难。充分发挥小额速裁程序优势，通过快捷高效的法律服务，实现涉疫情旅游合同案件的快立、快审、快结。

三、依法妥善处理涉疫情旅游合同纠纷

7. 严格执行法律政策。依据民法总则、合同法、旅游法，最高人民法院关于审理旅游纠纷案件适用法律若干问题的规定、关于依法妥善审理涉新冠肺炎疫情民事案件若干问题的指导意见（一），以及文化和旅游部办公厅印发的关于全力做好新型冠状病毒感染的肺炎疫情防控工作暂停旅游企业经营活动的紧急通知等相关法律、司法解释、政策，妥善处理涉疫情旅游合同的解除、费用负担等纠纷。

8. 积极引导变更旅游合同。结合纠纷产生的实际情况，准确把握疫情或者疫情防控措施与旅游合同不能履行之间的因果关系，积极引导当事人在合理范围内调整合同中约定的权利义务关系，包括延期履行合同、替换为其他旅游产品，或者将旅游合同中的权利义务转让给第三人等合同变更和转让行为，助力旅游企业复工复产。旅游经营者与旅游者均同意变更旅游合同的，除双方对旅游费用分担协商一致的以外，因合同变更增加的费用由旅游者承担，减少的费用退还给旅游者。

9. 慎重解除旅游合同。疫情或者疫情防控措施直接导致合同不能履行的，旅游经营者、旅游者应尽可能协商变更旅游合同。旅游经营者、旅游者未就旅游合同变更达成一致且请求解除旅游合同的，请求解除旅游合同的一方当事人应当举证证明疫情或者疫情防控措施对其履行合同造成的障碍，并已在合同约定的或合理的期间内通知合同相对人。旅游合同对解除条件另有约定的遵循合同约定。

10. 妥善处理合同解除后的费用退还。因疫情或者疫情防控措施导致旅游合同解除的，旅游经营者与旅游者应就旅游费用的退还进行协商。若双方不能协商一致，旅游经营者应当在扣除已向地接社或者履行辅助人支付且不可退还的费用后，将余款退还旅游者。旅游经营者应协调地接社和履行辅助人退费，并提供其已支付相关费用且不能退回的证据，尽力减少旅游者因疫情或者疫情防控措施受到的损失。旅游经营者主张旅游者承担其他经营成本或者经营利润的，不予支持。旅游经营者应及时安排退费，因客观原因导致不能及时退费的，应当及时向旅游者作出说明并出具退款期限书面承诺。

11. 妥善处理安全措施和安置费用的负担。因疫情影响旅游者人身安全，旅游经营者应当采取相应的安全措施，因此支出的费用，由旅游经营者与旅游者分担。因疫情或者疫情防控措施造成旅游者滞留的，旅游经营者应当采取相应的合理安置措施，因此增加的食宿费用由旅游者承担，增加的返程费用由旅游经营者与旅游者分担。

12. 妥善认定减损和通知义务。旅游经营者、履行辅助人与旅游者均应当采取措施减轻疫情或疫情防控措施对合同当事人造成的损失，为防止扩大损失而支出的合理费用，可依公平原则予以分担。旅游经营者和旅游者应将受疫情或者疫情防控措施影响不能履行合同的情况及时通知对方，以减轻对方的损失。旅游经营者或旅游者未履行或未及时履行减损和通知义务的，应承担相应责任。

四、做好法律政策宣传工作

13. 主动宣传法律、政策和典型案例。文化和旅游部门、司法行政部门、人民法院应当加大对涉疫情法律法规、政策文件等的解释和宣传力度，通过报纸、电视台、电台及各类新媒体解答涉疫情旅游合同纠纷热点问题，增强民众依法处理纠纷的自觉性，倡导旅游者理性维权。不断总结经验，宣传典型案例，提升涉疫情旅游合同矛盾纠纷多元化解机制在全社会的影响力和公信力。

14. 共同维护社会稳定。涉疫情旅游合同纠纷牵涉面广、群体效应强，文化和旅游部门、司法行政部门、人民法院应密切关注各类媒体报道及投诉过程中的特殊情况，预防发生负面舆情和群体性事件，努力为统筹推进疫情防控和经济社会发展工作提供更加有力的服务和保障。

最高人民法院　司法部　文化和旅游部

2020年7月13日

第二节　旅游法律关系与法律责任

一、旅游法律关系

（一）旅游法律关系的概念

旅游法律关系是法律关系的一种，是指由旅游法律规范所确认和调整的，在旅游活动中所形成的各方当事人享有的权利和承担的义务的关系。在现实生活中，自然人之间、法人之间、自然人与法人之间经常发生这样或那样的社会关系，法律关系主体在旅游活动中所形成的社会关系，一旦被旅游法律调整后，就具有旅游权利义务的内容，成为旅游法律关系。

由于旅游领域的广泛性和关联性，决定了旅游法律关系的多样性，不同的旅游法律规范调整着不同的旅游法律关系，其中，既有横向主体之间的关系，如旅游企业和旅游者之间关系；又有纵向的管理与被管理之间的关系，如旅游行政管理部门依据《旅行社管理条例》对旅行社行使管理权而形成的法律关系。

（二）旅游法律关系的特征

旅游法律关系作为法律关系的一种，具有以下5个方面的特征：

1. 旅游法律关系的产生以旅游法律规范为前提

旅游法律关系是经过旅游法规调整的社会关系。如果没有旅游法律规范，旅游法律关系就无从产生。如：有了旅游行政法律规范，才有可能产生旅游行政许可、旅游行政处罚、旅游行政复议等法律关系；有了刑事法律规范，才有可能产生旅游刑事关系。相反，许多社会关系因没有相应的法律规范加以确认，就不可能形成法律关系，而只能是一般的社会关系。

2. 旅游法律关系以权利和义务为内容

旅游法律规范规定了人们在旅游活动和对旅游资源的合理利用和保护过程中的权利义务关系。权利和义务是统一的。一般来说，旅游法律关系主体享有权利的总和等于承担义务的总和，一方面享有权利，另一方面就要承担相应的义务。或者双方互相享有权利和承担义务；或者一方的权利就是另一方的义务，一方的义务就是另一方的权利。没有无权利的义务，也没有无义务的权利，享有权利以承担义务为前提，承担了义务就能得到相应的权利。当然，旅游法律规范规定的权利义务关系只是一般的模式，在更为具体的旅游法律关系形成过程中，绝大多数旅游法律关系主体总是努力创造条件，使旅游法律规范所确定的权利义务关系变得更加具体，更加充实。

3. 旅游法律关系的实现以国家强制力作为保证

既然法律体现国家意志，承担法律上权利、义务的主体就处于特殊地位，国家要支持、保证他们权利的实现、义务的履行，在各种旅游法律关系得不到正常实现的情况下，国家就运用强制力来保证其实现。国家强制力体现为审判机关（审判旅游纠纷和旅游犯罪）、旅游行政管理机关和旅游行政处罚机关等国家机关职权活动。例如，旅游合同关系一旦依法成立后，任何一方不得自行变更或终止，否则对方有权要求法律保护。

4. 旅游法律关系是属于思想范畴的社会关系，具有特殊的意志性

旅游法律关系的产生，要通过当事人真实的意思表示而建立。虽然有的旅游法律关系在形成时，没有当事人的意思表示，但最终实现仍需当事人表态。例如，旅游者参加旅游活动的意思表示和旅行社愿为其提供服务的意思表示而建立起来的权利、义务关系，如果旅行社提供的服务没有达到相应的要求，按法律规定便产生了损害赔偿的权利、义务关系，但此时依法行使权利或履行义务，仍需通过双方当事人的意思表示出来。如果任何一方都没有意思表示，实现损害赔偿的权利、义务的这种旅游法律关系便不会产生。

5. 旅游法律关系的范围具有广泛性

由于旅游业的依托性、关联性、综合性的特点，同时旅游活动主体的参与范围广，包含了吃、住、行、游、购、娱等旅游要素的相关部门，因而旅游法律关系的范围具有广泛性。

（三）旅游法律关系的构成

法律关系包含三个构成要素，即法律关系主体、法律关系客体和法律关系的内容。三个要素缺一不可，任何一个要素的变更，都会导致原来的法律关系的改变。旅游法律关系也是由这三个要素构成的，具体包括：

1. 旅游法律关系的主体

法律关系的主体是法律关系的参加者，即在法律关系中一定的权利享有者和一定的义务承担者。旅游法律关系的主体既可以是自然人也可以是法人，但是法律关系的主体必须具有相应的权利能力和行为能力。在旅游活动中，旅游法律关系的主体主要包括：

（1）国家各级旅游行政管理机关。

（2）与旅游业相关的政府管理部门：市场监管、公安、税务、海关、园林、文物等部门。

（3）旅游企业：各类旅行社；宾馆饭店；交通运输部门；与旅游相关的园林、文物及旅游景点管理部门；邮电通信、银行汇兑、工艺美术商店等部门。

（4）旅游者，包括国内旅游者和国际旅游者。

（5）境外旅游组织。

2. 旅游法律关系的客体

法律关系的客体是指法律关系主体之间权利和义务所指向的对象。旅游法律关系的客体有以下三种：

一是物，是指法律关系主体所支配的、在生产和生活上所需要的客观实体。这些物必须能为人们所控制，并且具有经济价值。例如，旅游资源、旅游商品、旅游娱乐设施等。

二是行为，是指旅游法律关系中主体行使权利、履行义务的劳务活动。例如，导游服务行为、翻译、旅游局管理行为等。

三是智力成果，它包括创作活动的产品和其他与人身相联系的非财产性财富。它不直接体现为物质财富，但是可以转化为物质财富。如旅游企业的发明专利、企业的商标等。

3. 旅游法律关系的内容

法律关系的内容是指法律关系依法享有的权利和依法所承担的义务。权利和义务是对等的，有权利就必然有义务，有义务也必然有权利，权利和义务缺一不可。例如，游客入住酒店，酒店就有为游客提供符合要求的服务的义务，同时也有向游客收取合理费用的权利；游客有享受其服务的权利，也有支付相应费用的义务。

【思考】

请分析以下旅游法律关系的构成：

小秦在2019年国庆长假期间报了某国内旅行社组织的“泰国七日游精品团”到泰国旅游，小李支付了团费6500元，随团在曼谷入住当地某五星级酒店，不幸在浴室中滑倒，导致膝盖挫伤，经旅行社、小李与酒店交涉，酒店赔偿小李3000元人民币。

（四）旅游法律关系的确立

旅游法律关系的确立是指旅游法律关系的产生、变更、终止等情形。旅游法律关系的确立必须具备两方面的条件。

1. 要有一定的法律事实

法律事实是指符合法律规定，能够引起旅游法律关系的产生、变更和终止的客观情况。法律事实大体上可以分为法律事件和法律行为。

（1）法律事件：是指不以旅游法律关系主体的意志为转移的客观事实或者现象。

（2）法律行为：是指有意识的活动，包括合法行为和违法行为。违法行为从性质上划分为民事违法、行政违法、刑事违法；从违法方式上分为作为的违法与不作为的违法。

2. 法律行为合法有效

法律行为合法有效包括主体合法、内容合法、表示合法。

（1）行为主体合法。旅游法律关系主体包括法人、自然人和其他组织。法律关系主体的资格要合法，是指旅游违法行为的行为人要达到法定的责任年龄和具有法定的责任能力，具有民事权利能力和民事行为能力。民事权利能力是指民事主体依法享有民事权利和承担民事义务的资格，是整个民事能力制度的基础，包括行为能力、意思能力、责任能力。民事行为能力是指民事主体以自己的行为取得民事权利和承担民事义务的资格。

公民的民事权利能力始于出生，终于死亡。

公民的民事行为能力分为三种情况：①完全民事行为能力：十八周岁以上的成年人，十六周岁以上的未成年人，以自己的劳动收入为主要生活来源的，视为完全民事行为能力人；②限制民事行为能力：八周岁以上的未成年人和不能完全辨认自己行为的成年人；③无民事行为能力：不满八周岁的未成年人和完全不能辨认自己行为的成年人。

【相关法条】

《中华人民共和国民法典》（以下简称《民法典》）

第十七条　十八周岁以上的自然人为成年人。不满十八周岁的自然人为未成年人。

第十八条　成年人为完全民事行为能力人，可以独立实施民事法律行为。

十六周岁以上的未成年人，以自己的劳动收入为主要生活来源的，视为完全民事行为能力人。

第十九条　八周岁以上的未成年人为限制民事行为能力人，实施民事法律行为由其法定代理人代理或者经其法定代理人同意、追认；但是，可以独立实施纯获利益的民事法律行为或者与其年龄、智力相适应的民事法律行为。

第二十条　不满八周岁的未成年人为无民事行为能力人，由其法定代理人代理实施民事法律行为。

第二十一条　不能辨认自己行为的成年人为无民事行为能力人，由其法定代理人代理实施民事法律行为。

八周岁以上的未成年人不能辨认自己行为的，适用前款规定。

第二十二条　不能完全辨认自己行为的成年人为限制民事行为能力人，实施民事法律行为由其法定代理人代理或者经其法定代理人同意、追认；但是，可以独立实施纯获利益的民事法律行为或者与其智力、精神健康状况相适应的民事法律行为。

第二十三条　无民事行为能力人、限制民事行为能力人的监护人是其法定代理人。

第二十四条　不能辨认或者不能完全辨认自己行为的成年人，其利害关系人或者有关组织，可以向人民法院申请认定该成年人为无民事行为能力人或者限制民事行为能力人。

被人民法院认定为无民事行为能力人或者限制民事行为能力人的，经本人、利害关系人或者有关组织申请，人民法院可以根据其智力、精神健康恢复的状况，认定该成年人恢复为限制民事行为能力人或者完全民事行为能力人。

法人是指具有民事权利能力和民事行为能力、依法享有民事权利和承担民事义务的组织。依据《民法典》的规定，法人从成立时即具有民事权利能力和民事行为能力，上述能力直到法人终止时才消灭。

【相关法条】

《民法典》

第五十七条　法人是具有民事权利能力和民事行为能力，依法独立享有民事权利和承担民事义务的组织。

第五十八条　法人应当依法成立。

法人应当有自己的名称、组织机构、住所、财产或者经费。法人成立的具体条件和程序，依照法律、行政法规的规定。

> 设立法人，法律、行政法规规定须经有关机关批准的，依照其规定。
> 第五十九条 法人的民事权利能力和民事行为能力，从法人成立时产生，到法人终止时消灭。
> 第六十条 法人以其全部财产独立承担民事责任。

（2）行为内容合法。行为内容合法一般表现为不违反法律和社会公共利益、社会公德。具体到旅游活动中，行为内容合法首先，不得与旅游法律、旅游行政法规的强制性或禁止性规范相抵触。其次，行为内容合法还包括行为人实施的旅游行为不得违背社会公德，不得损害社会公共利益。因为，社会公共利益和社会公德是对旅游立法的重要补充，在法律没有明文规定时，这是衡量旅游行为合法性的重要标准。

（3）行为表示合法。一般情况下，表示合法指的是行为人意思表示真实。所谓的意思表示真实是说行为人表现于外部的表示与其内在的真实意志相一致。其要求有两点：一是内部意思与外部表示一致，二是出于行为人的自愿。只有行为人意思表示真实，才能保证其所实施民事行为产生的民事法律后果符合行为人预期的目的，合乎其切身利益，有利于建立正常的社会经济秩序。如果行为人的外在表示与其内心真实意志不一致，则为意思表示不真实，不为法律所确认和保护。

形式性要件，即意思表示的方式，包括口头、书面、推定（如超过12时，旅客未退房，可视为继续延长住宿合同）、默示。一般而言，沉默不作为意思表示方式，除非有法律规定，如《星级饭店评定标准及细则》第十六条规定："申请星级评定的饭店对星评过程及其结果如有异议，可直接向国家旅游局申诉。"在规定的期限未申诉，默示其认可。

（五）旅游法律关系的保护

旅游法律关系的保护，就是由相关主管部门严格监督旅游法律关系主体正确行使其权利，确实履行其义务，通过奖励或者惩罚的方法使旅游法律关系各主体的合法权益不受侵犯。

1. 旅游法律关系的保护机构

我国旅游法律关系的保护机构包括：旅游行政管理部门，如旅游局；相关行政机关，如市场监管、税务、卫生等管理部门；司法机关，指各级人民法院和人民检察院。

2. 旅游法律关系的保护措施

根据我国相关的法律法规的规定，旅游法律关系的法律保护措施可分为以下三种：

（1）行政措施。旅游行政管理部门和相关的国家行政管理机关（如市场监管、税务、公安、卫生等），可依法对违反法律法规的单位和个人，作出警告、罚款、停业整顿、没收非法所得、吊销营业执照等处罚。

（2）民事措施。国家司法机关依法对旅游法律关系中有侵权行为或不履行义务的当事人作出支付违约金、赔偿损失等处罚。

（3）刑事措施。人民法院对旅游法律关系中构成犯罪的当事人依法追究其刑事责任。

二、旅游法律责任

（一）旅游法律责任的概念与特征

旅游法律责任，是指旅游法律关系主体违反法律法规，而必须承担的法律后果。旅游法律责任具有以下特征：

（1）旅游法律责任是一种强制性的法律责任。行为人实施了违反法律法规的行为，就必须承受法律制裁的义务。

（2）旅游法律责任是一种综合性的法律责任。它通常表现为行政责任、民事责任以及刑事责任。

（3）追究旅游法律责任的机关具有多重性。它可以是旅游行政管理机关，也可以是其他主管部门，如市场监管、税务机关，还可以是司法机关。

按照旅游法律关系主体违法的性质和程度的不同，旅游法律责任一般可分为行政责任、民事责任和刑事责任三种。

1. 行政责任

行政责任，是旅游法律关系的主体违反了国家的行政法规或本单位内部的规章制度，尚不够追究刑事责任，由国家行政机关或违法者所在单位负责追究责任的一种形式。它分为旅游行政处罚和旅游行政处分两种。

旅游行政处罚是指由国家行政机关给予实施了旅游违法行为但尚未构成犯罪的旅游企业法人及其工作人员或者旅游者等旅游法律关系主体的一种制裁。如对违反旅游管理法规行为的处罚、对违反治安管理法规行为的处罚、对违反市场监督管理法规行为的处罚，等等。在我国，旅游行政处罚的方式有警告、罚款、限期整顿或停业整顿、没收非法所得、行政拘留、扣留或者吊销证书及营业执照等。

旅游行政处分是指旅游行政管理机关和企事业单位，根据法律或者旅游法规的规定，按行政隶属关系给予犯有轻微违法失职行为或违反旅游内部管理制度行为的一种制裁。行政处分的方式主要有警告、记过、降级、降职、撤职、开除留用察看、开除等。

2. 民事责任

民事责任，是指法律关系主体违反了民事法律规范时应当承担的责任形式。《民法典》第一百七十六条规定，民事主体依照法律规定或者按照当事人约定，履行民事义务，承担民事责任。《民法典》第一百七十九条规定，承担民事责任的方式主要有：

（1）停止侵害；

（2）排除妨碍；

（3）消除危险；

（4）返还财产；

（5）恢复原状；

（6）修理、重作、更换；

（7）继续履行；

（8）赔偿损失；

（9）支付违约金；

（10）消除影响、恢复名誉；赔礼道歉。

法律规定惩罚性赔偿的，依照其规定。

承担民事责任的方式，可以单独适用，也可以合并适用。

3. 刑事责任

刑事责任，是指旅游法律关系主体违反刑事法律规范时承担责任的形式。

《中华人民共和国刑法》（以下简称《刑法》）将当事人实施了刑法规范所禁止的行为所必须承担的后果叫刑罚，它分为主刑和附加刑两种。主刑有管制、拘役、有期徒刑、无期徒刑和死刑五种，它只能独立适用。附加刑有罚金、剥夺政治权利、没收财产三种，它既可独立适用又可附加适用。此外，对于犯罪的外国人可以独立适用或者附加适用驱逐出境。

（二）旅游法律责任的构成要件

1. 主体的资格要合法

2. 主体要有过错

旅游法律关系主体要有过错，是指旅游违法行为的行为人对自己行为引起的损害结果所持有的心理状态，它包括故意和过失两种形式。

故意是指旅游违法行为人明知自己的行为会给国家、社会和他人造成损害结果，并且希望或者放任这种结果发生的心理状态。在法律上，把希望结果发生的心理状态称为直接故意；把放任结果发生的心理状态，称为间接故意。前者是行为人直接追求这种结果的发生；后者是行为人对结果的发生采取听之任之、满不在乎的态度。

过失是指行为人应当预见自己的旅游违法行为可能会发生损害国家、社会和他人利益的结果，因为疏忽大意没有预见，或者虽然已经预见而轻信能够避免的心理状态。在法律上，把疏忽大意没有预见损害结果发生的心理状态称为疏忽大意的过失；把已经预见损害结果的发生但轻信能够避免的心理状态称为过于自信的过失。

3. 要有旅游违法行为的存在

根据我国有关法律的规定，旅游违法行为既可以由作为构成也可以由不作为构成。作为的旅游违法行为，是指旅游法律关系主体用积极行为实施了我国法律法规所禁止的、损害国家、社会和他人利益的行为；不作为的旅游违法行为，是指行为人有义务实施某种行为，而消极地不去实施该行为给国家、社会和他人造成的损害。但是，要使行为人对自己不作为的旅游违法行为造成的损害结果负责必须以行为人负有某种特定的旅游义务为前提。

4. 要有损害事实的存在

所谓损害事实，是指旅游法律关系主体违反旅游法规或其他法律法规，给国家、社会和他人造成的损害。这里的“损害”，既包括给旅游经营管理造成的损害，也包括给财产和人身造成的损害。如旅游企业漏税、欠税、偷税、抗税的行为；违反货币管理、信贷管理、金融管理、外汇管理的行为；违反旅游价格管理的行为等都能使旅游经营管理活动和我国经济秩序受到损害。再如，旅游产品质量不符合规定标准，给旅游者造成财产、人身的损害等。

5. 违法行为与损害事实之间有直接的因果关系

旅游违法行为与旅游损害事实之间的因果关系是指二者之间存在着内在的、必然的联系。也就是说，旅游损害事实是旅游违法行为人承担责任的前提条件。如果只有旅游违法行为，而没有造成损害事实，旅游违法行为人可不承担旅游法律责任。相反，行为人只能对自己的旅游违法行为所造成的结果负责，如果仅有旅游损害事实的存在，而没有旅游违法行为，或者该旅游损害事实的存在，不是旅游违法行为人的行为所造成，行为人同样不承担旅游法律责任。

第三节 《旅游法》立法历程、宗旨与内容

一、立法历程

旅游法是改革开放初期启动的立法项目之一，曾列入第七届全国人大常委会立法规划和国务院立法计划，国家旅游局会同有关部门起草出草案。由于当时我国旅游业发展尚处于起步阶段，有关方面对立法涉及的一些重要问题认识不尽一致，草案未能提请审议。

自第八届全国人民代表大会以来，社会上要求制定旅游法的呼声进一步提高，全国人大代表也多次提出议案和建议，要求加快制定旅游法。第十一届全国人大财政经济委员会成立后，在研究转变发展方式、推动经济结构调整、实现科学发展等工作中，结合议案和建议承办工作，对制定旅游法问题多次听取国务院有关部门和地方的意见和建议。根据调研情况，2009 年 12 月，全国人大财政经济委员会牵头组织国家发展和改革委员会、国家旅游局等 23 个部门和有关专家成立旅游法起草组。两年多来，起草组先后举行 5 次全体会议，分别到十几个省（区、市）和有关国家开展调研考察，召开了数十次座谈会、研讨会和论证会，深入研究国内外旅游业发展和旅游立法的情况和经验，先后形成了三个阶段性草案文本和数十个修改稿，并多次征求有关部门和省（区、市）的意见。2012 年 3 月 14 日，财政经济委员会第六十四次全体会议审议并通过了旅游法草案。

《中华人民共和国旅游法》（以下简称《旅游法》）是为保障旅游者和旅游经营者的合法权益，规范旅游市场秩序，保护和合理利用旅游资源，促进旅游业持续健康发展制定。由全国人民代表大会常务委员会于 2013 年 4 月 25 日发布 2013 年 4 月 25 日第十二届全国人民代表大会常务委员会第二次会议通过，自 2013 年 10 月 1 日起施行。

根据 2016 年 11 月 7 日第十二届全国人民代表大会常务委员会第二十四次会议《关于修改〈中华人民共和国对外贸易法〉等十二部法律的决定》第一次修正，根据 2018 年 10 月 26 日第十三届全国人民代表大会常务委员会第六次会议《关于修改〈中华人民共和国野生动物保护法〉等十五部法律的决定》第二次修正。

二、立法思路

根据旅游业的地位和特点，经反复研究，确立了制定旅游法的总体思路：

（一）采取综合立法模式

我国目前还没有一部规范旅游的法律，在明确旅游发展促进措施、明确旅游者权益、明确旅游业可持续发展的要求、确立统一的市场规则和规范的权利义务关系、建立国家旅游发展协调机制等方面都有紧迫的立法需求。因当前很难对上述各类旅游立法需求分别制定单项法律，故宜采取综合立法模式。

（二）突出保障旅游者和旅游经营者的合法权益

坚持以人为本，安全第一，以保障旅游者合法权益为主线，平衡旅游者与旅游经营者和旅游从业人员之间的权利、义务和责任，强化政府监管，规范旅游市场秩序，保护和合理利

用资源，促进旅游业持续健康发展。

（三）实行统一的旅游市场准则

充分发挥市场配置资源的基础性作用，明确并细化各市场主体间的权利义务关系，着力解决旅游资源及其经营管理中部门、行业和地区分割问题，实行统一的服务标准和市场准则，破除体制机制性障碍。

（四）注重发挥中央和地方两个积极性

既保证全国旅游业的统一规划、统筹管理和市场规则的统一，又为地方根据自身特点制定法规和政策并组织实施留下适当空间。

（五）总结我国旅游发展和旅游监管的经验

充分吸收行之有效的政策和制度，把国务院《关于加快发展旅游业的意见》（国发〔2009〕41号）和“十二五”规划提出的有关要求上升为法律，使其制度化、规范化。

（六）做好与现行法律和国际通行做法的衔接

在旅游立法框架下，做好与涉及旅游的各行业已有法律规范的衔接，做好与国际通行的行业规则的衔接。

三、立法宗旨

立法目的，是指制定法律所要达到的目标。立法目的作为法律存在之原因贯穿于法律条文始终，并指引法律的适用，一部法律中每一具体条款都应当围绕该法律的立法目的展开，并为实现立法目的服务。《旅游法》根据我国旅游业发展的现状和目标，总结旅游业发展的实践经验和存在的突出问题，确定了以下立法目的：

（一）保障旅游者和旅游经营者的合法权益，规范旅游市场秩序

目前，我国旅游市场的经营规则还不健全，竞争秩序还不够规范，旅游者的合法权益受到损害的情况时有发生，特别是“零负团费”经营模式引发的恶意低价竞争、强迫购物、欺客宰客等问题屡禁不止，产生的恶劣影响在社会上引起很大反响，迫切需要顺应人民群众过上更加美好生活的新期待，通过立法明确旅游行业的经营规范，切实维护旅游者的合法权益，创造旅游业发展的良好法制环境。“零负团费”等破坏旅游市场经营秩序的行为，不仅损害了旅游者的合法权益，也给旅游经营者的正当经营行为带来严重冲击，在旅游业内甚至出现了“守法者吃亏，违法者生意兴隆”的错误认识，为实现旅游业的健康持续发展，也亟须通过规范旅游市场经营秩序来维护旅游经营者的合法权益。

（二）保护和合理利用旅游资源

旅游业的发展，很大程度上依赖于自然资源和人文资源，旅游资源的开发利用是把这些资源建设成可供人游览、参观、疗养、娱乐的风景区或旅游地。旅游资源是旅游者进行旅游活动的基础和前提条件，一些自然景观、文物古迹一旦被破坏，便无法再生，从某种意义上说，旅游资源具有不可替代性。因此，保护资源是旅游开发利用的前提，合理利用是实现资源保护的有效途径。近年来，一些地方旅游项目存在盲目建设、过度开发、忽视资源的自然价值和人文内涵等问题，破坏了旅游资源的区域整体性、文化代表性、地域特殊性，影响到旅游资源的永续利用和旅游业的可持续发展。对此，本法强调在有效保护旅游资源的前提下，依法合理利用旅游资源，实现保护和合理利用旅游资源的有机统一。

（三）促进旅游业持续健康发展

旅游业涉及的领域广、产业带动力强、创造就业多、资源消耗低、综合效益好。发展旅游业，可以有效拉动居民消费和社会投资，优化产业结构，扩大劳动就业，增加居民收入，推动科学发展，促进社会和谐。制定旅游法，是促进旅游业持续健康发展，充分发挥旅游业对经济建设、文化建设、社会建设、生态文明建设的综合推动作用的需要。

四、基本内容与修订

（一）《旅游法》主要内容解读

《旅游法》是我国旅游业发展史上的第一部法律。由于旅游产业链条长，关联行业广，涉及部门多，很难针对不同类型旅游活动单独立法，只能采取综合立法模式。《旅游法》共设十章一百一十二条，除总则、附则之外，分别对旅游者、旅游规划和促进、旅游经营、旅游服务合同、旅游安全、旅游监督管理、旅游纠纷处理、法律责任作出规定，涵盖了行政法、经济法、民法的内容。

第一，突出《旅游法》的保障地位，为维护旅游者和旅游经营者及其从业人员合法权益、保护旅游资源、保障旅游安全奠定了法律基础。

（1）维护旅游者权益方面：《旅游法》单设“旅游者”一章，以具体权利落实对旅游者保护。一是自主选择权；二是拒绝强制交易权；三是知悉真情权；四是要求履约权；五是受尊重权；六是请求救助保护权；七是特殊群体获得便利优惠权。同时，还在其他各章以保障旅游者合法权益为主线作出更加详细的规定。

（2）保障旅游经营者及其从业人员权益方面：《旅游法》注重平衡对旅游经营者权益的保障。在遇有不可抗力、合同不能继续履行的情况下，赋予旅行社变更、解除合同的权利；为解决旅游经营者责任问题，针对旅游活动中出现的各种情况，法律规定了公平合理分担责任的原则，并建立了责任保险制度。为保障旅游从业人员合法权益，法律专门规定，旅行社应当与导游签订劳动合同，支付劳动报酬、缴纳社会保险或者支付导游服务费用，不得要求导游垫付或者向导游收取费用。

（3）保护旅游资源方面：《旅游法》提出旅游业发展遵循社会效益、经济效益和生态效益相统一的原则，在有效保护前提下，依法合理利用旅游资源。对自然资源和人文资源进行旅游利用，必须严格遵守有关法律、法规的规定，符合资源、生态保护与文物安全的要求，尊重和维护当地传统文化和习俗，维护资源的区域整体性、文化代表性和地域特殊性，并考虑军事设施保护的需要。政府应当加强对资源保护和旅游利用状况的监督检查。

（4）保障旅游安全方面：《旅游法》确立了政府统一负责、部门依法监管、旅游经营者具体负责、旅游者自我保护的全程责任制度：一是设立事前预防制度，包括旅游目的地安全风险提示、流量控制，旅游经营者安全评估、警示、培训等；二是设立事中安全管理制度，包括政府安全监管和救助，旅游经营者报告和救助，旅游者遵守安全规定等；三是设立事后应急处置制度，包括政府和旅游经营者处置责任，旅游者配合并依法承担费用等义务。

第二，强化《旅游法》的规范功能，为规范旅游经营、旅游服务合同、旅游监督管理、旅游市场秩序，发挥市场配置资源的基础性作用提供了法律依据。

（1）规范旅游经营方面：《旅游法》确立了旅游经营的基本制度。对于旅游经营者，法律明确了旅行社许可条件、业务范围、经营规则，规定旅行社不得虚假宣传，不得安排违法和违反社会公德项目，不得以不合理低价组织旅游活动，不得指定具体购物场所，不得安排另行付费项目，不得要求导游垫付或者收取费用，不得拖欠导游工资或者服务费。对于旅游从业人员，法律明确了从业条件，要求导游、领队必须持证上岗，为旅游者提供服务必须接受旅行社的委派。导游、领队不得擅自变更旅游行程或者中止服务活动，不得向旅游者索取小费，不得诱导、欺骗、强迫旅游者购物或者参加另行付费项目。关于景区，法律明确了开放条件，要求利用公共资源建设的游览场所应当体现公益性质，对门票价格作出更加细致的规定。关于新兴旅游业态，法律对农家乐、高风险旅游项目、网络经营以及其他旅游经营活动作出明确规定。同时还明确了旅游经营相应的法律责任。

（2）规范旅游服务合同方面：《旅游法》对包价旅游合同的订立、变更、解除、违约作了全面具体的规定，进一步明确了包价旅游合同的主要内容、旅行社说明义务、合同解除各种情形以及责任分担，并对旅游安排合同、代订合同、咨询合同和住宿合同衔接作了原则性规定。从法律上规定了旅游者与旅行社、组团社与地接社、委托社与代理社、旅行社与履行辅助人之间的特殊责任分担制度。同时还对旅游者义务提出了明确要求，对法律责任进行了系统规定。

（3）规范旅游监管方面：《旅游法》明确了政府牵头部门分工负责的监管机制、联合执法机制、统一受理投诉机制、违法行为查处信息共享机制、跨部门跨地区督办机制、监督检查情况公布机制。禁止旅游主管部门及其工作人员参与任何形式的旅游经营活动。要求旅游行业组织依法制定行业经营规范和服务标准，对其会员的经营行为和服务质量进行自律管理，组织业务培训，提高从业人员素质。同时，法律还对旅游纠纷处理的途径、程序和法律责任进行了规定。

第三，发挥旅游法的促进作用，为健全旅游管理体制、强化旅游发展规划、完善旅游产业发展机制、发挥政府主导作用、促进旅游业持续健康发展创造了法制环境。

（1）健全旅游管理体制方面：《旅游法》规定国务院建立健全旅游综合协调机制，对旅游业发展进行综合协调。要求县级以上地方政府加强对旅游工作的组织和领导，明确相关部门或者机构，对本行政区域旅游业发展和监督管理进行统筹协调。

（2）强化旅游发展规划方面：《旅游法》进一步明确了旅游发展规划的编制主体、内容要求，以及旅游发展规划与土地利用总体规划、城乡规划、环境保护规划以及其他自然资源和人文资源的保护和利用规划的衔接，要求将旅游业发展纳入国民经济和社会发展规划。

（3）完善旅游产业发展机制方面：《旅游法》进一步明确了各级政府促进旅游产业发展的职责。一是制定并组织实施有利于旅游业持续健康发展的产业政策，推进休闲体系建设，采取措施推动区域合作，促进旅游与其他产业的融合，扶持特殊地区旅游业发展；二是根据实际情况安排资金，加强旅游基础设施建设、公共服务和形象推广；三是根据需要建立旅游公共信息和咨询平台，建立客运专线或者游客中转站，向旅游者提供必要的公共服务；四是倡导健康、文明、环保的旅游方式，支持和鼓励各类社会机构开展旅游公益宣传，鼓励和支持发展旅游职业教育和培训，提高从业人员素质。

（二）《旅游法》四大亮点

1. 以人为本保护旅游者权力

旅游者的权利问题是《旅游法》作为国家综合性大法的根基，是《旅游法》中的权利主体，更是以人为本理念的集中体现。

2. 民事规范和行政规范并重

本法按照市场经济和法治政府的要求，明确并细化旅游市场主体间的权利义务关系，建立健全统一的旅游服务标准和诚信、公平、有序参与竞争的市场规则，着力解决旅游资源及其经营管理中的部门、行业和地区分割问题，力争实现政府公共服务和监管、行业组织自律以及企业依法自主经营的有机统一。

3. 符合产业特征和发展需要的综合性法律

本法整合了旅游产业各要素和旅游活动全链条，构建了政府统筹、部门负责、有分有合的旅游综合协调、市场监督、投诉处理等制度，涵盖了促进（经济法）、管理（行政法）和民事（合同）三方面不同性质的法律规范。

4. 依法治旅旅游休闲权益更好保障

《旅游法》出台，中国旅游业将全面进入有法可依、依法治旅的新时代，中国国民旅游休闲的权益将得到更好保障。

（三）《旅游法》修订解读

1. 2016 年修订

第十二届全国人大常委会第二十四次会议通过决定，对 12 部法律进行修改。2016 年 11 月 7 日主席令第 57 号《全国人大常委会关于修改〈中华人民共和国对外贸易法〉等十二部法律的决定》，对《中华人民共和国旅游法》的第三十九条、四十一条、第九十六条、第九十八条至第一百零三条的相关规定作了修改。取消领队资格审批，体现了深化简政放权、放管结合、优化服务改革，对市场活力激发极为利好。修改涉及以下内容：

第一，领队原来是双准入，通常在具备导游证、无违法违规或投诉记录、系出境游组团社正式员工、大专以上学历和具备一定的外语水平条件下，需通过领队业务与政策法规、目的地国家知识、英语等相关科目的考试合格，才能获得领队证，即取得领队执业资格，要求从导游人员中进行考试，导游已经是资格准入，领队是双资格准入。此次取消领队考试，导游就可从事领队执业，具体如下：

修订前，《旅游法》第三十九条的内容为：取得导游证，具有相应的学历、语言能力和旅游从业经历，并与旅行社订立劳动合同的人员，可以申请取得领队证。

修订后，《旅游法》第三十九条的内容为：从事领队业务，应当取得导游证，具有相应的学历、语言能力和旅游从业经历，并与委派其从事领队业务的取得出境旅游业务经营许可的旅行社订立劳动合同。

第二，删去第四十一条第一款、第九十八条、第九十九条、第一百条、第一百零一条、第一百零二条第二款与第三款、第一百零三条中的“领队证”。

第三，第九十六条第二项修改为：“安排未取得导游证的人员提供导游服务或者安排不具备领队条件的人员提供领队服务的”。

第四，第一百零二条第一款中“未取得导游证或者领队证而从事导游、领队活动的”修改为“未取得导游证或者不具备领队条件而从事导游、领队活动的”。

2. 2018 年修正

2018 年 10 月 26 日，第十三届全国人大常务委员会第六次会议对 15 部法律进行了修改，其中包括对《中华人民共和国旅游法》的修改。此次对《中华人民共和国旅游法》修改内容如下：①将第八十三条中的“工商行政管理、产品质量监督”修改为“市场监督管理”。②将第九十五条、第一百零四条中的“工商行政管理部门”修改为“市场监督管理部门”。

【思考】

《旅游法》2013 年 10 月 1 日正式实施，南京日报记者 2014 年 10 月 13 日从市旅游行政执法支队获悉，一年来，旅游购物引发的投诉同比下降一半。随着旅游市场的“水”清了，品质团的份额明显提升；导游因为收入稳定，无需挖空心思做“导购”，使游客的出行愉悦指数明显提升。

《旅游法》实施一年来，他们接到的因旅游购物引发的投诉仅有 10 多起，主要是旅行社和游客签了购物协议后又打“擦边球”，如写好去 5 个店，但到了地头后才发现一个“大店”拆分为两个“小店”，多出来一个购物点，或是购买的东西质价不符、游客冲动购物回来又反悔。目前还没有接到因强迫购物、不签购物协议而引发的重大投诉。

问：《旅游法》的出台有何现实意义？

重要概念

旅游法律规范
旅游法律体系
旅游法律关系
旅游法律责任

练习题

1. 旅游活动中存在哪些法律问题？
2. 什么是旅游法律关系？旅游法律关系有哪些特征？
3. 怎样理解旅游法律关系的客体？
4. 什么是旅游法律责任？旅游法律责任具有哪些特征？
5. 谈谈《旅游法》的立法思路和立法目的。

案例解析

2013 年 10 月 2 日九寨沟游客滞留事件

案例综述：2013 年 10 月 2 日，九寨沟景区发生大规模游客滞留事件，当天共接待游客 4 万多人次，大量游客滞留在景区入口处，上下山通道陷入瘫痪。由于中午时段游客比较密集，公交车站点间距离比较远，部分游客没有赶上公交车及不满长时间候车逗留，情绪激动，将道路堵住，导致整个交通线路瘫痪，拥堵数公里长。其中有老人、小孩，最小的孩子仅9个月。在犀牛海、诺日朗景点处，道路上挤满了情绪激动的游客，几辆公交车完全陷入“人海”中寸步难行，不少游客席地而坐，或是爬上车顶休息，甚至有人在路边搭起灶台做饭。15时20分，游客开始进行疏散。17时许，景区道路逐渐通畅，公交车通行恢复正常，游客陆续下山。但入夜后景区道路再次堵塞，不少游客开始往售票处聚集，要求退票和赔偿，现场一度陷入混乱。截至19时许，景区共滞留客人4000余人。22时许，滞留游客全部安全疏散。

事件处理：景区95%的人员均到一线维护秩序，所有观光车负责对游客进行运送。从2日23时起，在景区售票处开始组织退票，到凌晨3点已经退票8000余张，部分游客情绪略显激动，但没有再出现“打砸攻陷售票处”的情况。3日早上6时，管理部门在景区旁边的荷叶迎宾馆开设了7个退票专柜，截至上午11时已退票1.1万余张。3日，九寨沟管理局公开向广大游客发表书面致歉书。致歉书中说：10月2日九寨沟景区迎来进沟高峰导致部分站点观光车辆受阻，无法正常运行，造成整个运营车辆无法循环运转、大量游客无法正常乘车。由于候车或步行时间较长，部分游客心生怨气，不听劝阻，翻越栈道，导致整个客运系统几乎瘫痪。九寨沟管理局表示，要理性论证自身的接待能力，探索人性化的管理方式。如在此次九寨沟游客滞留事件后，管理局须就站点设置、车辆调配、应急疏导等问题进行反思，力求做到合情、合理、合法，同时彻查事件原委，核实当日接待人数，调查矛盾激化前因后果，杜绝此类事件再次发生。

问：

1. 请剖析案例中的法律关系、法律责任。
2. 请列出相关法条。

研习作业

1. 学习《中华人民共和国旅游法》全文及所有增补修改条例，对条文进行解读。
2. 查阅并制表整理：自1978年以来，历年国务院发布的纲领性旅游发展政策。
3. 你的家乡旅游行政管理部门是什么？近年来有哪些旅游形象推广活动？你认为效果如何？

第二章　旅游消费者权益保障法规

学习目标

理论学习	能力培养
1. 熟悉旅游者的权利和义务	1. 辨析案例中主体双方的权利和义务
2. 熟悉旅游经营者的义务	2. 依据法律分析维权案例，维护旅游者权益
3. 熟悉旅游者权益保护的基本内容	3. 了解旅游者维权途径
4. 责任主体的认定	4. 辨析旅游经营者的民事、行政、刑事责任

导入案例

游客骑马摔伤

王某一行参加“草原三日游”，到某牧场时王某主动参加另行收费的草原骑马自费活动项目，在骑马过程中突发意外，马匹受到惊吓并失控奔跑，导致王某摔下马背，腿部骨折。王某受伤后，导游立即联系当地医院进行救治，并垫付入院押金。王某治疗出院后，要求旅行社赔偿医疗费、误工费、精神损失费共计 18 万元，旅行社不接受赔偿要求，王某将旅行社告上法庭。

经法院审理查明，王某与旅行社签订的《草原旅游娱乐、购物项目补充协议》约定，游客自愿选择骑马活动项目，对骑马的注意事项进行了告知，特别告知，骑马项目可能存有一定的风险，旅游者选择需谨慎，应当在自己能够控制风险的情况下进行。

问：旅游者享有哪些合法权益？旅游经营者有哪些权利与义务？在本案中游客骑马受伤，应由谁承担责任？

旅游消费者也是消费者的一部分，具有消费者的一般属性，适用于普通消费者权益保护的相关法规。我国现有法律、法规中有不少内容涉及保护消费者权益，如《中华人民共和国民法典》《中华人民共和国产品质量法》《中华人民共和国食品安全法》等，但是对于因提供和接受服务而发生的消费者权益受损害的问题，只有在《中华人民共和国消费者权益保护法》（以下简称《消费者权益保护法》）中作出了全面而明确的规定。该法于 1993 年 10 月 31 日八届全国人大常委会第 4 次会议通过，自 1994 年 1 月 1 日起施行，对消费者的权利、经营者的义务、国家对消费者合法权益的保护、消费者组织、争议的解决、法律责任等作了规定。

国家旅游局于 1991 年 6 月 1 日颁布了《旅游投诉暂行规定》，又相继发布了《旅行社质量保证金暂行规定》及其《实施细则》《旅行社质量保证金赔偿办法暂行规定》《全国旅游质量监督管理所机构组织与管理暂行办法》《旅行社质量保证金赔偿试行标准》等，为确保旅游者合法权益奠定了基础。2013 年《旅游法》出台，突出《旅游法》的保障地位，为维护旅游者和旅游经营者及其从业人员合法权益奠定了法律基础，在维护旅游者权益方面：《旅游法》单设“旅游者”一章，以具体权利落实对旅游者的保护。旅游者的权利包括：①自主选择权；②拒绝强制交易权；③知悉真情权；④要求履约权；⑤受尊重权；⑥请求救助保护权；⑦特殊群体获得便利优惠权。同时，还在其他各章以保障旅游者合法权益为主线作出了更加详细的规定。

第一节　旅游消费者的权益与义务

一、旅游消费者的合法权益

消费者的权利是消费者利益在法律上的体现，即在法律保障下，消费者有权作出一定的行为或者要求他人作出一定的行为。旅游消费者的权利，是消费者在旅游消费领域所具有的权能，是国家对旅游消费者进行保护的前提和基础。

旅游消费者的合法权益，是指旅游消费者在旅行游览活动中所享有的、为国家法律所保护的不受非法侵害的权利和利益。根据《消费者权益保护法》《旅游法》等国家法律法规的规定，旅游消费者依法享有以下权利和利益。

（一）知悉真情权

知悉真情权即旅游消费者在购买旅游产品或接受旅游服务时，享有了解其购买、使用的旅游产品或接受的服务的真实情况的权利。旅游消费者有权根据旅游产品的不同情况，要求经营者提供旅游产品或服务的价格、内容、规格、费用等，并有权索要服务单据。

【相关法条】

《消费者权益保护法》第八条规定，消费者享有知悉其购买、使用的商品或者接受的服务的真实情况的权利。消费者有权根据商品或者服务的不同情况，要求经营者提供商品的价格、产地、生产者、用途、性能、规格、等级、主要成分、生产日期、有效期限、检验合格证明、使用方法说明书、售后服务，或者服务的内容、规格、费用等有关情况。

《旅游法》第九条规定，旅游消费者有权知悉其购买的旅游产品和服务的真实情况。旅游消费者有权要求旅游经营者按照约定提供产品和服务。第四十八条规定，发布旅游经营信息的网站，应当保证其信息真实、准确。

（二）自主选择权

自主选择权即消费者自主选择商品或者服务的权利。包括两方面：一是对商品的品种、服务方式及其提供者应有充分选择的余地；二是对于选择商品服务及其提供者应有自由决定的权利而不受强制。实际生活中，损害消费者自由选择权的现象主要是“官商”习气、商品搭售和强买强卖等。据此，旅游行程中的强制购物、强制增加自费景点等，均属于违法行为。

【相关法条】

《旅游法》第九条规定，旅游消费者有权自主选择旅游产品和服务，有权拒绝旅游经营者的强制交易行为。

根据《消费者权益保护法》第九条的规定，旅游消费者享有的自主选择权主要包括：

自主选择旅游产品或者服务；

自主选择提供旅游产品或者服务的旅游经营者；

自主选择旅游产品品种或者服务方式；

自主决定购买或者不购买任何一种旅游产品、接受或者不接受任何一项服务；

自主选择旅游产品或者服务时，有权进行比较、鉴别和挑选。

《旅游法》第四十四条规定，景区将不同景区的门票或者同一景区内不同游览场所的门票合并出售的，合并后的价格不得高于各单项门票的价格之和，且旅游消费者有权选择购买其中的单项票。

（三）人身财产安全权

人身财产安全权即旅游消费者在购买、使用旅游产品或接受服务时，享有人身、财产安全不受侵犯的权利，遇到危险时有请求救助和保护的权利。根据《中华人民共和国宪法》的规定，人身权利和财产权利是公民最基本的权利。人身安全权包括生命健康权、人身自由权、姓名权、著作权、名誉权、肖像权等，财产安全权包括财产所有权、继承权等。

旅游消费者的人身财产安全权既体现在旅游活动过程中的安全保障，也体现在旅游前旅游经营者履行说明与警示义务，还体现在受到侵犯时有获得救助的权利。《旅游法》第六章规定了旅游安全职责、旅游安全保护制度等内容，对保障旅游消费者的人身财产安全权具有重要作用。

【相关法条】

《民法典》第三条规定，民事主体的人身权利、财产权利以及其他合法权益受法律保护，任何组织或者个人不得侵犯。

《消费者权益保护法》第十一条规定，消费者因购买、使用商品或者接受服务受到人身、财产损害的，享有依法获得赔偿的权利。

《旅游法》第十二条规定，旅游消费者在人身、财产安全遇有危险时，有请求救助和保护的权利。

（四）公平交易权

公平交易权即消费者在购买商品或者接受服务时，有权获得质量保障、价格公平合理、计量准确无误等公平交易条件，有权拒绝经营者的强制交易。

（1）关于旅游产品和服务的质量，旅游消费者有权要求其符合国家规定的标准或者合同约定的标准，不致因质量低劣而妨碍消费。如果经营者提供的旅游产品或者服务不符合规定的质量要求，消费者有权要求更换、退货、降价等。如，合同约定入住的星级酒店、搭乘的交通工具，应符合相应的标准等。

（2）关于旅游产品和服务的价格，旅游消费者有权要求经营者执行国家的价格政策、法规有关政策，产品价格或服务费用合理。例如，国家明令禁止零负团费、诱骗旅游消费者购物或另行付费、获取回扣等。若导游、领队强迫发生上述行为，旅游消费者有权拒绝，也可以在旅游行程结束后30日内，要求旅行社办理退货并先行垫付退货货款，退还另行付费项目的费用。

【相关法条】

《旅游法》第四十一条规定，导游和领队应当严格执行旅游行程安排，不得擅自变更旅游行程或者中止服务活动，不得向旅游消费者索取小费，不得诱导、欺骗、强迫或者变相强迫旅游消费者购物或者参加另行付费旅游项目。

（五）依法求偿权

依法求偿权即旅游消费者因购买、使用商品或接受服务受到人身与财产损害时，享有依法获得赔偿的权利。普通消费者行使求偿权的方法，可以是向责任者直接提出损失赔偿请求，也可以是向管理机关、仲裁机关、司法机关提出损失赔偿请求。

对于旅游消费者，可以通过向旅游行政管理部门或其委托的旅游质量监督机构投诉，或向人民法院起诉的方式来获得赔偿。

【相关法条】

《旅游法》第十二条规定，旅游消费者人身、财产受到侵害的，有依法获得赔偿的权利。

《旅游法》第五十四条规定，景区、住宿经营者将其部分经营项目或者场地交由他人从事住宿、餐饮、购物、游览、娱乐、旅游交通等经营的，应当对实际经营者的经营行为给旅游消费者造成的损害承担连带责任。

（六）受尊重权

受尊重权包括人格尊严受尊重、民俗习惯与宗教信仰受尊重、个人信息受尊重和保护等的权利。例如，旅游消费者拒绝参加自费项目或者购物，导游人员不得辱骂旅游消费者；旅游经营者对其在经营活动中知悉的旅游消费者个人信息，应当予以保密等。

【相关法条】

《消费者权益保护法》第十四条规定，消费者在购买、使用商品和接受服务时，享有人格尊严、民族风俗习惯得到尊重的权利，享有个人信息依法得到保护的权利。

《旅游法》第十条规定，旅游消费者的人格尊严、民族风俗习惯和宗教信仰应当得到尊重。第十一条规定，残疾人、老年人、未成年人等旅游消费者在旅游活动中依照法律、法规和有关规定享受便利和优惠。

《旅游法》第十三条规定，旅游消费者在旅游活动中应当遵守社会公共秩序和社会公德，尊重当地的风俗习惯、文化传统和宗教信仰，爱护旅游资源，保护生态环境，遵守旅游文明行为规范。

（七）监督批评权

旅游消费者享有对旅游产品和服务以及保护消费者权益工作进行监督的权利。主要包括：旅游消费者有权对旅游产品和服务的质量、价格、态度等进行监督；有权对消费者权益保护工作提出批评与建议；有权对消费者权益保护工作中的违法失职行为进行监督、检举与控告；消费者的利益受到损害时，有权通过报刊、电台、电视台等大众传播媒介进行声援，对有关生产经营者和国家机关的违法失职行为予以“曝光”和批评。

我国各级旅游行政管理部门为实现旅游消费者的监督批评权，均设有监督投诉电话，并且有专门的《旅游投诉处理办法》规范监督投诉的程序与处理要求等。同时，旅游消费者作为普通消费者，也有权向工商、质监、卫生等相关主管部门举报。

【相关法条】

《消费者权益保护法》第十五条规定，消费者享有对商品和服务以及保护消费者权益工作进行监督的权利。消费者有权检举、控告侵害消费者权益的行为和国家机关及其工作人员在保护消费者权益工作中的违法失职行为，有权对保护消费者权益工作提出批评、建议。

《中国公民出国旅游管理办法》第二十三条规定，旅游者对组团社或者旅游团队领队违反本办法规定的行为，有权向旅游行政部门投诉。

（八）依法结社权

旅游消费者享有依法成立维护自身合法权益的社会团体的权利，即建立消费者组织的权利。其包括两方面内容：一是有权要求国家建立代表消费者利益的职能机构；二是有权建立自己的组织，维护自身的合法权益。

旅游消费者行使结社权的必要性体现在：首先，它是宪法规定的公民享有结社权的具体化。其次，它是客观实践的需要。在旅游消费领域，虽然经营者与消费者关系平等，但双方的经济地位在实践中是不平等的，分散的旅游消费者在议价力量、承受能力等方面是势单力薄的，只有组织起来，才能与拥有雄厚的经济实力的经营者相抗衡。最后，体现了国家鼓励全社会共同保护旅游消费者合法权益的精神。旅游消费者社会团体的作用是：组织旅游消费者形成对商品和服务的广泛监督；促使一些侵害旅游消费者权益的行为得到及时惩罚；充当政府和旅游消费者之间的桥梁；指导旅游消费者的消费行为，提高消费者自我保护意识。

（九）获得知识权

获得知识权即旅游消费者享有获得有关旅游消费和消费者权益保护方面的知识的权利。获得有关知识权是知情权、自主选择权等其他权利的重要保障。获得有关知识权的内容：获得有关旅游消费方面的知识的权利，最基本的应当包括有关旅游消费态度的知识、有关商品和服务的基本知识和有关市场的基本知识；获得有关旅游消费者权益保护方面的知识的权利。主要包括有关旅游消费者权益保护的法律、法规、政策、保护机构、争议的解决等方面的知识。

旅游消费者要获得有关知识权的实现，除社会各方面要尽可能开辟多种途径，使旅游消费者获得有关旅游消费和消费者权益保护的知识外，还需要旅游消费者自身的积极努力。因此，法律要求旅游消费者应当努力掌握所需商品或者服务的知识和使用技能，正确使用商品，提高自我保护意识。

其他还包括特定人群特惠权，即残疾人、老年人、未成年人等旅游消费者在旅游活动中依照法律、法规和有关规定享受便利和优惠。

【思考】

“3 · 15”，旅游消费维权知多少？

今天是“3 · 15”消费者权益保护日，为维护旅游消费者的合法权益，东莞市文化广电旅游体育局在此对旅游消费者重点关注的问题答疑解惑，让旅游消费者远离消费陷阱。

问：旅游消费适用《消费者权益保护法》吗？

答：依据《消费者权益保护法》第二条规定：“消费者为生活消费需要购买、使用商品或者接受服务，其权益受本法保护；本法未作规定的，受其他有关法律、法规保护。”旅游消费者购买旅游产品或接受旅游服务是为了满足其个人生活需求，旅游消费属于生活消费的一部分，由此可以看出，旅游消费当然适用《消费者权益保护法》，认为旅游消费不属于《消费者权益保护法》保护的范围是错误的观点。

问：旅游消费者拥有哪些权利呢？

答：根据《消费者权益保护法》，我们将旅游者消费者的主要权利归纳如下：

①安全保障权：旅游者的人身和财产安全是旅游消费者的基础权利。

②知情权：旅游消费者有权知悉其所购买的旅游产品或接受的服务的真实情况。

③自主选择权：旅游消费者有自主选择旅游产品或服务的权利。

④公平交易权：旅游消费者有权拒绝强制购物等行为。

⑤求偿权：旅游消费者在旅游活动中受到人身、财产损害时，享有依法获得赔偿的权利。

⑥结社权：旅游消费者享有依法成立维护自身合法权益的社会团体的权利。

⑦受教育权：旅游消费者享有获得有关消费和消费者权益保护方面知识的权利，如与旅游相关的安全提示、消费方面保护的知识等。

⑧受尊重权：在旅游活动过程中，享有人格尊严、风俗习惯等得到尊重的权利。

⑨监督权：对消费者权益工作进行监督，可提出批评建议，有权控告旅游工作人员的违法失职行为。对侵害权益的行为向有关机关检举、控告，或通过新闻舆论、消费者协会对经营者进行监督。

问：旅游消费主要存在哪些陷阱？

答：①货不对版，虚假宣传。目前，旅游市场竞争十分激烈，部分旅行产品或服务的提供者为吸引消费者，故意夸大事实，隐瞒真实情况宣传其旅游产品或服务，最后往往会出现旅游行程、标准等和合同约定严重不符的现象。

②“低价团”“零付团”泛滥。天下没有免费的午餐，旅行社组织价格明显偏低的旅行团，其盈利方式多为肆意改变行程、降低服务标准、强迫游客参加购物或者自费项目牟利，严重损害消费者的利益。

③购物店陷阱。购物是旅游活动中重要的环节之一，但不少购物店采取用以次充

好，以假冒真的手段，消费者常常被低价和店家“热情”的招揽所吸引，事后才发现商品存在质量问题。

问：旅游消费者怎样才能维护自身的合法权益？

答：①应选择合格正规的旅行社，不要一味追求低价，在签订合同前，要认真阅读合同条款，若有疑问应及时向销售人员询问，对待不公平的格式条款要明确表示反对。

②在进行旅游消费的过程中，要树立权利意识，保留与旅行社签订的有关协议和相关凭证，如合同、行程单、录音等，这是后续维权的重要证据。

③如旅游消费者的合法权益受到侵害时，可以采用先行协商的方式解决，另外，向旅游主管部门投诉是十分有效的方法。如果金额较大或情节较严重的事件，可通过法律途径解决。切记，维权需合法合理，不得侵害其他人的合法权益。

二、旅游消费者的义务

旅游消费者在享有合法权益的同时，也要履行相应的义务。旅游消费者的基本义务是指法律规定的旅游消费者必须履行的法律责任，是社会和国家对旅游消费者最重要、最基本的要求。旅游消费者的基本义务有以下几项：

（一）维护国家统一、安全、荣誉和利益

旅游消费者有维护国家统一和全国各民族团结的义务。维护国家统一是指维护国家主权独立和领土完整，与破坏国家统一的言行作斗争，旅游消费者对此负有责任。维护民族团结的义务是指旅游消费者有责任维护各民族之间的平等、团结和互助关系，同一切破坏民族团结和制造民族分裂的言行作斗争。

国家的安全关系到国家的存亡和发展；国家的荣誉和利益关系到祖国的尊严。维护祖国的安全、荣誉和利益是爱国主义的具体表现，也是每一个旅游消费者的神圣职责。旅游消费者有维护祖国的安全、荣誉和利益的义务，不得有危害祖国的安全、荣誉和利益的行为。

遵守宪法和法律，保守国家秘密。宪法和法律是我国各族人民意志和利益的体现，是保护人民、打击敌人、惩罚犯罪、保障我国改革开放和社会主义现代化建设顺利进行的工具。因此，旅游消费者严格遵守宪法和法律是自己应尽的责任；保守国家秘密，就是旅游消费者要保护关系到国家安全和利益的国家秘密不被泄露和不被遗失。

（二）文明旅游，维护公德

爱护公共财产，遵守劳动纪律，遵守公共秩序，尊重社会公德。爱护公共财产，就是旅游消费者必须爱惜和维护国家和集体的财产，旅游消费者有责任同损害和浪费公共财产的行为作斗争；遵守劳动纪律主要是严格遵守劳动秩序、劳动规则、工作制度和操作规程等；遵守公共秩序，尊重社会公德，既是旅游消费者的法律义务，也是旅游消费者的一种道德要求。

【相关法条】

《旅游法》第十三条规定，旅游消费者在旅游活动中应当遵守社会公共秩序和社会公德，尊重当地的风俗习惯、文化传统和宗教信仰，爱护旅游资源，保护生态环境，遵守旅游文明行为规范。

（三）按照平等互利、诚实信用的原则履行合同的义务

旅游消费者在旅游活动过程中应当依照合同约定并遵守相关规定，包括支付价款、告知义务、配合义务、遵守出入境管理义务等。

例如，为了规避一些因为旅游消费者健康状况引起的风险或事件，旅游消费者应主动将个人健康状况告知旅游经营者，特别是赴高原地区旅游却患有高血压、心脏病等既往病史的。客人在入住饭店时应当支付房费，在景区游览时遵守相关的安全规定等。如果客人拒不履行自己的义务而给他人造成损失的，客人必须承担相应的法律责任。

【相关法条】

《旅游法》第十五条规定，旅游消费者购买、接受旅游服务时，应当向旅游经营者如实告知与旅游活动相关的个人健康信息，遵守旅游活动中的安全警示规定。旅游消费者对国家应对重大突发事件暂时限制旅游活动的措施以及有关部门、机构或者旅游经营者采取的安全防范和应急处置措施，应当予以配合。旅游消费者违反安全警示规定，或者对国家应对重大突发事件暂时限制旅游活动的措施、安全防范和应急处置措施不予配合的，依法承担相应责任。

第十六条规定，出境旅游消费者不得在境外非法滞留，随团出境的旅游消费者不得擅自分团、脱团。入境旅游消费者不得在境内非法滞留，随团入境的旅游消费者不得擅自分团、脱团。

《中华人民共和国出国旅游管理办法》第二十一条规定，旅游者应当遵守旅游目的地国家的法律，尊重当地的风俗习惯，并服从旅游团队领队的统一管理。

第二十二条规定，严禁旅游者在境外滞留不归。旅游者在境外滞留不归的，旅游团队领队应当及时向组团社和中国驻所在国家使领馆报告，组团社应当及时向公安机关和旅游行政部门报告。有关部门处理有关事项时，组团社有义务予以协助。

（四）不损害他人合法权益

遇到消费争议时，应当文明理智、合理合法地主张自己的权利，尽量通过协商解决，只有合法的维权方式，才能得到法律的有效保护。理性消费，作为一名成熟的消费者，不要为所谓的免费使用、换季打折、幸运大奖等活动所迷惑。在消费过程中尽量到正规商家消费，尽量选择自己熟悉或信誉度高且适合自己需要的商品。

【相关法条】

《旅游法》第十四条规定，旅游消费者在旅游活动中或者在解决纠纷时，不得损害当地居民的合法权益，不得干扰他人的旅游活动，不得损害旅游经营者和旅游从业人员的合法权益。

第七十二条规定，旅游者在旅游活动中或者在解决纠纷时，损害旅行社、履行辅助人、旅游从业人员或者其他旅游者的合法权益的，依法承担赔偿责任。

（五）自觉抵制假冒伪劣商品

作为合格的消费者不仅不要购买假劣商品，还应积极抵制假冒伪劣商品，抵制侵犯知识产权的盗版产品，积极参与对商品和服务的社会监督。同时对有可能发生的造假行为进行防范，不让制假、售假分子有可乘之机。

投诉举报的责任。如果购买的商品出现问题，我们广大消费者应积极勇敢地向有关部门投诉举报，主动向行政执法机关提供调查线索，或向厂家建言改进。以避免更多的消费者再次上当受骗，同时让那些坑害消费者的黑心企业早日落马。

三、旅游经营者的义务

旅游经营者的义务是经营者在经营活动中应当履行的责任，即经营者依法必须作出一定的行为或者抑制自己的某种行为。消费者权利的实现在一定程度上是通过经营者的履行义务来实现的。依据《消费者权益保护法》《旅游法》的规定，旅游经营者必须履行下列义务：

（一）依法履行义务

旅游经营者有义务按照法律、法规的规定或者双方的约定为旅游消费者提供商品或者服务。包括：经营者向消费者提供商品或者服务时，应当履行《产品质量法》《食品卫生法》等法律、法规规定的义务；经营者与消费者之间就商品或者服务达成的协议，是一种双务合同，只要这种约定不违背法律、法规的规定，经营者就应当履行与消费者合同约定的义务。

（二）听取意见和接受监督的义务

该项义务的内容包括：经营者要通过有效途径或方式接受消费者的批评和建议，把向消费者提供商品或服务的活动置于消费者有效监督之下。

（三）保障消费者人身和财产安全的义务

该项义务的内容包括：经营者有义务向消费者提供符合要求的商品或服务。经营者提供的商品或服务要符合保障消费者人身、财产安全的要求；对可能危及消费者人身、财物安全的事宜，应当向消费者作出真实的说明和明确的警示，并采取防止危害发生的措施。

（四）不做虚假宣传的义务

该项义务的内容包括：经营者提供的有关商品或者服务的信息必须真实可靠，不得做引人误解的虚假宣传；对商品或者服务的质量、使用方法应当作出真实明确的答复；提供商品或者服务应明码标价。

（五）有向消费者出具购货凭证或服务单据的义务

该项义务的内容包括：经营者提供商品或者服务，应当按国家有关规定或商业惯例向消费者出具购货凭证或服务单据；消费者索要购货凭证或服务单据时，经营者不得拒绝。因为购货凭证或服务单据是消费者和经营者之间合同关系成立的重要证据，它对保护消费者的合法权益至关重要。商业惯例则是指某个行业的经营者在提供商品或者服务时普遍遵循的做法，虽然不是国家法律、法规的规定，但却被有关的经营者所公认和遵守，在维护正常的交易秩序、保护消费者权益方面也发挥着重要的作用。

（六）承担“三包”和其他责任的义务

该项义务的内容包括：经营者按照规定或者约定对商品承担包修、包换、包退的责任或者其他责任；根据不同服务行业的特点，按照国家有关规定或者合同约定对其提供的服务承担责任，不得故意拖延或者无理拒绝履行有关义务。

（七）经营者不得从事不公平、不合理的交易

该项义务的内容包括：经营者不得以格式合同、通知、声明、店堂告示等方式作出对消费者不公平、不合理的规定；不得以上述方式减轻、免除其损害消费者合法权益应承担的民事责任。否则，上述方式的内容无效。

（八）尊重消费者人身权利的义务

经营者不得对消费者进行侮辱、诽谤，不得搜查消费者的身体及其携带的物品，不得侵犯消费者的人身自由。

第二节　旅游消费者权益的保护

一、国家的保护

保护旅游消费者合法权益是国家应尽的职责，由立法机关、行政机关、司法机关通过采取相应措施来实现。

（一）国家对旅游消费者合法权益的立法保护

完善的法律、法规、政策体系是国家保护旅游消费者合法权益的基础和依据。国家对旅游消费者合法权益的立法保护表现在：

（1）法律规定国家采取立法措施保护旅游消费者合法权益；

（2）国家制定有关旅游消费者权益的法律、法规和政策时，应当根据不同情况、通过不同方式听取旅游消费者的意见和要求。

（二）国家对旅游消费者合法权益的行政保护

在行政保护措施中，《消费者权益保护法》加重了各级人民政府和市场监督管理部门的责任，通过相应条款将各级人民政府作为该法的主要实施者，并将市场监督管理部门作为该法的主要行政执法机关。各级人民政府通过行使领导权、监督权来履行保护旅游消费者合法权益的职责。

有关行政部门通过行政执法来履行保护旅游消费者合法权益的职责。承担保护职责的有关行政执法机关主要是市场监督管理部门，此外，还有卫生监督管理部门、进出口商品检验部门、各行业主管部门等。

按照国家有关规定，行业主管部门负有对所属行业经营者监督管理之职责。据此，旅游行政主管部门保护旅游消费者合法权益的责任在于：加强对旅游经营者的管理，防止损害旅游消费者利益行为的发生，对已出现的问题积极进行调查处理，并强化有关旅游消费者权益的服务职能；认真听取旅游消费者、消费者协会及其他保护旅游消费者权益的社会团体对旅游经营者的交易行为、商品和服务质量问题的意见，及时调查处理。

（三）国家对旅游消费者合法权益的司法保护

负有惩处旅游经营者在提供商品和服务中侵害旅游消费者合法权益的违法犯罪行为职责的公安机关、检察机关、审判机关，应当依照法律、法规履行职责。人民法院应当采取措施，方便旅游消费者提起诉讼。对符合《民事诉讼法》起诉条件的消费者权益争议，必须受理，及时审理。

二、旅游消费者组织的保护

旅游消费者组织，目前主要是指中国旅游消费者协会和地方各级旅游消费者协会，它们是依法成立的对旅游商品和旅游服务进行社会监督的保护旅游消费者合法权益的社会团体。《消费者权益保护法》对旅游消费者组织的范围、性质、设立、任务等作了规定。

(一) 旅游消费者协会的职能

旅游消费者协会，作为旅游消费者组织的主要类型，在人民政府支持下，其职能是：

(1) 向旅游消费者提供消费信息和咨询服务；

(2) 参与有关行政部门对旅游商品和旅游服务的监督、检查；

(3) 就有关旅游消费者合法权益问题，向有关行政部门反映、查询，提出建议；

(4) 受理旅游消费者投诉，并对投诉事项进行调查、调解；

(5) 投诉事项涉及旅游商品和旅游服务质量问题的，可以提请鉴定部门鉴定。鉴定部门应当告知鉴定结论；

(6) 对损害旅游消费者合法权益的行为，支持受损害的旅游消费者提起诉讼；

(7) 对损害旅游消费者合法权益的行为，通过大众传播媒介予以揭露、批评。

(二) 旅游消费者组织的权利限制

维护旅游消费者合法权益是旅游消费者组织的宗旨，法律通过赋予其职能来实现旅游消费者权利的保护。为保证旅游消费者组织的公正性和独立性，发挥其应有的作用，很好地担当起法律赋予的重任，《消费者权益保护法》作出的禁止性规定有：一是旅游消费者组织不得从事经营活动和营利性服务；二是旅游消费者组织不得以牟利为目的向社会推荐旅游商品和旅游服务。

三、旅游消费者权益争议的解决

旅游消费者权益争议是指旅游消费者与旅游经营者之间因旅游消费者权益问题而发生的纠纷，主要是合同纠纷和侵权纠纷。由于赔偿主体和赔偿程序与争议的解决密切相关，因而《消费者权益保护法》不仅规定了争议解决的途径，而且规定了现实生活中反映比较强烈、问题比较严重的几种特殊的赔偿主体和程序。

(一) 争议解决的途径

旅游消费者与旅游经营者之间的权益争议，从法律性质上看，属民事权益争议的范畴。解决争议的途径为：

1. 与旅游经营者协商和解

自行协商和解是一种简便快捷的有效方法，旅游纠纷的当事人在自愿平等的基础上，依据法律规定、政策或合同条款，直接就纷争进行交涉和谈判，最终达成和解协议。

2. 调解

调解是一种非诉讼纠纷解决方式，是在第三方主持下，依据法律规定、合同条款、社会公序良俗等对纠纷双方进行劝说，帮助其沟通交流，促使他们相互谅解并进行协商，自愿达成协议，消除纷争。

调解是在中立第三方介入下进行的，具有合法性，但调解协议本身不具有国家强制性。包括：民间组织调解，如消费者协会调解；行政机关调解，如旅游投诉处理机构的调解；法院调解，又称为诉讼内调解，《民事诉讼法》明确规定判决前能够调解的，可以进行调解，调解不成的，应及时判决。

3. 根据与旅游经营者达成的仲裁协议提请仲裁

所谓仲裁，是指纠纷当事人在纠纷发生前或发生后达成自愿提交仲裁的合意，将纠纷提交给双方共同选定的中立第三方进行裁决。我国于 1995 年 9 月 1 日起施行《中华人民共和国仲裁法》（以下简称《仲裁法》）。

根据裁决纠纷的法律性质不同，仲裁分为商事仲裁、劳动仲裁、海事仲裁等。狭义的旅游纠纷属民商事纠纷，适用商事仲裁。

仲裁具有以下特点：

（1）合意性，纠纷双方当事人达成仲裁合意，表现为合同中订立的仲裁条款，或其他书面仲裁请求协议。

（2）简便性，仲裁实行“一裁终局”制度，没有上诉程序，仲裁裁决一经作出即发生法律效力，程序更简便。当事人不得就同一纠纷再次申请仲裁或向人民法院起诉。

（3）中立性，仲裁申请基于当事人双方的合意，仅一方申请的不能启动仲裁。仲裁机构之间不实行级别管辖和地域管辖，各机构之间彼此互不隶属。

（4）专业性，《仲裁法》规定了仲裁员应当由法律、经济贸易专家和有实际工作经验的人担任，专家在仲裁委员会的组成人员中不得少于三分之二。

（5）强制性，仲裁一经作出即产生法律效力，对于生效的仲裁裁决，当事人应当履行。一方当事人不履行的，另一方可以向人民法院申请强制执行。

4. 向人民法院起诉

民事诉讼程序解决的旅游纠纷一般是旅游消费者和旅游经营主体之间的合同纠纷或侵权纠纷。合同纠纷是指因合同的不（能）履行或不（能）完全履行而在合同双方当事人之间发生的争议。侵权纠纷是指行为人侵害他人人身权利、财产权益和其他合法权益而导致损害赔偿产生的纠纷。

民事诉讼是最规范、最正式的纠纷解决方式，纠纷裁决具有国家强制力做保障。

【相关法条】

《旅游法》第九十二条规定，旅游消费者与旅游经营者发生纠纷，可以通过下列途径解决：（一）双方协商；（二）向消费者协会、旅游投诉受理机构或者有关调解组织申请调解；（三）根据与旅游经营者达成的仲裁协议提请仲裁机构仲裁；（四）向人民法院提起诉讼。

第九十三条规定，消费者协会、旅游投诉受理机构和有关调解组织在双方自愿的基础上，依法对旅游消费者与旅游经营者之间的纠纷进行调解。

第九十四条规定，旅游消费者与旅游经营者发生纠纷，旅游消费者一方人数众多并有共同请求的，可以推选代表人参加协商、调解、仲裁、诉讼活动。

（二）赔偿主体及赔偿程序

法律根据不同情况规定了赔偿主体及程序。

旅游消费者在购买、使用商品时，其合法权益受到损害，可以向销售者要求赔偿。属于生产者的责任或属于向销售者提供商品的其他销售者的责任，销售者赔偿后，有权向生产者或者其他销售者追偿。因商品缺陷造成人身、财产损害的，可以向销售者要求赔偿，也可以向生产者要求赔偿。属于生产者责任的，销售者赔偿后，有权向生产者追偿。属于销售者责任的，生产者赔偿后，有权向销售者追偿。消费者在接受服务时，其合法权益受到损害的，可以向服务者要求赔偿。

旅游消费者在购买、使用商品或者接受服务时，其合法权益受到损害，因原企业分立、合并的，可以向变更后承受其权利义务的企业要求赔偿。

使用他人营业执照的违法经营者提供旅游商品或者服务，损害旅游消费者合法权益的，旅游消费者可以向其要求赔偿，也可以向营业执照的持有人要求赔偿。

旅游消费者在展销会、租赁柜台购买旅游商品或者接受旅游服务，合法权益受到损害的，可以向销售者或者服务者要求赔偿。展销会结束或者柜台租赁期满后，也可以向展销会的举办者、柜台的出租者要求赔偿。展销会的举办者、柜台的出租者赔偿后，有权向销售者或者服务者追偿。

旅游消费者因旅游经营者利用虚假广告提供旅游商品或者旅游服务使其合法权益受到损害的，可以向旅游经营者要求赔偿。广告经营者发布虚假广告的，旅游消费者可以请求行政主管部门予以惩处。广告的经营者不能提供旅游经营者的真实名称、地址的，应承担赔偿责任。

第三节　旅游投诉与处理

旅游纠纷是在旅游活动中旅游法律关系主体之间发生的各种争议、矛盾和冲突，旅游投诉主要是旅游者就其与旅游经营者之间的纠纷采取的一种维权方式，旅游投诉制度是处理旅游纠纷五种方式（协商、调解、仲裁、诉讼、投诉）中最具旅游特色的一种。《旅游法》《民法典》《消费者权益保护法》《旅游投诉处理办法》等是旅游纠纷投诉解决的主要依据。《旅游投诉处理办法》是国家旅游局出台的第32号法令，2010年1月4日经国家旅游局第一次局长办公会议审议通过，并自2010年7月1日起施行。

一、旅游投诉的概念

（一）旅游投诉

《旅游投诉处理办法》第二条规定，本办法所称旅游投诉，是指旅游者认为旅游经营者损害其合法权益，请求旅游行政管理部门、旅游质量监督管理机构或者旅游执法机构（以下统称“旅游投诉处理机构”），对双方发生的民事争议进行处理的行为。

旅游投诉是旅游法律关系当事人除采取协商、调解、仲裁、诉讼方式解决旅游纠纷之外，请求旅游行政管理部门维护其合法权益的一种方式。当事人投诉后，由旅游投诉处理机构作出的处理决定，即行政裁决，具有准司法行为的性质。这种行政裁决是行政机关解决一定范围内带有民事性质的争议案件的活动，属于行政裁判行为的一种。行政裁判分为行政裁决和行政复议。前者用于行政机关处理公民与法人之间的争议，后者用于解决公民与行政机关之间的争议。

【相关法条】

《旅游投诉处理办法》第三条规定，旅游投诉处理机构应当在其职责范围内处理旅游投诉。地方各级旅游行政主管部门应当在本级人民政府的领导下，建立、健全相关行政管理部门共同处理旅游投诉的工作机制。

第四条规定，旅游投诉处理机构在处理旅游投诉中，发现被投诉人或者其从业人员有违法或犯罪行为的，应当按照法律、法规和规章的规定，作出行政处罚、向有关行政管理部门提出行政处罚建议或者移送司法机关。

（二）旅游投诉的管辖

旅游投诉管辖是指各级旅游投诉处理机构和同级机构，在受理旅游投诉时的分工和权限划分，以属地管辖为主。

《旅游投诉处理办法》规定，旅游投诉由旅游合同签订地或者被投诉人所在地县级以上地方旅游投诉处理机构管辖。需要立即制止、纠正被投诉人的损害行为的，应当由损害行为发生地旅游投诉处理机构管辖。

上级旅游投诉处理机构有权处理下级旅游投诉处理机构管辖的投诉案件。发生管辖争议的，旅游投诉处理机构可以协商确定，或者报请共同的上级旅游投诉处理机构指定管辖。

【相关法条】

《旅游法》第九十一条规定，县级以上人民政府应当指定或者设立统一的旅游投诉受理机构。受理机构接到投诉，应当及时进行处理或者移交有关部门处理，并告知投诉者。

旅游投诉的处理程序是指旅游投诉过程中从受理投诉者的投诉，到最终问题解决可能要经历的调查、调解、处理、处罚、复议和起诉等基本程序。这些程序有些是必经程序，有些是选择程序。由投诉当事人和投诉受理机关视情况而定。

二、旅游者投诉

（一）投诉方式

《旅游投诉处理办法》第十一条规定，旅游投诉一般应当采取书面形式，一式两份，并载明下列事项：

（1）投诉人的姓名、性别、国籍、通讯地址、邮政编码、联系电话及投诉日期；

（2）被投诉人的名称、所在地；

（3）投诉的要求、理由及相关的事实根据。

第十二条规定，投诉事项比较简单的，投诉人可以口头投诉，由旅游投诉处理机构进行记录或者登记，并告知被投诉人；对于不符合受理条件的投诉，旅游投诉处理机构可以口头告知投诉人不予受理及其理由，并进行记录或者登记。

第十三条规定，投诉人委托代理人进行投诉活动的，应当向旅游投诉处理机构提交授权委托书，并载明委托权限。

（二）投诉条件

旅游投诉应当符合下列条件：

（1）投诉人与投诉事项有直接利害关系；

（2）有明确的被投诉人、具体的投诉请求、事实和理由。

旅游投诉人是指与本案有关的旅游者、海外旅行商、国内旅游经营者和有关从业人员；他们必须与本案有直接的财产关系或人身关系，通常情况下表现为旅游投诉人在财产或人身上受到了损害，向旅游行政管理机关提出投诉。旅游投诉人有权了解投诉的处理情况；有权请求调解；有权与被投诉人和解；有权放弃或变更投诉请求。投诉人必须按旅游投诉规定的条件、范围投诉；按投诉要求向旅游投诉管理机关递交诉状，并按被投诉者数提出副本；递交诉状确有困难的，可以口诉，由旅游投诉管理机关记入笔录，并由本人签字。

【相关法条】

《旅游投诉处理办法》第十四条规定，投诉人4人以上，以同一事由投诉同一被投诉人的，为共同投诉。

共同投诉可以由投诉人推选1至3名代表进行投诉。代表人参加旅游投诉处理机构处理投诉过程的行为，对全体投诉人发生效力，但代表人变更、放弃投诉请求或者进行和解，应当经全体投诉人同意。

被投诉人是与旅游投诉人相对的一方，被控侵犯旅游投诉人权益，需要追究行政责任、民事责任，并经旅游行政管理部门通知其应诉的人。主要指旅游经营者和旅游从业人员。被投诉人的权利是有权与投诉人自行和解；有权依据事实，反驳投诉请求，提出申辩，请求保护其合法权益。义务是应当在接到通知之日起30日内作出书面答复；应当协助旅游投诉机关调查核实旅游投诉，提出证据，不得隐瞒情况阻碍调查工作；确有过错并损害投诉者利益的，应主动赔礼道歉，赔偿损失，争取与投诉者和解。

三、投诉的处理

（一）受理范围

《旅游投诉处理办法》规定，投诉人可以就下列事项向旅游投诉处理机构投诉：

（1）认为旅游经营者违反合同约定的；

（2）因旅游经营者的责任致使投诉人人身、财产受到损害的；

（3）因不可抗力、意外事故致使旅游合同不能履行或者不能完全履行，投诉人与被投诉人发生争议的；

（4）其他损害旅游者合法权益的。

《旅行社条例实施细则》第五十五条也规定，因下列情形之一，给旅游者的合法权益造成损害的，旅游者有权向县级以上旅游行政管理部门投诉：

（1）旅行社违反《旅行社条例》和本实施细则规定的；

（2）旅行社提供的服务，未达到旅游合同约定的服务标准或者档次的；

（3）旅行社破产或者其他原因造成旅游者预交旅游费用损失的。

（二）不受理范围

下列情形不予受理：

（1）人民法院、仲裁机构、其他行政管理部门或者社会调解机构已经受理或者处理的；

（2）旅游投诉处理机构已经作出处理，且没有新情况、新理由的；

（3）不属于旅游投诉处理机构职责范围或者管辖范围的；

（4）超过旅游合同结束之日90天的；

（5）不符合上面规定的旅游投诉受理条件的；

（6）规定情形之外的其他经济纠纷。

不属于受理范围的，旅游投诉处理机构应当及时告知投诉人向有管辖权的旅游投诉处理机构或者有关行政管理部门投诉。

（三）受理程序

《旅游投诉处理办法》规定，旅游投诉处理机构接到投诉，应当在5个工作日内决定是否受理：

（1）投诉符合本办法的，予以受理。旅游投诉处理机构处理旅游投诉，应当立案办理，填写《旅游投诉立案表》，并附有关投诉材料，在受理投诉之日起5个工作日内，将《旅游投诉受理通知书》和投诉书副本送达被投诉人。

对于事实清楚、应当即时制止或者纠正被投诉人损害行为的，可以不填写《旅游投诉立案表》和向被投诉人送达《旅游投诉受理通知书》，但应当对处理情况进行记录存档。

（2）投诉不符合本办法的，应当向投诉人送达《旅游投诉不予受理通知书》，告知不予受理的理由；

（3）依照有关法律、法规和本办法规定，本机构无管辖权的，应当以《旅游投诉转办通知书》或者《旅游投诉转办函》，将投诉材料转交有管辖权的旅游投诉处理机构或者其他有关行政管理部门，并书面告知投诉人。

【相关法条】

《旅游法》第八十八条规定，县级以上人民政府旅游主管部门和有关部门，在履行监督检查职责中或者在处理举报、投诉时，发现违反本法规定行为的，应当依法及时作出处理；对不属于本部门职责范围的事项，应当及时书面通知并移交有关部门查处。

（四）投诉人与被投诉人答复

《旅游投诉处理办法》第十八条规定，被投诉人应当在接到通知之日起10日内作出书面答复，提出答辩的事实、理由和证据。

第十九条规定，投诉人和被投诉人应当对自己的投诉或者答辩提供证据。

（五）审查

第二十条规定，旅游投诉处理机构应当对双方当事人提出的事实、理由及证据进行审查。旅游投诉处理机构认为有必要收集新的证据，可以根据有关法律、法规的规定，自行收集或者召集有关当事人进行调查。

第二十一条规定，需要委托其他旅游投诉处理机构协助调查、取证的，应当出具《旅游投诉调查取证委托书》，受委托的旅游投诉处理机构应当予以协助。

第二十二条规定，对专门性事项需要鉴定或者检测的，可以由当事人双方约定的鉴定或者检测部门鉴定。没有约定的，当事人一方可以自行向法定鉴定或者检测机构申请鉴定或者检测。

鉴定、检测费用按双方约定承担。没有约定的，由鉴定、检测申请方先行承担；达成调解协议后，按调解协议承担。鉴定、检测的时间不计入投诉处理时间。

（六）调解制度

《旅游投诉处理办法》第十六条规定，旅游投诉处理机构处理旅游投诉，除本办法另有规定外，实行调解制度。旅游投诉处理机构应当在查明事实的基础上，遵循自愿、合法的原则进行调解，促使投诉人与被投诉人相互谅解，达成协议。

第二十三条规定，在投诉处理过程中，投诉人与被投诉人自行和解的，应当将和解结果告知旅游投诉处理机构；旅游投诉处理机构在核实后应当予以记录并由双方当事人、投诉处理人员签名或者盖章。

第二十四条规定，旅游投诉处理机构受理投诉后，应当积极安排当事双方进行调解，提出调解方案，促成双方达成调解协议。

（七）处理结果

《旅游投诉处理办法》第二十五条规定，旅游投诉处理机构应当在受理旅游投诉之日起60日内，作出以下处理：

（1）双方达成调解协议的，应当制作《旅游投诉调解书》，载明投诉请求、查明的事实、处理过程和调解结果，由当事人双方签字并加盖旅游投诉处理机构印章；

（2）调解不成的，终止调解，旅游投诉处理机构应当向双方当事人出具《旅游投诉终止调解书》。

调解不成的，或者调解书生效后没有执行的，投诉人可以按照国家法律、法规的规定，向仲裁机构申请仲裁或者向人民法院提起诉讼。

在下列情形下，经旅游投诉处理机构调解，投诉人与旅行社不能达成调解协议的，旅游投诉处理机构应当作出划拨旅行社质量保证金赔偿的决定，或向旅游行政管理部门提出划拨旅行社质量保证金的建议：

（1）旅行社因解散、破产或者其他原因造成旅游者预交旅游费用损失的；

（2）因旅行社中止履行旅游合同义务、造成旅游者滞留，而实际发生了交通、食宿或返程等必要及合理费用的。

（八）公布制度

旅游投诉处理机构应当每季度公布旅游者的投诉信息。

旅游投诉处理机构应当使用统一规范的旅游投诉处理信息系统。

旅游投诉处理机构应当为受理的投诉制作档案并妥善保管相关资料。

（九）复议程序和起诉程序

旅游投诉管理机关处理完投诉案件后，投诉者或被投诉者对旅游投诉管理机关作出的处理决定或行政处罚决定不服的，可以在接到处理决定通知之日起 15 日内向上一级旅游投诉管理机关申请复议一次，也可以直接向人民法院提出民事诉讼。对复议决定不服的，可在接到复议决定之日起 15 日内，向人民法院提出行政诉讼。对逾期不申请复议，也未向人民法院提起诉讼的，处理决定届时生效，当事人应按照处理决定履行自己的义务，否则，由作出处理决定的旅游投诉管理机关向人民法院申请强制执行。

【思考】

突发灾情影响旅程 游客权益如何保障

案情简介：2021 年 6 月，游客王某一行 4 人报名参加山西某旅行社组织的山西省内两日游，行程日期为 7 月 17 日至 18 日，团费总计 1600 元。7 月 5 日，气象台发布预警：7 月 11 日起山西省忻州地区将会出现强降雨天气，降雨持续 10 天左右。为确保游客生命财产安全，忻州市政府决定自 7 月 11 日起至 7 月 21 日，五台山等景区暂停接待游客。

得知此情况，旅行社第一时间与王某取得联系，告知无法按预定时间游览，并提出延迟合同履行期限，变更出行日期。王某不同意延期，要求旅行社全额退款。旅行社提出部分费用已支付且不可退还，因此需扣除已发生的费用。双方多次协商无法达成一致，王某向旅游投诉处理机构投诉，要求旅行社全额退款。

接到投诉后，旅游投诉处理机构对此案立即进行调查核实。经调解，因旅行社未能提供有效扣款凭证，旅行社同意全额退款，王某对处理结果表示满意。

分析：《中华人民共和国民法典》第一百八十条规定："不可抗力是不能预见、不能避免且不能克服的客观情况。"不可抗力的来源既有自然现象，如地震、台风、暴雨、雪灾等，也包括社会现象。本案中，旅行团因突发汛情、景区暂停营业无法成行，属于不可抗力事件导致合同无法继续履行。《中华人民共和国旅游法》第六十七条规定："因不可抗力或者旅行社、履行辅助人已尽合理注意义务仍不能避免的事件，影响旅游行程的，按照下列情形处理：（一）合同不能继续履行的，旅行社和旅游者均可以解除合同。合同不能完全履行的，旅行社经向旅游者作出说明，可以在合理范围内变更合同；旅游者不同意变更的，可以解除合同。（二）合同解除的，组团社应当在扣除已向地接社或者履行辅助人支付且不可退还的费用后，将余款退还旅游者；合同变更的，因此增加的费用由旅游者承担，减少的费用退还旅游者。（三）危及旅游者人身、财产安全的，旅行社应当采取相应的安全措施，因此支出的费用，由旅行社与旅游者分担。（四）造成旅游者滞留的，旅行社应当采取相应的安置措施。因此增加的食宿费用，由旅游者承担；增加的返程费用，由旅行社与旅游者分担。"

本案中，旅行社未能提供已支付相关费用且不能退回的凭证材料，因此需承担举证不能的法律后果，将全款退还旅游者。

问：因不可抗力引起旅行社退款的投诉较多，旅行社如何减少损失，保护旅行社和游客双方的权益？

第四节　侵犯旅游消费者权益的法律责任

旅游经营者违反《消费者权益保护法》的规定，给旅游消费者造成损害的，需承担相应的法律责任。

一、民事责任

《消费者权益保护法》第七章关于法律责任有明确的规定：

（1）经营者提供商品或者服务，造成消费者或者其他受害人人身伤害的，应当赔偿医疗费、护理费、交通费等为治疗和康复支出的合理费用，以及因误工减少的收入。造成残疾的，还应当赔偿残疾生活辅助具费和残疾赔偿金。造成死亡的，还应当赔偿丧葬费和死亡赔偿金。

（2）经营者侵害消费者的人格尊严、侵犯消费者人身自由或者侵害消费者个人信息依法得到保护的权利的，应当停止侵害、恢复名誉、消除影响、赔礼道歉，并赔偿损失。

（3）经营者有侮辱诽谤、搜查身体、侵犯人身自由等侵害消费者或者其他受害人人身权益的行为，造成严重精神损害的，受害人可以要求精神损害赔偿。

（4）经营者提供商品或者服务，造成消费者财产损害的，应当依照法律规定或者当事人约定承担修理、重作、更换、退货、补足商品数量、退还货款和服务费用或者赔偿损失等民事责任。

（5）经营者以预收款方式提供商品或者服务的，应当按照约定提供。未按照约定提供的，应当按照消费者的要求履行约定或者退回预付款；并应当承担预付款的利息、消费者必须支付的合理费用。

（6）依法经有关行政部门认定为不合格的商品，消费者要求退货的，经营者应当负责退货。

（7）经营者提供商品或者服务有欺诈行为的，应当按照消费者的要求增加赔偿其受到的损失，增加赔偿的金额为消费者购买商品的价款或者接受服务的费用的三倍；增加赔偿的金额不足五百元的，为五百元。法律另有规定的，依照其规定。

经营者明知商品或者服务存在缺陷，仍然向消费者提供，造成消费者或者其他受害人死亡或者健康严重损害的，受害人有权要求经营者依照相关法律规定赔偿损失外，并有权要求所受损失二倍以下的惩罚性赔偿。

经营者违反本法规定，应当承担民事赔偿责任和缴纳罚款、罚金，其财产不足以同时支付的，先承担民事赔偿责任。

【相关法条】

《消费者权益保护法》第四十八条规定，经营者提供商品或者服务有下列情形之一的，除本法另有规定外，应当依照其他有关法律、法规的规定，承担民事责任：

（一）商品或者服务存在缺陷的；

（二）不具备商品应当具备的使用性能而出售时未作说明的；

（三）不符合在商品或者其包装上注明采用的商品标准的；

（四）不符合商品说明、实物样品等方式表明的质量状况的；
（五）生产国家明令淘汰的商品或者销售失效、变质的商品的；
（六）销售的商品数量不足的；
（七）服务的内容和费用违反约定的；
（八）对消费者提出的修理、重作、更换、退货、补足商品数量、退还货款和服务费用或者赔偿损失的要求，故意拖延或者无理拒绝的；
（九）法律、法规规定的其他损害消费者权益的情形。
经营者对消费者未尽到安全保障义务，造成消费者损害的，应当承担侵权责任。

二、行政责任

（一）法律规定的承担行政责任的情形

《消费者权益保护法》规定，经营者有下列情形之一，除承担相应的民事责任外，其他有关法律、法规对处罚机关和处罚方式有规定的，依照法律、法规的规定执行；法律、法规未作规定的，由市场监督管理部门或者其他有关行政部门责令改正，可以根据情节单处或者并处警告、没收违法所得、处以违法所得一倍以上十倍以下的罚款，没有违法所得的，处以五十万元以下的罚款；情节严重的，责令停业整顿、吊销营业执照：

（1）提供的商品或者服务不符合保障人身、财产安全要求的；
（2）在商品中掺杂、掺假，以假充真，以次充好，或者以不合格商品冒充合格商品的；
（3）生产国家明令淘汰的商品或者销售失效、变质的商品的；
（4）伪造商品的产地，伪造或者冒用他人的厂名、厂址，篡改生产日期，伪造或者冒用认证标志等质量标志的；
（5）销售的商品应当检验、检疫而未检验、检疫或者伪造检验、检疫结果的；
（6）对商品或者服务作虚假或者引人误解的宣传的；
（7）拒绝或者拖延有关行政部门责令对缺陷商品或者服务采取停止销售、警示、召回、无害化处理、销毁、停止生产或者服务等措施的；
（8）对消费者提出的修理、重作、更换、退货、补足商品数量、退还货款和服务费用或者赔偿损失的要求，故意拖延或者无理拒绝的；
（9）侵害消费者人格尊严、侵犯消费者人身自由或者侵害消费者个人信息依法得到保护的权利的；
（10）法律、法规规定的对损害消费者权益应当予以处罚的其他情形。

经营者有前款规定情形的，除依照法律、法规规定予以处罚外，处罚机关应当记入信用档案，向社会公布。

国家机关工作人员玩忽职守或者包庇经营者侵害消费者合法权益的行为的，由其所在单位或者上级机关给予行政处分。

并规定，经营者对行政处罚决定不服的，可以自收到处罚决定之日起 15 日内向上一级机关申请复议，对复议决定不服的，可以自收到复议决定之日起 15 日内向人民法院提起诉讼，也可以直接向人民法院提起诉讼。

（二）主要的行政处罚

2013 年施行的《旅游行政处罚办法》第四条规定，旅游行政处罚的种类包括：
（1）警告；
（2）罚款；
（3）没收违法所得；
（4）暂停或者取消出国（境）旅游业务经营资格；
（5）责令停业整顿；
（6）暂扣或者吊销导游证、领队证；
（7）吊销旅行社业务经营许可证；
（8）法律、行政法规规定的其他种类。

三、刑事责任

《消费者权益保护法》规定，经营者违反本法规定提供商品或者服务，侵害消费者合法权益，构成犯罪的，依法追究刑事责任。

（1）经营者提供商品或者服务，造成消费者或者其他受害人死亡，构成犯罪的，由司法机关依法追究刑事责任。

（2）以暴力、威胁等方法阻碍有关行政部门工作人员依法执行公务的，依法追究刑事责任；拒绝、阻碍有关行政部门工作人员依法执行公务，未使用暴力、威胁方法的，由公安机关依照《中华人民共和国治安管理处罚条例》的规定处罚。

（3）国家机关工作人员玩忽职守或者包庇经营者侵害消费者合法权益的行为的，情节严重，构成犯罪的，依法追究刑事责任。

重要概念

旅游消费者权益
旅游消费者义务
旅游纠纷
旅游投诉
旅游投诉处理

练习题

1. 怎样理解旅游消费者的合法权益的概念和内容？
2. 在享有合法权益的同时，旅游消费者需要履行哪些义务？
3. 如何实现旅游者合法权益的保护？
4. 旅游投诉要符合哪些条件？旅游投诉应注意的法定程序有哪些？
5. 根据《消费者权益保护法》的规定，旅游经营者侵犯消费者权益的法律责任有哪些情形？

案例解析

线路与广告不符

案例综述：张某在某报纸上见到某旅行社新推出的一条旅游线路广告。该广告称，这条线路在目前同类旅游线路中价格最便宜、项目最齐全。于是，张某交付了此线路的旅游费用，并按时参加了该旅行社组织的旅游活动。可是在旅游过程中，张某发现实际情况与广告和说明介绍并不相符，有许多景点根本没有游到。因此，张某要求退还部分费用，但旅行社拒绝退款。张某向法院起诉，要求旅行社退款。

问：

1. 请剖析案例中的法律关系、法律责任。
2. 请列出相关法条。

研习作业

1. 从近期新闻中找到一个与旅游者消费者权益保障相关的法律事件，进行案例分析，要求完成以下四部分内容：案例综述、法律关系、法律责任、相关法条。
2. 试以某一具体事件为例剖析旅游者的基本权利。
3. 试以某一具体事件为例分析旅游者维护合法权益的主要途径。

第三章　合同与旅游服务合同

学习目标

理论学习	能力培养
1. 合同的基本概念 2. 合同订立与效力 3. 合同变更与解除 4. 违约责任	1. 掌握旅游服务合同履行原则 2. 熟悉旅游服务合同、合同当事人的权利义务 3. 辨析各类案例中的违约责任构成要件与责任承担方式 4. 旅游合同履行与不可抗力、意外事件处理

导入案例

航班取消滞留西双版纳

李某等15名大连旅游者参加某旅行社组织的“云南4飞8日游”。合同约定应于2019年5月10日乘飞机从西双版纳返回昆明。但由于大雾和雷电天气，预定航班被取消。旅行社为了确保5月11日准时乘上昆明至大连的航班，拟改乘大巴返回昆明。经与旅游者协商未达成一致，旅游者坚持按原约定乘机返回昆明，由此滞留西双版纳4天直至乘机返回昆明。李某等为此投诉旅行社，要求旅行社承担违约责任，并支付他们滞留西双版纳期间的食宿费用和误工费。

问：游客诉求是否合理？损失由谁承担？

旅游是一种大众化的经济、社会、文化活动，具有十分明显的综合性特点。在旅游活动过程中，要使旅游者的食、住、行、游、购、娱六个方面全面满足，一刻也离不开旅游饭店、旅游交通、旅游商店和旅游景点与旅行社之间的相互配合。各旅游相关部门在相互配合的过程中，必然会产生一系列的民事法律行为，形成民事法律关系。这种关系又必须以一定的形式固定下来，使之具有合法性和有效性，于是旅游合同便产生了。全面贯彻落实《旅游法》的关键之一就是要准确把握《旅游法》关于旅游服务合同的民事法律规范，通过明确旅游活动各方当事人的权利义务，体现《旅游法》的普遍适用性。通过规范示范文本引导行业自律，把法律的强制性规范变成行业的自觉规范。

第一节 合同的订立

我国曾先后制定了《中华人民共和国经济合同法》《中华人民共和国涉外经济合同法》和《中华人民共和国技术合同法》三部合同法。1999 年 3 月 15 日，第九届全国人大二次会议审议通过了完全取代原有三部合同法的统一的、新的《中华人民共和国合同法》，并于 1999 年 10 月 1 日起施行。2020 年 5 月 28 日，第十三届全国人大三次会议表决通过了《中华人民共和国民法典》，自 2021 年 1 月 1 日起施行。《中华人民共和国婚姻法》《中华人民共和国继承法》《中华人民共和国民法通则》《中华人民共和国收养法》《中华人民共和国担保法》《中华人民共和国合同法》《中华人民共和国物权法》《中华人民共和国侵权责任法》《中华人民共和国民法总则》同时废止。

《中华人民共和国民法典》被称为“社会生活的百科全书”，是新中国第一部以法典命名的法律，在法律体系中居于基础性地位，也是市场经济的基本法。《中华人民共和国民法典》共七编、一千二百六十条，各编依次为总则、物权、合同、人格权、婚姻家庭、继承、侵权责任，以及附则。本章主要介绍合同的相关法规。

一、合同的概念

《民法典》第四百六十四条规定，合同是民事主体之间设立、变更、终止民事法律关系的协议。在中华人民共和国境内履行的中外合资经营企业合同、中外合作经营企业合同、中外合作勘探开发自然资源合同，适用中华人民共和国法律。

第四百九十五条规定，当事人约定在将来一定期限内订立合同的认购书、订购书、预订书等，构成预约合同。当事人一方不履行预约合同约定的订立合同义务的，对方可以请求其承担预约合同的违约责任。

具有如下特征：

（1）合同是双方的法律行为，即需要两个或两个以上的当事人互为意思表示（意思表示就是将能够发生民事法律效果的意思表现于外部的行为）；

（2）双方当事人意思表示须达成协议，即意思表示要一致；

（3）合同系以发生、变更、终止民事法律关系为目的；

（4）合同是当事人在符合法律规范要求条件下而达成的协议，故应为合法行为。

（5）合同一经成立即具有法律效力，在双方当事人之间就发生了权利、义务关系；或者使原有的民事法律关系发生变更或消灭。当事人一方或双方未按合同履行义务，就要依照合同或法律承担违约责任。

二、合同的订立

合同的订立是指合同当事人之间依法对合同的主要条款经过平等协商，达成一致并签订协议的法律行为。合同的订立是合同关系产生的前提和基础。

（一）合同当事人的资格

1. 具有民事权利能力和民事行为能力

2. 委托代理人具有合法代理资格

当事人依法可以委托代理人订立合同。委托代理人订立合同，是指当事人委托他人以自己的名义与第三人签订合同，并承担由此产生的法律后果的法律行为。委托代理代订合同有以下特征：第一，代理人必须以被代理人的名义签订合同；第二，代理人必须是向第三人作出意思表示；第三，代理人必须在委托授权范围内作出意思表示；第四，代理人签订的旅游合同由当事人承担权利和义务。

代理人签订合同应具有代理资格，即具有相应的代理权利能力，否则其签订的合同无效。当事人委托代理人订立合同，都应签署授权委托书，载明代理人的姓名或者名称、代理事项、代理权限、代理期限等内容，并签名或者盖章，以明确有关权利义务关系。在实践中，有一些企业委托本企业业务人员或者聘请外单位人员订立合同而未给予正式的、完备的授权委托书。在这种情况下，旅游合同签订人的代理资格和代理权限问题，应作具体分析：

一是合同签订人用委托单位加盖公章的空白合同书或合同专用章订立合同的，应视为有代理资格；

二是合同签订人持有委托单位出具的订立合同或者联系业务的介绍信订立合同的，应视为有代理资格；

三是合同签订人未持有任何委托证明文件所签订的合同，如果委托单位未予盖章，合同不成立；如果委托单位已经开始履行此合同，视为签订人的代理权已被追认，合同成立；如果委托单位不予承认，应视为无权代理。

由于旅游行业的独特性，为保护旅游者的合法权益，加强旅游企业的自律，应充分重视旅游合同中的“表见代理”问题。“表见代理”属于广义的无权代理，具体是指无代理权的情况下，代理人以被代理人的名义与相对人实施民事行为，由于代理人与被代理人之间的某种密切关系，足以使相对人有理由确信代理人有代理权，法律为保护善意的无过失的相对人而要求被代理人对代理人的代理行为承担授权人责任的一种法律制度。其目的是保护合同相对人的利益，维护交易的安全。

【思考】

家住哈尔滨的杨某一家三口准备在“五一”期间去新马泰旅游，经过与数家旅行社的交谈，最后和宏达海外旅行社初步确定了行程，双方达成一致意见，杨某参加由宏达海外旅行社组织的新马泰十五日游，发团时间定在2019年4月30日，杨某一家总共需交团费1万元。4月10日旅行社先让杨某交了500元的定金，并给其开了一张收据，收据上的公章是哈尔滨宏达海外旅行社南岗区营业部财务章，杨某以为这件事就算定下来了，就没有想到要和对方签订旅游合同。4月15日，杨某全额缴清了剩余的9500元团费，后来旅行社给杨某全家办理了出国旅行的相关手续，但在旅游期间负责地陪服务的马来西亚旅行社擅自降低了服务水准，而且导游服务态度恶劣，所住的酒店也由四星级变成了二星级，导游经常带游客去购物，而且经常游说游客参加自费项目的娱乐。在泰国旅游过程中，杨某的小孩在就餐过程中由于吃了不干净的食物而导致上吐下泻，花掉了医疗费1200元。而且耽误了三个景点的观赏，使全家人的游兴大减，由于服务质量差，全团人都抱怨满腹，最后返回到哈尔滨后，杨某和其他游客找到宏达海外旅行社讨个说法，却受到接待人员的冷遇，对出现的问题一拖再拖，没办法最后游客们向哈尔滨市旅游质量监督所提出投诉，质量监督所的工作人员经过调查核实，发现具体组团的经办单位哈尔滨宏达海外旅行社南岗区营业部，没有任何许可文件，属于非法设立，是哈尔滨宏达海外旅行社和个人签订承包合同后，由承包人独立经营，只是到年终给哈尔滨宏达海外旅行社一定的承包费，而且哈尔滨宏达海外旅行社没有出国组团资格，属于超范围经营。对游客的投诉中服务质量差的问题，由于游客都没有和旅行社签订旅游合同，所以很多旅游中的细节问题无法一一核实，只能根据反映的情况与旅行社沟通，判定旅行社方给予一定的赔偿，返还部分旅游费用。

问：哈尔滨宏达海外旅行社南岗区营业部作为合同的一方当事人是否正当，他所签订的合同如发生违约，哈尔滨宏达海外旅行社能否以该营业部是个人承包行为而不承担违约责任？

（二）合同订立的形式

《民法典》第四百六十九条规定，当事人订立合同，可以采用书面形式、口头形式或者其他形式。书面形式是合同书、信件、电报、电传、传真等可以有形地表现所载内容的形式。以电子数据交换、电子邮件等方式能够有形地表现所载内容，并可以随时调取查用的数据电文，视为书面形式。合同订立的形式，也即当事人之间订立合同的方式，口头形式适用于“即时清结”的合同，如旅游商店的旅游商品零售。一般而言，旅游合同不宜采用口头形式。旅游合同订立的形式，除采用口头形式与书面形式以外，还有推定形式与默示形式。

（三）合同订立的程序

合同的订立程序包含要约与承诺两个阶段，即要约一经承诺，合同便成立。

1. 要约

《民法典》第四百七十二条规定，要约是希望与他人订立合同的意思表示，该意思表示应当符合下列条件：①内容具体确定；②表明经受要约人承诺，要约人即受该意思表示约束。

要约可以撤回。根据《民法典》第一百四十一条，行为人可以撤回意思表示。撤回意思表示的通知应当在意思表示到达相对人前或者与意思表示同时到达相对人。

要约可以撤销，但是有下列情形之一的除外：①要约人以确定承诺期限或者其他形式明示要约不可撤销；②受要约人有理由认为要约是不可撤销的，并已经为履行合同做了合理准备工作。《民法典》第四百七十七条规定，撤销要约的意思表示以对话方式作出的，该意思表示的内容应当在受要约人作出承诺之前为受要约人所知道；撤销要约的意思表示以非对话方式作出的，应当在受要约人作出承诺之前到达受要约人。

要约可以失效。《民法典》第四百七十八条规定，有下列情形之一的，要约失效：①要约被拒绝；②要约被依法撤销；③承诺期限届满，受要约人未作出承诺；④受要约人对要约的内容作出实质性变更。

2. 要约邀请

《民法典》第四百七十三条规定，要约邀请是希望他人向自己发出要约的表示。拍卖公告、招标公告、招股说明书、债券募集办法、基金招募说明书、商业广告和宣传、寄送的价目表等为要约邀请。商业广告和宣传的内容符合要约条件的，构成要约。

要约必须具备一定的条件，包括两个方面：一是要约的内容必须确定和完整，也即要约的内容必须包括要约人所希望订立合同的基本条款，如果承诺人表示同意，合同即告成立。

二是要约必须以缔结合同为目的，有缔约联系，负有“附随义务”，如果造成一方当事人的“信赖利益”的损失，应当承担“缔约过失”责任。

要约邀请具有两大特点：一是要约邀请是一种意思表示，是当事人订立合同的预备行为，处于预备阶段；二是要约邀请所表达的内容是希望他人向自己发出要约，这是“要约”与“要约邀请”的本质区别。在发生要约邀请后，要约邀请人撤回其邀请，只要没有给相对人造成信赖利益的损失，要约邀请人一般不承担法律责任。

在旅游经营活动中，要约也称“订约提议”或称为“发价、发盘、出盘、报价”等。“要约”与“要约邀请”可通过意愿区分确认（即当事人实施行为的主观意愿是“要约”或“要约邀请”）、主要条款确认、交易习惯确认等方式予以区分。

3. 承诺

《民法典》第四百七十九条规定，承诺是受要约人同意要约的意思表示。承诺生效时合同成立，但是法律另有规定或者当事人另有约定的除外。

承诺应当以通知的方式作出；但是，根据交易习惯或者要约表明可以通过行为作出承诺的除外。承诺应当在要约确定的期限内到达要约人。要约没有确定承诺期限的，承诺应当依照下列规定到达：①要约以对话方式作出的，应当即时作出承诺；②要约以非对话方式作出的，承诺应当在合理期限内到达。

要约以信件或者电报作出的，承诺期限自信件载明的日期或者电报交发之日开始计算。信件未载明日期的，自投寄该信件的邮戳日期开始计算。要约以电话、传真、电子邮件等快速通信方式作出的，承诺期限自要约到达受要约人时开始计算。

以通知方式作出的承诺，根据《民法典》第一百三十七条，以对话方式作出的意思表示，相对人知道其内容时生效。

承诺不需要通知的，根据交易习惯或者要约的要求作出承诺的行为时生效。

承诺可以撤回。承诺的撤回与要约的撤回适用同一规定。

受要约人超过承诺期限发出承诺，或者在承诺期限内发出承诺，按照通常情形不能及时到达要约人的，为新要约；但是，要约人及时通知受要约人该承诺有效的除外。

受要约人在承诺期限内发出承诺，按照通常情形能够及时到达要约人，但是因其他原因致使承诺到达要约人时超过承诺期限的，除要约人及时通知受要约人因承诺超过期限不接受该承诺外，该承诺有效。

承诺的内容应当与要约的内容一致。受要约人对要约的内容作出实质性变更的，为新要约。有关合同标的、数量、质量、价款或者报酬、履行期限、履行地点和方式、违约责任和解决争议方法等的变更，是对要约内容的实质性变更。

承诺对要约的内容作出非实质性变更的，除要约人及时表示反对或者要约表明承诺不得对要约的内容作出任何变更外，该承诺有效，合同的内容以承诺的内容为准。

4. 特殊的合同订立

《民法典》第四百九十四条规定，国家根据抢险救灾、疫情防控或者其他需要下达国家订货任务、指令性任务的，有关民事主体之间应当依照有关法律、行政法规规定的权利和义务订立合同。

依照法律、行政法规的规定负有发出要约义务的当事人，应当及时发出合理的要约。

依照法律、行政法规的规定负有作出承诺义务的当事人，不得拒绝对方合理的订立合同要求。

5. 合同成立

《民法典》第四百九十条规定，当事人采用合同书形式订立合同的，自当事人均签名、盖章或者按指印时合同成立。在签名、盖章或者按指印之前，当事人一方已经履行主要义务，对方接受时，该合同成立。

法律、行政法规规定或者当事人约定合同应当采用书面形式订立，当事人未采用书面形式但是一方已经履行主要义务，对方接受时，该合同成立。

《民法典》第四百九十一条规定，当事人采用信件、数据电文等形式订立合同要求签订确认书的，签订确认书时合同成立。

当事人一方通过互联网等信息网络发布的商品或者服务信息符合要约条件的，对方选择该商品或者服务并提交订单成功时合同成立，但是当事人另有约定的除外。

【思考】

何时签订旅游合同

游客王某到旅行社的门市报名参团，全额旅游团款交纳后，王某要求和旅行社签订书面旅游合同，旅行社仅给游客提供了参考行程，并告诉游客，旅游合同的签订尚需时日，等到所有服务环节全部确定后，会通知游客来签订旅游合同。如果游客嫌麻烦，也可以到机场集合时再签订旅游合同。游客不能接受的是，自己已经全额支付团款，为什么与旅行社不能签合同？假如旅行社现在的承诺将来在合同中有变化，自己就要吃亏。所以求助于当地旅游主管部门。

问：依据《民法典》，游客的担心是否必要？

（四）格式条款

1. 格式条款的概念

《民法典》第四百九十六条规定，格式条款是当事人为了重复使用而预先拟定，并在订立合同时未与对方协商的条款。

采用格式条款订立合同的，提供格式条款的一方应当遵循公平原则确定当事人之间的权利和义务，并采取合理的方式提示对方注意免除或者减轻其责任等与对方有重大利害关系的条款，按照对方的要求，对该条款予以说明。提供格式条款的一方未履行提示或者说明义务，致使对方没有注意或者理解与其有重大利害关系的条款的，对方可以主张该条款不成为合同的内容。

2. 格式条款无效的判定

《民法典》第四百九十七条规定，有下列情形之一的，该格式条款无效：

（1）具有本法第一编第六章第三节和本法第五百零六条规定的无效情形；

（2）提供格式条款一方不合理地免除或者减轻其责任、加重对方责任、限制对方主要权利；

（3）提供格式条款一方排除对方主要权利。

关于第一条，则指的是：

无民事行为能力人实施的民事法律行为无效。行为人与相对人以虚假的意思表示实施的民事法律行为无效。违反法律、行政法规的强制性规定的民事法律行为无效。违背公序良俗的民事法律行为无效。行为人与相对人恶意串通，损害他人合法权益的民事法律行为无效。

造成对方人身损害的、因故意或者重大过失造成对方财产损失的免责条款无效。

3. 格式条款争议

《民法典》第四百九十八条规定，对格式条款的理解发生争议的，应当按照通常理解予以解释。对格式条款有两种以上解释的，应当作出不利于提供格式条款一方的解释。格式条款和非格式条款不一致的，应当采用非格式条款。

同时，关于格式条款的争议也适用于《民法典》第一编第六章第三节有关的规定，包括：基于重大误解实施的民事法律行为，行为人有权请求人民法院或者仲裁机构予以撤销。一方以欺诈手段，使对方在违背真实意思的情况下实施的民事法律行为，受欺诈方有权请求人民法院或者仲裁机构予以撤销。第三人实施欺诈行为，使一方在违背真实意思的情况下实施的民事法律行为，对方知道或者应当知道该欺诈行为的，受欺诈方有权请求人民法院或者仲裁机构予以撤销。一方或者第三人以胁迫手段，使对方在违背真实意思的情况下实施的民事法律行为，受胁迫方有权请求人民法院或者仲裁机构予以撤销。一方利用对方处于危困状态、缺乏判断能力等情形，致使民事法律行为成立时显失公平的，受损害方有权请求人民法院或者仲裁机构予以撤销。

旅游者与旅行社签订的旅游服务合同属于格式条款，适用上述规定。

【思考】

某组团社组织游客华东四晚五日游，旅游合同对于住宿的约定是：全程三星。由于市中心的饭店客房紧俏，且房价高，各地的地接社把饭店均安排在郊区，旅游团每到一地，几乎都要乘坐1个多小时的旅游车才能到达饭店，旅游者对此已经向组团社和地接社表达了强烈的不满，要求在行程的最后一站可以安排在市中心住宿。当旅游团到达该市后，再次被安排在郊区住宿，有游客拒绝上车，地接社以安排在郊区并没有违约为由，不接受旅游者的要求。经过长时间的交涉，部分旅游者忍无可忍，拒绝入住饭店，自己在市中心一家三星级饭店开房入住，要求地接社支付房费，地接社没有满足旅游者提出的要求，旅游者拒绝按时返程。

问：地接社是否应该支付游客自付的房费？旅游者是否有权拒绝返程？

（五）合同的担保

合同的担保是指在订立合同时，为保证合同的履行，双方当事人经协商一致采取的具有法律效力的保证措施。其具有三个法律特征：从属性、自愿性和预防性。合同的担保主要有以下五种形式。

1. 定金

定金是指合同当事人依法或者约定，按照合同标的额的一定比例，预先支付给对方当事人的货币。定金既有履行担保功能，又有违约补救功能的性质。

《民法典》第五百八十六条规定，当事人可以约定一方向对方给付定金作为债权的担保。定金合同自实际交付定金时成立。

定金的数额由当事人约定；但是，不得超过主合同标的额的百分之二十，超过部分不产生定金的效力。实际交付的定金数额多于或者少于约定数额的，视为变更约定的定金数额。

《民法典》第五百八十七条规定，债务人履行债务的，定金应当抵作价款或者收回。给付定金的一方不履行债务或者履行债务不符合约定，致使不能实现合同目的的，无权请求返还定金；收受定金的一方不履行债务或者履行债务不符合约定，致使不能实现合同目的的，应当双倍返还定金。

定金具有证明合同成立，保证合同履行，在合同履行后充当预付款等作用。在我国合同中实行定金制度，往往易于同违约金、押金、预付款等相互混淆。

（1）定金与违约金的区别

① 定金预先支付，违约金事后补救；

② 定金为双向担保，违约金是单向的；

③ 定金有“定金制裁”的特点，即支付定金方违约，无权要求返还定金，收取定金方违约，应双倍返还定金，而违约金则无此罚则；

④ 定金责任为惩罚性责任，以惩罚为核心，不以有实际损失为条件，违约金是补救性措施，以补偿损失为要务。合同中同时约定定金与违约金时，如果违约，只能选择一种罚则。

（2）定金与押金的区别

定金与押金虽然都属于货币担保形式，但也有区别。

① 功能不同。定金有担保和违约补救功能，押金不具违约补救功能。

② 金额和支付货币的计算方法不同。定金按照一定比例，法定在20%以下，押金可以超过或者等于合同标的额。

③罚则不同。定金有定金制裁，而押金没有。

（3）定金与预付款的区别

定金与预付款虽然都属于预先支付货币的形式，但也有许多不同点。

① 功能不同。定金具有担保功能，预付款不具有担保功能。

② 金额和支付货币的计算方法不同。定金按照一定比例，法定在20%以下，预付款可以超过、少于或者等于合同标的额。

③ 罚则不同。定金有制裁作用，而预付款没有，但有专门法规规定的除外。

2. 违约金

违约金是对不履行或不完全履行合同的一种经济制裁，是指合同当事人依法或者约定的，一方违约时应向对方支付一定的货币。违约金属于承担违约责任的一种形式，是以“补偿性”为主，“惩罚性”为辅的违约责任承担形式。

违约金分为法定违约金与约定违约金。约定违约金应当在合同中订立，没有订立约定违约金的合同，当事人无权要求另一方偿付违约金；违约金的数额应与违约损失大体相当，如果违约金过高或过低于违约损失，当事人可以请求仲裁机构或者法院予以适当减少或增加。

《民法典》第五百八十八条规定，当事人既约定违约金，又约定定金的，一方违约时，对方可以选择适用违约金或者定金条款。

定金不足以弥补一方违约造成的损失的，对方可以请求赔偿超过定金数额的损失。

3. 保证

保证是指合同的当事人一方应另一方的要求，请第三方向另一方当事人保证自己履行合同义务的担保形式。这种担保形式是由不属于原合同当事人的第三方参加的保证合同履行的办法。

保证应采用书面形式，可以在合同中约定保证条款，由保证人加盖印章，也可以另行订立保证合同。另订保证合同的，由保证人和被保证人的对方当事人订立。保证法律关系成立后，保证人应督促被保证人认真履行合同。被保证人不履行合同时，按保证约定由保证人履行或承担连带赔偿责任。保证人向另一方代为履行合同或赔偿损失以后，有权向被保证人追偿。

保证人的保证责任可以是被保证人的全部义务，也可以是部分义务。如果是部分义务，则应在合同中加以明确，如未作规定，视为承担全部义务的保证责任。此外，旅游合同当事人变更合同未得到保证人的重新确认保证时，保证人对合同变更后被保证人扩大的义务不承担保证责任。

4. 抵押

抵押是指合同当事人一方或者第三方用自己特定的财产来向对方保证自己履行合同义务的担保形式。提供财产的一方称抵押人，接受财产的一方称抵押权人。抵押人不履行合同时，抵押权人有权依照法律规定变卖抵押物，并从变卖抵押物价款中优先受偿。

凡是国家法律禁止流通和禁止强制执行的财产，都不得作为抵押物。经双方当事人协议，抵押物可以由抵押人保管，也可以由抵押权人保管。抵押权人因保管不善造成抵押物损坏或破灭的，应当承担赔偿责任。抵押人自己保管时，对抵押物的使用应征得抵押权人的同意。

5. 留置

留置是指合同当事人一方对已经合法占有的对方财产，在对方不按照合同约定履行义务时，有权扣留该财产，在扣留一定期限后，可依照法律规定以扣留财产折价或者变卖该财产的价款优先得到偿还。例如，在旅游商品的加工承揽合同中，定作方超过领取旅游商品期限六个月不领取的，承揽方有权将订作物变卖，所得价款在扣除报酬、保管费用之后，用定作方的名义存入银行。

第二节　合同的效力

一、合同的生效

（一）合同生效条件

合同生效是指合同所产生的法律上的约束力。这种约束力一方面表现为对合同当事人有约束力，即合同当事人必须按照旅游合同的约定承担各自的义务，以实现各自的利益；另一方面，依法成立的合同的当事人受法律保护，即任何单位和个人不得对合同当事人进行非法干预。

合同生效必须具备三个条件：

第一，主体合格，即订立旅游合同的当事人应当具有相应的民事权利能力、民事行为能力或代理能力；

第二，意思真实，即旅游合同当事人的真实意思表示一致；

第三，内容合法，即当事人订立的合同的内容不违反法律法规的规定和社会公共利益。

（二）合同生效时间

依据《民法典》关于合同的规定，依法成立的合同，自成立时生效，但是法律另有规定或者当事人另有约定的除外。

依照法律、行政法规的规定，合同应当办理批准等手续的，依照其规定。未办理批准等手续影响合同生效的，不影响合同中履行报批等义务条款以及相关条款的效力。应当办理申请批准等手续的当事人未履行义务的，对方可以请求其承担违反该义务的责任。

无权代理人以被代理人的名义订立合同，被代理人已经开始履行合同义务或者接受相对人履行的，视为对合同的追认。

法人的法定代表人或者非法人组织的负责人超越权限订立的合同，除相对人知道或者应当知道其超越权限外，该代表行为有效，订立的合同对法人或者非法人组织发生效力。

（三）合同生效地点

《民法典》第四百九十二条规定，承诺生效的地点为合同成立的地点。

采用数据电文形式订立合同的，收件人的主营业地为合同成立的地点；没有主营业地的，其住所地为合同成立的地点。当事人另有约定的，按照其约定。

《民法典》第四百九十三条规定，当事人采用合同书形式订立合同的，最后签名、盖章或者按指印的地点为合同成立的地点，但是当事人另有约定的除外。

二、无效合同

（一）无效合同

无效合同是相对于有效合同而言的，是指合同虽然成立，但因其违反法律、行政法规、社会公共利益，被确认为无效。可见，无效合同是已经成立的合同，是欠缺生效要件，不具有法律约束力的合同，不受国家法律保护。

合同依法成立，便具有法律效力。依法成立的含义，不仅包括合同订立过程应符合法律规定，而且包括已经成立的合同应当符合法律规定的生效要件。凡不符合法律规定的要件的合同，不能产生合同的法律效力，从而属于无效合同。

无效合同自始无效，合同一旦被确认无效，就产生溯及既往的效力，即自合同成立时起不具有法律的约束力，以后也不能转化为有效合同。

有下列情形之一的，旅游服务合同可判定为无效：

（1）旅游服务合同订立的当事人不具备相应主体资格；

（2）旅游服务合同主要条款不全或不明确、不具体；

（3）旅游服务合同为采用欺诈、胁迫等非法手段订立的合同；

（4）旅游服务合同为以合法形式掩盖非法目的的合同；

（5）旅游服务合同为恶意串通，损害国家、集体或者第三人利益的合同；

（6）旅游服务合同为损害社会公共利益的合同；

（7）旅游服务合同为违反法律、行政法规的强制性规定的合同；

（8）旅游服务合同中提供格式合同的一方免除自身主要责任、加重对方责任、排除对方主要权利的；

（9）旅游服务合同生效时间未到或合同已经撤销、解除或终止；

（10）旅游服务合同未由法定代表人或其授权的合格代理人签字，或者签字者不是法定代表人或其授权的合格代理人的。

【思考】

旅游者李某等5人向质监所投诉称：××××年1月，他们与某国际旅行社商定并订立了一份东南亚8日游旅游合同，且交纳了出境旅游的全部费用。该份旅游合同加盖了该社海外部的印章。不料，时至预定出团的日期，该国际旅行社海外部已人去楼空。为此旅游者李某等要求追回所交全部旅游费用，并给予经济赔偿。经查，该国际旅行社无出境旅游经营权。该国际旅行社负责人称：该海外部已由王某承包，且承包书中明确订明承包期间产生的债权债务与社里无关，均由承包人承担，故该旅行社负责人称旅行社不承担旅游者的损失，应由承包人承担。

本案中，旅游者与旅行社签订的旅游合同属于无效合同，其原因在于该国际旅行社无出境旅游业务经营权，属超范围经营，且该社海外部无独立法人资格，不具有合格的当事人主体资格。该旅游合同违背了法律和行政法规的规定，是无效合同，但无效合同的后果应当由该旅行社承担，该旅行社负责人的说法不成立。

问：面对旅游服务合同签订，消费者屡屡踩坑，该如何避免无效合同导致的损失？

（二）无效合同的确认与处理

1. 无效合同的确认

无效合同只能由人民法院、仲裁机构确认，确认的依据有上述五个方面。在确认合同无效时，应掌握以下界限。

（1）分清有效合同与无效合同的界限。有效合同主要特征是合同主体合格、合同内容合法、意思表示一致，反之，则为无效合同。

（2）分清无效合同与利用无效合同进行违法行为的界限。无效合同表现为“不依法”，利用无效合同进行以牟取非法利益为目的的违法行为表现为“违法”。利用无效合同进行违法活动，给社会经济秩序造成严重危害的，可直接追究责任人的法律责任。

（3）分清无效合同全部无效与部分无效的界限。合同在确定为全部无效后，合同未履行部分不得履行，正在履行的部分应当立即终止履行。合同被确认为部分无效的，如果不影响其余部分的效力，其余部分仍然有效。例如，旅游格式合同中的某些格式条款的无效，只要变更相应的格式条款，则该旅游合同仍然有效。

（4）划清一般利用无效合同的违法行为与经济犯罪之间的界线。

2. 无效合同的处理

合同被确认为无效合同后，其法律后果一般有三种。

（1）返还财产。如果合同当事人均从对方取得了财产，合同无效或被撤销后，双方应当返还各自已经得到的财产；如果仅仅是一方当事人取得了财产，则应当将取得的财产返还另一方。返还财产的结果是使当事人之间的财产恢复到订立合同之前的状态。

(2) 赔偿损失。合同无效或被撤销后，谁有过错并给对方造成损失的，谁就承担因过错和给对方造成损失的责任。双方均存在过错的，双方都承担因自己的过错给对方造成损失的责任，并根据各自过错的主次、大小和轻重，承担和自己的过错相当或者相适应的责任。

(3) 折价补偿。如果不能返还或者没有必要返还从另一方当事人处取得财产，就应当折价补偿。

对于损害国家利益和社会公共利益的无效合同，如果双方都是故意的，应将双方已经取得的或约定取得的财产，收归国库所有。如果只有一方是故意的，故意的一方应将从对方取得的财产返还对方；非故意的一方从对方取得的财产，应收归国库所有。在追缴故意一方当事人的财产时，必须注意保护非故意一方当事人的合法利益。

除以上规定的情况外，因无效代理行为而产生的无效合同，由代理人承担。

第三节　合同的履行

一、合同的履行

(一) 合同的履行

当事人应当按照约定全面履行自己的义务。当事人应当遵循诚信原则，根据合同的性质、目的和交易习惯履行通知、协助、保密等义务。当事人在履行合同过程中，应当避免浪费资源、污染环境和破坏生态。

合同生效后，当事人就质量、价款或者报酬、履行地点等内容没有约定或者约定不明确的，可以协议补充；不能达成补充协议的，按照合同相关条款或者交易习惯确定。

合同生效后，当事人不得因姓名、名称的变更或者法定代表人、负责人、承办人的变动而不履行合同义务。

合同成立后，合同的基础条件发生了当事人在订立合同时无法预见的、不属于商业风险的重大变化，继续履行合同对于当事人一方明显不公平的，受不利影响的当事人可以与对方重新协商；在合理期限内协商不成的，当事人可以请求人民法院或者仲裁机构变更或者解除合同。人民法院或者仲裁机构应当结合案件的实际情况，根据公平原则变更或者解除合同。

(二) 合同不明情况下的履行

根据《民法典》第五百一十一条，当事人就有关合同内容约定不明确，依据前条规定仍不能确定的，适用下列规定：

(1) 质量要求不明确的，按照强制性国家标准履行；没有强制性国家标准的，按照推荐性国家标准履行；没有推荐性国家标准的，按照行业标准履行；没有国家标准、行业标准的，按照通常标准或者符合合同目的的特定标准履行。

(2) 价款或者报酬不明确的，按照订立合同时履行地的市场价格履行；依法应当执行政府定价或者政府指导价的，依照规定履行。

(3) 履行地点不明确，给付货币的，在接受货币一方所在地履行；交付不动产的，在不动产所在地履行；其他标的，在履行义务一方所在地履行。

（4）履行期限不明确的，债务人可以随时履行，债权人也可以随时请求履行，但是应当给对方必要的准备时间。

（5）履行方式不明确的，按照有利于实现合同目的的方式履行。

（6）履行费用的负担不明确的，由履行义务一方负担；因债权人原因增加的履行费用，由债权人负担。

二、中止、拒绝、提前履行

（一）中止履行

根据《民法典》第五百二十七条的规定，应当先履行债务的当事人，有确切证据证明对方有下列情形之一的，可以中止履行：

（1）经营状况严重恶化；

（2）转移财产、抽逃资金，以逃避债务；

（3）丧失商业信誉；

（4）有丧失或者可能丧失履行债务能力的其他情形。

当事人没有确切证据中止履行的，应当承担违约责任。

当事人规定中止履行的，应当及时通知对方。对方提供适当担保的，应当恢复履行。中止履行后，对方在合理期限内未恢复履行能力且未提供适当担保的，视为以自己的行为表明不履行主要债务，中止履行的一方可以解除合同并可以请求对方承担违约责任。

（二）提前履行

债权人可以拒绝债务人提前履行债务，但是提前履行不损害债权人利益的除外。

债务人提前履行债务给债权人增加的费用，由债务人负担。

（三）拒绝履行

债权人可以拒绝债务人部分履行债务，但是部分履行不损害债权人利益的除外。

债务人部分履行债务给债权人增加的费用，由债务人负担。

三、合同的变更与终止

（一）合同的变更

合同的变更是指即对已经成立的合同内容的部分修改、补充或全部取消。

合同一方因故需要修改、补充合同某些条款或解除合同关系时，必须征得对方同意。亦即以与双方达成的新协议，变更或解除原来的旧协议。变更、解除合同的新协议，仍按原合同的形式办理。

《民法典》第五百四十三条规定，当事人协商一致，可以变更合同。《民法典》第五百四十四条规定，当事人对合同变更的内容约定不明确的，推定为未变更。

根据《民法典》第五百四十五条的规定，债权人可以将债权的全部或者部分转让给第三人，但是有下列情形之一的除外：

（1）根据债权性质不得转让；

（2）按照当事人约定不得转让；

(3) 依照法律规定不得转让。

债权人转让债权，未通知债务人的，该转让对债务人不发生效力。债权转让的通知不得撤销，但是经受让人同意的除外。

因债权转让增加的履行费用，由让与人负担。

债务人将债务的全部或者部分转移给第三人的，应当经债权人同意。

当事人一方经对方同意，可以将自己在合同中的权利和义务一并转让给第三人。合同的权利和义务一并转让的，适用债权转让、债务转移的有关规定。

【思考】

2015 年 5 月 11 日，郝某与成都某甲旅行社签订了《团队出境旅游合同》，合同约定：郝自 2015 年 6 月 13 日至 19 日至泰国旅游，旅游团费为 2580 元/人。成都某旅行社未征得郝某同意，转团给第三人成都市某乙旅行社。2015 年 6 月 15 日，团队进行到快艇体验与观光行程，原告乘坐快艇时，因风浪很大，快艇颠簸，郝某乘坐的皮艇发生交通事故，造成腰部严重受重伤。郝某遂请求法院依法判决成都某甲旅行社、成都某乙旅行社连带赔偿郝某医疗费等各项经济损失。

问：未经旅游者同意擅自将旅游业务转让给他人系什么行为？甲、乙旅行社应承担什么责任？

（二）合同终止

1. 合同终止

合同终止指合同的权利义务终止。合同的权利义务关系终止，不影响合同中结算和清理条款的效力。

《民法典》第五百五十七条规定，有下列情形之一的，债权债务终止：

(1) 债务已经履行；

(2) 债务相互抵销；

(3) 债务人依法将标的物提存；

(4) 债权人免除债务；

(5) 债权债务同归于一人；

(6) 法律规定或者当事人约定终止的其他情形。

合同解除的，该合同的权利义务关系终止。

债权债务终止后，当事人应当遵循诚信等原则，根据交易习惯履行通知、协助、保密、旧物回收等义务。

2. 合同解除

合同的解除是指合同成立后，因当事人一方的意思表示或者双方协议，使其合同中的债权债务关系归于消灭的行为。合同解除后，尚未履行的，终止履行；已经履行的，根据履行情况和合同性质，当事人可以请求恢复原状或者采取其他补救措施，并有权请求赔偿损失。合同因违约解除的，解除权人可以请求违约方承担违约责任，但是当事人另有约定的除外。合同解除可以分为三种情形。

一是协商解除，即当事人协商一致，可以解除合同。

二是约定解除，《民法典》第五百六十二条规定："当事人协商一致，可以解除合同。当事人可以约定一方解除合同的事由。解除合同的事由发生时，解除权人可以解除合同。"

三是法定解除。《民法典》第五百六十三条规定，有下列情形之一的，当事人可以解除合同：

（1）因不可抗力致使不能实现合同目的；

（2）在履行期限届满前，当事人一方明确表示或者以自己的行为表明不履行主要债务；

（3）当事人一方迟延履行主要债务，经催告后在合理期限内仍未履行；

（4）当事人一方迟延履行债务或者有其他违约行为致使不能实现合同目的；

（5）法律规定的其他情形。

以持续履行的债务为内容的不定期合同，当事人可以随时解除合同，但是应当在合理期限之前通知对方。

当事人一方依法主张解除合同的，应当通知对方。合同自通知到达对方时解除；通知载明债务人在一定期限内不履行债务则合同自动解除，债务人在该期限内未履行债务的，合同自通知载明的期限届满时解除。对方对解除合同有异议的，任何一方当事人均可以请求人民法院或者仲裁机构确认解除行为的效力。

当事人一方未通知对方，直接以提起诉讼或者申请仲裁的方式依法主张解除合同，人民法院或者仲裁机构确认该主张的，合同自起诉状副本或者仲裁申请书副本送达对方时解除。

【思考】

2020年年初，山西消费者潘先生等3人想出国游玩。2020年1月8日，与中国康辉旅游集团有限公司（以下简称"康辉旅游"）约定，报名"皇家加勒比'海洋量子号'新加坡、吉隆坡、槟城、普吉岛+民丹岛7晚9天（标准）"拼团游，并签订了《团队出境旅游合同》，定于2020年1月28日出发。为此潘先生一共支付了44400元旅游费用。不料，这次旅行未能成行，4万多元也没了着落。2020年1月27日，临出发的前一天，康辉旅游通知潘先生，因新冠肺炎疫情行程取消了。潘先生表示，康辉旅游单方面通知取消行程，根据《旅游法》《消费者权益保护法》等规定，他交的4万多元旅游费用是应该退回来的，但康辉旅游一直没有退还。潘先生还曾向旅游主管部门投诉，但一直没解决。无奈之下，潘先生将康辉旅游起诉至北京市朝阳区人民法院。法院终审判决康辉旅游退还消费者旅游费43500元。庭审中，康辉旅游辩称，认可收到潘先生支付的旅游费44400元。此次行程取消系因不可抗力所致，扣除签证费600元（每人200元）、保险费300元（每人100元），同意退还剩余费用。北京市朝阳区人民法院认为，依法成立的合同自成立时生效，当事人应当按照约定全面履行自己的义务。因发生新冠肺炎疫情，康辉旅游通知取消行程，潘先生旅游的合同目的未能实现，且双方后续就退款事宜进行沟通，系对解除后果的协商，故本院认定双方签订的《团队出境旅游合同》已因不可抗力而解除。此外，此案另一争议焦点为签证费、保险费的金额认定及承担，双方均认为该由双方承担。

问：案件受理费、签证费及保险费应由谁承担？

第四节 旅游服务合同

国家旅游局和国家工商行政管理总局（现国家市场监督管理总局）自 2013 年《旅游法》颁布之时，就启动了旅游合同示范文本的修订工作。2014 年 4 月 17 日，国家旅游局和国家工商行政管理总局联合发布了 2014 年版《团队境内旅游合同（示范文本）》《团队出境旅游合同（示范文本）》《大陆居民赴台湾地区旅游合同（示范文本）》和《境内旅游组团社与地接社合同（示范文本）》，即日起在全国范围内推行使用。2014 年版旅游合同示范文本的推行使用，是贯彻落实《旅游法》的重要举措。

新版旅游合同示范文本在保持原旅游合同示范文本的完整性、规范性、公平性、引导性的基础上，根据《旅游法》的要求，作出了较大的改动和完善。最突出的有以下三点：

一是对安排购物活动、另行付费旅游项目在原则和方式上设定了约束性条款。在双方的权利义务当中，增加了旅游者的拒绝权和旅行社不得以不合理低价组织旅游活动，诱骗旅游者，并通过安排购物或另行付费旅游项目获取回扣等不正当利益的义务，明确了旅行社不履行义务的违约责任；在协议条款部分，突出表达双方就购物活动、另行付费旅游项目要达成一致，另增加补充协议对具体行为进行约定。

二是根据《旅游法》全面修改了合同解除的内容。将法律赋予旅游者的任意解除权和旅行社法定单方解除合同情形转化成了可操作的约定条款，对因不可抗力或者已尽合理注意义务不能避免的事件解除合同费用的承担作出了约定，明确了《旅游法》规定的“必要的费用”的计算方法，增加了合同解除后旅行社的附随义务。

三是增加了惩罚性赔偿责任。针对旅行社具备履行条件，经旅游者要求仍拒绝履行合同义务，造成旅游者人身损害、滞留等严重后果的情形，示范文本约定旅游者还可以要求旅行社支付旅游费用一倍以上三倍以下的赔偿金。

国家旅游局与国家工商行政管理总局在“关于印发 2014 年版《团队境内旅游合同（示范文本）》、《团队出境旅游合同（示范文本）》、《大陆居民赴台湾地区旅游合同（示范文本）》和《境内旅游组团社与地接社合同（示范文本）》的通知”中指出，各地要充分认识推行示范文本对贯彻落实《旅游法》的重要意义和作用，结合旅游行业管理的实际，将推行示范文本作为贯彻落实《旅游法》的重要举措，认真做好示范文本的推广、宣传工作，充分发挥示范文本在规范旅游交易行为、保护旅游者合法权益、提升旅游服务质量等方面的作用。

一、旅游服务合同体系

（一）旅游服务合同

根据《旅游法》第五十七条的规定，旅游服务合同是指旅游经营者与旅游者约定旅游活动过程中旅行社和旅游者之间权利义务关系的协议。广义的旅游服务合同包括包价旅游合同与委托服务合同。《旅游法》第五章对“旅游服务合同”作了专门规定，目的在于保障旅游者和旅游经营者的合法权益，规范旅游市场秩序，保护和合理利用旅游资源，促进旅游业持续健康发展。这使旅游服务合同正式成为有名合同。

（二）包价旅游合同

狭义的旅游服务合同就是传统的包价旅游合同。包价旅游合同一般指旅游者与旅游经营者之间签订的，由旅游经营者提供旅游服务、旅游者支付报酬的合同。包价旅游属于旅游法上的专有概念，根据《旅游法》第一百一十一条规定：包价旅游合同，是指旅行社预先安排行程，提供或者通过履行辅助人提供交通、住宿、餐饮、游览、导游或者领队等两项以上旅游服务，旅游者以总价支付旅游费用的合同。

根据法律规定，包价旅游合同必须同时满足两个条件：一是行程由旅行社事先安排，旅游者没有选择的余地；二是旅行社提供两项以上旅游服务，多则不限。如果其中一个条件发生了实质性变化，即使合同形式上是包价旅游合同，其包价旅游合同的性质也会发生转变。

（三）委托服务合同

旅游者与经营者之间签订的代订机票或酒店之类的，则属于委托合同。《旅游法》第七十四条规定，旅行社接受旅游者的委托，为其代订交通、住宿、餐饮、游览、娱乐等旅游服务，收取代办费用的，应当亲自处理委托事务。因旅行社的过错给旅游者造成损失的，旅行社应当承担赔偿责任。旅行社接受旅游者的委托，为其提供旅游行程设计、旅游信息咨询等服务的，应当保证设计合理、可行，信息及时、准确。

根据法律规定，委托旅游业务主要包括两大类。第一类是单纯的代订服务，比如旅游者委托旅行社为其代订交通、住宿、餐饮、游览、导游、领队等一个或者两个甚至更多的服务要素。第二类是较为复杂的行程设计、旅游信息咨询等服务，比如旅游者要求旅行社不考虑原有的线路设计，而是按照其特殊需求或兴趣，为其设计安排旅游行程。

二、旅游服务合同的内容

旅游服务合同的内容是当事人之间权利与义务关系的具体化，是当事人履行旅游合同、承担旅游合同责任的法律依据。旅游合同的内容由一系列应具备的条款组成。

（一）基本条款

根据《旅游法》第五十八条规定，包价旅游合同应当采用书面形式，包括下列内容：

（1）旅行社、旅游者的基本信息；

（2）旅游行程安排；

（3）旅游团成团的最低人数；

（4）交通、住宿、餐饮等旅游服务安排和标准；

（5）游览、娱乐等项目的具体内容和时间；

（6）自由活动时间安排；

（7）旅游费用及其交纳的期限和方式；

（8）违约责任和解决纠纷的方式；

（9）法律、法规规定和双方约定的其他事项。

订立包价旅游合同时，旅行社应当向旅游者详细说明前款第二项至第八项所载内容。

（二）附加信息

1. 旅游行程单

订立合同时旅行社应提供旅游行程单，并在订立合同时告知旅游者不适合参加旅游活动的情形、旅游活动中的安全注意事项、旅行社依法可以减免责任的信息、旅游者应当注意的旅游目的地相关法律、法规和风俗习惯、宗教禁忌，依照中国法律不宜参加的活动等、法律、法规规定的其他应当告知的事项。

《旅游法》第五十九条规定，旅行社应当在旅游行程开始前向旅游者提供旅游行程单。旅游行程单是包价旅游合同的组成部分。

2. 代理信息、委托信息、导服费用信息

包价旅游合同签订时，旅行社还需提供旅游产品的代理信息、接待业务的委托信息与导游服务费用信息。

《旅游法》第六十条规定，旅行社委托其他旅行社代理销售包价旅游产品并与旅游者订立包价旅游合同的，应当在包价旅游合同中载明委托社和代理社的基本信息。旅行社依照本法规定将包价旅游合同中的接待业务委托给地接社履行的，应当在包价旅游合同中载明地接社的基本信息。安排导游为旅游者提供服务的，应当在包价旅游合同中载明导游服务费用。

3. 旅行社告知义务

《旅游法》第六十一条规定，旅行社应当提示参加团队旅游的旅游者按照规定投保人身意外伤害保险。

《旅游法》第六十二条规定，订立包价旅游合同时，旅行社应当向旅游者告知下列事项：

（1）旅游者不适合参加旅游活动的情形；

（2）旅游活动中的安全注意事项；

（3）旅行社依法可以减免责任的信息；

（4）旅游者应当注意的旅游目的地相关法律、法规和风俗习惯、宗教禁忌，依照中国法律不宜参加的活动等；

（5）法律、法规规定的其他应当告知的事项。

在包价旅游合同履行中，遇有前款规定事项的，旅行社也应当告知旅游者。

依据相关法律，旅行社对整个旅游活动均负有告知义务。旅行社不能以某项服务由特定履行辅助人提供而拒绝承担告知义务。

例如，不能因为在景区游览，安全注意事项应由景区负责告知，旅行社就可以免于承担因为景区未履行告知义务而造成的违约责任。旅游者也有防范自己人身与财产安全免受不必要侵害的义务。旅游者自身甘愿冒险，旅行社未采取避免损害发生措施的，应根据具体案情，审慎认定双方当事人在导致最终损害中的原因比例，以决定责任和责任范围。

三、旅游服务合同的履行

旅游服务合同的履行是旅游合同具有法律约束力的首要表现，是指旅游合同双方当事人，依法完成合同规定的义务和实现各自的权利。合同的订立是前提，合同的履行是关键。当事人应当自觉、严格、全面地履行合同。

（一）履行的原则

1. 全面履行原则

全面履行原则是指旅游合同当事人除按合同规定的标的履行外，还要按合同规定的数量、质量、期限、地点、价金、结算方式等各方面全面地履行。旅游合同当事人不能用其他标的来代替合同标的，也不能以偿付违约金、赔偿金来代替履约。全面履行原则是判定旅游合同当事人是否全面履行了合同义务，当事人是否存在违约事实以及是否承担违约责任的重要法律准则。

2. 协作履行原则

协作履行原则，是指合同一方当事人不仅应履行自己的义务，还要协助对方履行义务。旅游服务合同是双务合同，只有经营者的给付行为，没有旅游者的积极配合，难以使当事人双方的利益得以切实高效地实现。同时，合同履行中产生的争议要及时协商解决，避免分歧扩大，影响合同的履行。例如，旅行社有对旅游者个人信息保密的义务，旅游者也有向旅行社提供个人正确信息的义务。

【思考】

2017 年 4 月 14 日，伍某与广东某旅行社签订旅游合同，约定：伍某和其妻子张某参加旅游线路为“西藏 A1 线”的旅游。4 月 21 日，该旅游团出行。4 月 23 日晚，伍某因出现咳嗽不适的情况，由地接社导游陪同就医，被诊断为急性高原性肺水肿。据病历记载，后伍某病情加重，于 4 月 24 日被宣布临床死亡，死亡原因考虑为急性高原性肺水肿伴呼吸循环衰竭。由此，双方引发纠纷。张某等四人作为伍某家属请求法院判令：广东某旅行社赔偿全部损失的 50%，即 364753.2 元。

问：广东某旅行社在履行旅游合同过程中是否存在违约行为？

3. 经济合理原则

经济合理原则，指在合同履行过程中，双方当事人应当讲求经济效益，在维护各方合法权益的基础上，付出最小的成本，获得最佳的合同效益。因为旅游服务合同在履行过程中面临客观情况的变化或与当事人约定的不详，存在不尽符合经济合理原则的地方。

《旅游法》第六十七条第一款规定的因不可抗力引起的合同变更等，是为了减少经济损失等，就体现了履行的经济合理原则。

4. 情势变更原则

情势变更原则，是指因不可归责于双方当事人的原因发生了不可预见的情势变更情形，致使旅游服务合同履行的基础丧失或动摇，若继续维持合同原有效力则有失公平，所以允许变更或解除合同的原则。

旅游活动对外部环境具有很强的敏感性，容易受到外部危机因素的影响，如天气、交通、政治、公共卫生等事件，因此《旅游法》就旅游合同随情势变更的情况作了较为详细的规定。

（二）旅游服务合同的变更

旅游服务合同一经成立，具有法律约束力以后，任何一方都不能任意变更合同，但由于在合同的履行过程中主客观条件的变化以及根据当事人意思自愿的原则，经过法定的程序，满足一定的条件，可以依法变更合同。

旅游服务合同的变更是指合同成立以后，尚未履行完毕之前由合同当事人双方依法对原合同的内容所进行的修改或补充。

但是旅游服务合同主体变更有其特殊性，即旅游者变更权。根据《旅游法》第六十四条的规定，旅游行程开始前，旅游者可以将包价旅游合同中自身的权利义务转让给第三人，旅行社没有正当理由的不得拒绝，因此增加的费用由旅游者和第三人承担。对于旅游者变更引起增加费用的范围，仅指旅游经营者因此支付的成本费用，而不能向旅游者收取办理旅游者替换的报酬，不能借此盈利。

旅游合同主体的转让是旅游合同变更的一种特殊形式，它不是变更合同所规定的权利、义务的内容，而是变更合同的主体。

（三）旅游服务合同的终止

旅游服务合同的终止是指当事人双方终止合同关系，合同所确定的当事人之间的权利、义务关系消灭。适用前述关于合同终止的相关规定。

（四）旅游服务合同的解除

旅游合同的解除是旅游合同终止的一种特殊形式，两者所发生的原因有所不同，但后果都是使原旅游合同的权利义务关系消灭，也即在合同关系有效期未满前，当事人提前终止合同的效力。

旅游服务合同的解除包括双方解除和单方解除。双方解除是当事人双方为了消灭原有的合同而订立的新合同，即解除合同。旅行社和旅游者双方协调一致可以解除合同，一般情形下适用于前述关于合同解除的规定。

鉴于旅游活动的特殊性，《旅游法》针对旅游服务合同的解除，规定了 4 项特殊解除条件。

1. 未达约定人数不能成团的

《旅游法》第六十三条规定，旅行社招徕旅游者组团旅游，因未达到约定人数不能出团的，组团社可以解除合同。但是，境内旅游应当至少提前七日通知旅游者，出境旅游应当至少提前三十日通知旅游者。因未达到约定人数不能出团的，组团社经征得旅游者书面同意，可以委托其他旅行社履行合同。组团社对旅游者承担责任，受委托的旅行社对组团社承担责任。旅游者不同意的，可以解除合同。因未达到约定的成团人数解除合同的，组团社应当向旅游者退还已收取的全部费用。

2. 旅游者行使任意解除权的

旅游者任意解除权，是指旅游者在旅游行程结束前，无须阐述理由，可以随时解除包价旅游合同的权利。

《旅游法》第六十五条规定，旅游行程结束前，旅游者解除合同的，组团社应当在扣除必要的费用后，将余款退还旅游者。第六十八条规定，旅游行程中解除合同的，旅行社应当协助旅游者返回出发地或者旅游者指定的合理地点。由于旅行社或者履行辅助人的原因导致合同解除的，返程费用由旅行社承担。

3. 因旅游者原因致合同无法继续履行的

《旅游法》第六十六条规定，旅游者有下列情形之一的，旅行社可以解除合同：

（1）患有传染病等疾病，可能危害其他旅游者健康和安全的；

（2）携带危害公共安全的物品且不同意交有关部门处理的；

（3）从事违法或者违反社会公德的活动的；

（4）从事严重影响其他旅游者权益的活动，且不听劝阻、不能制止的；

（5）法律规定的其他情形。

因这些情形解除合同的，组团社应当在扣除必要的费用后，将余款退还旅游者；给旅行社造成损失的，旅游者应当依法承担赔偿责任。

4. 因不可抗力导致合同无法履行的

《旅游法》第六十七条规定，因不可抗力或者旅行社、履行辅助人已尽合理注意义务仍不能避免的事件，影响旅游行程的，按照下列情形处理：

（1）合同不能继续履行的，旅行社和旅游者均可以解除合同。合同不能完全履行的，旅行社经向旅游者作出说明，可以在合理范围内变更合同；旅游者不同意变更的，可以解除合同。

（2）合同解除的，组团社应当在扣除已向地接社或者履行辅助人支付且不可退还的费用后，将余款退还旅游者；合同变更的，因此增加的费用由旅游者承担，减少的费用退还旅游者。

旅游服务合同的当事人一方按照合同约定的条件或者按照法定的情形解除旅游合同，应当履行通知的义务，旅游服务合同自通知到达对方时解除生效。旅游服务合同的解除，其通知或协议应当采取书面形式。法律法规规定解除合同应当办理批准、登记等手续的，应当依法办理有关手续。旅游服务合同的解除不影响当事人要求赔偿的权利，不影响合同中约定的清算条款，不影响约定的解决争议的条款。

【思考】

2020 年 1 月 26 日，天台山旅游投诉中心接到游客赵某某的投诉电话，反映其与浙江某国际旅行社有限公司杭州分公司签订了 1 月 27 日出发的漫步沙巴 4 晚 5 日旅游团，共计 5 人，每人费用 9099 元。但是因为疫情的原因，1 月 23 日开始联系旅行社方退团，但是旅行社方认为马来西亚并非疫区，劝说游客出游，如果退团则游客要承担全部损失。游客另外提出该团内有一名护照签发地是湖北的游客，认为旅行社不重视游客安全。

问：本案中是否为不可抗力影响事件？双方是否可协商变更旅游合同或者解除合同？

第五节　违约责任

一、违约责任的概念

（一）违约责任

违反合同的责任，简称违约责任，是指合同当事人不履行或不完全履行合同所规定的义务，依据法律规定或合同约定所应承担的责任。

《民法典》第五百七十七条规定，当事人一方不履行合同义务或者履行合同义务不符合约定的，应当承担继续履行、采取补救措施或者赔偿损失等违约责任。第五百七十八条规定，当事人一方明确表示或者以自己的行为表明不履行合同义务的，对方可以在履行期限届满前请求其承担违约责任。

违约责任是合同法律制度中的一个十分重要的内容。它是保障合同当事人履行合同义务的重要举措，对于促进旅游合同的全面履行、弥补违约造成的损失，对于当事人以及整个社会的民事、经济活动都具有重要的意义。

（二）违约责任的特点

违约责任相对于其他民事责任而言，具有三大特性。

第一，违约责任具有相对性。违约责任只能在特定的当事人之间产生，合同以外的第三人不会承担违约责任，尽管违约有可能是第三人造成的，但当事人与第三人之间是另外的法律关系。

第二，违约责任具有任意性。违约责任作为一种法律责任，有强制性特点，但仍有很大的任意性，即当事人可以在法律规定的范围内，对一方的违约责任作出事先的安排和设定。

第三，违约责任具有补偿性和制裁性的双重属性。即补偿受害方，惩戒违约方，督促合同的全面履行，实现各自的利益。

二、违约责任的严格责任原则

（一）严格责任原则的概念

严格责任原则是确定合同当事人的民事违约责任的根据和标准，是确定违约责任的基础，对违约责任的构成要素、损害赔偿的范围、举证责任的承担等具有重要的意义。

严格责任原则是指除不可抗力外，只要当事人没有履行合同或者履行合同不符合约定，即有“违约事实”的存在，就必须承担违约责任。“违约事实”是客观条件，包括合同完全没有履行和合同没有完全履行两种情况。严格责任原则不要求证明旅游合同当事人的“过错事实”，即主观条件。过错是当事人违约时的一种心理状态，包括故意和过失。违约方无论是由于故意还是过失，主观上都有过错，都要承担违约责任。

合同采取严格责任原则，一是有利于促使合同当事人认真履行合同义务，以避免违约情形发生后，违约方千方百计寻找理由，证明自己主观上不存在过错。二是有利于保护守约方的合法权益，发生违约事实后，守约方无须举证违约方具有主观过错，使其能够充分维护自身的合法利益。

（二）不可抗力

严格责任原则强调只有当发生不可抗力，才有可能免除承担违约责任。不可抗力是指不能预见、不能避免和不能克服的客观情况。不可抗力通常可包括两种情形：一是自然现象，如地震、水涝、洪灾等；二是社会现象，如政治骚乱、罢工、战争、瘟疫的流行等。

1. 不能预见

不能预见是指合同当事人在订立旅游合同时，受当时的主、客观条件的限制，对旅游合同的履行过程中可能发生的不利于合同履行的客观情况无法预见，而不是在出现这种情况时，以行为人的认识能力来判断。

2. 不能避免

不能避免是指旅游合同当事人对于可能出现的意外情况尽管采取了及时合理的措施，但是在客观上并不能阻止这一意外情况的发生，即当事人主观上尽了最大努力，在客观上无法避免。

3. 不能克服

不能克服是指当事人没有能力克服。这与旅游合同当事人本身的能力有关。如果当事人只要采用一定的措施就可以避免或能够克服的，就不能认为是不可抗力。

例如，旅行社的旅游组织合同中，经常出现由于天气原因造成飞机等交通工具的延误，致使合同履行延误，产生违约的事实。2017 年 8 月 8 日 21 时 19 分 46 秒，四川省北部阿坝州九寨沟县发生 7.0 级地震，因地震而导致的旅游团行程中止、变更，旅行社不需要为此承担违约责任。

合同当事人一方因不可抗力不能履行合同时，应当及时通知对方，向对方通报自己不能履行合同或者不能完全履行合同或者延期履行合同的情况和理由，以期得到对方的协助，共同采取措施，防止和减少损失。即不可抗力发生后，当事人应当履行通知义务和举证义务，否则，则不能部分或全部免除责任。

因不可抗力不能履行合同的，根据不可抗力的影响，部分或者全部免除责任。但不可抗力作为免责事由是有时间限制的，即迟延履行义务发生不可抗力的不能免除责任。

【思考】

某日，北京某旅行社接待香港某旅游团。按照旅游合同约定：该旅游团在西安游览 4 天，其中 3 月 21 日游华山、22 日游法门寺、23 日游临潼兵马俑博物院，24 日游览市容后出境。该旅行社未征得旅游团同意，将游览华山改为 3 月 23 日，不料 3 月 23 日天降大雪，景区封闭，无法游览。该旅游团要求旅行社赔偿，但旅行社辩称，天降大雪属于不可抗力，不应承担责任。遂诉至质监所。

问：该旅行社能否以不可抗力为借口，拒绝赔偿香港旅游团损失？

三、违约责任的承担

（一）违约责任的承担主体

违约责任的承担主体是合同的当事人，因为只有当事人才是旅游合同所确立的权利义务法律关系的主体。当事人一方违约时，由违约方承担违约责任；当事人双方违约时，各自承担相应的违约责任；由于第三人原因造成当事人违约的，由违约当事人向另一方当事人承担违约责任，承担了违约责任的当事人可以保留对引起其违约的第三人的追偿的权利。

【思考】

李某参加 2019 年的海南春节 7 日豪华团，行程约定全程入住亚龙湾、海棠湾五星级酒店。但由于酒店原因，李某未能入住相关酒店。

问：此案中，旅行社是否违约？谁应承担违约责任？

（二）违约责任的承担方式

1. 继续履行

继续履行是当事人承担违约责任的主要方式之一。继续履行是指当事人一方不履行合同或者履行合同的义务不符合约定时，另一方当事人可以要求其在合同履行期限届满后继续按照合同所约定的主要条款继续完成合同义务的行为。

《民法典》第五百七十九条规定，当事人一方未支付价款、报酬、租金、利息，或者不履行其他金钱债务的，对方可以请求其支付。

第五百八十条规定，当事人一方不履行非金钱债务或者履行非金钱债务不符合约定的，对方可以请求履行，但是有下列情形之一的除外：

（1）法律上或者事实上不能履行；

（2）债务的标的不适于强制履行或者履行费用过高；

（3）债权人在合理期限内未请求履行。

有前款规定的除外情形之一，致使不能实现合同目的的，人民法院或者仲裁机构可以根据当事人的请求终止合同权利义务关系，但是不影响违约责任的承担。

第五百八十一条规定，当事人一方不履行债务或者履行债务不符合约定，根据债务的性质不得强制履行的，对方可以请求其负担由第三人替代履行的费用。

【思考】

旅游饭店违反旅游合同，未能按照约定向旅行社或旅游者本人提供预订有效的客房，此时旅行社或者旅游者可以要求旅游饭店提供同一级别的或者级别略高的替代客房或床位，并承担由此产生的一切额外支出。

问：目前携程、美团等电子商务平台中关于预订客房的保障方面，既存在客户随意取消给商家带来的损失补偿争议，也存在旺季时商家不能保障客户预订客房供应的补偿争议问题，请思考如何解决。

2. 补救措施

所谓补救措施，是指违约方采取的除继续履行、支付赔偿金、违约金、定金方式以外的其他措施，其目的在于消除、减轻因违约给对方造成的损失。

《民法典》第五百八十二条规定，履行不符合约定的，应当按照当事人的约定承担违约责任。对违约责任没有约定或者约定不明确的，受损害方根据标的的性质以及损失的大小，可以合理选择请求对方承担修理、重作、更换、退货、减少价款或者报酬等违约责任。

【思考】

在旅游商品购销合同中，对于旅游商品质量约定不明的，受害方根据标的性质以及损失的大小，可以合理选择要求对方承担修理、更换、重做、退货、减少价款或者报酬等违约责任。

问：尽管法律赋予消费者索赔权利，但由于旅游者对旅途中购买贵重物品的重新鉴定往往在结束旅行返回居住地之后进行，而不在购货地，给消费者带来了一定的维权困境，请思考如何使旅游商品维权更便捷的问题。

3. 赔偿损失

合同当事人一方不履行合同义务或者履行合同义务不符合约定的，在履行义务或者采取补救措施后，对方还有其他损失的，应当赔偿损失。采取赔偿损失的方式，需要一定的条件。根据严格责任原则，构成违约赔偿损失的条件包括三个方面。

（1）必须有损害事实。这是承担赔偿损失的首要构成要件。

（2）必须有违约行为。如果仅有违约事实而无违约行为，即损害事实的发生是由于受害方自身或其他意外所导致，则合同另一方当事人不承担赔偿损失责任。

（3）违约行为与损害事实之间有因果关系，即损害事实的发生是由于损害行为所必然造成的。

《民法典》第五百八十三条规定，当事人一方不履行合同义务或者履行合同义务不符合约定的，在履行义务或者采取补救措施后，对方还有其他损失的，应当赔偿损失。

四、违约责任的赔偿损失规则

《民法典》第五百九十二条规定，当事人都违反合同的，应当各自承担相应的责任。当事人一方违约造成对方损失，对方对损失的发生有过错的，可以减少相应的损失赔偿额。第五百九十三条规定，当事人一方因第三人的原因造成违约的，应当依法向对方承担违约责任。当事人一方和第三人之间的纠纷，依照法律规定或者按照约定处理。

（一）等额赔偿规则

等额赔偿损失规则是一种补偿性的违约责任的承担，即通过赔偿使受害方当事人的损失恢复到合同订立前的状态或者合同履行后受害人可以获得的利益的状态。也即损失赔偿相当于因违约所造成的损失。

（二）赔偿限制规则

为了体现旅游合同的公平原则，保护合同当事人双方的权利和利益，赔偿损失在超过等额赔偿幅度时，实施一定的赔偿限制制度。《民法典》第五百八十四条规定，当事人一方不履行合同义务或者履行合同义务不符合约定，造成对方损失的，损失赔偿额应当相当于因违约所造成的损失，包括合同履行后可以获得的利益；但是，不得超过违约一方订立合同时预见到或者应当预见到的因违约可能造成的损失。

《民法典》第五百八十五条规定，当事人可以约定一方违约时应当根据违约情况向对方支付一定数额的违约金，也可以约定因违约产生的损失赔偿额的计算方法。

约定的违约金低于造成的损失的，人民法院或者仲裁机构可以根据当事人的请求予以增加；约定的违约金过分高于造成的损失的，人民法院或者仲裁机构可以根据当事人的请求予以适当减少。

当事人就迟延履行约定违约金的，违约方支付违约金后，还应当履行债务。

（三）经营欺诈惩罚赔偿规则

赔偿损失是补偿性的，不具有惩罚性。但是，如果合同一方当事人采取欺诈的方法给另一方当事人造成了损失，则赔偿就具有惩罚性，即合同一方当事人可以要求对方增加赔偿其受到的损失。

例如，旅游商店向旅游者提供的商品造成旅游者损失的，旅游者可以要求其增加赔偿的金额为旅游者购买该旅游商品价款的一倍。

（四）减少损失规则

合同当事人有违约行为时，应当承担相应的违约责任，但这并不意味着允许没有违约的一方当事人在明知对方违约时，故意或者放任损失的扩大，以致加重违约方的赔偿责任。根据合同的公平原则以及合同协作履行的原则，《民法典》第五百九十一条规定，当事人一方违约后，对方应当采取适当措施防止损失的扩大；没有采取适当措施致使损失扩大的，不得就扩大的损失请求赔偿。

当事人因防止损失扩大而支出的合理费用，由违约方负担。

【思考】

2015 年 2 月，××等 50 名旅游者参加了某旅行社组织的赴厦门旅游的活动，春节期间由于到厦门的游客多，铁路运力紧张，原旅行社预定的上海至厦门的列车车次发生了变更，因此旅游时间比原计划少了半天，游客对此不满，要求顺延一天返回。但因厦门地接社已按照旅行社双方合同约定购买了回程车票，而旅客拒绝返回，致使 50 张火车票作废，造成直接经济损失 15800 元。游客在厦门滞留期间，经旅游局等有关部门多方做工作后，地接社又支付了回程费用，50 名游客才返程。××等 50 名游客以旅行社违约为由，向旅游质监管理部门投诉，要求组团社给予赔偿。

旅游质量监督管理部门立案受理并经审查认定：

（1）被投诉方改变出行车次，违反了双方签订的合同，应承担违约责任。

（2）投诉人不按合同约定时间返程，一味强调对方违约，对被投诉人因违约愿意进行经济赔偿的主张拒不接受，并强行滞留厦门。依据《中华人民共和国民法通则》第一百一十四条之规定："当事人一方因另一方违反合同受到损失的，应当及时采取措施，防止损失扩大。没有及时采取措施致使损失扩大的，无权就扩大的损失要求赔偿。"因此，投诉人应自行承担滞留厦门期间的费用。

问题：旅游质量监督管理部门的认定依据是什么？

重要概念

合同
合同的订立
合同的效力
合同的履行
合同的变更
旅游服务合同
旅游服务合同的履行原则
旅游服务合同的解除
违约责任
违约责任的承担
违约责任的赔偿损失原则

练习题

1. 如何理解合同的概念和特征?
2. 合同生效的条件是什么?
3. 什么是无效合同?无效合同的种类有哪些?如何处理无效合同?
4. 什么是旅游合同的履行?旅游合同的履行的原则有哪些?
5. 如何理解违约责任的概念和承担方式?

案例解析

返程时间纠纷案

案例综述:旅行社和游客签订了境内旅游的包价旅游合同,旅游合同约定旅游行程为双卧 10 日游。在旅行社发放给游客的行程单中,注明的行程时间为“10 天/11 天”,旅行社没有盖章,游客也没有签名。旅行社的解释是,之所以会如此确定行程天数,主要是担心返程车票难买,给自己留点回旋的余地。最终旅行社所购买的车票稍有推后游客于第 11 天凌晨抵达。游客对此提出异议,要求旅行社给个说法;旅行社认为并没有给游客造成实质性的损害,对于是否赔偿有些纠结。

问:

1. 请剖析案例中的法律关系、法律责任。
2. 请列出相关法条。

研习作业

1. 收集学习适用于旅游服务合同的相关司法解释。
2. 列举格式条款在生活中常用领域。
3. 熟悉国家文化和旅游部(原国家旅游局)发布的各类旅游服务合同范本内容。
4. 收集适用违约责任的四类赔偿损失规则的 4 个案例,并做案例分析,完成以下四部分内容:案例综述、法律关系、法律责任、相关法条。

第四章　旅游侵权责任法规

学习目标

理论学习	能力培养
1. 了解侵权行为与责任的基本要件 2. 掌握一般侵权责任及构成要件 3. 熟悉特殊侵权责任及构成要件 4. 了解侵权责任的承担方式	1. 掌握侵权责任归责原则 2. 理解并运用责任竞合 3. 能够辨析旅游侵权责任案例的构成要件并判断责任

导入案例

露营收费之争

宝鸡市李先生 2019 年 7 月 10 日反映，他和亲朋一行 6 月 28 日下午到某国家森林公园露营，入园时每人购买 50 元的门票。李先生等购票后入园，随机找到一片偏僻区域开始扎营。景区工作人员发现后，过来向李先生等表示露营需要额外收费，要求每顶帐篷交 30 元。李先生表示入园时没有看到相关告示与通知，要求其出示工作证件与收费标准，遭其拒绝。随后工作人员便打砸帐篷等物品，强行要求李先生一行离开，随后双方发生打斗，他的三名朋友受伤。

思考：景区工作人员收费是否合法？打斗事件谁之过？事件中景区工作人员是否侵犯了游客的合法权益？

在旅游活动中，涉及旅游者的权益问题，经常出现侵权行为。要运用侵权责任法维护自己的合法权益，解决纠纷，就要对侵权责任法的内容有所了解。《中华人民共和国侵权责任法》于 2009 年 12 月 26 日通过，2010 年 7 月日起正式施行。《民法典》自 2021 年 1 月 1 日起施行，施行后，《中华人民共和国侵权责任法》废止。《民法典》第七编为侵权责任编，该编共十章，调整因侵害民事权益产生的民事关系，对各类侵权责任作了相关规定，保护自然人、法人和其他社会组织的合法权益，明确侵权责任，预防和制裁侵权行为，化解矛盾，减少纠纷，实现社会公平具有重要意义。

第一节　侵权行为

一、侵权行为的概念

（一）侵权行为的概念

侵权行为是一种侵害他人权益的行为，因此侵权行为也可以称为一种侵害行为。

侵权行为是指行为人侵害法律所确认和保护的他人合法权益的行为。包括：有过错的侵权行为与无过错的侵权行为；违法行为造成的侵权行为与合法行为造成的侵权行为；侵害人身权的侵权行为与侵害财产权的侵权行为；有损害事实的侵权行为与无损害事实的侵权行为等。

这一概念与以往概念的不同之处是，以往在界定侵权行为概念时，其着眼点是放在侵权人方面，重点强调侵权行为本身是否违法或者侵权行为人主观上是否有过错，是一种主观主义的界定方法。而上述概念对侵权行为的界定，是将着眼点放在被侵害的对象或客体上，即凡是为法律所确认的合法权益都应受到保护。不论什么样的行为，只要侵害了法律所保护的合法权益，即可认定为侵权行为。

（二）侵权行为的理解

1. 狭义的概念

狭义地看，侵权行为是一种行为人实施的过错行为。在国外学者关于狭义的侵权行为的各种观点中，比较典型的是三种学说：

一是过错行为说，该说从行为的角度揭示了侵权的概念。持此种观点的学者认为，侵权行为就是一种过错。英国学者福莱明指出："侵权行为是一种民事过错，而不是违反合同，对这种过错，法院将在一种损害赔偿的诉讼形式中提供补救。"

二是违反法定义务说。该说主要是从违反法定义务的角度来界定侵权行为的概念。例如，英国著名学者温菲尔德从侵权行为与违约行为相区别的角度，给侵权行为下了一个被公认为最完备的定义。他认为："侵权行为的责任系由违反法律事先规定的义务引起，此种义务针对一般公民而言，违反此种义务的补救办法，就是对未清偿的损害赔偿的诉讼。"因而侵权行为指违反了法律规定的、针对一般人的义务，而不是违反了由当事人自行协议所规定的、针对特定人的合同义务。

三是过错责任说，该说认为过错只是导致侵权责任承担的根据。在法国，大多数学者通常根据《法国民法典》第 1382 条"任何行为使他人受损害时，因自己的过失而致行为发生之人对该他人负赔偿的责任"的规定，认为侵权行为就是一种损害赔偿的责任。

2. 广义的概念

广义说认为，侵权行为是产生责任的根据，但侵权行为不仅是指因行为人的过错而导致的侵权行为，还包括基于法律的规定而产生的责任。从广义上来理解，侵权行为不仅包括过错行为责任，还包括行为人依据公平原则产生的责任和无过错责任。

《民法典》第一千一百六十五条规定，行为人因过错侵害他人民事权益造成损害的，应当承担侵权责任。依照法律规定推定行为人有过错，其不能证明自己没有过错的，应当承担侵权责任。

第一千一百六十六条规定，行为人造成他人民事权益损害，不论行为人有无过错，法律规定应当承担侵权责任的，依照其规定。

从该规定来看，既包括了因过错产生的责任也包括了非过错责任，可见《民法典》采纳了广义的侵权行为的概念。

采纳这一概念的理由主要在于：随着现代侵权行为法的发展归责原则已经多样化，除过错责任原则以外还包括公平原则和无过错责任，而这些责任都属于侵权法上的责任，在探讨侵权行为概念的时候必须都包括这些责任。更何况由于无过错责任和公平责任体现了对受害人的充分保护的侵权法的基本功能，实现了侵权法公平合理地分配损失的任务，因此，从广义上理解侵权行为的概念是必要的。

从广义上理解侵权行为确实有一定的道理。但在我国民法中，“没有过错，但法律规定应当承担民事责任的”的情况主要是指公平责任。因为我国法律并没有承认完全的无过错责任，通常所说的无过错责任就是指严格责任，而严格责任虽然是严格的，但并非不考虑过错，它仍然要以不可抗力、受害人的过错和第三人的过错作为抗辩事由。

【思考】

旅游活动中常见的侵权行为有哪些？

二、侵权行为的特征

（一）单方实施

侵权行为是基于当事人的意思而发生的，且侵权行为所引起的民事法律后果并不是当事人所预期的，因此，侵权行为属于事实行为。

（二）民事违法

侵权行为的违法性是指违反法律的规定，为法律所不许，其实质就是违反法律所规定的义务。这里所谓的法定义务，是对于物权、人格权等绝对权而言，任何组织和个人都负有不得侵害的一般义务。

《民法典》第二百零七条规定，国家、集体、私人的物权和其他权利人的物权受法律平等保护，任何组织或者个人不得侵犯。

《民法典》第九百九十条规定，人格权是民事主体享有的生命权、身体权、健康权、姓名权、名称权、肖像权、名誉权、荣誉权、隐私权等权利。除前款规定的人格权外，自然人享有基于人身自由、人格尊严产生的其他人格权益。第九百九十一条规定，民事主体的人格权受法律保护，任何组织或者个人不得侵害。

此外，这里的法定义务还包括法律赋予某些特定主体的特别义务，侵权法所设定的某些具体作为或者不作为的义务，例如，《民法典》第七编第四章至第十章分别规定了产品生产主体、机动车、医疗机构、环境责任主体、高度危险责任主体、动物饲养主体、建筑物责任主体等的义务。

（三）加害他人

侵权行为的对象包括民事权利和民事利益。侵权行为所侵害的民事权利包括人身权、物权、继承权、知识产权等绝对权，一般不包括债权。除民事权利以外的其他合法利益，也属于侵权行为法保护的范围。

（四）应担责任

侵权行为是一种能够引起民事法律后果的行为，这种法律后果就是侵害人应当承担侵权责任。

三、侵权行为的分类

（一）按构成要件划分

（1）一般侵权行为，指行为人基于过错直接致人损害，因而适用民法上一般责任条款的行为。

（2）特殊侵权行为，指行为人虽无过错，但依特别责任条款或民事特别法应承担责任的行为 。

（二）按侵害对象划分

（1）侵害财产权行为：包括侵害物权及知识产权中的财产权行为。

（2）侵害人身权行为：包括侵害他人身体和心理的行为。

（三）按致害人的人数划分

（1）单独侵权行为：致害人仅为一人的侵权行为。

（2）共同侵权行为：致害人为二人以上的侵权行为，致害人应负连带的损害赔偿责任。

（四）按行为性质划分

（1）积极侵权行为：指致害人以积极作为的形式致人损害的行为。

（2）消极侵权行为：指致害人以消极不作为的形式致人损害的行为。

四、归责原则

侵权行为的归责原则，是指在行为人的行为致人损害时，根据何种标准和原则确定行为人的侵权责任。侵权行为的归责原则是侵权行为法的核心，决定着侵权行为的分类、侵权责任的构成要件、举证责任的负担、免责事由等重要内容。它既是认定侵权构成，处理侵权纠纷的基本依据，也是指导侵权损害赔偿的准则。我国侵权行为的归责原则主要包括过错责任原则、无过错责任、过错推定原则与公平责任原则。

（一）过错责任原则

所谓过错责任原则是指当事人的主观过错是构成侵权行为的必备要件的归责原则。

过错是行为人决定其行动的一种故意或过失的主观心理状态，过错违反的是对他人的注意义务。过错责任的意义表现在，根据过错责任的要求，在一般侵权行为中，只要行为人尽到了应有的合理、谨慎的注意义务，即使发生了损害后果，也不能要求其承担责任。其目的在于引导人们行为的合理性。在过错责任下，对一般侵权责任行为实行“谁主张谁举证”的原则。受害人有义务举出相应证据表明加害人主观上有过错，以保障其主张得到支持。加害人过错的程度在一定程度上也会对其赔偿责任的范围产生影响。

适用过错责任原则时，第三人的过错和受害人的过错对责任承担有重要影响。如果第三人对损害的发生也有过错，即构成共同过错，应由共同加害人按过错大小分担民事责任，且相互承担连带责任。如果受害人对于损害的发生也有过错的，则构成混合过错，依法可以减轻加害人的民事责任。

（二）过错推定责任

过错推定责任是指一旦行为人的行为致人损害就推定其主观上有过错，除非其能证明自己没有过错，否则应承担民事责任。例如，建筑物或者其他设施以及建筑物上的搁置物、悬挂物发生倒塌、脱落、坠落造成他人损害的，它的所有人或者管理人应当承担民事责任，但能够证明自己没有过错的除外。

过错推定责任仍以过错作为承担责任的基础，因而它不是一项独立的归责原则，只是过错责任原则的一种特殊形式。过错责任原则一般实行“谁主张谁举证”的原则，但在过错推定责任的情况下，对过错问题的认定则实行举证责任倒置原则。受害人只需证明加害人实施了加害行为，造成了损害后果，加害行为与损害后果间存在因果关系，无需对加害人的主观过错情况进行证明，就可推定加害人主观上有过错，应承担相应的责任。加害人为了免除其责任，应由其自己证明主观上无过错。过错推定责任不能任意运用，只有在法律进行明确规定的情况下才可适用。

【小知识】

过错推定却有严格的适用范围。其主要适用于下列范围：

（1）建筑物、构筑物或者其他设施及其搁置物、悬挂物发生脱落、坠落造成他人损害，推定所有人、管理人或者使用人有过错。

（2）在医疗损害纠纷中，在医疗机构违反法律、法规、规章以及诊疗规范或者隐匿、拒绝。

（3）无民事行为能力人在学校、幼儿园学习、生活期间受到人身损害的，推定机构有过错。

（4）动物园动物造成他人损害的，推定动物园有过错。

（5）堆放物倒塌造成他人损害，推定堆放人有过错。

（6）因林木折断造成他人损害，推定林木所有人或者管理人有过错。

（7）道路、桥梁、隧道等人工建造的构筑物因维护、管理瑕疵致人损害的。

（8）窨井等地下设施造成他人损害的。

（9）高度危险物被非法占有，推定所有人、管理人有过错。

（10）受害人进入高度危险活动区或者高度危险物存放区遭受损害的，推定管理人有过错。

（11）宾馆、商场、银行、车站、娱乐场所等公共场所的管理人或者群众性活动的组织者，未尽到安全保障义务，造成他人损害的，应当承担侵权责任。

（三）无过错责任原则

无过错责任原则，是指当事人实施了加害行为，虽然其主观上无过错，但根据法律规定仍应承担责任的归责原则。

随着工业化的发展和危险事项的增多，加害人没有过错致人损害的情形时有发生，证明加害人的过错也越来越困难，为了实现社会公平和正义，更有效保护受害人的利益，无过错责任原则开始逐渐作为一种独立的归责原则在侵权行为法中得到运用。实行无过错责任的主要情形有：从事高度危险活动致人损害的行为，污染环境致人损害的行为，饲养动物致人损害的行为，产品不合格致人损害的行为等。

无过错责任的适用应注意三个方面。其一，无过错责任原则的适用必须有法律的明确规定，不能由法官或当事人随意扩大适用；其二，适用无过错责任，受害人不须证明加害人的过错，加害人亦不能通过证明自己无过错而免责，但原告应证明损害事实及其因果关系；其三，我国实行的是有条件的、相对的无过错责任原则，在出现某些法定免责事由时，有关当事人也可全部或部分免除其民事责任。如《中华人民共和国环境保护法》规定，完全由于不可抗拒的自然灾害，并经及时采取合理措施，仍然不能避免造成环境污染损害的，免予承担责任。

【小知识】

无过错责任的主要适用范围：

(1) 国家机关或者国家机关工作人员在执行职务中，侵犯公民、法人的合法权益造成损害的，应当承担民事责任。

(2) 因产品存在缺陷造成他人损失的，生产者应当承担侵权责任。

(3) 从事高度危险作业造成他人损害的，应当承担侵权责任。

(4) 因环境污染造成损害的，污染者应当承担侵权责任。

(5) 在公共场所或者道路上挖坑、修缮安装地下设施造成他人损害的。

(6) 饲养的动物造成他人损害的。如果饲养人违反管理规定，未对动物采取安全措施造成他人损害或者饲养烈性犬等危险动物造成他人损害的则应承担绝对责任，即不能因受害人的过错进行过失相抵。

(7) 被监护人造成他人损害的，监护人承担无过错责任。

(8) 机动车与非机动车驾驶人、行人之间发生交通事故的，由机动车一方承担责任。

(9) 用人单位的工作人员因执行职务造成他人损害的，由用人单位承担侵权责任。

(10) 个人之间形成劳务关系，提供劳务一方因劳务造成他人损害的，由接受劳务一方承担侵权责任。

(11) 为他人提供无偿劳务的帮工人，在从事帮工活动中致人损害或者自身遭受人身损害的，被帮工人承担赔偿责任。

(12) 在公共道路上堆放、倾倒、遗撒妨碍通行的物品造成他人损害的，有关单位或者个人应当承担侵权责任。

(13) 遗弃、逃逸的动物在遗弃、逃逸期间造成他人损害的，由原动物饲养人或者管理人承担侵权责任。

(14) 网络用户、网络服务提供者利用网络侵害他人民事权益的，应当承担侵权责任。

（四）公平责任原则

公平责任原则，是指损害双方的当事人对损害结果的发生都没有过错，但如果受害人的损失得不到补偿又显失公平的情况下，由人民法院根据具体情况和公平的观念，要求当事人分担损害后果。

公平责任原则的适用要注意以下几个问题：

（1）适用公平责任的前提，必须是当事人既无过错，又不能推定其过错的存在，同时也不存在法定的承担无过错责任的情况。如果可以适用过错责任、法定无过错责任或推定过错责任就不能适用公平责任。

（2）当事人如何分担责任，由法官根据个案的具体情况，包括损害事实与各方当事人的经济能力进行综合衡量，力求公平。

如可能适用公平责任原则的情形主要有：紧急避险致人损害的；在为对方利益或共同利益活动中致人损害等。因紧急避险造成他人损失的，如果险情是由自然原因引起，行为人采取的措施又无不当，则行为人不承担民事责任。受害人要求补偿的，可以责令受益人适当补偿。当事人对造成损害均无过错，但一方是在为对方的利益或者共同的利益进行活动的过程中受到损害的，可以责令对方或者受益人给予一定的经济补偿。

【小知识】

本原则主要适用于：

（1）因防止、制止他人民事权益被侵害而自己受到损害，侵权人逃逸或无力承担的，受益人应当给予适当补偿；

（2）危险是有自然原因引起且紧急避险人采取措施不当或者超过必要的限度的，紧急避险人应当承担适当的责任；

（3）完全民事行为能力人对自己的行为暂时没有意识或者失去控制造成他人损害且没有过错的，行为人应当对受害人适当补偿；

（4）从建筑物中抛掷物品或者从建筑物上坠落的物品造成他人损害难以确定具体侵权人的，除能够证明自己不是侵权人外，由可能加害的建筑物使用人给予补偿。

【思考】

在某城市一夜暴雨之后，一个立交桥底层交叉路口积水2米多深，路口没有市政专人看管提示，也没有设置路障和警示标志。一个外地自驾游车主自行驾驶轿车，一家三口前往该市游玩，路过该地时，陷入水中，车熄火之后未能及时逃难，淹死在车内。其亲属向法院起诉，要求路政管理机构承担赔偿责任。

问：本案中是否存在侵权行为？如存在侵权行为，属于哪一类？应该适用何种归责原则？

第二节　侵权责任

一、侵权责任的概念

侵权责任是指民事主体因实施侵权行为而应承担的民事法律后果。侵权责任是任何人都对他人承担这样一种义务，即不因为自己的错误（过错）行为而侵害了他人的合法权益，否则即能构成侵权行为，要对受害方承担责任。侵权行为基本上都是违法行为。

二、侵权责任的特征

侵权责任作为民事责任的一种，当然具有民事责任的一般特点，但其又具有不同于其他民事责任的特点。

（一）侵权责任是违反法定义务的法律后果

民事义务分为法定义务和约定义务，行为人违反约定的民事义务产生违约责任，而违反法定义务则产生侵权责任。

（二）侵权责任是以侵权行为为事实根据所产生的责任

没有侵权行为，就没有侵权责任，侵权行为与侵权责任是不可分的一个问题的两个方面。侵权行为是侵权责任的事实根据，而侵权责任是侵权行为的必然法律后果。

（三）侵权责任的形式不限于财产责任

违约责任是财产责任，与违约责任不同，虽然侵权责任的主要形式是财产责任，但是为充分保护公民、法人的人身权利，当行为人侵害他人的人身权以后，法律也规定了一些非财产责任形式。如赔礼道歉、恢复名誉、消除影响等。

（四）侵权责任具有法定性

侵权责任不允许当事人事先加以约定，即使当事人事先有约定，该约定也是无效的。

三、侵权责任的构成要件

侵权责任的构成要件是指侵权行为人承担侵权责任所应当具备的条件。行为人实施了侵害他人合法民事权益的行为，但只有符合一定的条件，才能承担侵权责任。

侵权责任的构成要件因具体侵权行为的不同而有所差异，与归责原则、法律的特殊规定以及侵权责任的形式密不可分。所以，适用所有的侵权责任的构成要件是不存在的，理论上，只能就一般的侵权责任的构成要件进行阐述。

（一）损害后果

损害后果的客观存在是确定侵权责任的首要的必要的条件。

所谓损害，是指因行为人的行为或对象的危险性而导致人身财产方面的合法权益所遭受的不利后果。该损害是客观存在的，是侵害合法民事权益的客观后果；该损害是确定的，是已经发生、真实存在且能够认定的，包括有造成损害的现实危险性；该损害具有法律上的补救性，即补救的必要性——在量上必须达到一定程度和补救的可能性，能用一定的形式填补权利人所遭受的缺损。损害包括财产损害、人身损害、人格损害和精神损害。

（二）因果关系

这里所说的因果关系是行为与损害之间的因果关系，即行为是导致损害的原因，损害是行为的必然结果，所要解决的是侵权责任是否成立的问题。

其表现形式有一因一果、一因多果、多因一果和多因多果四种。至于如何确定行为与损害之间具有因果关系，多采用相当因果关系说，即“无此行为，虽不必生此损害，有此行为，通常即足以生此种损害者，是为有因果关系。无此行为，必不生此种损害，有此行为，通常亦不生此种损害者，即无因果关系。”

同时，当因果形式是多因一果或多因多果状态下，在确定因果关系时，还要充分考量损害的原因力，即哪些行为是损害的主要原因，哪些是次要原因，哪些是直接原因，哪些是间接原因，唯有如此，才能确定行为人是否承担侵权责任以及责任的大小。

（三）行为的违法性

行为的违法性包括形式的违法和实质的违法。所谓形式的违法是指行为与法律的明文规定相抵触。所谓实质违法是指行为不是从形式上而是从实质上违法，这种行为虽然不能确定违反的具体法律规则，但它却违反了法律精神和法律原则。

（四）过错

过错作为一般侵权责任的构成要件，是一种主观条件，是行为人实施不法行为时的心理状态，是行为人对自己行为的损害后果的主观态度。但是，如果要确定行为人是否存在这种心理状态却要借助于其外在表征即行为本身。

过错的形式分为故意和过失两种。其中，过失又分为轻过失和重大过失。如果行为人不仅没有遵守法律对其的较高要求，而且，连人们都应当注意并能够注意的一般标准也没有达到，这种过错就是重大过错。

过错是一般侵权责任的构成要件，对于特殊侵权责任，如产品责任、饲养动物责任、机动车交通事故责任、医疗事故责任、环境污染责任等，则不能作为必须的构成要件。

四、侵权责任的主体认定

（一）责任主体为侵权人

侵权人承担侵权责任。《民法典》第一千一百六十七条规定，侵权行为危及他人人身、财产安全的，被侵权人有权请求侵权人承担停止侵害、排除妨碍、消除危险等侵权责任。

（二）连带责任

二人以上共同实施侵权行为，造成他人损害的，应当承担连带责任。

教唆、帮助他人实施侵权行为的，应当与行为人承担连带责任。

教唆、帮助无民事行为能力人、限制民事行为能力人实施侵权行为的，应当承担侵权责任；该无民事行为能力人、限制民事行为能力人的监护人未尽到监护职责的，应当承担相应的责任。

二人以上实施危及他人人身、财产安全的行为，其中一人或者数人的行为造成他人损害，能够确定具体侵权人的，由侵权人承担责任；不能确定具体侵权人的，行为人承担连带责任。

二人以上分别实施侵权行为造成同一损害，每个人的侵权行为都足以造成全部损害的，行为人承担连带责任。

二人以上分别实施侵权行为造成同一损害，能够确定责任大小的，各自承担相应的责任；难以确定责任大小的，平均承担责任。

（三）责任主体的特殊规定

1. 无民事行为能力人、限制民事行为能力人责任

无民事行为能力人、限制民事行为能力人造成他人损害的，由监护人承担侵权责任。监护人尽到监护职责的，可以减轻其侵权责任。有财产的无民事行为能力人、限制民事行为能力人造成他人损害的，从本人财产中支付赔偿费用；不足部分，由监护人赔偿。

无民事行为能力人、限制民事行为能力人造成他人损害，监护人将监护职责委托给他人的，监护人应当承担侵权责任；受托人有过错的，承担相应的责任。

2. 完全民事行为能力人的特殊情况

完全民事行为能力人对自己的行为暂时没有意识或者失去控制造成他人损害有过错的，应当承担侵权责任；没有过错的，根据行为人的经济状况对受害人适当补偿。

完全民事行为能力人因醉酒、滥用麻醉药品或者精神药品对自己的行为暂时没有意识或者失去控制造成他人损害的，应当承担侵权责任。

3. 用工责任主体

用人单位的工作人员因执行工作任务造成他人损害的，由用人单位承担侵权责任。用人单位承担侵权责任后，可以向有故意或者重大过失的工作人员追偿。

劳务派遣期间，被派遣的工作人员因执行工作任务造成他人损害的，由接受劳务派遣的用工单位承担侵权责任；劳务派遣单位有过错的，承担相应的责任。

个人之间形成劳务关系，提供劳务一方因劳务造成他人损害的，由接受劳务一方承担侵权责任。接受劳务一方承担侵权责任后，可以向有故意或者重大过失的提供劳务一方追偿。提供劳务一方因劳务受到损害的，根据双方各自的过错承担相应的责任。

提供劳务期间，因第三人的行为造成提供劳务一方损害的，提供劳务一方有权请求第三人承担侵权责任，也有权请求接受劳务一方给予补偿。接受劳务一方补偿后，可以向第三人追偿。

承揽人在完成工作过程中造成第三人损害或者自己损害的，定作人不承担侵权责任。但是，定作人对定作、指示或者选任有过错的，应当承担相应的责任。

【思考】

2016年5月1日，田某参加北京某旅行社张家界五日游，李某支付团费4000元。旅游第三天，导游王某与田某因团餐问题发生争执，王某将田某打伤。李某在旅游结束后将该旅行社起诉到法庭，主张侵权之诉，要求某旅行社给予侵权赔偿，即要求其承担医疗费用等，并要求赔偿其精神损害。

问：1. 此案中是否存在侵权责任？

2. 如有侵权责任，主体是谁？

4. 网络侵权责任主体

网络用户、网络服务提供者利用网络侵害他人民事权益的，应当承担侵权责任。

网络用户利用网络服务实施侵权行为的，权利人有权通知网络服务提供者采取删除、屏蔽、断开链接等必要措施。通知应当包括构成侵权的初步证据及权利人的真实身份信息。网络服务提供者接到通知后，应当及时将该通知转送相关网络用户，并根据构成侵权的初步证据和服务类型采取必要措施；未及时采取必要措施的，对损害的扩大部分与该网络用户承担连带责任。

权利人因错误通知造成网络用户或者网络服务提供者损害的，应当承担侵权责任。

网络用户接到转送的通知后，可以向网络服务提供者提交不存在侵权行为的声明。声明应当包括不存在侵权行为的初步证据及网络用户的真实身份信息。

网络服务提供者接到声明后，应当将该声明转送发出通知的权利人，并告知其可以向有关部门投诉或者向人民法院提起诉讼。网络服务提供者在转送声明到达权利人后的合理期限内，未收到权利人已经投诉或者提起诉讼通知的，应当及时终止所采取的措施。

网络服务提供者知道或者应当知道网络用户利用其网络服务侵害他人民事权益，未采取必要措施的，与该网络用户承担连带责任。

5. 经营场所与公共场所经营者责任

宾馆、商场、银行、车站、机场、体育场馆、娱乐场所等经营场所、公共场所的经营者、管理者或者群众性活动的组织者，未尽到安全保障义务，造成他人损害的，应当承担侵权责任。

因第三人的行为造成他人损害的，由第三人承担侵权责任；经营者、管理者或者组织者未尽到安全保障义务的，承担相应的补充责任。经营者、管理者或者组织者承担补充责任后，可以向第三人追偿。

6. 教育机构责任

无民事行为能力人在幼儿园、学校或者其他教育机构学习、生活期间受到人身损害的，幼儿园、学校或者其他教育机构应当承担侵权责任；但是，能够证明尽到教育、管理职责的，不承担侵权责任。

限制民事行为能力人在学校或者其他教育机构学习、生活期间受到人身损害，学校或者其他教育机构未尽到教育、管理职责的，应当承担侵权责任。

无民事行为能力人或者限制民事行为能力人在幼儿园、学校或者其他教育机构学习、生活期间，受到幼儿园、学校或者其他教育机构以外的第三人人身损害的，由第三人承担侵权责任；幼儿园、学校或者其他教育机构未尽到管理职责的，承担相应的补充责任。幼儿园、学校或者其他教育机构承担补充责任后，可以向第三人追偿。

【思考】

游客夏某一家在国庆黄金周赴郊区某景区游览。由于景区面积较大，尚有不少区域未开放而禁止游客前往。夏某一家出于好奇，选择另辟蹊径“披荆斩棘”深入到这些未开放的区域，期间有随行 10 岁儿童被马蜂蜇伤多处，伤势严重，遂向景区求救。景区得知后立即协助游客将受伤儿童送往医院救治，并支付了医疗费用。受伤儿童经医院救治后回家，当晚突然死亡。家属认为是景区没有履行安全保障义务，导致儿童死亡事件的发生，应当承担赔偿责任；景区认为已经设置了提醒标志，儿童被蜇伤后及时送医，已经履行了安全保障义务，不应当承担责任，双方争执不下。

问：儿童死亡事件由谁承担责任？侵权责任主体是谁？

五、侵权责任的损害赔偿

侵权责任的承担方式主要有：停止侵害、排除妨碍、消除危险、返还财产、恢复原状、赔偿损失、赔礼道歉、消除影响、恢复名誉。

以上承担侵权责任的方式，可以单独适用，也可以合并适用。

损害赔偿包括物质损害赔偿和精神损害赔偿。《最高人民法院关于审理人身损害赔偿案件适用法律若干问题的解释》《最高人民法院关于审理国家赔偿案件确定精神损害赔偿责任适用法律若干问题的解释》等规定了损害赔偿的司法运用。具体来说：

（一）人身损害赔偿

人身损害赔偿是指自然人的生命权、身体权、健康权受到不法侵害，造成致伤、致残、致死的后果及其他损害，要求侵权人以财产赔偿等方式进行补救的侵权法律制度。

人身损害赔偿的范围如下：

（1）一般人身损害赔偿：医疗费、误工费、护理费、交通费、住宿费、营养费等；

（2）伤残人身损害赔偿：一般人身损害赔偿加上残疾赔偿金、残疾辅助器具费、被扶养人生活费、后续治疗费用等；

（3）死亡人身损害赔偿：一般人身损害赔偿加上丧葬费、被扶养人生活费、死亡赔偿金等。

（二）财产损害赔偿

财产损害赔偿是指财产权人认为其合法所有的财产遭受不法侵害并造成损失，请求获得赔偿的法律制度。一般财产损害赔偿以全部赔偿为原则，即损失多少赔偿多少。

（三）精神损害赔偿

精神损害赔偿是指民事主体因其人身权利受到不法侵害，使其人格利益和身份利益受到损害或遭受精神痛苦等无形损害，要求侵权人通过财产赔偿形式进行救济和保护的法律制度。

精神损害最终表现为精神痛苦和精神利益的减损或丧失，因此赔偿只是精神抚慰金，属于补偿性质的赔偿，既可以独立适用，也可以参与适用。

（四）惩罚性赔偿

惩罚性赔偿是指侵权人的特定行为使受害人合法权益受损，法律规定应该由侵权人支付的受害人实际损失之外的赔偿。例如，明知产品存在缺陷仍然生产、销售，造成他人死亡或者健康严重受损的，被侵权人有权请求相应的惩罚性赔偿。

【相关法条】

《民法典》第一千一百七十九条至第一千一百八十七条对损害赔偿作了规定：

第一千一百七十九条　侵害他人造成人身损害的，应当赔偿医疗费、护理费、交通费、营养费、住院伙食补助费等为治疗和康复支出的合理费用，以及因误工减少的收入。造成残疾的，还应当赔偿辅助器具费和残疾赔偿金；造成死亡的，还应当赔偿丧葬费和死亡赔偿金。

第一千一百八十条　因同一侵权行为造成多人死亡的，可以以相同数额确定死亡赔偿金。

第一千一百八十一条　被侵权人死亡的，其近亲属有权请求侵权人承担侵权责任。被侵权人为组织，该组织分立、合并的，承继权利的组织有权请求侵权人承担侵权责任。

被侵权人死亡的，支付被侵权人医疗费、丧葬费等合理费用的人有权请求侵权人赔偿费用，但是侵权人已经支付该费用的除外。

第一千一百八十二条　侵害他人人身权益造成财产损失的，按照被侵权人因此受到的损失或者侵权人因此获得的利益赔偿；被侵权人因此受到的损失以及侵权人因此获得的利益难以确定，被侵权人和侵权人就赔偿数额协商不一致，向人民法院提起诉讼的，由人民法院根据实际情况确定赔偿数额。

第一千一百八十三条　侵害自然人人身权益造成严重精神损害的，被侵权人有权请求精神损害赔偿。

因故意或者重大过失侵害自然人具有人身意义的特定物造成严重精神损害的，被侵权人有权请求精神损害赔偿。

第一千一百八十四条　侵害他人财产的，财产损失按照损失发生时的市场价格或者其他合理方式计算。

第一千一百八十五条　故意侵害他人知识产权，情节严重的，被侵权人有权请求相应的惩罚性赔偿。

第一千一百八十六条　受害人和行为人对损害的发生都没有过错的，依照法律的规定由双方分担损失。

第一千一百八十七条　损害发生后，当事人可以协商赔偿费用的支付方式。协商不一致的，赔偿费用应当一次性支付；一次性支付确有困难的，可以分期支付，但是被侵权人有权请求提供相应的担保。

六、责任竞合

（一）概念

责任竞合，指同一不法民事行为既违反合同规范又违反侵权规范，同时具备违约责任的构成要件和侵权责任的构成要件，导致侵权责任与违约责任同时产生而又相互冲突的一种法律现象，简称民事责任竞合。

（二）特点

1. 行为人只实施了一个民事违法行为

一个违法行为同时触犯不同的法律规范，并符合不同的责任构成要件，由此产生数个法律责任，是民事责任竞合构成的前提条件。行为人应只是实施一个违法行为，而非多个违法行为；数人共同侵害他人或实施共同危险行为，也是一个违法行为。如果行为人实施数个违法行为，不论其触犯的法律规范、其责任的构成要件等是否相同，均不属于责任竞合，行为人应分别承担责任。

2. 一违法行为符合两个或两个以上的责任构成要件

民事责任的竞合，就其本质而言是由于民法的各个部分法律规定本身的相互分离与交叉所造成的；另外也可能是因为违法行为本身的复杂性所致。如同一违法行为，即违反合同法的规定，又违反侵权行为法的规定，而两种民事法律分别都规定这一违法行为的民事责任，责任竞合由此形成。

3. 必须是同一民事主体

引起侵权责任与违约责任同时发生的同一不法行为，是由一个民事主体实施的。这一不法行为同时符合侵权责任与违约责任的构成要件。因而，其可能承担双重责任的主体是同一人，其可能享有双重请求权的主体也是同一人。

4. 只能发生同一给付内容

侵权责任与违约责任同时并存，相互冲突，但当事人只能获得一次给付满足，如同时获得多次给付满足，对行为人是不公平的。

（三）法律适用

侵权责任与违约责任同为民事责任的一种，这是两者间最根本的相同点。在民事诉讼中，民事责任竞合所产生法律适用主要在如下方面：

1. 归责原则的区别

侵权责任法对侵权责任采用过错责任、严格责任、公平责任原则，实际上是采用了多重归责原则。违约责任适用严格责任原则，当事人可以约定违约责任的内容，并可以约定免责条款。“在侵权之诉中，只有在受害人具有重大过失时，侵权人的赔偿责任才可以减轻。而在合同之诉中，只要受害人具有轻微过失时，违约方即能减轻其赔偿责任。

2. 责任基础不同

民事责任的责任基础源于法定或约定。违约责任的责任基础是合同当事人以其意志和利益确定的，行为人违反的是约定义务，没有约定才适用法定提示的条款。侵权责任的责任基础是法律直接规定的义务，不存在当事人意思自治问题，行为人违反的是法定义务。行为违反的是法定义务还是约定义务，承担的是法定责任还是约定责任，是违约责任与侵权责任最根本的区别。

3. 举证责任不同

在合同之诉中，适用严格责任原则归责，受害人无须证明违约方是否有过错，其行为是出于故意还是过失，只要证明违约事实存在就可以了。在侵权之诉中，除最高人民法院《关于民事诉讼证据的若干规定》第四条规定的几种特殊情况，应适用举证责任倒置，由加害人证明自己无过错以外，一般情况下，加害人通常不负举证责任，而受害人则须证明行为人有过错、存在损失与加害行为有因果关系。

4. 损害赔偿范围不同

侵权责任的赔偿范围广，一般包括财产损失、人身伤害和精神损害的赔偿。对人身伤害、精神损害、赔偿范围及被害人的伤害赔偿金、被害人有扶养或赡养义务的第三人的抚养费或赡养费、被害人减少劳动能力需增加的费用以及造成名誉、荣誉、人格等受损的精神赔偿金。违约责任的赔偿范围较窄，一般由当事人约定，当然也可以约定违约金或约定损失的计算方法；未约定的依照《民法典》相关规定处理。通常是财产损害的赔偿，一般不包括对人身、精神损害的非财产损害赔偿。对违约的损害赔偿，一般掌握在“可预见性”标准限定其范围，原则上不允许在违约之诉中请求非财产损害赔偿，但在特殊情形下（如事先约定），且产生违约责任和侵权责任竞合时，允许债权人请求非财产损害赔偿。

5. 对第三人的责任不同

对第三人行为的负责程度，在违约责任而言，如果因第三人的过错造成违约致损害发生，依照《民法典》，当事人一方应当向对方承担违约责任后，另行向第三人索赔，但合同中另有约定的除外。在侵权责任中，贯彻为自己行为负责的原则，行为人仅对因自己过错致他人损害的后果负责，除非第三人和行为人共同实施侵权行为，否则行为人对第三人的行为不负责。总之，违约责任中行为人对第三人的行为负责，而侵权责任中行为人对第三人的行为不负责。

6. 免责条件不同

在违约责任中，除法定免责条件（如不可抗力）以外，合同当事人还可以事先约定不承担责任的情形（但故意或重大过失的责任以及人身伤害的责任除外）。而在侵权责任中，免责条件只能是法定的，当事人事先不能约定免责条件，也不可能事先约定（如不可抗力）。

7. 诉讼管辖不同。《民事诉讼法》规定，因合同纠纷提起的诉讼，由被告住所地或者合同履行地人民法院管辖，合同双方当事人还可以在书面合同中协议选择被告住所地、合同履行地、合同签订地、原告住所地、标的物所在地人民法院管辖，其约定效力不受合同无效、被撤销或者终止的影响。而因侵权行为提起的诉讼，由侵权行为地或者被告住所地人民法院管辖，侵权行为地包括侵权行为实施地、侵权结果发生地。另外还有行为人系被采取强制性教育措施的人或被监禁的人，由原告经常居住地人民法院管辖。

【思考】

2017 年 10 月 11 日，季某与 × × 国旅签订《× × 省出境旅游合同》，参加该社组团 11 月赴泰国、新加坡、马来西亚 12 日游活动，交纳 7500 元的团费。该社未征得季某同意，转团给第三人康辉旅行社。2017 年 11 月 10 日晚，季某乘坐的旅游车发生交通事故，造成左锁骨闭合性骨折、腰椎压缩性骨折等。入住 × × 省医院治疗 17 天，后又入院行摘除肩部钢板手术，住院 30 天。经鉴定构成十级伤残；误工期限为 90 天，护理期限为 60 天，营养期限为 60 天。季某起诉至法院，请求两社连带赔偿意外保险金、医疗费等合计 62 万元。

问：

1. 此案中是否存在侵权行为与侵权责任？
2. 如有侵权责任，主体是谁？如有违约责任，主体是谁？
3. 责任竞合的情况下，应如何选择？损害赔偿如何认定？

第三节　特殊侵权责任

一般侵权责任是指因行为人对因故意或过失侵害他人财产权和人身权，并造成损害的违法行为应当承担的民事责任。

特殊侵权民事责任，是指当事人基于自己有关的行为、物件、事件或者其他特别原因致人损害，依照民法上的特别责任条款或者民事特别法的规定仍应对他人的人身、财产损失所应当承担的民事责任。

一、特殊侵权责任与一般侵权责任的区别

（一）一般侵权民事责任与特殊侵权民事责任的区别

1. 构成要件不同

特殊侵权行为不要求行为人对其造成的损害后果具有过错，而一般侵权行为以行为人有过错为成立要件。

2. 抗辩理由不同

一些在一般侵权行为中适用的抗辩理由，如正当防卫、紧急避险等，不能成为特殊侵权的抗辩理由。

3. 承担责任的方式不同

特殊侵权民事责任的承担方式主要为赔偿损失；而一般侵权民事责任的承担方式除赔偿损失外，还有如返还财产、排除妨碍、停止侵害等。

4. 适用的范围不同

为了防止特殊侵权行为民事责任被滥用，特殊侵权只被限制在法律有明文规定的范围内。而一般侵权行为的范围则没有该限制。

（二）特殊侵权民事责任的法律特征

（1）特殊侵权行为适用过错推定责任、无过错责任或公平责任原则；

（2）特殊侵权行为由法律直接规定。此处的法律包括民法的特别规定和民事特别法的规定；

（3）特殊侵权行为在举证责任的分配上适用倒置原则，即由加害人就自己没有过错或者存在法定的抗辩事由承担举证责任；

（4）法律对特殊侵权行为的免责事由作出严格规定。一般免责事由通常包括不可抗力和受害人故意。此外，受害人的过错、第三人的过错、加害人没有过错或者履行了法定义务也可能基于特别规定成为免责事由；

（5）特殊侵权行为的责任主体和行为主体存在分离现象。如监护人对被监护人致人损害所承担的民事责任。

二、特殊侵权责任的种类

特殊侵权责任不像一般侵权责任那样具有侵权责任的全部构成要件，并以过错责任原则为前提。它是基于法律规定而归责于行为人或第三人责任的一种不法行为。它并不以行为人具有主观过错为前提，受害人也不因此负举证责任。根据《民法典》的规定，在中国特殊侵权责任的行为主要有以下几种：

（1）国家机关或国家机关工作人员执行职务造成的侵权行为；

（2）产品质量责任；

（3）高度危险作业的侵权责任；

（4）危害环境的侵权责任；

（5）施工造成的侵权责任；

（6）建筑物及其附属物造成的侵权责任；

（7）饲养动物造成的侵权责任等。

特殊侵权责任实行过错推定或无过错责任。受害人追究加害人的责任，只要证明三个方面：自己有损害；加害人有加害行为；损害与加害行为有因果关系。加害人要免除自己的责任，要根据法律证明符合法定的免责条款或自己没有过错。

【思考】

最高法公报："谢某诉上海动物园饲养动物致人损害案"

2011 年 4 月 10 日，原告谢某（系未成年人）与其父母至被告上海动物园游玩。当日 15 时许，原告及其家人行至灵长类动物展区时，原告穿过笼舍外设置的防护栏，给猴子喂食物时，右手中指被猴子咬伤。

2011 年 12 月 13 日，原告至上海科生假肢有限公司对右手中指安装假肢，花费 2300 元，并经专家会诊，确认原告需要在 18 岁成年前每两年更换一次假肢，成年以后每四年更换次，每年的维修费为该假肢总额的 5%。

问：1. 此案中是否存在侵权责任？

2. 如有侵权责任，主体是谁？

3. 如何赔偿？

第四节　不承担责任和减轻责任的情形

一、抗辩事由

侵权责任的抗辩事由，是指免除或者减轻侵权责任的条件。在我国台湾地区，由于学说继受德国理论，强调侵权行为的违法性，因此将抗辩事由称为违法阻却事由。

（一）抗辩事由的成立要件

（1）对抗性。即这种事由足以对抗对方的请求，已达到减轻或者免除责任的目的。

（2）客观性。作为抗辩事由，必须是已经发生的客观事实而不是加害人一方的主观臆断或尚未发生的情况。

（3）法定性。作为侵权责任法上的阻却违法的事由，应是法律规定的特定事由，而不能对阻却违法的事由作扩张解释。

一般认为，侵权责任的抗辩事由可以分为两大类：正当理由和外来原因。

（二）正当理由

正当理由着眼于加害行为本身的合法性或合理性进行抗辩，即承认某行为是损害发生的原因，但主张行为的实施有合法的根据。作为抗辩事由的正当理由包括：

1. 依法执行公务

作为抗辩事由的依法执行公务，是指造成他人损害的侵权行为是依照法律授权执行公务的行为。其构成要件包括：

（1）执行公务的行为必须有合法根据；

（2）执行公务的行为必须有合法程序；

（3）造成他人损失的行为必须为执行公务所必需。

2. 正当防卫

正当防卫是指为了使公共利益、本人或他人的财产、人身或者其他合法利益免受正在进行的不法侵害，而对不法侵害人所实施的不超过必要限度的行为。

《民法典》第一百八十一条规定，因正当防卫造成损害的，不承担民事责任。正当防卫超过必要的限度，造成不应有的损害的，正当防卫人应当承担适当的民事责任。

3. 紧急避险

紧急避险是指为了使公共利益、本人或他人的财产、人身或者其他合法权益免受正在发生的危险，而不得已采取的致他人较少损害的行为。其构成要件：

（1）危险具有紧迫性；

（2）紧急避险是必要的；

（3）紧急避险不得超过必要的限度。

《民法典》第一百八十二条规定，因紧急避险造成损害的，由引起险情发生的人承担民事责任。危险由自然原因引起的，紧急避险人不承担民事责任，可以给予适当补偿。紧急避险采取措施不当或者超过必要的限度，造成不应有的损害的，紧急避险人应当承担适当的民事责任。

4. 受害人同意

受害人同意是指受害人在侵权行为或者损害结果发生之前明确自愿地表示自己愿意承担某种损害后果的意思表示。受害人的同意必须满足以下条件才可以构成抗辩事由：

（1）受害人有意愿承担损害后果的意思表示；

（2）受害人的意思表示是明确、自愿的；

（3）受害人同意的意思表示不得违背法律、法规的规定，不得违背公序良俗；

（4）受害人同意发生在侵权行为或者损害结果发生之前。

5. 自助行为

自助行为是指权利人为保护自己的权利，在来不及请求公力救济的情况下，对义务人的财产予以扣押或者对其人身自由予以约束等行为。其构成要件包括：

（1）为保护自己的权利；

（2）情势紧迫来不及通过法院或者其他国家机关解决；

（3）采取的方法适当；

（4）自助行为不能超过必要的限度。

（三）外来原因

外来原因是指行为将损害发生的全部或部分原因归结于某种外部事件或他人的行为，从而主张其行为不构成或不单独构成法律上应负责任的原因。作为抗辩事由外来原因包括不可抗力、意外事件、受害人过错、第三人过错。

1. 不可抗力

《民法典》第一百八十条规定，因不可抗力不能履行民事义务的，不承担民事责任。法律另有规定的，依照其规定。不可抗力是不能预见、不能避免且不能克服的客观情况。

其构成条件包括：

（1）不可抗力独立于人的行为，既不是由当事人的行为派生的，也不受当事人意志左右；

（2）不可抗力是导致受害人损害结果发生的原因；

（3）不可抗力具有人力不可抗拒的性质。

2. 意外事件

意外事件是指由于当事人意志以外的原因而偶然发生的意外事故或突发事件。

3. 受害人过错

行为人对于因受害人的过错而导致的侵权行为发生或者损害结果的发生和扩大不承担民事责任或者减轻民事责任。

《民法典》第一千一百七十三条规定，被侵权人对同一损害的发生或者扩大有过错的，可以减轻侵权人的责任。第一千一百七十四条规定，损害是因受害人故意造成的，行为人不承担责任。

《民法典》第一千一百七十七条规定，合法权益受到侵害，情况紧迫且不能及时获得国家机关保护，不立即采取措施将使其合法权益受到难以弥补的损害的，受害人可以在保护自己合法权益的必要范围内采取扣留侵权人的财物等合理措施；但是，应当立即请求有关国家机关处理。受害人采取的措施不当造成他人损害的，应当承担侵权责任。

《民法典》第一千一百七十六条规定，自愿参加具有一定风险的文体活动，因其他参加者的行为受到损害的，受害人不得请求其他参加者承担侵权责任；但是，其他参加者对损害的发生有故意或者重大过失的除外。

4. 第三人过错

作为抗辩事由的第三人过错，是指当第三人对于损失的发生或者扩大存在过错时，可以减轻或者免除行为人的侵权责任。第三人过错作为抗辩事由，可以分为以下两种情况：

（1）第三人过错导致的行为是损害发生的唯一原因。行为人和受害人对损失的发生都没有过错。

（2）第三人和行为人对损失的发生都存在过错。在此情况下，行为人的责任可能因第三人的过错而减轻或者免除。

《民法典》第一千一百七十五条规定，损害是因第三人造成的，第三人应当承担侵权责任。

二、特殊侵权民事责任的免责

法律责任的免除，即免责，是指法律责任由于出现法定条件被部分或全部免除。该法定条件称之为法定免责事由。法律对特殊侵权行为的免责事由作出严格规定，免责事由通常包括不可抗力和受害人故意。此外，受害人的过错、第三人的过错、加害人没有过错或者履行了法定义务也可能基于特别规定成为免责事由。

特殊侵权行为的免责条件由法律规定，但各特殊侵权行为的法定免责事由并不是完全相同的。

（一）国家机关或其工作人员执行职务中侵权的免责

特殊情况下，国家机关或其工作人员在执行职务侵权时，可免其责。如罪犯判处死刑，依法执行枪决的人员。

（二）产品质量侵权的免责

缺陷产品的侵权行为它既不同于自己行为致人损害的一般侵权行为，也不同于为他人行为负责的其他特殊侵权行为。对于出现下列情况之一的，则应免除其法律责任：一是不当使用，即消费者违反产品的特定用途、目的、操作方法、不按产品说明使用保管产品的，由消费者自行承担责任。二是消费者明知产品有缺陷而购买、使用的。

（三）高度危险作业侵权的免责

高危作业致人损害的，应适用无过错责任，作业人不得以自己无过错为由主张免责。从事高度危险作业的作业人如果能够证明损害是由受害人故意造成的，不承担民事责任，因此，受害人故意为高危作业侵权责任的免责条件。

（四）污染环境侵权的免责

污染环境的侵权行为适用无过错责任，虽然无过错责任要求行为人不得以自己没有过错为抗辩，但在符合法律规定的免责条件情形，行为人可以免责。如《中华人民共和国海洋环境保护法》第四十三条和《中华人民共和国水污染防治法》第四十一条、第四十二条规定，完全由于战争行为、不可抗拒的自然灾害、第三人或受害人行为，且经过及时采取合理措施仍然不能避免的污染损害，免予承担赔偿责任。此外，诉讼时效期间的届满也是行为人主张抗辩的法定事由之一。

（五）因地面施工引起侵权的免责

根据《民法典》第一千二百五十八条的规定，因地面施工致人损害侵权责任的承担，是以施工人没有设置明显标志和采取安全措施为条件的。也就是说，如果施工人已设置明显标志和采取安全措施，客观上已尽其应有的注意义务，即可以免除责任。

（六）因建筑物等物件引起侵权的免责

对建筑物等物件致人损害的，主要有两方面的免责事由：

（1）关于建筑物质量缺陷问题致害免责。《民法典》第一千二百五十二条规定，建筑物、构筑物或者其他设施倒塌、塌陷造成他人损害的，由建设单位与施工单位承担连带责任，但是建设单位与施工单位能够证明不存在质量缺陷的除外。

（2）关于建筑物高空抛物免责。从建筑物中抛掷物品或者从建筑物上坠落的物品造成他人损害的，由侵权人依法承担侵权责任；经调查难以确定具体侵权人的，如果能够证明自己不是侵权人，可以免除责任。

（七）因饲养的动物引起侵权的免责

因饲养的动物引起侵权的免责，主要有三种免责事由：

《民法典》第一千二百四十五条规定，饲养的动物造成他人损害的，动物饲养人或者管理人应当承担侵权责任；但是，能够证明损害是因被侵权人故意或者重大过失造成的，可以不承担或者减轻责任。

《民法典》第一千二百四十六条规定，违反管理规定，未对动物采取安全措施造成他人损害的，动物饲养人或者管理人应当承担侵权责任；但是，能够证明损害是因被侵权人故意造成的，可以减轻责任。

《民法典》第一千二百四十八条规定，动物园的动物造成他人损害的，动物园应当承担侵权责任；但是，能够证明尽到管理职责的，不承担侵权责任。

（八）无行为能力人或限制民事行为能力人侵权的免责

对无民事行为能力人或限制民事行为能力人致人损害的侵权行为，由其法定代理人（监护人）承担替代责任，适用无过错责任原则。只要监护人提出无过错证明，就可免除其赔偿责任。但是，纵如法定代理人能够证明并未疏懈其监护职责，或已尽了相当的责任义务，而仍不免发生损害的情形，由其承担全部责任有失公平。为此，《民法典》第一千一百八十八条还规定："监护人尽到监护职责的，可以减轻其侵权责任。"

（九）不可抗力

在一定情况下也为免责事由。不可抗力，指人力所不可抗拒的力量，它是独立于人的行为之外，不受当事人的意志所支配的现象。不可抗力是法定免责事由之一。不可抗力包括自然灾害、政府行为、社会异常事件等。由于不可抗力本身是行为人主观上不能预见，客观上又不可避免并不能克服的客观现象，其发生具有一定的必然性，当事人已尽最大的努力仍然不能避免某种事件及其损害结果的发生。正因为不可抗力的发生独立于行为人意志之外，又是行为人无法控制和避免的，如果让行为人对这种客观情况造成的损害后果负责，有违公平。

重要概念

侵权行为
归责原则
侵权责任
侵权责任的构成要件
侵权责任的主体
侵权责任的损害赔偿
责任竞合
特殊侵权责任
免责事由

练习题

1. 什么是侵权行为？侵权行为有哪些特征？
2. 什么是侵权责任？如何认定侵权责任的主体？

3. 侵权责任的归责原则有哪些?

4. 谈谈游客在旅游侵权中维权的注意事项。

案例解析

案例综述：2019年年初，张女士和4岁的儿子小刚随昆明某旅行社赴香港澳门旅游。1月8日晨，全团16人中有14人出现不同程度的恶心、呕吐、腹泻、头晕等症状，而小刚连喝水都吐，食物中毒症状明显。全团要求香港地接导游带大家就医，但该导游表示，要么全团进两个店购物后才可去医院，要么去看病的人每人支付1800元离团费。

由于情况紧急，张女士打999向香港警方求助。警方随后送张女士母子2人到医院治疗，小刚被诊断为食物中毒。其间因支付急救车费后张女士随身现金不够，该旅行社工作人员却拒绝垫付治疗款项，幸好医院出于职业道德及时安排治疗，孩子病情才得以初步控制并暂时出院。其后行程孩子病情再次恶化，张女士希望导游带她们再去医院看病，但导游认为，如小孩住院则全团都要留在香港，费用高，让给小孩吃药坚持一下。无奈后续行程张女士只有抱着孩子跟团走，无法正常游览。

回昆明后，张女士与该旅行社协商维权索赔事宜，要求退回团费并给予赔偿，含两人旅游团款、误工、看病交通杂费、孩子营养补助等共约7140元，双方协商未果。

问：

1. 请剖析案例中的法律关系、法律责任。

2. 请列出相关法条。

研习作业

1. 收集近年来典型导游侵权案例，并进行案例分析。

2. 收集近年来典型景区侵权责任案例，并进行案例分析。

3. 收集近年来典型酒店侵权责任案例，并进行案例分析。

下篇　行业管理法规

第五章　旅行社管理法律制度

学习目标

理论学习	能力培养
1. 了解旅行社的法律特性、分类 2. 成立条件与程序 3. 熟悉旅行社行业管理五大制度 4. 旅行社的法律责任	1. 掌握旅行社设立审批的程序与要点 2. 能够辨析旅行社与导游的违规行为与相应的法律责任 3. 能够处理旅行社责任保险事宜

导入案例

旅行社是否全额退还游客机加酒费用

某游客一行8人与上海某旅行社签订了单项委托代理合同，约定由旅行社为游客代订往返上海与泰国长岛的机票、代订住宿、代办签证、代订机场接送服务等，费用总计人民币6万余元。合同签订后，游客即全额支付了全部费用，旅行社办妥了相关服务，出具了长岛自由行出团通知。由于包机航班延误，游客一行8人延误近24个小时，考虑到境外总共是三晚四天的行程，决定取消行程。游客认为双方之间事实上构成了包价旅游合同关系，航班严重延误事实已构成旅行社的重大违约，应当全额返还旅游费6万余元，并支付经济损失1万余元。旅行社认为双方为委托合同关系，旅行社已经履行了合同义务。

思考：

1. 法院是否应该支持游客的全部诉讼请求？
2. 旅行社是否承担违约责任？
3. 旅行社是否应该全额退还游客费用？

旅行社是旅游活动的组织者，承担了旅游接待计划的制定和具体的接待工作，在旅游业的发展中具有十分重要的作用。早在1985年5月11日国务院就颁布了《旅行社管理暂行条例》，这是我国第一个关于旅行社管理方面的行政法规。1996年10月15日，国务院又发布并施行了《旅行社管理条例》，同时废除了《旅行社管理暂行条例》，并于2001年12月5日国务院第四十九次常务会议通过修改，自2002年1月1日起施行。2009年2月20日，国务院公布《旅行社条例》，国家旅游局公布《旅行社条例实施细则》，同年5月3日起施行，两部条例均在 2016 年进行修订。2013 年《旅游法》中，第四章第二十八至第三十八条专门规定了旅行社经营的有关事项。这一系列的法规为旅行社的经营与管理提供了重要的法律依据。

第一节　旅行社概述

公元 5—6 世纪，威尼斯的宗教人员就有了用船把朝圣者送往巴勒斯坦的类似旅行社预订业务的活动。1845 年，英国人托马斯·库克成立了世界上第一家旅行社——旅游业务代办处。托马斯库克的活动从考察路线、印发小册子进行广告宣传、陪同和配备导游、履行代办手续开始，将食宿、交通、景点组成一条路线，体现了当今旅行社的基本业务，开创了旅行社业务的基本模式。19 世纪下半叶开始，世界各国成立了许多类似旅行社的组织，如 1850 年起美国的运通公司兼营旅行代理业务；1857 年的英国登山俱乐部；1890 年法国、德国的观光俱乐部；1927 年的意大利旅行社等。

中国现代旅游业务发端于 19 世纪，英美商人首先在上海开办了通济隆旅行部和运通旅行社，日本的国际观光局也打入了中国的沿海城市。

1923 年 8 月，经当时交通部批准，上海商业储蓄银行总经理陈光甫在其银行内创办了旅行部，负责办理旅游业务。这是中国第一家由华人经营旅游服务的旅行社。1927 年 7 月，该旅行部从银行分离出来，正式成立了中国旅行社，总社设在上海，在中国内地和中国香港都设有分支机构。

中华人民共和国成立后，1949 年 11 月 19 日，厦门市军管会侨务组接管了旧华侨服务社，并于同年 12 月开业，这是中华人民共和国第一家华侨服务社。1957 年 4 月 22 日，华侨旅行社服务总社正式成立。1974 年，经国务院批准，成立了中国旅行社，与华侨旅行社合署办公。周恩来总理提议，保留“华侨旅行服务社总社”，同时加用“中国旅行社总社”名称。1994 年 10 月，“CTS 中旅”商标经国家工商行政管理总局商标局（现国家知识产权局）核准注册，同年 12 月，中国中旅的标志性建筑——中旅大厦在北京落成。

中国国际旅行社于 1954 年 4 月 15 日成立，这是我国建国后最早成立的旅行社，总社设在北京。

1980 年中国青年旅行社成立，在我国形成了“国旅”“中旅”和“青旅”三驾马车。

一、旅行社及其业务范围

（一）旅行社的概念

《旅行社条例》第二条规定，旅行社，是指从事招徕、组织、接待旅游者等活动，为旅游者提供相关旅游服务，开展国内旅游业务、入境旅游业务或者出境旅游业务的企业法人。

（二）旅行社的业务范围

根据《旅行社条例实施细则》的规定，招徕、组织、接待旅游者提供的相关旅游服务，主要包括：

（1）安排交通服务；

（2）安排住宿服务；

（3）安排餐饮服务；

（4）安排观光游览、休闲度假等服务；

（5）导游、领队服务；

（6）旅游咨询、旅游活动设计服务。

旅行社还可以接受委托，提供下列旅游服务：

（1）接受旅游者的委托，代订交通客票、代订住宿和代办出境、入境、签证手续等；

（2）接受机关、事业单位和社会团体的委托，为其差旅、考察、会议、展览等公务活动，代办交通、住宿、餐饮、会务等事务；

（3）接受企业委托，为其各类商务活动、奖励旅游等，代办交通、住宿、餐饮、会务、观光游览、休闲度假等事务；

（4）其他旅游服务。

出境、签证手续等服务，应当由具备出境旅游业务经营权的旅行社代办。

二、旅行社的分类

《旅游法》第二十九条规定，旅行社可以经营下列业务：①境内旅游；②出境旅游；③边境旅游；④入境旅游；⑤其他旅游业务。旅行社经营前款第二项和第三项业务，应当取得相应的业务经营许可，具体条件由国务院规定。

按照经营业务范围，将旅行社分为国际旅行社和国内旅行社两类。国际旅行社的经营范围包括入境旅游业务、出境旅游业务和境内旅游业务。国内旅行社可以经营境内旅游业务和入境旅游业务。

（一）国内旅游业务

国内旅游业务是指旅行社招徕、组织和接待中国内地居民在境内旅游的业务。

（二）入境旅游业务

入境旅游业务是指旅行社招徕、组织、接待外国旅游者来我国旅游，香港特别行政区、澳门特别行政区旅游者来内地旅游，台湾地区居民来大陆旅游，以及招徕、组织、接待在中国内地的外国人，在内地的香港特别行政区、澳门特别行政区居民和在大陆的台湾地区居民在境内旅游的业务。

（三）出境旅游业务

出境旅游业务是指旅行社招徕、组织、接待中国内地居民出国旅游，赴香港特别行政区、澳门特别行政区和台湾地区旅游，以及招徕、组织、接待在中国内地的外国人、在内地的香港特别行政区、澳门特别行政区居民和在大陆的台湾地区居民出境旅游的业务。

（四）边境旅游业务

《边境旅游暂行管理办法》第二条规定，边境旅游，是指经批准的旅行社组织和接待我国及毗邻国家的公民，集体从指定的边境口岸出入境，在双方政府商定的区域和期限内进行的旅游活动。申请开办边境旅游业务的必备条件：

（1）经国务院批准对外国人开放的边境市、县；

（2）有国家正式批准对外开放的国家一、二类口岸，口岸联检设施基本齐全；

（3）有旅游行政管理部门批准可接待外国旅游者的旅行社；

（4）具备就近办理参游人员出入境证件的条件；

（5）具备交通条件和接待设施；

（6）同对方国家边境地区旅游部门签订了意向性协议。

第二节　旅行社的成立

一、旅行社成立的条件

《旅游法》第二十八条规定，设立旅行社，招徕、组织、接待旅游者，为其提供旅游服务，应当具备下列条件，取得旅游主管部门的许可，依法办理工商登记：

（一）有固定的经营场所

《旅行社条例实施细则》第六条规定，旅行社的经营场所应当符合下列要求：

（1）申请者拥有产权的营业用房，或者申请者租用的、租期不少于1年的营业用房；

（2）营业用房应当满足申请者业务经营的需要。

（二）有必要的营业设施

《旅行社条例实施细则》第七条规定，旅行社营业设施应当至少包括下列设施、设备：

（1）2部以上的直线固定电话；

（2）传真机、复印机；

（3）具备与旅游行政管理部门及其他旅游经营者联网条件的计算机。

（三）有符合规定的注册资本

《旅行社条例》第六条规定，申请经营国内旅游业务和入境旅游业务的，应当取得企业法人资格，并且注册资本不少于30万元。

注册资本必须经法定的验资机构出具验资证明，可以用货币、实物、无形资产出资，但货币出资额不得少于30%。

（四）有必要的经营管理人员和导游

必要的经营管理人员是指具有旅行社从业经历或者相关经历的经理人员和计调人员。《旅行社条例》取消了对旅行社经理资格认定的规定，降低了旅行社的门槛，但《旅游法》增加了这一规定，据此《旅行社条例》和《旅行社条例实施细则》有必要进行相应的规范。

（五）法律、行政法规规定的其他条件

二、旅行社成立的程序

（一）旅行社的管理机构

国务院旅游行政主管部门负责全国旅行社的监督管理工作。县级以上地方人民政府管理旅游工作的部门按照职责负责本行政区域内旅行社的监督管理工作。县级以上各级人民政府工商、价格、商务、外汇等有关部门，按照职责分工，依法对旅行社进行监督管理。

（二）旅行社设立程序

1. 提交申请

申请经营国内旅游业务和入境旅游业务的，应当向所在地省、自治区、直辖市旅游行政管理部门或者其委托的设区的市级旅游行政管理部门提出申请，并提交符合本条例第六条规定的相关证明文件。

2. 审验资格

《旅行社条例实施细则》第八条规定，申请设立旅行社，经营国内旅游业务和入境旅游业务的，应当向省、自治区、直辖市旅游行政管理部门（简称省级旅游行政管理部门，下同）提交下列文件：

（1）设立申请书。内容包括申请设立的旅行社的中英文名称及英文缩写，设立地址，企业形式、出资人、出资额和出资方式，申请人、受理申请部门的全称、申请书名称和申请的时间；

（2）法定代表人履历表及身份证明；

（3）企业章程；

（4）经营场所的证明；

（5）营业设施、设备的证明或者说明；

（6）工商行政管理部门出具的《企业法人营业执照》。

旅游行政管理部门应当根据《旅行社条例》第六条规定的最低注册资本限额要求，通过查看企业章程、在企业信用信息公示系统查询等方式，对旅行社认缴的出资额进行审查。

旅行社经营国内旅游业务和入境旅游业务的，《企业法人营业执照》的经营范围不得包括边境旅游业务、出境旅游业务；包括相关业务的，旅游行政管理部门应当告知申请人变更经营范围；申请人不予变更的，依法不予受理行政许可申请。

3. 审批与颁发许可证

受理申请的旅游行政管理部门应当根据最低注册资本限额要求，通过查看企业章程、在企业信用信息公示系统查询等方式，对旅行社认缴的出资额进行审查；对申请人的经营场所、营业设施、设备进行现场检查，或者委托下级旅游行政管理部门检查。

省级旅游行政管理部门可以委托设区的市（含州、盟，下同）级旅游行政管理部门，受理当事人的申请并作出许可或者不予许可的决定。旅游行政管理部门应当自受理申请之日起20个工作日内作出许可或者不予许可的决定。予以许可的，向申请人颁发旅行社业务经营许可证；不予许可的，书面通知申请人并说明理由。

4. 申请出境旅游业务的程序

《旅行社条例》第八条规定，旅行社取得经营许可满两年，且未因侵害旅游者合法权益受到行政机关罚款以上处罚的，可以申请经营出境旅游业务。

旅行社申请出境旅游业务的，应当向国务院旅游行政主管部门提交经营旅行社业务满两年，且连续两年未因侵害旅游者合法权益受到行政机关罚款以上处罚的承诺书和经工商行政管理部门变更经营范围的《企业法人营业执照》，由国务院旅游行政主管部门换发旅行社业务经营许可证。

申请经营出境旅游业务的，应当向国务院旅游行政主管部门或者其委托的省、自治区、直辖市旅游行政管理部门提出申请，受理申请的旅游行政管理部门应当自受理申请之日起

20 个工作日内作出许可或者不予许可的决定。予以许可的，向申请人换发旅行社业务经营许可证；不予许可的，书面通知申请人并说明理由。国务院旅游行政主管部门可以委托省级旅游行政管理部门受理旅行社经营出境旅游业务的申请，并作出许可或者不予许可的决定。

三、旅行社分支机构

旅行社可以根据业务需要，依法设立旅行社分社与旅行社服务网点。

（一）旅行社分社

（1）《旅行社条例》第十条规定，旅行社设立分社的，应当向分社所在地的工商行政管理部门办理设立登记，并自设立登记之日起 3 个工作日内向分社所在地的旅游行政管理部门备案。

（2）旅行社分社的设立不受地域限制。

（3）分社的名称中应当包含设立社名称、分社所在地地名和“分社”或者“分公司”字样。

（4）分社的经营场所、营业设施、设备，应当符合旅行社设立的要求。

（5）分社的经营范围不得超出设立分社的经营范围。

（6）设立社向分社所在地工商行政管理部门办理分社设立登记后，应当持下列文件向分社所在地与工商登记同级的旅游行政管理部门备案：

①分社的《营业执照》；

②分社经理的履历表和身份证明；

③增存质量保证金的证明文件。

没有同级的旅游行政管理部门的，向上一级旅游行政管理部门备案。

（二）旅行社服务网点

（1）服务网点是指旅行社设立的，为旅行社招徕旅游者，并以旅行社的名义与旅游者签订旅游合同的门市部等机构。旅行社设立的服务网点应当依法向市场监督管理部门办理设立登记手续，并向所在地的旅游行政管理部门备案。旅行社服务网点应当接受旅行社的统一管理，不得从事招徕、咨询以外的活动。

（2）设立社可以在其所在地的省、自治区、直辖市行政区划内设立服务网点；设立社在其所在地的省、自治区、直辖市行政区划外设立分社的，可以在该分社所在地设区的市的行政区划内设立服务网点。分社不得设立服务网点。

（3）服务网点应当设在方便旅游者认识和出入的公众场所。

（4）服务网点的名称、标牌应当包括设立社名称、服务网点所在地地名等，不得含有使消费者误解为是旅行社或者分社的内容，也不得作易使消费者误解的简称。

（5）服务网点应当在设立社的经营范围内，招徕旅游者、提供旅游咨询服务。

（6）设立社向服务网点所在地市场监督管理部门办理服务网点设立登记后，应当在 3 个工作日内，持下列文件向服务网点所在地与工商登记同级的旅游行政管理部门备案：

①服务网点的《营业执照》；

②服务网点经理的履历表和身份证明。

没有同级的旅游行政管理部门的，向上一级旅游行政管理部门备案。

（三）分社、服务网点的管理

（1）旅行社分社与服务网点均不具有独立的法人资格，其经营活动的责任和后果，均由设立社承担。

（2）分社、服务网点备案后，受理备案的旅游行政管理部门应当向旅行社颁发《旅行社分社备案登记证明》或者《旅行社服务网点备案登记证明》。

（3）设立社应当与分社、服务网点的员工，订立劳动合同。

（4）设立社应当加强对分社和服务网点的管理，对分社实行统一的人事、财务、招徕、接待制度规范，对服务网点实行统一管理、统一财务、统一招徕和统一咨询服务规范。

【思考】

上海华夏国际旅行社虹桥营业部超范围经营被处罚案：上海华夏国际旅行社虹桥营业部于2013年10月22日在新民晚报刊登“韩国好客山东—客轮串线游日照、韩国首尔豪华客轮6日游1980元/人”广告。国家旅游局暗访组和上海市旅游局以游客身份咨询上海华夏国际旅行社总部，未获明确答复，疑心该营业部超范围经营，并涉嫌以不合理的低价组织旅游活动，诱骗旅游者。

根据新民晚报的线索，国家旅游局暗访组会同上海市旅游局、上海市文化执法总队于10月24日对该营业部进行了突击检查，现场发现了6份已签订的旅游合同和要求游客签字表示自愿前往韩国当地5家购物场所的补充合同。

据调查，该营业部在未取得总部授权情况下以上海华夏国际旅行社名义与山东海峡国际旅行社签订委托接待协议。案发后，该营业部已作出退团处理。上海华夏国际旅行社事后积极整改，关停虹桥路营业部，并向文化执法总队和上海市旅游局递交了整改报告。

因该团尚未出团，无法查证是否通过安排购物获取回扣，不予认定为违反《旅游法》第三十五条。上海华夏国际旅行社虹桥营业部从事招徕咨询以外的活动，违反《旅行社条例》第十一条第二款，根据《旅行社条例实施细则》第十八条和《旅行社条例》第四十六条的规定，上海市文化执法总队对其处以责令改正，处以罚款十万元。

问：旅行社分社、服务网点经营范围是什么？

四、外商投资旅行社

（一）外商投资旅行社的发展历程

1998年12月2日，经国务院批准，国家旅游局、外经贸部发布了《中外合资旅行社试点暂行办法》。该《办法》出于保护我国旅行社的目的，曾经为外国旅行社进入我国筑起了一道较高的门槛。加入世界贸易组织（WTO）后，我国承诺：符合条件的外国服务提供者可以在中国政府指定的旅游度假区和北京、上海、广州以及西安开年办中外合资旅行社，不迟于2003年1月1日允许外资控股，不迟于2005年12月31日允许设立外商独资旅行社，不迟于2005年12月31日，取消对合资旅行社设立分支机构的限制。2002年11月1日起施行的《旅行社管理条例》专门对外商投资旅行社作了特别规定。

2003年6月12日，国家旅游局和商务部联合发布了《设立外商控股、外商独资旅行社暂行规定》，提前兑现“取消地域限制”和“允许设立外资独资旅行社”的入世承诺，允许符合条件的境外投资方在经国务院批准的国家旅游度假区及北京、上海、广州、深圳、西安5个城市设立控股或独资旅行社。2003年12月1日，第一家外商独资旅行社——日航国际旅行社（中国）有限公司在北京正式开业，首家外商控股的旅游企业——中旅途易贸易有限公司在北京成立。

2009年，国务院发布《旅行社条例》，对外商投资旅行社进一步降低市场准入门槛，取消对投资者的条件限制，取消对注册资本、分支机构设立、设立独资旅行社的限制，基本实现国民待遇。

2010年8月，国家旅游局、商务部联合发布《中外合资旅行社试点经营出境旅游业务监管暂行办法》，尝试逐步对中外合资旅行社开放中国内地居民出境旅游业务。2011年5月，确定了第一批试点经营中国公民出境旅游业务的3家中外合资旅行社名单：中旅途易贸易有限公司、国旅运通旅行社有限公司、交通公社新纪元国际旅行社有限公司。截至目前，我国共批准外商独资旅行社44家。

2017年9月，万程（上海）旅行社有限公司获批成为中国（上海）自由贸易试验区首家经营出境旅游业务的外商独资旅行社，也是大陆此类企业中第一家获得出境游经营资质，根据自贸区相关管理办法，试点期限为三年。

（二）设立与程序

《设立外商控股、外商独资旅行社暂行规定》（2003）中，对外商控股、外商独资旅行社设立门槛条件较高：注册资本最低限额为400万元人民币，外国经营者年旅游经营总额为4000万美元以上等。

2009年《旅行社条例》取消了以上限制，并规定：

外商投资旅行社，包括中外合资经营旅行社、中外合作经营旅行社和外资旅行社。

外商投资企业申请经营旅行社业务，应当向所在地省、自治区、直辖市旅游行政管理部门提出申请，并提交符合本条例第六条规定（旅行社经营国内和入境旅游业务条件）条件的相关证明文件。省、自治区、直辖市旅游行政管理部门应当自受理申请之日起30个工作日内审查完毕。予以许可的，颁发旅行社业务经营许可证；不予许可的，书面通知申请人并说明理由。设立外商投资旅行社，还应当遵守有关外商投资的法律、法规。

外商投资旅行社不得经营中国内地居民出国旅游业务以及赴香港特别行政区、澳门特别行政区和台湾地区旅游的业务，但是国务院决定或者我国签署的自由贸易协定和内地与香港、澳门关于建立更紧密经贸关系的安排另有规定的除外。

根据2010年的《中外合资经营旅行社试点经营出境旅游业务监管暂行办法》，中外合资经营旅行社符合《旅行社条例》关于经营出境旅游业务许可的规定者，可申请取得试点经营出境旅游业务资格，换领《旅行社业务经营许可证》和《外商投资企业批准证书》，向工商行政管理机关办理企业经营范围变更登记，增存质量保证金120万元人民币，并向国务院旅游行政主管部门提交相关证明文件。

第三节　旅行社的经营

旅行社在经营的过程中，必须严格按照《旅游法》《旅行社条例》《旅行社条例实施细则》的有关规定执行，不得违规擅自经营。

一、旅行社经营规范

（一）宣传招徕真实准确

《旅游法》第三十二条规定，旅行社为招徕、组织旅游者发布信息，必须真实、准确，不得进行虚假宣传，误导旅游者。

《旅行社条例》第二十四条规定，旅行社向旅游者提供的旅游服务信息必须真实可靠，不得作虚假宣传。第二十七条规定，旅行社不得以低于旅游成本的报价招徕旅游者。

（二）业务活动合法规范

1. 不得安排违反法规与公德的互动

《旅游法》第三十三条规定，旅行社及其从业人员组织、接待旅游者，不得安排参观或者参与违反我国法律、法规和社会公德的项目或者活动。

《旅行社条例》第二十六条规定，旅行社为旅游者安排或者介绍的旅游活动不得含有违反有关法律、法规规定的内容。

《旅行社条例实施细则》第三十条规定，旅行社不得安排的活动，主要包括：

（1）含有损害国家利益和民族尊严内容的；

（2）含有民族、种族、宗教歧视内容的；

（3）含有淫秽、赌博、涉毒内容的；

（4）其他含有违反法律、法规规定内容的。

2. 委托业务须合格合规

《旅游法》第三十四条规定，旅行社组织旅游活动应当向合格的供应商订购产品和服务。

《旅行社条例》第三十六条规定，旅行社需要对旅游业务作出委托的，应当委托给具有相应资质的旅行社，征得旅游者的同意，并与接受委托的旅行社就接待旅游者的事宜签订委托合同，确定接待旅游者的各项服务安排及其标准，约定双方的权利、义务。

《旅行社条例》第三十七条规定，旅行社将旅游业务委托给其他旅行社的，应当向接受委托的旅行社支付不低于接待和服务成本的费用；接受委托的旅行社不得接待不支付或者不足额支付接待和服务费用的旅游团队。

《旅行社条例实施细则》第三十八条规定，旅行社招徕、组织、接待旅游者，其选择的交通、住宿、餐饮、景区等企业，应当符合具有合法经营资格和接待服务能力的要求。

3. 维护消费者权益

《旅游法》第三十五条规定，旅行社不得以不合理的低价组织旅游活动，诱骗旅游者，并通过安排购物或者另行付费旅游项目获取回扣等不正当利益。旅行社组织、接待旅游者，不得指定具体购物场所，不得安排另行付费旅游项目。但是，经双方协商一致或者旅游者要求，且不影响其他旅游者行程安排的除外。发生违反前两款规定情形的，旅游者有权在旅游行程结束后三十日内，要求旅行社为其办理退货并先行垫付退货货款，或者退还另行付费旅游项目的费用。

《旅游法》第七十四条规定，旅行社接受旅游者的委托，为其代订交通、住宿、餐饮、游览、娱乐等旅游服务，收取代办费用的，应当亲自处理委托事务。因旅行社的过错给旅游者造成损失的，旅行社应当承担赔偿责任。旅行社接受旅游者的委托，为其提供旅游行程设计、旅游信息咨询等服务的，应当保证设计合理、可行，信息及时、准确。

《旅行社条例》第三十五条规定，旅行社违反旅游合同约定，造成旅游者合法权益受到损害的，应当采取必要的补救措施，并及时报告旅游行政管理部门。第三十七条规定，接受委托的旅行社违约，造成旅游者合法权益受到损害的，作出委托的旅行社应当承担相应的赔偿责任。作出委托的旅行社赔偿后，可以向接受委托的旅行社追偿。接受委托的旅行社故意或者重大过失造成旅游者合法权益损害的，应当承担连带责任。

《旅行社条例实施细则》第五十条规定，旅行社不得向其他经营者或者个人，泄露旅游者因签订旅游合同提供的个人信息；超过保存期限的旅游者个人信息资料，应当妥善销毁。

4. 游客管理规范

《旅行社条例》第三十九条规定，旅行社对可能危及旅游者人身、财产安全的事项，应当向旅游者作出真实的说明和明确的警示，并采取防止危害发生的必要措施。发生危及旅游者人身安全的情形的，旅行社及其委派的导游人员、领队人员应当采取必要的处置措施并及时报告旅游行政管理部门；在境外发生的，还应当及时报告中华人民共和国驻该国使领馆、相关驻外机构、当地警方。

《旅行社条例》第四十条规定，旅游者在境外滞留不归的，旅行社委派的领队人员应当及时向旅行社和中华人民共和国驻该国使领馆、相关驻外机构报告。旅行社接到报告后应当及时向旅游行政管理部门和公安机关报告，并协助提供非法滞留者的信息。旅行社接待入境旅游发生旅游者非法滞留我国境内的，应当及时向旅游行政管理部门、公安机关和外事部门报告，并协助提供非法滞留者的信息。

《旅行社条例实施细则》第四十五条规定，在旅游行程中的自由活动时间，旅游者应当选择自己能够控制风险的活动项目，并在自己能够控制风险的范围内活动。

《旅行社条例实施细则》第四十八条规定，在旅游行程中，旅行社及其委派的导游人员、领队人员应当提示旅游者遵守文明旅游公约和礼仪。

5. 合同规范

《旅游法》第六十九条规定，旅行社应当按照包价旅游合同的约定履行义务，不得擅自变更旅游行程安排。经旅游者同意，旅行社将包价旅游合同中的接待业务委托给其他具有相应资质的地接社履行的，应当与地接社订立书面委托合同，约定双方的权利和义务，向地接社提供与旅游者订立的包价旅游合同的副本，并向地接社支付不低于接待和服务成本的费用。地接社应当按照包价旅游合同和委托合同提供服务。

《旅行社条例》规定了旅行社为旅游者提供服务，应当与旅游者签订旅游合同的十四条事项。并规定，旅行社在与旅游者签订旅游合同时，应当对旅游合同的具体内容作出真实、准确、完整的说明。旅行社和旅游者签订的旅游合同约定不明确或者对格式条款的理解发生争议的，应当按照通常理解予以解释；对格式条款有两种以上解释的，应当作出有利于旅游者的解释；格式条款和非格式条款不一致的，应当采用非格式条款。

《旅行社条例实施细则》第三十九条规定，在签订旅游合同时，旅行社不得要求旅游者必须参加旅行社安排的购物活动或者需要旅游者另行付费的旅游项目。同一旅游团队中，旅行社不得由于下列因素，提出与其他旅游者不同的合同事项：①旅游者拒绝参加旅行社安排的购物活动或者需要旅游者另行付费的旅游项目的；②旅游者存在的年龄或者职业上的差异。但旅行社提供了与其他旅游者相比更多的服务，或者旅游者主动要求的除外。

旅行社及其委派的导游人员和领队人员不得因旅游者拒绝参加旅行社安排的购物活动或者需要旅游者另行付费的旅游项目等情形，以任何借口、理由，拒绝继续履行合同、提供服务，或者以拒绝继续履行合同、提供服务相威胁。

旅行社下列行为属于擅自改变旅游合同安排行程：①减少游览项目或者缩短游览时间的；②增加或者变更旅游项目的；③增加购物次数或者延长购物时间的；④其他擅自改变旅游合同安排的行为。

旅游行程开始前，当发生约定的解除旅游合同的情形时，经征得旅游者的同意，旅行社可以将旅游者推荐给其他旅行社组织、接待，并由旅游者与被推荐的旅行社签订旅游合同。未经旅游者同意的，旅行社不得将旅游者转交给其他旅行社组织、接待。

在旅游行程中，当发生不可抗力、危及旅游者人身、财产安全，或者非旅行社责任造成的意外情形，旅行社不得不调整或者变更旅游合同约定的行程安排时，应当在事前向旅游者作出说明；确因客观情况无法在事前说明的，应当在事后作出说明。

【相关法条】

《旅行社条例》第二十八条规定，旅行社为旅游者提供服务，应当与旅游者签订旅游合同事项：

（一）旅行社的名称及其经营范围、地址、联系电话和旅行社业务经营许可证编号；

（二）旅行社经办人的姓名、联系电话；

（三）签约地点和日期；

（四）旅游行程的出发地、途经地和目的地；

（五）旅游行程中交通、住宿、餐饮服务安排及其标准；

（六）旅行社统一安排的游览项目的具体内容及时间；

（七）旅游者自由活动的时间和次数；

（八）旅游者应当交纳的旅游费用及交纳方式；

（九）旅行社安排的购物次数、停留时间及购物场所的名称；

（十）需要旅游者另行付费的游览项目及价格；

（十一）解除或者变更合同的条件和提前通知的期限；

（十二）违反合同的纠纷解决机制及应当承担的责任；

（十三）旅游服务监督、投诉电话；

（十四）双方协商一致的其他内容。

6. 导游与领队安排

《旅游法》第三十六条规定，旅行社组织团队出境旅游或者组织、接待团队入境旅游，应当按照规定安排领队或者导游全程陪同。

7. 保险业务

《旅行社条例》第三十八条规定，旅行社应当投保旅行社责任险。旅行社责任险的具体方案由国务院旅游行政主管部门会同国务院保险监督管理机构另行制定。

《旅行社条例实施细则》第四十六条规定，为减少自然灾害等意外风险给旅游者带来的损害，旅行社在招徕、接待旅游者时，可以提示旅游者购买旅游意外保险。

鼓励旅行社依法取得保险代理资格，并接受保险公司的委托，为旅游者提供购买人身意外伤害保险的服务。

（三）员工管理规范

《旅游法》第三十八条规定，旅行社应当与其聘用的导游依法订立劳动合同，支付劳动报酬，缴纳社会保险费用。旅行社临时聘用导游为旅游者提供服务的，应当全额向导游支付导游服务费用。旅行社安排导游为团队旅游提供服务的，不得要求导游垫付或者向导游收取任何费用。《旅行社条例》第三十四条还规定旅行社不得要求导游人员和领队人员接待不支付接待和服务费用或者支付的费用低于接待和服务成本的旅游团队。

《旅行社条例》第三十一条规定，旅行社为接待旅游者委派的导游人员，应当持有国家规定的导游证。取得出境旅游业务经营许可的旅行社为组织旅游者出境旅游委派的领队，应当取得导游证，具有相应的学历、语言能力和旅游从业经历，并与委派其从事领队业务的旅行社订立劳动合同。旅行社应当将本单位领队名单报所在地设区的市级旅游行政管理部门备案。

二、旅行社的主要权利

（一）有权收取合法费用

旅行社作为以营利为目的的经营性企业，享有法律赋予的自主权。为旅游者提供的旅游项目，有权按照国家规定的旅游价格和服务收费标准向旅游者和有关经营单位收取合理的费用。为游客提供的导游、交通、联系住宿、组织旅游项目等正当的旅游业务，有权收取相应报酬。旅行中，事先征得旅游者同意，对增加的服务项目可加收费用。

（二）有权按合同的规定索赔

旅行社有权要求旅游者依照旅游合同规定的时间、路线、方式进行旅游。如旅游者未按合同约定的时间参加旅游团，旅行社可以扣除旅游者交付的定金作为违约金，由于旅游者自身的行为造成旅行社损失的，旅行社有权提出索赔。

（三）有权要求经营人员保守商业秘密

旅行社的独特经营和管理方式、经营技巧、技术手段及产品加工方式等能带来巨大的利润，皆属于旅行社的商业秘密，受到法律的保护。《旅行社管理条例》规定，经营人员未经旅行社同意，不得披露、使用或者允许他人使用其所掌握的旅行社商业秘密。

（四）依法管理旅游者

旅行社及其委派的导游人员、领队人员在经营、服务中享有下列权利：

（1）要求旅游者如实提供旅游所必需的个人信息，按时提交相关证明文件；

（2）要求旅游者遵守旅游合同约定的旅游行程安排，妥善保管随身物品；

（3）出现突发公共事件或者其他危急情形，以及旅行社因违反旅游合同约定采取补救措施时，要求旅游者配合处理防止扩大损失，以将损失降低到最低程度；

（4）拒绝旅游者提出的超出旅游合同约定的不合理要求；

（5）制止旅游者违背旅游目的地的法律、风俗习惯的言行。

第四节　旅行社管理制度

旅行社经营管理除了依照前述法律法规的约束与规范外，还实行旅行社业务经营许可证制度、旅游服务质量保证金制度、旅行社监督检查制度、旅行社公告制度和旅行社责任保险制度等。

一、旅行社业务经营许可证制度

旅行社经营业务，除了按照公司成立程序向工商行政管理部门领取营业执照之外，还需获得旅游行政管理部门的许可，按照规定取得旅行社业务经营许可证（以下简称“许可证”）。许可证是经营旅游业务的资格证明，由国家旅游行政管理部门统一印制，由具备审批权的旅游行政管理部门颁发。

（一）许可证的含义

旅行社业务经营许可证，是持证人具有从事旅游业务经营资格的凭证。

许可证应当注明旅行社的经营范围。许可证分正、副本，旅行社应当将许可证正本与营业执照一起悬挂在营业场所的显要位置，副本用于旅游行政管理部门年检和备查。

（二）许可证的管理

根据《旅行社条例》的规定，国内旅游业务和入境旅游业务许可证的，由所在地省、自治区、直辖市旅游行政管理部门或者其委托的设区的市级旅游行政管理部门受理申请，颁发与管理相关许可证。包括申请颁发、补发、注销和变更等。

出境旅游业务许可，由国务院旅游行政主管部门或者其委托的省、自治区、直辖市旅游行政管理部门颁发许可证。

《旅行社业务经营许可证》办理条件：

（1）注册资本不得少于人民币30万元（认缴制）；

（2）有固定的经营场所，即申请人拥有产权或者申请人租用且租期不少于1年的营业（非住宅）用房，能够满足业务经营的需要；

（3）有必要的营业设施，包括传真机、复印机、2部以上直线固定电话等办公设备；

（4）具备与旅游行政管理部门及其他旅游经营者联网条件的计算机；

（5）有必要的经营管理人员和导游。“必要的经营管理人员”是指具有旅行社从业经历或者相关专业经历的经理人员和计调人员；“必要的导游”是指有不低于旅行社在职员工总数20%且不少于3名、与旅行社签订固定期限或者无固定期限劳动合同的持有导游证的导游；

（6）在国家旅游局指定的银行存入设立质量保证金账户，存入 20 万元质量保证金或办理相应的银行担保；

（7）法律、行政法规规定的其他条件。

《旅行社业务经营许可证》办理一般所需材料：

（1）公司营业执照复印件加盖公章；

（2）公司章程；

（3）投保旅行社责任险证明文件；

（4）经理人员和计调人员的任职文件、履历表、身份证明、劳动合同；

（5）不少于三名导游人员的导游证、身份证、履历表、任职证明、劳动合同；

（6）营业设施、设备证明和说明；

（7）法定代表人和总经理履历表、任职证明及身份证明；

（8）经营场所租赁合同或房地产权证明；

（9）缴存质量保证金承诺书。

【小知识】

国家文化和旅游部于 2019 年 9 月发布《旅行社经营出境（出国和赴港澳）旅游业务审批指南》，明确出境业务审批受理部门为文化和旅游部或文化和旅游部委托的省级文化和旅游行政部门，旅行社通过“全国旅游监管服务平台（网址：http://jianguan.12301.cn/）”提交申请。文化和旅游部从“全国旅游监管服务平台”受理旅行社提交的申请。

受理的业务包括：申请出境旅游业务资质、旅行社信息变更备案、补发旅行社业务经营许可证、取消出境旅游业务资质、注销旅行社业务经营许可。除了“申请出境旅游业务”需增加省级文化和旅游行政部门核验环节之外，所有业务均由旅行社在平台提交申请材料，由文化和旅游部直接审核办理，作出行政许可决定后，在 10 个工作日内，依据业务类型，向旅行社寄送《行政许可决定书》、旅行社业务经营许可证等相关材料。申请单位依据《行政复议法》有依法提起行政诉讼或申请行政复议的权利。

（三）许可证的使用

1. 摆放规定

旅行社（分社、服务网点）应将旅行社业务经营许可证（旅行社分社备案登记证明、旅行社服务网点备案登记证明）与营业执照一起悬挂在经营场所的显要位置，未悬挂的，由县级以上旅游行政管理部门责令改正、处 1 万元以下的罚款。

2. 不得非法转让许可证

《旅游法》第三十条规定，旅行社不得出租、出借旅行社业务经营许可证，或者以其他形式非法转让旅行社业务经营许可。

《旅游法》第九十五条规定，未经许可经营旅行社业务的，由旅游主管部门或者市场监督管理部门责令改正，没收违法所得，并处一万元以上十万元以下罚款；违法所得十万元以上的，并处违法所得一倍以上五倍以下罚款；对有关责任人员，处二千元以上二万元以下罚款。

出租、出借旅行社业务经营许可证，或者以其他方式非法转让旅行社业务经营许可的，除依照前款规定处罚外，并责令停业整顿；情节严重的，吊销旅行社业务经营许可证；对直接负责的主管人员，处二千元以上二万元以下罚款。

【思考】

为加大全国旅游市场秩序整治力度，推动旅游业高质量发展，2018 年 5 月，国家文化和旅游部印发关于开展暑期旅游市场秩序专项整治的通知，在全国范围部署开展为期 3 个月的旅游市场秩序整治工作。

截至 2018 年 9 月 20 日，各地已设立旅游警察机构 437 家，工商旅游分局 344 家，旅游巡回法庭 554 家，较 2017 年底有了较大提升。在文明旅游宣传引导方面，文化和旅游部组织全国 100 多个城市举办了以“绿色出行”“出行有礼”为主题的“文明旅游为中国加分”百城联动活动，向游客倡议文明出游理性消费，提高安全风险防范意识。对在线旅游产品价格实施常态化监测，对问题较多的在线旅游企业及时约谈，对不合格线路产品督促下架，对主要在线旅游企业及平台产品审核和安全防范工作提出整改要求，累计下架不合格自助游产品 5832 条。

在为期 3 个月的全国暑期旅游市场秩序专项整治中，聚焦“不合理低价游”“非法一日游”“黑导游”等行业顽疾，全国共检查旅游企业 24390 家，立案 1103 件，罚款 1215.84 万元，文化和旅游部吊销旅行社业务经营许可证 34 家。

问：旅行社业务经营许可证制度对于维护旅游市场秩序有何作用？

二、旅游服务质量保证金制度

1994 年，为了加强对旅游行业服务质量的监督和管理，维护旅游者的合法权益，提高旅行社的服务质量，国家旅游局参照国际惯例，决定对旅行社实行质量保证金制度，1996 年发布的《旅行社管理条例》以行政法规的形式确立了该制度，又于 1997 年 3 月 27 日发布了《旅行社质量保证金赔偿暂行办法》，进一步对旅行社质量保证金制度作了具体规定，2010 年 7 月 1 日《旅游投诉处理办法》施行后，之前的《旅行社质量保证金暂行规定》《旅行社质量保证金暂行规定实施细则》《旅行社质量保证金赔偿暂行办法》废止。2013 年《旅游法》最终确定该制度。其法律地位经历了由部门规章、行政法规，最后上升到法律层面，名称也由旅行社质量保证金变更为旅游服务质量保证金。

（一）旅游服务质量保证金的概念

旅游服务质量保证金（以下简称“保证金”）是指根据《中华人民共和国旅游法》及《旅行社条例》的规定，由旅行社在指定银行缴存或由银行担保提供的一定数额用于旅游服务质量赔偿支付和团队旅游者人身安全遇有危险时紧急救助费用垫付的资金。除法律规定的情形外，任何单位和个人不得动用保证金。

【相关法条】

《旅游法》第三十一条规定，旅行社应当按照规定交纳旅游服务质量保证金，用于旅游者权益损害赔偿和垫付旅游者人身安全遇有危险时紧急救助的费用。

（二）旅游服务质量保证金的缴纳

2013 年 9 月 26 日，国家旅游局办公室以旅办发〔2013〕170 号印发《关于将〈旅行社质量保证金存取管理办法〉修改为〈旅游服务质量保证金存取管理办法〉的通知》，规定了存、取款等管理细则，规定在《旅游法》实施后，缴纳数额、存入方式等仍按《旅行社条例》《旅行社条例实施细则》执行，使用范围除执行《旅行社条例》有关规定外，增加《旅游法》第三十一条用于垫付旅游者人身安全遇有危险时紧急救助费用的内容。

1. 缴纳时间

《旅行社条例》第十三条规定，旅行社应当自取得旅行社业务经营许可证之日起 3 个工作日内缴纳质量保证金。

旅行社须在国家旅游局指定的范围内，选择一家银行（含其银行分支机构）存储保证金。保证金实行专户管理，专款专用。银行为旅行社开设保证金专用账户。当专用账户资金额度不足时，旅行社可对不足部分申请银行担保，但担保条件须符合银行要求。

银行按照不少于一年定期、到期自动结息转存方式管理保证金，中途提取部分改按活期结算利息。利息收入全部归旅行社所有。

2. 缴纳数额

《旅行社条例》第十三条规定，经营国内旅游业务和入境旅游业务的旅行社，应当存入质量保证金 20 万元；经营出境旅游业务的旅行社，应当增存质量保证金 120 万元。

《旅行社条例》第十四条规定，旅行社每设立一个经营国内旅游业务和入境旅游业务的分社，应当向其质量保证金账户增存 5 万元；每设立一个经营出境旅游业务的分社，应当向其质量保证金账户增存 30 万元。

3. 旅游服务质量保证金的取用

（1）直接向旅游者支付的情形。《旅行社条例》第十五条规定，有下列情形之一的，旅游行政管理部门可以使用旅行社的质量保证金：

①旅行社违反旅游合同约定，侵害旅游者合法权益，经旅游行政管理部门查证属实的；

②旅行社因解散、破产或者其他原因造成旅游者预交旅游费用损失的。

银行应根据旅游行政主管部门出具的《旅游服务质量保证金取款通知书》及《旅游行政主管部门划拨旅游服务质量保证金决定书》，经与旅游行政主管部门核实无误后，在 5 个工作日内将保证金以现金或转账方式直接向旅游者支付。

（2）根据法律文件判决支付的情形。《旅行社条例》第十六条规定，人民法院判决、裁定及其他生效法律文书认定旅行社损害旅游者合法权益，旅行社拒绝或者无力赔偿的，人民法院可以从旅行社的质量保证金账户上划拨赔偿款。

银行根据人民法院判决、裁定及其他生效法律文书执行。

（3）紧急救助垫付的情形。《旅游法》第三十一条规定的旅游者人身安全遇有危险时紧急救助费用垫付的情形，旅行社提出申请的，旅游行政主管部门应立即予以审核；旅游行政主管部门决定垫付的，需按实际所需确定垫付额度。申请额度和决定垫付额度均应在保证金账户现有额度内。

银行根据旅游行政主管部门出具的《旅游服务质量保证金取款通知书》及《关于使用旅游服务质量保证金垫付旅游者人身安全遇有危险时紧急救助费用的决定书》后 24 小时内，

经与旅游行政主管部门核实无误后，将保证金以现金或转账方式直接向《旅游服务质量保证金取款通知书》中确定的单位或账户提供。

（4）支取退还的情形。旅行社因解散或破产清算、业务变更或撤减分社减交、三年内未因侵害旅游者合法权益受到行政机关罚款以上处罚而降低保证金数额50%等原因，需要支取保证金时，须向许可的旅游行政主管部门提出，许可的旅游行政主管部门审核出具《旅游服务质量保证金取款通知书》，银行根据《旅游服务质量保证金取款通知书》，将相应数额的保证金退还给旅行社。

【思考】

文化和旅游部办公厅2020年2月5日印发《关于暂退部分旅游服务质量保证金支持旅行社应对经营困难的通知》指出，为进一步做好文化和旅游系统疫情防控工作，支持旅行社积极应对当前经营困难，履行社会责任，文化和旅游部决定向旅行社暂退部分旅游服务质量保证金（以下简称保证金）。

《通知》明确，暂退范围为全国所有已依法交纳保证金、领取旅行社业务经营许可证的旅行社，暂退标准为现有交纳数额的80%。被法院冻结的保证金不在此次暂退范围之内。

交还期限方面，《通知》明确，自通知印发之日起两年内，接受暂退保证金的各旅行社应在2022年2月5日前将本次暂退的保证金如数交还。

《通知》要求，各地文化和旅游行政部门要依据有关规定抓紧组织实施，自通知印发之日起，一个月之内完成暂退保证金工作；要建立工作台账，指导和督促相关旅行社企业在全国旅游监管服务平台及时完成保证金信息变更和备案工作；要加强监管，对未按期交还保证金的旅行社要依法依规查处，并记入企业信用档案。

问：

1. 如何理解旅游服务质量保证金的作用？
2. 文化和旅游部应对疫情的措施有何现实意义？

三、旅行社监督检查制度

（一）监督检查部门

根据《旅行社条例》第四十一条的规定，旅游、工商、价格、商务、外汇等有关部门应当依法加强对旅行社的监督管理，发现违法行为，应当及时予以处理。

《旅行社条例实施细则》第五十二条规定，县级以上旅游行政管理部门对旅行社及其分支机构实施监督检查时，可以进入其经营场所，查阅招徕、组织、接待旅游者的各类合同、相关文件、资料，以及财务账簿、交易记录和业务单据等材料，旅行社及其分支机构应当给予配合。第五十六条规定，县级以上旅游行政管理部门，可以在其法定权限内，委托符合法定条件的同级旅游质监执法机构实施监督检查。

（二）监督检查程序

除了《旅行社条例》和《旅行社实施细则》对旅行社监督检查制度进行了基本规定，

国家旅游局旅游质量监督管理所依据《中华人民共和国行政许可法》《中华人民共和国行政处罚法》《旅行社条例》《导游人员管理条例》《省旅游管理条例》《市旅游业管理条例》等法律法规，于2011年印发了《旅游市场监督检查规范（试行）》。对监督检查的程序作出明确要求：

（1）为保障旅游业规范有序发展，根据旅游行业的发展和旅游市场的实际情况，采取市场检查、重点检查、联合检查等多种方式，明查与暗访相结合的手段，开展旅游市场监督检查工作。

（2）对旅游经营者和个人进行监督检查时，应由有关领导或具体负责人带队，检查人员不少于2名。检查时须出示行政执法证或者其他有效旅游质监检查证件，并依据所授权的范围进行监督检查。

（3）检查人员要严格遵守旅游市场监督检查程序并依法进行行政处罚，检查中要做到文明执法，耐心听取当事人的意见，认真调查取证，不得泄露当事人的商业机密。

（4）检查人员不得利用工作之便收受礼金、有价证券、贵重物品，不准“吃、拿、卡、要”；不得向检查对象摊派或要求当事人报销应由个人支付的各种费用。检查工作期间不得带家属、亲友以及与检查工作无关的人员随行。

（5）应制定旅游监督检查记录，暂扣的证照、物品和资料应按规定办理相关手续并落实专人妥善保管，并在检查后制作书面检查报告。

将旅游市场检查查获的违规案件处理结果及时汇总上报，并定期向社会通报。

（三）检查内容

2018年国家旅游局为落实《国务院办公厅关于加强旅游市场综合监管的通知》（国办发〔2016〕5号）关于“加快建立权责明确、执法有力、行为规范、保障有效的旅游市场综合监管机制”的要求，制定了《旅游市场监督检查操作指南》，在旅行社的监督检查方面规定：

检查旅行社，执法人员可以依法重点检查下列内容：

（1）是否在经营场所悬挂旅行社业务经营许可证、企业法人营业执照；

（2）旅行社名称、经营场所、出资人、法定代表人等登记事项变更的，是否向旅游主管部门备案；

（3）旅行社分支机构设立情况以及总社对其分支机构在职人员、合同、业务、财务等方面的管理制度，是否存在出租、出借旅行社业务经营许可证等情形；

（4）企业职工名册与实际从事导游、领队服务等人员的情况是否相符；旅行社是否为员工缴纳社会保险，是否存在要求导游、领队垫付或者向其收取费用等违法情形；临时聘用导游的使用情况及是否向其支付旅游服务费用；

（5）宣传招徕是否存在超出许可经营范围或使用诱骗、欺诈性宣传语等情形；是否存在以不合理的低价组织旅游活动，诱骗旅游者，并通过安排购物或者另行付费旅游项目获取回扣等不正当利益的情形；

（6）是否投保旅行社责任保险及提示旅游者购买旅游意外保险；

（7）是否按照规定交纳或补交旅游服务质量保证金；

（8）向供应商订购产品和服务的协议，旅行社选择的供应商是否合法、合格；

（9）旅游合同、行程单等业务档案是否完整、规范并保存2年以上；企业财务档案是否存在违法违规情形；

（10）旅游合同是否存在格式条款显失公平的内容；是否明确约定交通、住宿、餐饮、导游等服务安排和标准以及游览、娱乐等项目的具体内容和时间；委托其他旅行社履行包价旅游合同是否经过旅游者书面同意；旅游产品中是否存在安排旅游者参与违反我国法律、法规和社会公德的项目或者活动的情形；

（11）行程单中是否单方指定购物或另行付费项目，购物和另行付费项目协议是否规范签订，是否存在给予回扣等商业贿赂违法情形；

（12）旅行社投诉处理、安全管理、应急处置等制度是否健全；

此外，还对旅行社分社、服务网点、旅游团队、网络经营旅行社业务企业等规定了检查内容。

（四）检查结果处理

市场检查结束，执法机构应当对检查中发现的情况及时处理，可以分别采取以下措施：

（1）企业经营行为规范，未发现违法违规问题的，执法人员应如实记录，检查结果可作为企业诚信评价的依据；

（2）检查结果基本规范，但存在经营管理不当等瑕疵行为的，执法人员应如实记录，并可以采取约谈企业负责人，提出整改意见，跟踪整改情况等处理措施；

（3）企业经营行为不规范，涉嫌违法违规、不构成犯罪的，执法人员应当进一步调查取证，转入行政处罚程序；

（4）依据法律规定，应当由其他部门处理的，应将案件情况书面移送相关部门。

四、旅行社公告制度

《旅行社条例》第四十二条规定，旅游、工商、价格等行政管理部门应当及时向社会公告监督检查的情况。公告的内容包括旅行社业务经营许可证的颁发、变更、吊销、注销情况，旅行社的违法经营行为以及旅行社的诚信记录、旅游者投诉信息等。

（一）公告内容

公告包括以下几种：

1. 开业公告

经旅游行政管理部门批准成立的旅行社正式营业前，旅游行政管理部门应通过电视台、报纸等传播媒体对旅行社的名称、性质、经营场所等情况进行开业公告。

2. 变更名称公告

旅游行政管理部门对变更名称的旅行社应进行公告。

3. 变更经营范围公告

国际旅行社申请增加出境旅游和边境旅游业务，国内旅行社申请转为国际旅行社，或国际旅行社转为国内旅行社的，经有关旅游行政管理部门审批，并到工商行政管理机关办理变更登记手续后，应及时进行公告。

4. 停业公告

旅行社因违法行为，被旅游行政管理部门限令在一定期限内停业并改正错误，或因经营不善需停业的，旅游行政管理部门批准后应发布停业公告。

5. 吊销许可证公告

旅行社因违法行为严重，有关主管部门剥夺其从事经营的权利并吊销其许可证，旅游行政管理部门应发布吊销许可证公告。

此外，旅游行政管理部门采取公告形式，定期公布旅行社保证金的缴纳和支付情况。旅行社年度检查后，旅游行政管理部门应当发布年度检查通告。

（二）公告发布部门

一般监督检查结果的各项公告，县级以上旅游行政管理部门应当通过本部门或者上级旅游行政管理部门的政府网站向社会发布。

质量保证金存缴数额降低、旅行社业务经营许可证的颁发、变更和注销的，国务院旅游行政主管部门或者省级旅游行政管理部门应当在作出许可决定或者备案后20个工作日内向社会公告。

旅行社违法经营或者被吊销旅行社业务经营许可证的，由作出行政处罚决定的旅游行政管理部门，在处罚生效后10个工作日内向社会公告。

旅游者对旅行社的投诉信息，由处理投诉的旅游行政管理部门每季度向社会公告。

五、旅行社责任保险制度

根据《中华人民共和国保险法》和《旅行社条例》，国家旅游局联合中国保险监督管理委员会制定《旅行社责任保险管理办法》，并于2010年7月29日国家旅游局第九次局长办公会议、2010年11月8日中国保险监督管理委员会主席办公会审议通过，自2011年2月1日起施行。

（一）旅行社责任保险的概念与意义

在中华人民共和国境内依法设立的旅行社，应当依照《旅行社条例》和《旅行社责任保险管理办法》的规定，投保旅行社责任保险。旅行社责任保险，是指以旅行社因其组织的旅游活动对旅游者和受其委派并为旅游者提供服务的导游或者领队人员依法应当承担的赔偿责任为保险标的的保险。

其中，投保人和被保险人均为旅行社。旅行社责任保险的保险期间为1年。

旅行社责任保险的意义：

将旅行社责任保险设定为强制保险，其积极意义在于理顺了保险各方和现行保险法规的关系，不仅更具可行性和可操作性，而且有效地转移了旅行社的责任风险，具体体现在：

（1）组团旅行社和当地接待团旅行社均已投保，游客旅途中万一发生保险责任事故，组团和接待团旅行社在责任上都不会相互推诿，游客的合法权益可以得到切实的保障。

（2）旅行社责任保险所承担的责任范围广泛，不仅负担游客在旅游期间的人身安全责任，同时还负责游客携带的首饰、现金、摄像机、照相机、衣物等随身财产，以及游客因病治疗所支出的交通费、医疗费等。

（3）旅行社责任保险实行后，除旅行社统一为游客投保责任险以外，游客根据自己的财力，还可自愿选择是否投保人身意外保险和其他相关险种，这不仅理顺了法定强制保险与商业保险的法规关系，同时也符合自愿投保人身意外保险的国际惯例。

（二）保险责任

旅行社责任保险的保险责任，应当包括旅行社在组织旅游活动中依法对旅游者的人身伤亡、财产损失承担的赔偿责任和依法对受旅行社委派并为旅游者提供服务的导游或者领队人员的人身伤亡承担的赔偿责任。

1. 保险责任范围

具体包括下列情形：

（1）因旅行社疏忽或过失应当承担赔偿责任的；

（2）因发生意外事故旅行社应当承担赔偿责任的；

（3）国家旅游局会同中国保险监督管理委员会（以下简称“中国保监会”）规定的其他情形。

2. 旅行社责任保险的责任免除

在保险实务中，除公众责任保险的一般免责情形外，保险人对于下列原因造成的损失、费用和责任不负责赔偿：

（1）旅游者的犯罪、过失行为和自身疾病；

（2）被保险人的旅游服务质量未达到国家、行业或合同规定的标准；

（3）不提供导游服务的散客旅游活动；

（4）被保险人委托非旅行社的单位或个人代办旅游业务；

（5）从事赛车、狩猎、骑马、攀崖、滑流、潜水、滑雪、滑板、水上摩托艇、跳伞等高风险活动。

（三）旅行社责任保险的监督管理

县级以上人民政府旅游行政管理部门按照《旅行社管理条例》等有关规定，对旅行社投保旅行社责任保险的情况进行监督检查，并将旅行社责任保险投保和理赔的情况纳入旅行社年检的范围。

旅行社应当妥善保管旅行社责任保险投保和理赔的相关资料，接受旅游行政管理部门的检查；在理赔案件发生后，应及时将理赔情况报当地旅游行政管理部门备案。

旅行社应当选择保险业务信誉良好、服务网络面广，无不良经营记录的保险公司。

（四）旅行社责任保险的其他规定

（1）旅游者参游的义务。旅游者参加旅行社组织的旅游活动，应保证自身身体条件能够完成旅游活动；服从导游和领队的安排，在行程中注意保护自身和随行未成年人的安全，妥善保管所携带的行李、物品，以免发生意外事故，避免因旅行社根据规定不承担赔偿责任而造成不必要的损失。

（2）组团社与地接社都应投保旅行社责任保险。在中华人民共和国境内从事旅游业务经营活动的旅行社都必须投保旅行社责任保险。由于旅行社责任保险的被保险人是旅行社，保险标的是责任，而旅游行程中，组团社和地接社都可能存在意外事故发生后的责任风险，因此无论是组团社还是地接社都应投保。

（3）旅行社办理旅行社责任保险的方式。旅行社向承保保险公司办理旅行社责任保险，应按规定的最低保险金额的标准，向承保保险公司按年度办理保险手续。

（4）旅行社责任保险保险费的承担。《责任保险规定》第十六条规定，旅行社投保旅行社责任保险的保险费，不得在销售价格中单独列项。旅行社责任保险的被保险人是旅行社，不是旅游者，因此保险费不应由旅游者承担，在销售价格中不能单独列项。保险费应由旅行社承担，计入成本。

（5）旅行社投保旅行社责任保险应签订合同。旅行社投保旅行社责任保险应当按照《中华人民共和国保险法》的规定，与承保保险公司签订书面合同。合同的内容应符合我国《保险法》的有关规定。

（6）旅游者个人保险的投保。旅游者参加旅行社组织的团队旅游时，可以根据实际需要，从有保险代理人资格的旅行社或直接从保险公司自愿购买旅游者个人保险。旅行社在与旅游者订立旅游合同时，应当推荐旅游者购买相关的旅游者个人保险。个人保险包括旅游意外保险、旅游平安保险等。

（7）旅行社组织高风险旅游项目的保险。旅行社组织高风险旅游项目，如登山、漂流、狩猎等，可另行与保险公司协商投保附加保险事宜。

【思考】

2016 年 5 月 10 日，柴某随某旅行社参加海南海口三亚双飞 6 日游。在三亚蜈支洲岛上某小型游览船时，由于上船踏板湿滑且没有工作人员引导，导致游客柴某滑倒摔伤，其被立即送往当地医院救治，经医生检查确诊为骶骨骨折，预估医疗费用金额为 4000 元，进行简单处理后，由游客返回天津继续治疗。旅行社随即向保险公司报案理赔。

经确认保险信息，该旅行社已于 2016 年 1 月 4 日在某财产保险公司投保了为期一年的“旅行社责任保险”。保险期限，国内旅游每人保险赔偿限额为 10 万元，出入境旅游每人保险赔偿限额为 20 万元。

经保险公司确认保险信息，游客柴某受伤是在旅游期间由于意外事故引发的事件，根据旅行社责任保险条款第二条第一、二项“在本保险合同期限内，因被保险人的疏忽或过失造成被保险人接待的境内外旅游者遭受下列经济损失，依法应由被保险人承担的经济赔偿责任，保险人负责赔偿：一是因人身伤亡发生的经济损失、费用；二是因人身伤亡发生的其他相关费用：①医疗费；②必要时近亲属探望的交通、食宿费，随行儿童或长者的送返费用，旅行社人员和医护人员前往处理的交通、食宿费及补办旅游证件的费用和因行程延迟所导致的费用”，确定本案游客滑倒摔伤，是由被保险人的疏忽或过失所致的损失，属于保险责任，应该按照保险合同赔偿。

该旅行社于 2016 年 3 月投保了《旅行社责任保险》，作为被保险人，提出索赔申请是应当的，及时报案对被保险标的减少损失是很有指导意义的。

问：旅行社责任保险承担的责任范围是什么？什么情形下保险人不予以赔偿？

第五节　旅行社法律责任

旅行社作为企业法人，一旦违反法律规范，需要根据相关法律承担民事、行政、刑事责任，除了按照《民法典》《公司法》《刑法》等法律承担相应的法律责任外，还要依据《旅游法》《旅行社条例》《旅行社条例实施细则》《旅游行政处罚办法》等专门法律法规，承担相应的行政责任。本章主要介绍行政责任。

一、违反旅行社经营许可的法律责任

（一）未经许可经营旅行社业务

《旅游法》第九十五条规定，未经许可经营旅行社业务的，由旅游主管部门或者市场监督管理部门责令改正，没收违法所得，并处一万元以上十万元以下罚款；违法所得十万元以上的，并处违法所得一倍以上五倍以下罚款；对有关责任人员，处二千元以上二万元以下罚款。

《旅行社条例》第四十六条第一款规定，未取得相应的旅行社业务经营许可，经营国内旅游业务、入境旅游业务、出境旅游业务的，由旅游行政管理部门或者工商行政管理部门责令改正，没收违法所得，违法所得 10 万元以上的，并处违法所得 1 倍以上 5 倍以下的罚款；违法所得不足 10 万元或者没有违法所得的，并处 10 万元以上 50 万元以下的罚款。

《旅行社条例》第五十一条规定，外商投资旅行社经营中国内地居民出国旅游业务以及赴香港特别行政区、澳门特别行政区和台湾地区旅游业务，或者经营出境旅游业务的旅行社组织旅游者到国务院旅游行政主管部门公布的中国公民出境旅游目的地之外的国家和地区旅游的，由旅游行政管理部门责令改正，没收违法所得，违法所得 10 万元以上的，并处违法所得 1 倍以上5 倍以下的罚款；违法所得不足 10 万元或者没有违法所得的，并处 10 万元以上 50 万元以下的罚款；情节严重的，吊销旅行社业务经营许可证。

（二）租借、非法转让许可证的

《旅游法》第九十五条规定，出租、出借旅行社业务经营许可证，或者以其他方式非法转让旅行社业务经营许可的，除依照前款规定处罚外，并责令停业整顿；情节严重的，吊销旅行社业务经营许可证；对直接负责的主管人员，处二千元以上二万元以下罚款。

《旅行社条例》第四十七条规定，旅行社转让、出租、出借旅行社业务经营许可证的，由旅游行政管理部门责令停业整顿 1 个月至 3 个月，并没收违法所得；情节严重的，吊销旅行社业务经营许可证。受让或者租借旅行社业务经营许可证的，由旅游行政管理部门责令停止非法经营，没收违法所得，并处 10 万元以上 50 万元以下的罚款。

同时，《旅游法》第一百零三条还规定，受到吊销旅行社业务经营许可证处罚的旅行社的有关管理人员，自处罚之日起未逾三年的，不得重新从事旅行社业务。《旅行社条例》第六十四条规定，旅行社被吊销旅行社业务经营许可的，其主要负责人在旅行社业务经营许可被吊销之日起五年内不得担任任何旅行社的主要负责人。

二、违反旅行社经营规范的法律责任

（一）违反旅行社分社、服务网点经营规范的

《旅行社条例》第四十六条第二、三款规定，分社超出设立分社的旅行社的经营范围经营旅游业务的，旅行社服务网点从事招徕、咨询以外的旅行社业务经营活动的，由旅游行政管理部门或者工商行政管理部门责令改正，没收违法所得，违法所得 10 万元以上的，并处违法所得 1 倍以上 5 倍以下的罚款；违法所得不足 10 万元或者没有违法所得的，并处 10 万元以上 50 万元以下的罚款。

第五十条规定，违反本条例的规定，旅行社有下列情形之一的，由旅游行政管理部门责

令改正；拒不改正的，处 1 万元以下的罚款：①变更名称、经营场所、法定代表人等登记事项或者终止经营，未在规定期限内向原许可的旅游行政管理部门备案，换领或者交回旅行社业务经营许可证的；②设立分社未在规定期限内向分社所在地旅游行政管理部门备案的；③不按照国家有关规定向旅游行政管理部门报送经营和财务信息等统计资料的。

《旅行社条例实施细则》第五十七条规定，擅自引进外商投资、设立服务网点未在规定期限内备案，或者旅行社及其分社、服务网点未悬挂旅行社业务经营许可证、备案登记证明的，由县级以上旅游行政管理部门责令改正，可以处 1 万元以下的罚款。

第五十八条规定，服务网点超出设立社经营范围招徕旅游者、提供旅游咨询服务，或者旅行社的办事处、联络处、代表处等从事旅行社业务经营活动的，由县级以上旅游行政管理部门依照《旅行社条例》第四十六条的规定处罚。

（二）违反合同经营规范的

1. 与旅游服务合同相关的

《旅游法》第七十条规定，旅行社不履行包价旅游合同义务或者履行合同义务不符合约定的，应当依法承担继续履行、采取补救措施或者赔偿损失等违约责任；造成旅游者人身损害、财产损失的，应当依法承担赔偿责任。旅行社具备履行条件，经旅游者要求仍拒绝履行合同，造成旅游者人身损害、滞留等严重后果的，旅游者还可以要求旅行社支付旅游费用一倍以上三倍以下的赔偿金。由于旅游者自身原因导致包价旅游合同不能履行或者不能按照约定履行，或者造成旅游者人身损害、财产损失的，旅行社不承担责任。在旅游者自行安排活动期间，旅行社未尽到安全提示、救助义务的，应当对旅游者的人身损害、财产损失承担相应责任。

《旅游法》第一百条规定，旅行社违反本法规定，有下列行为之一的，由旅游主管部门责令改正，处三万元以上三十万元以下罚款，并责令停业整顿；造成旅游者滞留等严重后果的，吊销旅行社业务经营许可证；对直接负责的主管人员和其他直接责任人员，处二千元以上二万元以下罚款，并暂扣或者吊销导游证：①在旅游行程中擅自变更旅游行程安排，严重损害旅游者权益的；②拒绝履行合同的；③未征得旅游者书面同意，委托其他旅行社履行包价旅游合同的。

《旅行社条例》第五十四条规定，旅行社未经旅游者同意在旅游合同约定之外提供其他有偿服务的，由旅游行政管理部门责令改正，处 1 万元以上 5 万元以下的罚款。

《旅行社条例》第五十五条规定，违反本条例的规定，旅行社有下列情形之一的，由旅游行政管理部门责令改正，处 2 万元以上 10 万元以下的罚款；情节严重的，责令停业整顿 1 个月至 3 个月：①未与旅游者签订旅游合同；②与旅游者签订的旅游合同未载明本条例第二十八条规定的事项；③未取得旅游者同意，将旅游业务委托给其他旅行社；④将旅游业务委托给不具有相应资质的旅行社；⑤未与接受委托的旅行社就接待旅游者的事宜签订委托合同。

《旅行社条例》第五十九条规定，有下列情形之一的，对旅行社，由旅游行政管理部门或者工商行政管理部门责令改正，处 10 万元以上 50 万元以下的罚款；对导游人员、领队人员，由旅游行政管理部门责令改正，处 1 万元以上 5 万元以下的罚款；情节严重的，吊销旅行社业务经营许可证、导游证：①拒不履行旅游合同约定的义务的；②非因不可抗力改变旅游合同安排的行程的；③欺骗、胁迫旅游者购物或者参加需要另行付费的游览项目的。

2. 与辅助履行者相关的

《旅游法》第七十一条规定，由于地接社、履行辅助人的原因导致违约的，由组团社承担责任；组团社承担责任后可以向地接社、履行辅助人追偿。由于地接社、履行辅助人的原因造成旅游者人身损害、财产损失的，旅游者可以要求地接社、履行辅助人承担赔偿责任，也可以要求组团社承担赔偿责任；组团社承担责任后可以向地接社、履行辅助人追偿。但是，由于公共交通经营者的原因造成旅游者人身损害、财产损失的，由公共交通经营者依法承担赔偿责任，旅行社应当协助旅游者向公共交通经营者索赔。

《旅游法》第九十七条第二款规定，旅行社向不合格的供应商订购产品和服务的，由旅游主管部门或者有关部门责令改正，没收违法所得，并处五千元以上五万元以下罚款；违法所得五万元以上的，并处违法所得一倍以上五倍以下罚款；情节严重的，责令停业整顿或者吊销旅行社业务经营许可证；对直接负责的主管人员和其他直接责任人员，处二千元以上二万元以下罚款。

《旅行社条例》第六十二条规定，违反本条例的规定，有下列情形之一的，由旅游行政管理部门责令改正，停业整顿 1 个月至 3 个月；情节严重的，吊销旅行社业务经营许可证：①旅行社不向接受委托的旅行社支付接待和服务费用的；②旅行社向接受委托的旅行社支付的费用低于接待和服务成本的；③接受委托的旅行社接待不支付或者不足额支付接待和服务费用的旅游团队的。

《旅行社条例实施细则》第六十条规定，旅行社为接待旅游者选择的交通、住宿、餐饮、景区等企业，不具有合法经营资格或者接待服务能力的，由县级以上旅游行政管理部门责令改正，没收违法所得，处违法所得 3 倍以下但最高不超过 3 万元的罚款，没有违法所得的，处 1 万元以下的罚款。

《旅行社条例实施细则》第六十六条规定，对旅行社作出停业整顿行政处罚的，旅行社在停业整顿期间，不得招徕旅游者、签订旅游合同；停业整顿期间，不影响已签订的旅游合同的履行。

（三）违反旅游者管理规范的

《旅游法》第九十九条规定，旅行社未履行本法第五十五条规定（旅游经营者组织、接待出入境旅游，发现旅游者从事违法活动或者有违反本法第十六条规定情形的，应当及时向公安机关、旅游主管部门或者我国驻外机构报告）的报告义务的，由旅游主管部门处五千元以上五万元以下罚款；情节严重的，责令停业整顿或者吊销旅行社业务经营许可证；对直接负责的主管人员和其他直接责任人员，处二千元以上二万元以下罚款，并暂扣或者吊销导游证。

《旅游法》第一百零一条规定，旅行社违反本法规定，安排旅游者参观或者参与违反我国法律、法规和社会公德的项目或者活动的，由旅游主管部门责令改正，没收违法所得，责令停业整顿，并处二万元以上二十万元以下罚款；情节严重的，吊销旅行社业务经营许可证；对直接负责的主管人员和其他直接责任人员，处二千元以上二万元以下罚款，并暂扣或者吊销导游证。

《旅行社条例》第六十三条规定，违反本条例的规定，旅行社及其委派的导游人员、领队人员有下列情形之一的，由旅游行政管理部门责令改正，对旅行社处 2 万元以上 10 万元以下的罚款；对导游人员、领队人员处 4000 元以上 2 万元以下的罚款；情节严重的，责令旅行社停业整顿 1 个月至 3 个月，或者吊销旅行社业务经营许可证、导游证：①发生危及旅游者人身安全的情形，未采取必要的处置措施并及时报告的；②旅行社组织出境旅游的旅游者非法滞留境外，旅行社未及时报告并协助提供非法滞留者信息的；③旅行社接待入境旅游的旅游者非法滞留境内，旅行社未及时报告并协助提供非法滞留者信息的。

《旅行社条例实施细则》第六十五条规定，违反本实施细则第五十条的规定，未妥善保存各类旅游合同及相关文件、资料，保存期不够两年，或者泄露旅游者个人信息的，由县级以上旅游行政管理部门责令改正，没收违法所得，处违法所得3倍以下但最高不超过3万元的罚款；没有违法所得的，处1万元以下的罚款。

三、违反导游与领队人员管理规范的法律责任

（一）违反导游与领队安排规范的

《旅游法》第九十六条规定，旅行社违反本法规定，有下列行为之一的，由旅游主管部门责令改正，没收违法所得，并处五千元以上五万元以下罚款；情节严重的，责令停业整顿或者吊销旅行社业务经营许可证；对直接负责的主管人员和其他直接责任人员，处二千元以上二万元以下罚款：①未按照规定为出境或者入境团队旅游安排领队或者导游全程陪同的；②安排未取得导游证的人员提供导游服务或者安排不具备领队条件的人员提供领队服务的。

《旅行社条例》第五十六条规定，违反本条例的规定，旅行社组织中国内地居民出境旅游，不为旅游团队安排领队全程陪同的，由旅游行政管理部门责令改正，处1万元以上5万元以下的罚款；拒不改正的，责令停业整顿1个月至3个月。第五十七条规定，违反本条例的规定，旅行社委派的导游人员未持有国家规定的导游证或者委派的领队人员不具备规定的领队条件的，由旅游行政管理部门责令改正，对旅行社处2万元以上10万元以下的罚款。

《旅行社条例实施细则》第五十九条规定，领队委托他人代为提供领队服务，由县级以上旅游行政管理部门责令改正，可以处1万元以下的罚款。

（二）违反导游与领队薪酬规范的

《旅游法》第九十六条第二、三款规定，旅行社未向临时聘用的导游支付导游服务费用的，要求导游垫付或者向导游收取费用的，由旅游主管部门责令改正，没收违法所得，并处五千元以上五万元以下罚款；情节严重的，责令停业整顿或者吊销旅行社业务经营许可证；对直接负责的主管人员和其他直接责任人员，处二千元以上二万元以下罚款。

《旅行社条例》第五十八条规定，旅行社不向其聘用的导游人员、领队人员支付报酬，或者所支付的报酬低于当地最低工资标准的，按照《中华人民共和国劳动合同法》的有关规定处理。

（三）违反导游与领队管理规范的

《导游管理办法》第三十六条规定，旅行社不按要求报备领队信息及变更情况，或者备案的领队不具备领队条件的，由县级以上旅游主管部门责令改正，并可以删除全国旅游监管服务信息系统中不具备领队条件的领队信息；拒不改正的，可以处5000元以下罚款。旅游行业组织、旅行社为导游证申请人申请取得导游证隐瞒有关情况或者提供虚假材料的，由县级以上旅游主管部门责令改正，并可以处5000元以下罚款。

四、侵害旅游者权益的法律责任

（一）虚假宣传、误导旅游者的

《旅游法》第九十七条第一款规定，进行虚假宣传，误导旅游者的，由旅游主管部门或者有关部门责令改正，没收违法所得，并处五千元以上五万元以下罚款；违法所得五万元以上的，并处违法所得一倍以上五倍以下罚款；情节严重的，责令停业整顿或者吊销旅行社业务经营许可证；对直接负责的主管人员和其他直接责任人员，处二千元以上二万元以下罚款。

《旅行社条例》第五十三条规定，旅行社向旅游者提供的旅游服务信息含有虚假内容或者作虚假宣传的，由工商行政管理部门依法给予处罚。违反本条例的规定，旅行社以低于旅游成本的报价招徕旅游者的，由价格主管部门依法给予处罚。

（二）通过低价诱骗、合同外购物、购物回扣等获取不正当利益的

《旅游法》第九十八条规定，旅行社违反本法第三十五条规定（旅行社不得以不合理的低价组织旅游活动，诱骗旅游者，并通过安排购物或者另行付费旅游项目获取回扣等不正当利益。旅行社组织、接待旅游者，不得指定具体购物场所，不得安排另行付费旅游项目。但是，经双方协商一致或者旅游者要求，且不影响其他旅游者行程安排的除外）的，由旅游主管部门责令改正，没收违法所得，责令停业整顿，并处三万元以上三十万元以下罚款；违法所得三十万元以上的，并处违法所得一倍以上五倍以下罚款；情节严重的，吊销旅行社业务经营许可证；对直接负责的主管人员和其他直接责任人员，没收违法所得，处二千元以上二万以下罚款，并暂扣或者吊销导游证。

《旅行社条例》第五十二条规定，旅行社为旅游者安排或者介绍的旅游活动含有违反有关法律、法规规定的内容的，由旅游行政管理部门责令改正，没收违法所得，并处 2 万元以上 10 万元以下的罚款；情节严重的，吊销旅行社业务经营许可证。

同时，《旅行社条例》第六十一条还规定，旅行社违反旅游合同约定，造成旅游者合法权益受到损害，不采取必要的补救措施的，由旅游行政管理部门或者工商行政管理部门责令改正，处 1 万元以上 5 万元以下的罚款；情节严重的，由旅游行政管理部门吊销旅行社业务经营许可证。第六十五条规定，旅行社违反本条例的规定，损害旅游者合法权益的，应当承担相应的民事责任；构成犯罪的，依法追究刑事责任。

五、违反五大制度的法律责任

《旅游法》第九十七条第三款规定，未按照规定投保旅行社责任保险的，由旅游主管部门或者有关部门责令改正，没收违法所得，并处五千元以上五万元以下罚款；违法所得五万元以上的，并处违法所得一倍以上五倍以下罚款；情节严重的，责令停业整顿或者吊销旅行社业务经营许可证；对直接负责的主管人员和其他直接责任人员，处二千元以上二万元以下罚款。

《旅行社条例》第六十六条规定，违反本条例的规定，旅游行政管理部门或者其他有关部门及其工作人员有下列情形之一的，对直接负责的主管人员和其他直接责任人员依法给予处分：

（1）发现违法行为不及时予以处理的；
（2）未及时公告对旅行社的监督检查情况的；
（3）未及时处理旅游者投诉并将调查处理的有关情况告知旅游者的；
（4）接受旅行社的馈赠的；
（5）参加由旅行社支付费用的购物活动或者游览项目的；
（6）通过旅行社为自己、亲友或者其他个人、组织牟取私利的。

重要概念

旅行社、旅行社分社、旅行社服务网点
旅行社经营规范
旅行社经营许可证制度
旅游服务质量保证金制度
旅行社监督检查制度
旅行社责任保险制度
旅行社法律责任

练习题

1. 如何理解旅行社的概念？设立各类旅行社应当具备什么条件？
2. 旅行社的主要权利和义务有哪些？
3. 旅行社主要实行哪些管理制度？
4. 旅行社作为企业法人需要承担哪些法律责任？

案例辨析

游客参加摄影旅游团死亡的责任承担

案例综述：南京某旅行社组织了一个梅里雪山摄影旅游团，赴雪山景区拍摄游玩。该旅游团队的成员以60岁以上的中老年游客为主，为了稳妥起见，出团前旅行社要求游客提供近期体检证明，以确保游客身体适宜较高海拔及高寒气候的行程。在旅游行程中，旅行社除了提供常规的旅游服务，为了拍到更美的照片，还根据游客的需求，通过地接社安排前往较为偏远的区域拍照。就在全团游客拍兴正浓时，其中一位游客倒地不起。由于地处偏远，信号中断，等到游客就近被送到医院，医生也是无力回天。在善后的处理中，旅行社是否需要为游客死亡承担责任成为焦点。

问：

1. 请剖析案例中的法律关系、法律责任。

2. 请列出相关法条。

研习作业

对比近10年国家旅游行政监管部门对旅行社的各类事件处罚情况，分析旅行社存在的主要合规问题有哪些，并论述法制环境变化与法律完善对旅行社经营管理的影响。

第六章　导游人员管理法规

学习目标

理论学习	能力培养
1. 了解导游人员的概念和分类 2. 掌握我国导游人员管理的五大制度 3. 掌握导游人员的权利、义务及违反导游人员义务的法律责任 4. 熟悉领队的法律制度	1. 掌握导游人员扣分尺度 2. 辨析导游人员的违规行为 3. 应用法规辨析违规导游人员的法律责任

导入案例

游客误机的责任承担

2019 年 7 月 8 日，广州某旅行社组织的自由行团队从马来西亚返程，领队在分发护照和登机牌之后，特别提醒每位游客，务必注意登机时间和登机口，以免延误登机，造成严重后果。为了提示游客，特意用红笔将登机时间和登机口在登机牌上勾出。事后其他游客也予以证明。领队最后登机，认为游客均已登机，就没有再清点人数。在航班即将起飞前，广播开始寻找该团队的一位游客，领队立即给该游客打电话催促登机。但等该游客赶到登机口时，机舱已经关闭，游客只能自己购票返回。返回广州后，游客以“领队不尽责”投诉该旅行社，理由是：领队没有清点人数，且领队是在飞机快关舱门才联系她。因此，游客认为领队要全额承担机票损失。领队认为自己已经尽到了提示义务，无须担责。

思考：领队是否应该承担责任？

导游是旅游行业窗口，是旅行社的主力军，是国家旅游方针政策的宣传者和具体执行者，曾获得“国家名片”和“形象大使”的美誉。为进一步提高导游人员的素质，加强对导游人员的法律管理，规范导游活动，保障旅游者和导游人员的合法权益，促进旅游业的健康发展，国务院在国家旅游局 1987 年发布的《导游人员管理暂行规定》的基础上，于 1999 年 5 月 14 日发布了《导游人员管理条例》，同年 10 月起施行，该条例于 2017 年 10 月 7 日国务院根据《国务院关于修改部分行政法规的决定》进行了修订。

2001 年 12 月 26 日，国家旅游局公布了《导游人员管理实施办法》，于 2016 年 9 月 10 日国家旅游局令第 40 号废止，停止实施多年的导游岗前培训考核制度、计分管理制度、年审管理制度等。2017 年 11 月 1 日国家旅游局发布了新的《导游管理办法》，并于 2018 年 1 月 1 日起实施。国家旅游局将根据导游管理体制机制改革工作的推进，逐步完善事中事后监管措施并加强监管。

2017 年 8 月 19 日，国家旅游局下发《关于深化导游体制改革加强导游队伍建设的意见》，顺应我国旅游业从景点旅游向全域旅游转变，迎接正在兴起的大众旅游时代，建立法治化、市场化的导游管理体制，提出具体要求。推动导游管理从行政化、非流动、封闭式向法治化、市场化转变，构建“进出、监管、保障、奖惩”四位一体的管理体系；破除一切阻碍导游参与分享改革发展成果的障碍，推动导游执业更加便利、多元和规范，建设一支诚实守信、乐于奉献、积极向上、奋发有为的导游队伍，营造游客、导游、市场共赢局面，使导游成为旅游市场秩序的坚定维护者，成为旅游业创新、创业的活跃领域，成为人民群众游得放心、舒心、开心的重要环节。

第一节　导游人员概述

一、导游人员的定义

导游人员又简称为导游。《导游人员管理条例》所称导游人员，是指依照条例的规定取得导游证，接受旅行社委派，为旅游者提供向导、讲解及相关旅游服务的人员。由上述对导游人员法定的概念中可见，导游人员具有如下特征：

（一）特定的程序

导游是依法取得导游证的人员。在日常生活中，对导游人员的理解是各种各样的，如到外地旅行时，请熟悉当地情况的人员带路并在旅游过程中作讲解，人们常称之为导游，但这不是《导游人员管理条例》中所称的导游，因其可能没有依法取得的导游证。可见，有无合法的导游证是区别于法定的导游和日常生活中泛称的导游的标志。

（二）特定的工作

导游是为旅游者提供向导、讲解及相关服务的人员。所谓向导，指引路、带路，以按照事先拟定的旅游路线进行旅游，而讲解则是为旅游者讲述、解释、说明和指点旅游过程中见到的各种自然景观和人文旅游资源，介绍中国的美好河山、悠久历史，传播中国的灿烂文化。此外，导游还为旅游者提供代办各种旅行证件，代购交通票据，安排旅游住宿、旅途就餐等与旅行游览有关的各种服务。

（三）特定的委派

导游是接受旅行社指派的人员。日常生活中，为他人提供向导讲解和服务的人员屡见不鲜，但只有那些受旅行社指派并为旅游者提供有关服务的人员才是我国法律上所称的导游人员。

但随着导游体制改革的推进，受旅行社委派这一规定，正在逐渐弱化。2016 年 5 月 8 日，国家旅游局下发了《国家旅游局关于开展导游自由执业试点工作的通知》（旅发〔2016〕59 号），通知决定在吉林、上海、江苏、浙江、湖南、广东、广西、海南、四川省（自治区、直辖市）开展导游自由执业试点工作，在试点地区的导游，符合相关条件的，可不受旅行社委派，自由执业。

【小知识】

《导游自由执业试点管理办法（试行）》（国家旅游局，2016 年 5 月）

第三条　本办法所称导游自由执业，包括线上导游自由执业和线下导游自由执业两种方式。

线上导游自由执业是指导游向通过网络平台预约其服务的消费者提供单项讲解或向导服务，并通过第三方支付平台收取导游服务费的执业方式。

线下导游自由执业是指导游向通过旅游集散中心、旅游咨询中心、A 级景区游客服务中心等机构预约其服务的消费者提供单项讲解或向导服务，并通过第三方支付平台收取导游服务费的执业方式。

本办法所称导游自由执业试点，是指在国家旅游局确定的试点区域内，开展导游自由执业。

第四条　导游在开展自由执业试点的地区，可以自主选择从事自由执业或者接受旅行社聘用委派执业。

二、导游人员的分类

（一）按业务范围划分

导游人员分为海外领队、全程陪同导游员、地方陪同导游人员和景点景区导游人员。

（1）海外领队：是指经国家旅游行政主管部门批准可以经营出境旅游业务的旅行社的委派，全权代表该旅行社带领旅游团从事旅游活动的工作人员。

（2）全程陪同导游人员：简称全陪，是指受组团旅行社委派，作为组团社的代表，在领队和地方陪同导游人员的配合下实施接待计划，为旅游团（者）提供全程陪同服务的工作人员。这里的组团社或组团旅行社是指接受旅游团（者）或海外旅行社预订，制定和下达接待计划，并可提供全程陪同导游服务的旅行社。这里的领队是指受海外旅行社委派，全权代表该旅行社带领旅游团队从事旅游活动的工作人员。

（3）地方陪同导游人员：简称地陪，是指受接待旅行社委派，代表接待旅行社实施接待计划，为旅游团（者）提供当地旅游活动安排、讲解、翻译等服务的工作人员。这里的接待旅行社是指接受组团社的委托，按照接待计划委派地方陪同导游人员负责组织安排旅游团（者）在当地参观游览等活动的旅行社。

（4）景点景区导游人员：亦称讲解员，是指在旅游景点景区，如博物馆、自然保护区等为游客进行导游讲解的工作人员。他们只负责讲解而不涉及其他事务。

总之，从业务范围看，海外领队是率领中国公民到海外旅游并为其提供全程导游服务的工作人员；全程陪同导游人员是带领海外来华游客或中国游客在中国境内旅游并为其提供全程导游服务的工作人员；地方陪同导游人员是接待海外来华游客或中国游客在其工作的地区旅游并为其提供当地导游服务的工作人员；景点景区导游人员是指接待海外来华游客或中国游客在其工作的景点景区旅游并为其提供景点景区导游服务的工作人员。

前两类导游人员既有当地旅游活动的组织、协调任务，又有进行导游讲解或翻译的任务。第四类导游人员的主要业务是从事所在景点景区的导游讲解。在通常情况下，前三类导游人员，即全陪、地陪和领队组成一个导游集体，共同完成一个旅游团队的接待任务。三位导游代表三方旅行社的利益，他们大多互不认识，要共同完成一定时空中的导游服务自然就牵涉到协作。这种内部协作得愉快与否，直接影响着游客旅游经历的质量。从这一点上，我们可以说，游客一次舒心愉快的旅行，取决于导游服务的高质量；导游服务的高质量则取决于三位导游人员的精诚合作。

（二）按职业性质划分

导游人员分为专职导游人员和兼职导游人员。

（1）专职导游人员：是指在一定时期内以导游工作为其主要职业的导游人员。目前，这类导游人员大多数受过中、高等教育，或受过专门训练，一般为旅行社的正式职员，他们是当前我国导游队伍的主体。

（2）兼职导游人员：亦称业余导游人员，是指不以导游工作为其主要职业，而利用业余时间从事导游工作的人员。目前这类导游人员分为两种：一种是通过了国家导游资格统一考试取得导游证而从事兼职导游工作的人员；另一种是具有特定语种语言能力受聘于旅行社，领取临时导游证而临时从事导游工作的人员。

在西方国家，还有一批真正意义上的“自由职业导游员”。他们以导游为主要职业，但并不受雇于固定的旅行社或其他旅游企业，而是通过签订合同为多家旅行社服务。他们构成了西方大部分国家导游队伍的主体。这类导游人员已经在中国出现，人数虽然不多，但很可能是一种发展方向。

（三）按导游使用的语言划分

导游人员分为中文导游人员和外语导游人员。

（1）中文导游人员：是指能够使用普通话、地方话或者少数民族语言，从事导游业务的人员。目前，这类导游人员的主要服务对象是国内旅游中的中国公民和入境旅游中的港、澳、台同胞。

（2）外语导游人员：是指能够运用外语从事导游业务的人员。目前，这类导游人员的主要服务对象是入境旅游的外国游客和出境旅游的中国公民。

（四）按技术等级划分

导游人员分为初级导游人员、中级导游人员、高级导游人员和特级导游人员。

（1）初级导游人员。获导游人员资格证书一年后，就技能、业绩和资历对其进行考核，合格者自动成为初级导游人员。

（2）中级导游人员。获初级导游人员资格两年以上，业绩明显，考核、考试合格者晋升为中级导游人员。他们是旅行社的业务骨干。

（3）高级导游人员。取得中级导游人员资格四年以上，业绩突出、水平较高，在国内外同行和旅行商中有一定影响，考核、考试合格者晋升为高级导游人员。

（4）特级导游人员。取得高级导游人员资格五年以上，业绩优异，有突出贡献，有高水平的科研成果，在国内外同行和旅行商中有较大影响，经考核合格者晋升为特级导游人员。

第二节　导游人员的管理

我国对导游人员的管理，主要有导游资格考试制度、导游证制度、计分管理制度、年审管理制度、等级评定与考核制度等。

一、导游人员的管理部门及其权限

（一）旅游行政管理部门的管理及权限

国家旅游行政管理部门负责全国导游人员的管理工作；省、自治区、直辖市人民政府旅游行政管理部门根据国家旅游行政管理部门的委托行使相应的管理权。旅游行政部门负责制定导游人员管理的政策、法规；依法行使国家权力，接受投诉处罚违法导游人员；依法保护导游人员的合法权益。并通过导游人员资格考试制度、导游证制度、导游人员等级考核制度等管理导游人员。

国家旅游行政管理部门推动导游人员的行业组织管理，通过导游协会等行业组织进行导游资格考试、导游证管理、业务培训与提升、年审考核与管理等业务活动。

【相关法条】

《导游管理办法》第四条规定，旅游行业组织应当依法维护导游合法权益，促进导游职业发展，加强导游行业自律。旅行社等用人单位应当加强对导游的管理和培训，保障导游合法权益，提升导游服务质量。导游应当恪守职业道德，提升服务水平，自觉维护导游行业形象。

第五条规定，支持和鼓励各类社会机构积极弘扬导游行业先进典型，优化导游执业环境，促进导游行业健康稳定发展。

（二）景区（点）导游人员的管理

景区（点）导游人员，是指在旅游景点、景区的范围内为旅游者提供向导、讲解服务的人员。我国幅员辽阔，旅游资源极为丰富，为适应我国各地旅游景点、景区规模不等、特色各具、风情各异的特点；为适应国内外来自四面八方的旅游者的不同需求；为适应旅行社组织的团体旅游者或自助旅游者的散客旅游需求，各景点、景区都有为旅游者提供讲解服务的导游人员，他们是我国导游员队伍的一个重要组成部分。对这部分导游人员的管理办法，由省、自治区、直辖市人民政府参照《导游人员管理条例》制定。

（三）旅行社的管理及权限

《旅行社条例》规定，旅行社与其聘用的经营人员，应当签订书面合同，约定双方的权利和义务。《导游人员管理条例》第四条也规定，取得导游人员资格证书的，经与旅行社订立劳动合同或者在导游公司登记，方可持所订立的劳动合同或者登记证明材料，向省、自治区、直辖市人民政府旅游行政部门申请领取导游证。这表明，我国旅行社对导游人员的管理主要是通过订立劳动合同来实现的。

为维护国家旅游声誉，提高接待工作质量，保障旅游者合法权益，增强导游人员责任感，早在 1989 年国家旅游局即发布了《关于对导游人员实行合同管理的通知》，明确规定对全国导游人员在统考合格发证的同时，实行合同管理。与此同时，国家旅游局还草拟了一个合同范本，供各旅行社参照执行。上述规定为现行《导游人员管理条例》（2017）、《导游管理办法》（2018）对导游人员的合同管理提供了实践基础。

二、导游人员的执业许可

国家对导游执业实行许可制度。从事导游执业活动的人员，应当取得导游人员资格证和导游证。国家旅游行政管理部门建立导游等级考核制度、导游服务星级评价制度和全国旅游监管服务信息系统，各级旅游主管部门运用标准化、信息化手段对导游实施动态监管和服务。

（一）导游人员资格证

《导游人员管理条例》第三条规定，国家实行全国统一的导游人员资格考试制度。

具有高级中学、中等专业学校或者以上学历，身体健康，具有适应导游需要的基本知识和语言表达能力的中华人民共和国公民，可以参加导游人员资格考试；经考试合格的，由国务院旅游行政部门或者国务院旅游行政部门委托省、自治区、直辖市人民政府旅游行政部门颁发导游人员资格证书。

国家旅游行政管理部门负责制定全国导游人员资格考试的政策、标准，并对各地考试工作进行监督管理。

省级（直辖市、计划单列市、副省级城市）旅游行政管理部门负责组织、实施本行政区域内导游人员资格考试工作。

坚持考试和培训分开、培训自愿的原则，不得强迫考生参加培训。

经考试合格的，由组织考试的旅游行政管理部门在考试结束之日起 30 个工作日内颁发证书。证书由国家旅游行政管理部门统一印制。获得资格证书 3 年之内未从业的，证书自动失效。

（二）导游证

《导游人员管理条例》第四条规定，在中华人民共和国境内从事导游活动，必须取得导游证。

导游证采用电子证件形式，由国家旅游局制定格式标准，由各级旅游主管部门通过全国旅游监管服务信息系统实施管理。电子导游证以电子数据形式保存于导游个人移动电话等移动终端设备中。

1. 导游证的申请

导游证采取申请制度。取得导游人员资格证书的，经与旅行社订立劳动合同或者在相关旅游行业组织注册，方可持所订立的劳动合同或者登记证明材料，向省、自治区、直辖市人民政府旅游行政部门申请领取导游证。

导游通过与旅行社订立劳动合同取得导游证的，劳动合同的期限应当在 1 个月以上。

《导游管理办法》第十条规定，申请取得导游证，申请人应当通过全国旅游监管服务信息系统填写申请信息，并提交下列申请材料：

（1）身份证的扫描件或者数码照片等电子版；

（2）未患有传染性疾病的承诺；

（3）无过失犯罪以外的犯罪记录的承诺；

（4）与经常执业地区的旅行社订立劳动合同或者在经常执业地区的旅游行业组织注册的确认信息。

导游证的有效期为3年。导游需要在导游证有效期届满后继续执业的，应当在有效期限届满前3个月内，通过全国旅游监管服务信息系统向所在地旅游主管部门提出申请，并提交规定材料。

2. 导游证的审批

旅行社或者旅游行业组织应当自申请人提交申请之日起5个工作日内确认。

旅游行业组织在接受申请人取得导游证的注册时，不得收取注册费。旅游行业组织收取会员会费的，应当符合《社会团体登记条例》等法律法规的规定，不得以导游证注册费的名义收取会费。

《导游管理办法》第十一条规定，所在地旅游主管部门对申请人提出的取得导游证的申请，应当依法出具受理或者不予受理的书面凭证。需补正相关材料的，应当自收到申请材料之日起5个工作日内一次性告知申请人需要补正的全部内容；逾期不告知的，收到材料之日起即为受理。所在地旅游主管部门应当自受理申请之日起10个工作日内，作出准予核发或者不予核发导游证的决定。不予核发的，应当书面告知申请人理由。

到期换发导游证的，由旅行社或者旅游行业组织应当自导游提交申请之日起3个工作日内确认信息，所在地旅游主管部门应当自旅行社或者旅游行业组织核实信息之日起5个工作日内予以审核，并对符合条件的导游变更导游证信息。

《导游管理办法》第十八条规定，导游的经常执业地区应当与其订立劳动合同的旅行社（含旅行社分社）或者注册的旅游行业组织所在地的省级行政区域一致。导游证申请人的经常执业地区在旅行社分社所在地的，可以由旅行社分社所在地旅游主管部门负责导游证办理相关工作。

3. 不得颁发导游证的情形

《导游管理办法》第十二条规定，具有下列情形的，不予核发导游证：

（1）无民事行为能力或者限制民事行为能力的；

（2）患有甲类、乙类以及其他可能危害旅游者人身健康安全的传染性疾病的；

（3）受过刑事处罚的，过失犯罪的除外；

（4）被吊销导游证之日起未逾3年的。

4. 导游证变更

导游证信息存在变更情形时，应当自下列情形发生之日起10个工作日内，通过全国旅游监管服务信息系统提交相应材料，申请变更导游证信息：

（1）姓名、身份证号、导游等级和语种等信息发生变化的；

（2）与旅行社订立的劳动合同解除、终止或者在旅游行业组织取消注册后，在3个月内与其他旅行社订立劳动合同或者在其他旅游行业组织注册的；

（3）经常执业地区发生变化的；

（4）其他导游身份信息发生变化的。

旅行社或者旅游行业组织应当自收到申请之日起3个工作日内对信息变更情况进行核

实。所在地旅游主管部门应当自旅行社或者旅游行业组织核实信息之日起5个工作日内予以审核确认。

5. 导游证撤销与注销

《导游管理办法》规定，有下列情形之一的，所在地旅游主管部门应当撤销导游证：

（1）对不具备申请资格或者不符合法定条件的申请人核发导游证的；

（2）申请人以欺骗、贿赂等不正当手段取得导游证的；

（3）依法可以撤销导游证的其他情形。

有下列情形之一的，所在地旅游主管部门应当注销导游证：

（1）导游死亡的；

（2）导游证有效期届满未申请换发导游证的；

（3）导游证依法被撤销、吊销的；

（4）导游与旅行社订立的劳动合同解除、终止或者在旅游行业组织取消注册后，超过3个月未与其他旅行社订立劳动合同或者未在其他旅游行业组织注册的；

（5）取得导游证后出现不予颁发导游证情形的；

（6）依法应当注销导游证的其他情形。

导游证被注销后，导游符合法定执业条件需要继续执业的，应当依法重新申请取得导游证。

【思考】

《关于深化导游体制改革加强导游队伍建设的意见》（以下简称《意见》）是根据《中共中央关于全面深化改革若干重大问题的决定》《中共中央关于深化人才发展体制机制改革的意见》的相关文件，结合实际情况，于2017年8月19日，由国家旅游局下发的规范性文件。《意见》指出，导游体制改革的重点任务包括：

第一，改革准入培训注册制度。改革导游考试制度，构建适应市场新需求的准入制度；改革导游培训方式，提升导游队伍专业技能与综合素质；改革导游注册制度。

第二，改革导游执业制度。以市场化为导向，依据市场规则，构建自由执业、自由流通的导游执业制度，形成渠道丰富、主体多元、流通顺畅、市场活跃的导游执业生态。

第三，健全执业保障体系。保障体系是导游队伍建设的重要支柱。从保障导游合法劳动报酬和社会保险权益、减轻导游执业负担等方面加强改革，破除导游参与分享发展成果的障碍，促进导游安全执业和体面执业，自觉践行行业核心价值观。

第四，健全事中事后监管体制。利用信息技术提升对导游执业全过程、动态化的监管水平；建立导游社会化评价与监督体系；健全旅游纠纷综合处理机制，运用法治方式化解旅游纠纷矛盾；实现由点到面、由事前到事中事后、由静态向动态的监管转变。

第五，建立健全导游协会组织。贯彻落实《旅游法》，推动建立体制合理、功能完备、管理有效、行为规范的导游行业组织体系，发挥导游行业组织联系政府、服务会员、促进行业自律的作用，构建导游依法自治的现代社会组织。

第六，创新导游激励机制。从加强导游人才队伍建设、完善导游等级评定制度、打造星级导游服务品牌、树立导游正面典型等方面，创新导游激励机制，增强导游职业归属感和荣誉感。

问：如何理解导游管理体制改革？

三、导游人员的执业管理

（一）导游执业应接受旅行社委派

《导游管理办法》第十九条规定，导游为旅游者提供服务应当接受旅行社委派，但另有规定的除外。

（二）执业过程中规范证件标识

导游在执业过程中应当携带电子导游证、佩戴导游身份标识，并开启导游执业相关应用软件。旅游者有权要求导游展示电子导游证和导游身份标识。

导游身份标识中的导游信息发生变化，导游应当自导游信息发生变化之日起10个工作日内，向所在地旅游主管部门申请更换导游身份标识。旅游主管部门应当自收到申请之日起5个工作日内予以确认更换。导游身份标识丢失或者因磨损影响使用的，导游可以向所在地旅游主管部门申请重新领取，旅游主管部门应当自收到申请之日起10个工作日内予以发放或者更换。

（三）导游基本职责

导游在执业过程中应当履行下列职责：

（1）自觉维护国家利益和民族尊严；

（2）遵守职业道德，维护职业形象，文明诚信服务；

（3）按照旅游合同提供导游服务，讲解自然和人文资源知识、风俗习惯、宗教禁忌、法律法规和有关注意事项；

（4）尊重旅游者的人格尊严、宗教信仰、民族风俗和生活习惯；

（5）向旅游者告知和解释文明行为规范、不文明行为可能产生的后果，引导旅游者健康、文明旅游，劝阻旅游者违反法律法规、社会公德、文明礼仪规范的行为；

（6）对可能危及旅游者人身、财产安全的事项，向旅游者作出真实的说明和明确的警示，并采取防止危害发生的必要措施。

（四）导游的禁止行为

导游在执业过程中不得有下列行为：

（1）安排旅游者参观或者参与涉及色情、赌博、毒品等违反我国法律法规和社会公德的项目或者活动；

（2）擅自变更旅游行程或者拒绝履行旅游合同；

（3）擅自安排购物活动或者另行付费旅游项目；

（4）以隐瞒事实、提供虚假情况等方式，诱骗旅游者违背自己的真实意愿，参加购物活动或者另行付费旅游项目；

（5）以殴打、弃置、限制活动自由、恐吓、侮辱、咒骂等方式，强迫或者变相强迫旅游者参加购物活动、另行付费等消费项目；

（6）获取购物场所、另行付费旅游项目等相关经营者以回扣、佣金、人头费或者奖励费等名义给予的不正当利益；

（7）推荐或者安排不合格的经营场所；

（8）向旅游者兜售物品；

（9）向旅游者索取小费；

（10）未经旅行社同意委托他人代为提供导游服务；

（11）法律法规规定的其他行为。

【思考】

某旅行社接待了 JBW－9710 的香港旅游团，委派导游谢某为全陪随团服务，谢某为提取回扣，向客人建议将原定餐食改为“洛阳水席”并进行了言过其实的夸张宣传，当客人询问是否需要增加费用时，谢某答复水席不会超过原定餐饮标准。但当客人面对“洛阳水席”的汤汤水水时，发觉与谢某宣传的不相符，连呼上当。不料第二日，谢某又向游客宣布，因“水席”标准超过原定标准，故需要加收少量餐费。对此，部分团员表示不满，但因已经食用了“水席”不得不交出超支餐费。事后，游客投诉该旅行社未按合同履行，存在欺诈。谢某则称，为了使客人品尝地方风味，做了夸张的宣传，但动机是好的，而客人食用“水席”加收餐费是理所应当的，并无不妥。

本案中，谢某违背了诚实信用原则，故意误导消费者食用“洛阳水席”，在承诺不超过原定餐饮标准后提供质低价次的汤汤水水，这是明显的欺诈行为，存在过错。谢某依法收取必要费用是其权利，但同时谢某负有保证给游客提供与所支付费用相称的服务的义务，谢某不履行义务就是侵犯他人的权利。所以他的行为是不合法的。根据消费者权益保护法，谢某侵犯了旅游消费者的知情权、自主选择权、公平交易权。

问：根据《导游人员管理条例》及《中华人民共和国消费者权益保护法》的规定，旅游行政部门应对导游以及旅行社处以什么处罚？

（五）应对突发事件时的职责

旅游突发事件发生后，导游应当立即采取下列必要的处置措施：

（1）向本单位负责人报告，情况紧急或者发生重大、特别重大旅游突发事件时，可以直接向发生地、旅行社所在地县级以上旅游主管部门、安全生产监督管理部门和负有安全生产监督管理职责的其他相关部门报告；

（2）救助或者协助救助受困旅游者；

（3）根据旅行社、旅游主管部门及有关机构的要求，采取调整或者中止行程、停止带团前往风险区域、撤离风险区域等避险措施。

（六）导游服务星级管理

《导游管理办法》第三十条规定，导游服务星级评价是对导游服务水平的综合评价，星级评价指标由技能水平、学习培训经历、从业年限、奖惩情况、执业经历和社会评价等构成。导游服务星级根据星级评价指标通过全国旅游监管服务信息系统自动生成，并根据导游执业情况每年度更新一次。旅游主管部门、旅游行业组织和旅行社等单位应当通过全国旅游监管服务信息系统，及时、真实地备注各自获取的导游奖惩情况等信息。

（七）积极参加培训

《导游管理办法》第三十一条规定，各级旅游主管部门应当积极组织开展导游培训，培训内容应当包括政策法规、安全生产、突发事件应对和文明服务等，培训方式可以包括培训班、专题讲座和网络在线培训等，每年累计培训时间不得少于 24 小时。培训不得向参加人员收取费用。旅游行业组织和旅行社等应当对导游进行包括安全生产、岗位技能、文明服务和文明引导等内容的岗前培训和执业培训。

导游应当参加旅游主管部门、旅游行业组织和旅行社开展的有关政策法规、安全生产、突发事件应对和文明服务内容的培训；鼓励导游积极参加其他培训，提高服务水平。

四、领队人员的管理

为了加强对出境旅游领队人员的管理，规范其从业行为，维护出境旅游者的合法权益，促进出境放游的健康发展，根据《中国公民出国旅游管理办法》（2002 年 5 月 27 日，中华人民共和国国务院令第 354 号公布，2017 年 3 月修订）和有关规定，国家旅游局制定了《出境旅游领队人员管理办法》（2002 年 10 月 28 日，国家旅游局第 18 号令公布），但于 2016 年 12 月 12 日国家旅游局发布新的《旅行社条例实施细则》后予以废止（国家旅游局第 42 号令）。

【相关法条】

《旅游法》第三十六条规定，旅行社组织团队出境旅游或者组织、接待团队入境旅游，应当按照规定安排领队或者导游全程陪同。

《中国公民出国旅游管理办法》第十条规定，组团社应当为旅游团队安排专职领队。领队在带团时，应当遵守本办法及国务院旅游行政部门的有关规定。

《旅行社条例》第三十条规定，旅行社组织中国内地居民出境旅游的，应当为旅游团队安排领队全程陪同。

（一）出境旅游领队的执业许可

领队人员，是指接受具有出境旅游业务经营权的国际旅行社（或称“组团杜”）的委派，从事出境旅游领队业务的人员。《旅游法》第三十九条规定，从事领队业务，应当取得导游证，具有相应的学历、语言能力和旅游从业经历，并与委派其从事领队业务的取得出境旅游业务经营许可的旅行社订立劳动合同。

《旅行社条例细则》第三十一条规定，旅行社为组织旅游者出境旅游委派的领队，应当具备下列条件：

（1）取得导游证；

（2）具有大专以上学历；

（3）取得相关语言水平测试等级证书或通过外语语种导游资格考试，但为赴港澳台地区旅游委派的领队除外；

（4）具有两年以上旅行社业务经营、管理或者导游等相关从业经历；

（5）与委派其从事领队业务的取得出境旅游业务经营许可的旅行社订立劳动合同。

赴台旅游领队还应当符合《大陆居民赴台湾地区旅游管理办法》规定的要求。

第三十六条还规定，旅行社委派的领队，应当掌握相关旅游目的地国家（地区）语言或者英语。

（二）出境旅游领队的执业管理

1. 通过旅行社委派

《旅游法》第四十条规定，导游和领队为旅游者提供服务必须接受旅行社委派，不得私自承揽导游和领队业务。

《旅行社条例实施细则》第三十三条规定，领队从事领队业务，应当接受与其订立劳动合同的取得出境旅游业务许可的旅行社委派，并携带导游证、佩戴导游身份标识。

第三十五条规定，不具备领队条件的，不得从事领队业务。领队不得委托他人代为提供领队服务。

2. 接受旅行社管理

《旅行社条例实施细则》第三十二条规定，旅行社应当将本单位领队信息及变更情况，报所在地设区的市级旅游行政管理部门备案。领队备案信息包括：身份信息、导游证号、学历、语种、语言等级（外语导游）、从业经历、所在旅行社、旅行社社会保险登记证号等。

《导游管理办法》第二十五条规定，具备领队条件的导游从事领队业务的，应当符合《旅行社条例实施细则》等法律、法规和规章的规定。旅行社应当按要求将本单位具备领队条件的领队信息及变更情况，通过全国旅游监管服务信息系统报旅游主管部门备案。

3. 出境旅游领队的职责

领队业务，是指为出境旅游团提供旅途全程陪同和有关服务，作为组团社的代表，协同境外接待旅行社（或称接待社）完成旅游计划安排，以及协调处理旅游过程中相关事务等活动。

《旅行社条例实施细则》第三十四条规定，领队应当协助旅游者办理出入境手续，协调、监督境外地接社及从业人员履行合同，维护旅游者的合法权益。

《旅游法》和《中国公民出国旅游管理办法》均对领队人员的职责作了规定：

（1）组团社及其旅游团队领队应当要求境外接待社按照约定的团队活动计划安排旅游活动，并要求其不得组织旅游者参与涉及色情、赌博、毒品内容的活动或者危险性活动，不得擅自改变行程、减少旅游项目，不得强迫或者变相强迫旅游者参加额外付费项目。境外接待社违反组团社及其旅游团队领队根据前款规定提出的要求时，组团社及其旅游团队领队应当予以制止。

（2）旅游团队领队应当向旅游者介绍旅游目的地国家的相关法律、风俗习惯以及其他有关注意事项，并尊重旅游者的人格尊严、宗教信仰、民族风俗和生活习惯。

（3）旅游团队领队在带领旅游者旅行、游览过程中，应当就可能危及旅游者人身安全的情况，向旅游者作出真实说明和明确警示，并按照组团社的要求采取有效措施，防止危害的发生。

（4）旅游团队在境外遇到特殊困难和安全问题时，领队应当及时向组团社和中国驻所在国家使领馆报告；组团社应当及时向旅游行政部门和公安机关报告。

（5）旅游团队领队不得与境外接待社、导游及为旅游者提供商品或者服务的其他经营者串通欺骗、胁迫旅游者消费，不得向境外接待社、导游及其他为旅游者提供商品或者服务的经营者索要回扣、提成或者收受其财物。

第三节　导游人员的权利和义务

导游人员作为一般公民，依法享有我国宪法和法律规定的各项权利并履行其法定的义务，下面所讲的是《导游人员管理条例》及相关法律规范给导游人员所设定的权利和义务。

一、导游人员的权利

（一）导游人员的人格尊严和人身安全不受侵犯

《导游人员管理条例》规定："导游人员进行导游活动时，其人格尊严应当受到尊重，其人身安全不受侵犯。导游人员有权拒绝旅游者提出的侮辱人格尊严或者违反其职业道德的不合理要求。"

人格权是导游人员作为法律关系的主体所享有的一种权利。这种权利为导游人员人身所固有并为法律所承认。我国《宪法》规定，中华人民共和国公民的人格尊严不受侵犯。禁止用任何方法对公民进行侮辱、诽谤和诬告、陷害。人格权作为民事主体从事民事活动所必须具备的条件，包括生命健康权、姓名权、肖像权、名誉权、人身自由权、自尊心、自爱心等做人的尊严。在旅游活动中，个别旅游者谩骂甚至殴打导游人员，或者对导游人员提出一些有辱其人格尊严和违反其职业道德的不合理要求，例如在出境旅游中，要求导游人员带其到色情场所等，都违反了我国法律规范的规定，严重侵犯了导游人员的人格权。因此从法律上规定导游人员的人格尊严不受侵犯是完全必要的。导游人员有权拒绝旅游者提出的无理要求。

《导游管理办法》第二十六条规定，导游在执业过程中，其人格尊严受到尊重，人身安全不受侵犯，合法权益受到保障。导游有权拒绝旅行社和旅游者的下列要求：

（1）侮辱其人格尊严的要求；

（2）违反其职业道德的要求；

（3）不符合我国民族风俗习惯的要求；

（4）可能危害其人身安全的要求；

（5）其他违反法律、法规和规章规定的要求。

旅行社等用人单位应当维护导游执业安全、提供必要的职业安全卫生条件，并为女性导游提供执业便利、实行特殊劳动保护。

导游有权要求旅行社提供设置"导游专座"的旅游客运车辆，安排的旅游者与导游总人数不超过旅游客运车辆核定乘员数。导游应当在旅游车辆"导游专座"就座，避免在高速公路或者危险路段站立讲解。

（二）导游人员在紧急情形下，有调整或者变更接待计划的权利

《导游人员管理条例》规定："导游人员在引导旅游者旅行、游览过程中，遇有可能危及旅游者人身安全的紧急情形时，经征得大多数旅游者的同意，可以调整或者变更接待计划，但是应当立即报告旅行社。"这就授予了导游人员在紧急情况下对旅游计划的调整和变更权。但导游人员在行使这一权利时，必须符合法定条件。

（1）必须是在进行导游活动的过程中。如果在旅游活动尚未开始以前需要变更旅游计划，应由旅行社与旅游者进行协商，达成一致意见后，由旅行社进行调整或变更旅游计划，无需由导游人员进行。

（2）必须遇有可能危及旅游者人身安全的紧急情形。导游人员的职责之一是保护旅游者的安全，如果导游人员在带团过程中，前方可能遇有台风、暴雪、山崩、泥石流等自然灾

害的威胁，为了使旅游者的人身安全免遭危害，导游人员应当机立断，及时调整或变更旅游计划。

（3）必须征得多数旅游者的同意。旅游者在旅游活动开始之前都与旅行社订有旅游合同，其合同受法律保护，如果随意变更旅游合同的内容就会造成对旅游者权利的侵犯，但出于对旅游者人身安全的考虑，确实需要调整和变更旅游计划时，必须与旅游者协商。由于旅游团队中旅游者人数较多，难以使每人的意见都完全统一，因此导游人员只要征得多数旅游者同意，就可以调整或变更旅游计划。

（4）变更或调整计划后，必须立即向旅行社报告。旅游计划是由旅行社征得旅游者意见后确定的，导游人员只是受旅行社委派执行接待计划。通常情况下，导游人员无权变更旅游计划，尽管在紧急情况下，导游人员可以调整或变更接待计划，但必须立即报告旅行社，以得到旅行社的追认。

（三）依法获得劳动保障

《导游管理办法》第二十七条规定，旅行社有下列行为的，导游有权向劳动行政部门投诉举报、申请仲裁或者向人民法院提起诉讼：

（1）不依法与聘用的导游订立劳动合同的；

（2）不依法向聘用的导游支付劳动报酬、导游服务费用或者缴纳社会保险费用的；

（3）要求导游缴纳自身社会保险费用的；

（4）支付导游的报酬低于当地最低工资标准的。

旅行社要求导游接待以不合理低价组织的旅游团队或者承担接待旅游团队的相关费用的，导游有权向旅游主管部门投诉举报。鼓励景区对持有导游证从事执业活动或者与执业相关活动的导游免除门票。

导游有权要求旅行社签订劳动合同。《导游管理办法》第二十八条规定，旅行社应当与通过其取得导游证的导游订立不少于1个月期限的劳动合同，并支付基本工资、带团补贴等劳动报酬，缴纳社会保险费用。旅行社临时聘用在旅游行业组织注册的导游为旅游者提供服务的，应当依照旅游和劳动相关法律、法规的规定足额支付导游服务费用；旅行社临时聘用的导游与其他单位不具有劳动关系或者人事关系的，旅行社应当与其订立劳动合同。

（四）导游人员对旅游行政处罚不服，依法享有申请复议和行政诉讼的权利

《导游人员管理条例》对导游人员违反条例的行为规定了具体的处罚措施，同时法律也授予导游人员对旅游行政机关作出的行政处罚不服时有向上一级旅游行政机关申请复议的权利，例如导游人员对旅游行政机关所给予的罚款、没收非法所得、吊销导游证、暂扣导游证、责令改正等处罚不服的，可申请复议。对于符合法定条件申请旅游行政部门颁发而旅游行政部门拒绝颁发导游人员资格证书或导游证或不予答复的，旅游行政机关违法要求导游人员履行义务的，以及其他侵犯导游人员人身权利和财产权利的行为，可申请复议。同时导游人员对于旅游行政部门给予导游者作出处罚的具体的行政行为不服时，有权按照《行政诉讼法》规定的程序向人民法院提起行政诉讼。

二、导游人员的义务

（一）维护国家利益和民族尊严

导游人员在进行导游活动时，应当自觉维护国家利益和民族尊严，不得有损害国家利益和民族尊严的言行，这是旅游法律规范对导游人员规定的政治条件与业务要求。导游工作具有涉外性的特点，在接待海外旅游者时，导游人员代表国家的形象，必须以国家利益为重，努力将个人的利益与国家的利益融合起来。为进一步规范导游人员的言行，要求旅行社强化对导游人员的管理。

（二）接受旅行社委派并严格按旅行社确定的接待计划安排旅游者的旅行、游览活动

首先，为了规范旅游市场秩序，切实维护旅游者的合法权益，要求导游人员不得私自承揽或者以其他任何方式直接承揽导游业务，进行导游活动，而只能接受旅行社的委派。导游自由执业试点地区的导游，在选择自由执业时，需按照《导游自由执业试点管理办法（试行）》的相关规定进行接待活动。

其次，导游人员应当严格按照接待计划安排旅游者的旅行、游览活动，除遇可能危及旅游者人身安全的紧急情形并征得大多数旅游者同意外，不得擅自增加、减少旅游项目或者中止旅游活动。接待计划已经获得旅游者认可并成为旅游合同的重要组成内容，涉及旅游者乘坐的交通工具、游览的景点、住宿标准、餐饮标准、娱乐标准、购物次数等各个方面，随意变更就有可能造成对旅游者的侵权。导游人员在执行接待计划的过程中，不得彻底放弃原有的导游活动，擅自中止导游活动，若遇到某种特殊情况，暂时中断旅游活动，待该种情况消失后，应及时恢复旅游活动。

（三）遵守职业道德，尊重旅游者

导游人员在进行导游活动时，应当遵守职业道德，着装整洁，礼貌待人，尊重旅游者的宗教信仰民族习俗和生活习惯。导游作为社会职业的一种有自己的行业道德要求和行为规范。主要表现在爱岗敬业、热情友好、耐心细致、文明礼貌、诚实守信、遵纪守法、顾全大局等方面的良好品质。导游人员应当向国外旅游者介绍旅游景点及我国自然与人文情况，介绍各具特色的风土人情与风俗习惯，但不得迎合个别旅游者的低级趣味，不得在讲解中掺杂庸俗下流的内容，同时要注意了解旅游者的习惯、习俗和信仰。

（四）维护旅游者的正当权益

树立宾客至上的观念，维护旅游者的权益，不仅是道德的要求，也是法律的要求。导游人员应当为旅游者着想。

第一，导游人员在引导旅游者旅行、游览过程中，应当就可能发生危害旅游者人身、财产安全的情况，向旅游者作出真实说明和明确警示，并按照旅行社的要求采取防止危害发生的措施。在旅游过程中，可能遇到危及旅游者人身、财产安全的客观情况，导游人员有事先作出说明和警示的义务。说明和警示应真实、准确、通俗易懂，同时，导游人员要按照旅行社的要求采取防范措施，否则，导游人员和旅行社都要承担相应的法律责任。

第二，导游人员进行导游时，不得向旅游者兜售物品或者购买物品，不得以明示或者暗示的方式向旅游者索要小费。导游人员的职责是为旅游者提供向导、讲解和相关服务，而向旅游者兜售物品并非导游人员的职责。况且，向旅游者兜售或者购买物品，很容易造成交易的不公平和不公正，从而侵害旅游者的合法权益，损害导游人员的职业形象和旅行社的声誉，还会造成不应有的旅游纠纷。以明示或暗示的方式向旅游者索要小费，一直是我国旅游法律规范所禁止的。所谓明示的方式，是指导游人员用明确的语言、文字或者其他直接表示意思的方式向旅游者索取小费，而暗示的方式是指导游人员以含蓄的语言、文字或示意性的举动间接表达意思的方式向旅游者索要小费。而小费是指旅游者在交纳旅行社各种费用以外给导游等旅游服务人员的钱。如果是旅游者出自内心对导游人员优质服务的感谢，从而奖赏给导游人员的小费，则无可非议，但若导游人员不择手段，明示或暗示旅游者给小费，就会给旅游业的声誉带来恶劣的影响。

第三，导游人员进行导游活动，不得欺骗、胁迫旅游者消费或者与经营者串通欺骗、胁迫旅游者消费。欺骗，是指导游人员或者导游人员与经营者串通起来，故意告知旅游者虚假情况或故意隐瞒事实真相，诱使旅游者作出错误消费的意思表示的行为。例如，在旅游消费中，导游人员明知是假冒伪劣商品，却告知旅游者是货真价实的商品，诱使旅游者作出购买该商品的错误选择。胁迫是指导游人员个人或其与经营者串通起来，以对旅游者及其亲属的名誉、财产乃至生命健康造成损害为要挟，迫使旅游者作出违背真实消费意思表示的行为。

第四节　导游人员的法律责任

一、违反执业许可规定的法律责任

（一）无证执业的

《旅游法》第一百零二条规定，未取得导游证或者不具备领队条件而从事导游、领队活动的，由旅游主管部门责令改正，没收违法所得，并处一千元以上一万元以下罚款，予以公告。导游、领队违反本法规定，向旅游者索取小费的，由旅游主管部门责令退还，处一千元以上一万元以下罚款；情节严重的，并暂扣或者吊销导游证。

《导游人员管理条例》第十八条规定，无导游证进行导游活动的，由旅游行政部门责令改正并予以公告，处1000元以上3万元以下的罚款；有违法所得的，并处没收违法所得。

（二）无委派执业的

《旅游法》第一百零二条规定，导游、领队违反本法规定，私自承揽业务的，由旅游主管部门责令改正，没收违法所得，处一千元以上一万元以下罚款，并暂扣或者吊销导游证。

《导游人员管理条例》第十九条规定，导游人员未经旅行社委派，私自承揽或者以其他任何方式直接承揽导游业务，进行导游活动的，由旅游行政部门责令改正，处1000元以上3万元以下的罚款；有违法所得的，并处没收违法所得；情节严重的，由省、自治区、直辖市人民政府旅游行政部门吊销导游证并予以公告。

但在自由执业试点地区的，符合参加自由执业试点工作条件的除外。

二、违反导游执业管理规定的

（一）违反有关信息与资料规定的

《导游管理办法》第三十三条规定，违反本办法规定，导游有下列行为的，由县级以上旅游主管部门责令改正，并可以处1000元以下罚款；情节严重的，可以处1000元以上5000元以下罚款：

（1）未按期报告信息变更情况的；

（2）未申请变更导游证信息的；

（3）未更换导游身份标识的；

（4）不依照本办法第二十四条规定采取相应措施的；

（5）未按规定参加旅游主管部门组织的培训的；

（6）向负责监督检查的旅游主管部门隐瞒有关情况、提供虚假材料或者拒绝提供反映其活动情况的真实材料的；

（7）在导游服务星级评价中提供虚假材料的。

（二）违反导游证有关规定的

《导游人员管理条例》第二十一条规定，导游人员进行导游活动时未佩戴导游证的，由旅游行政部门责令改正；拒不改正的，处500元以下的罚款。

《导游管理办法》第三十四条规定，导游执业许可申请人隐瞒有关情况或者提供虚假材料申请取得导游人员资格证、导游证的，县级以上旅游主管部门不予受理或者不予许可，并给予警告；申请人在一年内不得再次申请该导游执业许可。导游以欺骗、贿赂等不正当手段取得导游人员资格证、导游证的，除依法撤销相关证件外，可以由所在地旅游主管部门处1000元以上5000元以下罚款；申请人在三年内不得再次申请导游执业许可。

《导游管理办法》第三十五条规定，导游涂改、倒卖、出租、出借导游人员资格证、导游证，以其他形式非法转让导游执业许可，或者擅自委托他人代为提供导游服务的，由县级以上旅游主管部门责令改正，并可以处2000元以上1万元以下罚款。

（三）违反旅游服务合同履行规定的

《旅游法》第一百条规定，旅行社违反本法规定，有下列行为之一的，对直接负责的主管人员和其他直接责任人员，处二千元以上二万元以下罚款，并暂扣或者吊销导游证：

（1）在旅游行程中擅自变更旅游行程安排，严重损害旅游者权益的；

（2）拒绝履行合同的；

（3）未征得旅游者书面同意，委托其他旅行社履行包价旅游合同的。

《导游人员管理条例》第二十二条规定，导游人员有下列情形之一的，由旅游行政部门责令改正，暂扣导游证3至6个月；情节严重的，由省、自治区、直辖市人民政府旅游行政部门吊销导游证并予以公告：

（1）擅自增加或者减少旅游项目的；

（2）擅自变更接待计划的；

（3）擅自中止导游活动的。

（四）执业过程中隐瞒规定报告情形的

《旅游法》第九十九条规定，旅行社未履行本法第五十五条规定的报告义务的，对直接负责的主管人员和其他直接责任人员，处二千元以上二万元以下罚款，并暂扣或者吊销导游证。

【相关法条】

第五十五条，旅游经营者组织、接待出入境旅游，发现旅游者从事违法活动或者有违反本法第十六条规定情形的，应当及时向公安机关、旅游主管部门或者我国驻外机构报告。

三、侵害旅游者权益的法律责任

（一）通过低价诱骗、合同外购物、购物回扣等获取不正当利益的

1. 不合理低价游、另行收费、获取回扣

《旅游法》第九十八条规定，旅行社违反本法第三十五条规定的，对直接负责的主管人员和其他直接责任人员，没收违法所得，处二千元以上二万以下罚款，并暂扣或者吊销导游证。

> **【相关法条】**
>
> 《旅游法》第三十五条规定，旅行社不得以不合理的低价组织旅游活动，诱骗旅游者，并通过安排购物或者另行付费旅游项目获取回扣等不正当利益。旅行社组织、接待旅游者，不得指定具体购物场所，不得安排另行付费旅游项目。但是，经双方协商一致或者旅游者要求，且不影响其他旅游者行程安排的除外。发生违反前两款规定情形的，旅游者有权在旅游行程结束后三十日内，要求旅行社为其办理退货并先行垫付退货货款，或者退还另行付费旅游项目的费用。

2. 兜售物品、索要小费

《导游人员管理条例》第二十三条规定，导游人员进行导游活动，向旅游者兜售物品或者购买旅游者的物品的，或者以明示或者暗示的方式向旅游者索要小费的，由旅游行政部门责令改正，处1000元以上3万元以下的罚款；有违法所得的，并处没收违法所得；情节严重的，由省、自治区、直辖市人民政府旅游行政部门吊销导游证并予以公告；对委派该导游人员的旅行社给予警告直至责令停业整顿。

3. 欺骗与胁迫旅游者消费

《导游人员管理条例》第二十四条规定，导游人员进行导游活动，欺骗、胁迫旅游者消费或者与经营者串通欺骗、胁迫旅游者消费的，由旅游行政部门责令改正，处1000元以上3万元以下的罚款；有违法所得的，并处没收违法所得；情节严重的，由省、自治区、直辖市人民政府旅游行政部门吊销导游证并予以公告；对委派该导游人员的旅行社给予警告直至责令停业整顿；构成犯罪的，依法追究刑事责任。

（二）安排旅游者违法活动的

《旅游法》第一百零一条规定，旅行社违反本法规定，安排旅游者参观或者参与违反我国法律、法规和社会公德的项目或者活动的，对直接负责的主管人员和其他直接责任人员，处二千元以上二万元以下罚款，并暂扣或者吊销导游证。

同时，《旅游法》第一百零三条规定，违反本法规定被吊销导游证的导游、领队，自处罚之日起未逾三年的，不得重新申请导游证或者从事旅行社业务。

重要概念

导游

领队

导游证

导游执业许可
导游职责
导游权利
导游的法律责任

练习题

1. 什么是导游人员？导游人员要具备哪些条件？
2. 我国对导游人员的管理制度有哪些？
3. 正式导游证申请人应当具备哪些条件？申请的程序有哪些？
4. 什么是领队？领队应该具备哪些条件？如何管理领队人员？
5. 导游人员的权利和义务是什么？导游人员需要承担哪些法律责任？
6. 举例说明《导游人员管理条例》中相关项目和处罚的必要性。

案例辨析

导游如何处理散客团部分游客提出购物的要求

案例综述：2019 年 9 月 20 日，昆明某旅行社接待“石林一日游”散客拼团，在早晨接车过程中，由于游客住宿较为分散，市区等待时间较长，少数游客心生不满。在行程即将结束时，有几个游客提出要求，请导游带他们去土特产购物店购物。为了保险起见，导游向同团其他游客说明情况，并征询其他游客的意见。部分游客说可以，部分游客沉默以对，购物时间总计不超过半小时。行程结束后，有游客认为导游强迫游客参加购物，要求旅行社给予赔偿。

问：

1. 请剖析案例中的法律关系、法律责任。
2. 请列出相关法条。

研习作业

1. 总结《旅游法》中关于导游与领队的权利与义务的要求。

2. 根据国家旅游局 2016 年导游自由执业试点的工作安排，调查研究导游体制改革实践效果，并撰写一份调查报告。以下是导游自由执业试点的依据与试点区域，可以全国总体作为调查对象与研究案例，也可以任选其中某一区域。

根据国家旅游局《导游自由执业试点地区、实施方案及管理办法》（旅发〔2016〕59

号），为贯彻2016年全国旅游工作会议精神，落实《国务院关于促进旅游业改革发展的若干意见》（国发〔2014〕31号）、《国务院办公厅关于进一步促进旅游投资和消费的若干意见》（国办发〔2015〕62号）要求，全面推进导游体制改革，拓宽导游执业渠道，推动旅游服务“供给侧改革”，适应人民群众不断发展的旅游需求，营造公平有序的旅游市场环境，国家旅游局决定于2016年5月正式启动在江浙沪三省市、广东省的线上导游自由执业试点工作，在吉林长白山、湖南长沙和张家界、广西桂林、海南三亚、四川成都的线上线下导游自由执业试点工作。

第七章　旅游饭店管理法律制度

学习目标

理论学习	能力培养
1. 了解旅游饭店业的发展历程 2. 了解我国饭店业的立法状况 3. 了解旅游住宿治安管理的法律规定 4. 了解饭店星级评定制度	1. 熟悉饭店住宿合同 2. 掌握饭店与旅客之间的权利义务关系 3. 熟悉饭店星级评定的标准和基本要求

导入案例

饭店未及时提供客房是违约还是欺诈

2021 年 10 月，某游客在美团的酒店饭店预订系统中，预订了杭州市西湖区某民宿一间标间客房，客房预订页面显示下午两点以后方可入住。该游客上午 11 点抵达饭店时，客房尚处于打扫阶段，无法为游客提供预订的客房。前台服务人员建议游客等待，或寄存行李先行游玩。游客坚持要马上入住，服务人员就向游客推荐，有跃层园景大床房可以马上入住，但必须支付额外的房费差额 300 元。经过双方口头协商，游客愿意入住跃层大床房。第二天退房时，游客提出，由于饭店欺诈，不能提供标间入住，被迫入住了跃层大床房，要求饭店按照《消费者权益保护法》的规定，退还房费并赔偿三倍房费。饭店认为游客入住跃层大床房是双方协商一致的结果，但因为是口头约定，无法提供协商一致的书面证据。双方各执一词，为了防止事态的扩大，饭店最后只得免收游客的房费。

思考：饭店变更客房是违约还是欺诈？

旅游饭店是旅游六要素中的重要组成部分，旅游饭店管理法律制度是调整旅游饭店业在设立、经营过程中发生的各种法律关系的法律规范。目前主要适用的是《中华人民共和国旅游法》《中华人民共和国消费者权益保护法》《中华人民共和国食品安全法》《中国旅游饭店行业规范》《住宿业管理办法》《旅馆业治安管理办法》《食品经营许可管理办法》《公共场所卫生管理条例》等。此外，按照国际惯例，国家有关部门对旅游饭店进行星级评定，使旅游饭店的管理向规范化、科学化发展。国家质检总局、国家标准化管理委员会于 2010 年 10 月 18 日批准发布国家标准《旅游饭店星级的划分与评定》（GB/T14308 - 2010）（以下简称“新版国家标准”），新版国家标准于 2011 年 1 月 1 日实施。为配合该标准的实施，进一步规范饭店星级评定及复核工作，国家旅游局制定了《〈旅游饭店星级的划分与评定〉(GB/T14308－2010) 实施办法》(旅监管发〔2010〕234 号，以下简称“实施办法”)。

第一节　旅游饭店星级评定管理制度

一、旅游饭店的发展历程

旅游饭店起源于古代罗马和中国的驿站。世界饭店业发展经历了 4 个时期：

(1) 古代客栈时期 (12 世纪至 18 世纪)。客栈是随着商品生产和商品交换的发展而逐步发展起来的。最早的可以追溯到奴隶社会时期，是为了满足外交、宗教与商务活动，以及帝王与贵族巡游等的要求而产生的。这些驿站的规模小、建筑简单、设施简易，仅提供食宿、休息场所或车马等交通工具，为官办场所。

(2) 豪华饭店时期 (18 世纪末至 19 世纪中叶)。随着资本主义经济和旅游业的产生和发展，旅游开始成为一种经济活动，专为上层统治阶级服务的豪华饭店应运而生。在欧洲大陆上出现了许多以“饭店”命名的住宿设施。

(3) 商业饭店时期 (19 世纪末至 20 世纪 50 年代)。商业饭店时期，是世界各国饭店最为活跃的时代. 是饭店业发展的重要阶段，它使饭店业最终成为以一般平民为服务对象的产业，它从各个方面奠定了现代饭店业的基础。

(4) 现代新型饭店时期 (20 世纪 50 年代以后)。第二次世界大战后，随着世界范围内的经济恢复和繁荣，人口的迅速增长，世界上出现了国际性的大众化旅游。人们可支配收入的增加，对外出旅游和享受饭店服务的需求迅速扩大，加快了旅游活动的普及化和世界各国政治、经济、文化等方面交往的频繁化。这种社会需求的变化，促使饭店业由此进入了现代饭店时期。

中华人民共和国成立之初，具备一定档次可以接待外宾的饭店以清末期和民国时期建造的西式饭店为主，如北京饭店、六国饭店、东方饭店、天津利顺德大饭店、哈尔滨马迭尔宾馆、沈阳东北饭店、上海浦江饭店、锦江宾馆、国际饭店等。

20 世纪 50 年代，苏联援建我国 156 个大型项目，数万名苏联专家到我国参加项目建设。为了接待好苏联专家，国家投资建造了一批饭店，如北京友谊宾馆、哈尔滨国际饭店、友谊宫饭店、大连友谊宾馆、洛阳友谊宾馆、兰州友谊宾馆等。

20 世纪 50 年代至 60 年代，为了满足国家外事和国际会议的需要，国家在部分城市建造了迎宾馆 (国宾馆)，如在北京建造的钓鱼台国宾馆、京西宾馆、和平宾馆、新侨饭店以及上海西郊宾馆、苏州南园宾馆、苏州饭店、山东济南饭店、广州东方宾馆、广东佛山华侨大厦、河南郑州中州宾馆等。这段时间建造的饭店和原有的西式饭店形成我国旅游饭店的基础和雏形，饭店以外事接待为主，按照事业单位经营管理，产权归国家所有。1966 年至改革开放，国家投资建造了北京饭店新楼、广州白云宾馆、广州宾馆、浙江宾馆、山东泰山饭店等。

改革开放后，随着我国改善投资环境和接待海外旅游者的需要，一批合资合作饭店陆续建造，如北京建国饭店、北京长城饭店、北京燕翔饭店、广州白天鹅宾馆、中山温泉酒店、珠海石景山旅游中心，为吸引外资侨资建造饭店起到了引领和示范作用。

二、旅游饭店星级评定制度

旅游饭店是改革开放的先行者。1980 年 4 月 4 日，国家外国投资管理委员会首次审批中外合资企业，三家中两家是旅游饭店，外资审字（1980）第一号、第二号、第三号分别是北京民航有限公司、北京建国饭店及北京长城饭店。由此可见，旅游饭店是处于改革开放的前沿，而且引领着开放的进程，星级成为消费者最早认知的品牌。改革开放后，旅游饭店建立星级制度，提高服务水准，成为与外界接轨的行业。改革开放不久，我国就在旅游饭店行业实施了星级评定标准，较快地提升了旅游饭店的服务水准。1989 年 6 月 2 日，国家旅游局（现国家文化和旅游部）公布了第一批星级饭店名单，旅游饭店成为最早与国际接轨的行业，星级标准具有里程碑意义。1990 年 2 月 8 日，国家旅游局公布的首批五星级饭店名单包括：上海静安希尔顿大酒店、广东省白天鹅宾馆、中国大酒店。

（一）旅游饭店星级评定标准的主要内容

为了促进我国旅游饭店业的标准化进程，我国采用了世界上大多数国家通用的星级评定制度，即把旅游饭店分为一星、二星、三星、四星、五星等五个等级，星数越多，等级越高。星级代表了饭店的管理水平、服务设施、服务项目和质量标准，是评价饭店级别的主要依据。从 2004 年 7 月 1 日开始实施的《旅游饭店星级划分与评定》标准设立了新的星级饭店等级“白金五星”。

“白金五星”酒店的定位处于酒店业金字塔的顶端，在总体数量上控制得极为严格。根据新的标准，酒店要获得“白金五星”须先符合以下七个必备条件：具有两年以上五星级饭店资格；地理位置处于城市中心商务区或繁华地带，交通极其便利；建筑主题鲜明，外观造型独具一格，有助于所在地建立旅游目的地形象；内部功能布局及装修装饰能与所在地历史、文化、自然环境相结合，恰到好处地表现和烘托其主题氛围；除有富丽堂皇的门廊及入口外，饭店整体氛围极其豪华气派；各类设施配备齐全，品质一流；有饭店内主要区域温湿度自动控制系统；有位置合理、功能齐全、品味高雅、装饰华丽的行政楼层专用服务区，至少对行政楼层提供 24 小时管家式服务。此外，还需要在六项参评条件中至少达标五项。六项标准分别为：普通客房面积至少不小于 36 平方米；有符合国际标准的高级西餐厅、可以提供正规的西式正餐和宴会；有高雅的独立封闭式酒吧；有可容纳 500 人以上的宴会厅；国际认知度极高、平均每间可供出租客房收入连续三年居于所在地同星级饭店前列；有规模壮观、装潢典雅、出类拔萃的专项配套设施。对于在国外号称“六星级”的超豪华酒店品牌进驻我国后也需要先申报五星级，再等两年之后才能申报“白金五星”。

（二）星级申报及标志使用要求

饭店星级评定遵循企业自愿申报的原则。

凡在中华人民共和国境内正式营业一年以上的旅游饭店，均可申请星级评定。经评定达到相应星级标准的饭店，由全国旅游饭店星级评定机构颁发相应的星级证书和标志牌。星级标志的有效期为三年。

饭店星级标志应置于饭店前厅最明显位置，接受公众监督。饭店星级标志已在国家知识产权局商标局登记注册为证明商标，其使用要求必须严格按照《星级饭店图形证明商标使用管理规则》执行。任何单位或个人未经授权或认可，不得擅自制作和使用。同时，任何饭店以“准×星”“超×星”或者“相当于×星”等作为宣传手段的行为均属违法行为。

饭店星级证书和标志牌由全国星评委统一制作、核发。标志牌工本费按照国家相关部门批准的标准收取。

每块星级标志牌上的编号，与相应的星级饭店证书号一致。每家星级饭店原则上只可申领一块星级标识牌。如星级标志牌破损或丢失，应及时报告，经所在省级星评委查明属实后，可向全国星评委申请补发。

星级饭店如因更名需更换星级证书，可凭工商部门有关文件证明进行更换，同时必须交还原星级证书。

（三）星级评定的组织机构和责任

国家旅游局设全国旅游星级饭店评定委员会（以下简称为“全国星评委”）。全国星评委是负责全国星评工作的最高机构。

（1）职能：统筹负责全国旅游饭店星评工作；聘任与管理国家级星评员；组织五星级饭店的评定和复核工作；授权并监管地方旅游饭店星级评定机构开展工作。

（2）组成人员：全国星评委由中国旅游协会领导、中国旅游饭店业协会领导、国家旅游局监督管理司领导、政策法规司领导、监察局领导、中国旅游协会和中国旅游饭店业协会秘书处相关负责人及各省、自治区、直辖市旅游星级饭店评定委员会主任组成。

（3）办事机构：全国星评委下设办公室，作为全国星评委的办事机构，设在中国旅游饭店业协会秘书处。

（4）饭店星级评定职责和权限：

① 执行饭店星级评定工作的实施办法；

② 授权和督导地方旅游饭店星级评定机构的星级评定和复核工作；

③ 对地方旅游饭店星级评定机构违反规定所评定和复核的结果拥有否决权；

④ 实施或组织实施对五星级饭店的星级评定和复核工作；

⑤ 统一制作和核发星级饭店的证书、标志牌；

⑥ 按照《饭店星评员章程》要求聘任国家级星评员，监管其工作；

⑦ 负责国家级星评员的培训工作。

各省、自治区、直辖市旅游局设省级旅游星级饭店评定委员会（简称“省级星评委”）。省级星评委报全国星评委备案后，根据全国星评委的授权开展星评和复核工作。

（1）组成人员：省级星评委的组建，根据本地实际情况确定，由地方旅游行业管理部门负责人和旅游饭店协会负责人等组成。

（2）办事机构：省级星评委下设办公室为办事机构，可设在当地旅游局行业管理处或旅游饭店协会。

（3）省级星评委依照全国星评委的授权开展以下工作：

① 贯彻执行并保证质量完成全国星评委部署的各项工作任务；

② 负责并督导本省内各级旅游饭店星级评定机构的工作；

③ 对本省副省级城市、地级市（地区、州、盟）及下一级星级评定机构违反规定所评定的结果拥有否决权；

④ 实施或组织实施本省四星级饭店的星级评定和复核工作；

⑤ 向全国星评委推荐五星级饭店并严格把关；

⑥ 按照《饭店星评员章程》要求聘任省级星评员；

⑦ 负责副省级城市、地级市（地区、州、盟）星评员的培训工作。

副省级城市、地级市（地区、州、盟）旅游局设地区旅游星级饭店评定委员会（简称“地区星评委”）。地区星评委在省级星评委的指导下，参照省级星评委的模式组建，实施或组织实施本地区三星级及以下饭店的星级评定和复核工作，向省级星评委推荐四、五星级饭店。

三、星级评定的标准和基本要求

划分旅游饭店的依据有五项：饭店的建筑、装潢、设备、设施条件；饭店的设备设施的维修保养状况；饭店的管理水平；饭店的服务质量；饭店的服务项目。

饭店星级评定依据《旅游饭店星级的划分及评定》（GB/T14308－2010）进行，具体要求如下：

（1）《旅游饭店星级的划分及评定》附录 A“必备项目检查表”。该表规定了各星级必须具备的硬件设施和服务项目。要求相应星级的每个项目都必须达标，缺一不可。

（2）《旅游饭店星级的划分及评定》附录 B“设施设备评分表”（硬件表，共 600 分）。该表主要是对饭店硬件设施的档次进行评价打分。三、四、五星级规定最低得分线：三星 220 分、四星 320 分、五星 420 分，一、二星级不作要求。

（3）《旅游饭店星级的划分及评定》附录 C“饭店运营质量评价表”（软件表，共 600 分）。该表主要是评价饭店的“软件”，包括对饭店各项服务的基本流程、设施维护保养和清洁卫生方面的评价。三星、四星、五星级规定最低得分率：三星 70%、四星 80%、五星 85%，一星、二星级不作要求。

申请星级评定的饭店，如达不到要求及最低分数或得分率，则不能取得所申请的星级。

星级饭店强调整体性，评定星级时不能因为某一区域所有权或经营权的分离，或因为建筑物的分隔而区别对待。饭店内所有区域应达到同一星级的质量标准和管理要求。否则，星评委对饭店所申请星级不予批准。

饭店取得星级后，因改造发生建筑规格、设施设备和服务项目的变化，关闭或取消原有设施设备、服务功能或项目，导致达不到原星级标准的，必须向相应级别星评委申报，接受复核或重新评定。否则，相应级别星评委应收回该饭店的星级证书和标志牌。

【小知识】

2022 年 7 月 11 日，国家市场监督管理总局、国家标准化管理委员会发布《旅游民宿基本要求与等级划分》（GB/T 41648－2022）国家标准（以下简称“标准”），2023 年 2 月 1 日起实施。标准包括适用范围、规范性引用文件、术语和定义、等级和标志、总体要求、公共环境和配套、建筑和设施、卫生和服务、经营和管理、等级划分条件、等级划分办法等 11 个章节。标准对等级划分要求更加明确，其中丙级为普通型民宿，乙级为品质型民宿，并增加了 10.2.1 条款对民宿设施和设备、经营和管理、社区贡献等方面提出更高要求；甲级为标杆型民宿，增加了 10.3.1 条款，在乙级民宿的基础上进一步提高对设施和设备、经营和管理、特色和其他的要求。

标准适用于正式营业的旅游民宿，包括但不限于民居、宅院、客栈、驿站、庄园、山庄等。标准明确旅游民宿是指利用当地民居等相关闲置资源，主人参与接待，为游客提供体验当地自然、文化与生产生活方式的小型住宿设施；民宿主人指旅游民宿业主或经营管理者；旅游民宿等级分为三个级别，由低到高分别为丙级、乙级和甲级；等级旅游民宿标志由民居图案与相应文字构成。

标准规定了旅游民宿经营管理的总体要求，包括经营条件、规模、安全、卫生、防疫、环保等方面的要求；公共环境和配套要求，包括交通状况、所处生态环境、交通工具停放地、通信网络等方面的要求；建筑和设施要求，包括建筑装修、客房设施、厨房与餐厅、公共休闲设施、布草间、消洗间、卫生间等各功能区的设施要求。

标准规定了旅游民宿的卫生和服务要求，包括客房、餐厅、厨房、室内外公共区域及客用品卫生，主人服务、日常接待服务、定制化服务和其他服务等要求；经营和管理要求，包括通过媒体平台开展宣传和营销、建立管理制度和服务规范、有效处理各类投诉等。

标准规定了由旅游民宿等级评定机构制定旅游民宿等级划分的具体办法和评分细则。按照评分细则，对旅游民宿进行综合评价打分确定等级。符合相应等级要求的旅游民宿可使用等级标志，有效期为三年，三年期满后应进行复核。旅游民宿经营过程中出现卫生、消防、安全等责任事故，发生重大有效投诉、发生造成恶劣社会影响的其他事件、日常运营管理达不到或不符合相应等级要求的应取消等级。取消等级后满三年，可重新申请等级评定。

四、星级评定的程序和执行

五星级按照以下程序评定：

（一）申请

申请评定五星级的饭店应在对照《旅游饭店星级的划分及评定》（GB/T14308－2010）充分准备的基础上，按属地原则向地区星评委和省级星评委逐级递交星级申请材料。申请材料包括：饭店星级申请报告、自查打分表、消防验收合格证（复印件）、卫生许可证（复印件）、工商营业执照（复印件）、饭店装修设计说明等。

（二）推荐

省级星评委收到饭店申请材料后，应严格按照《旅游饭店星级的划分及评定》（GB/T14308－2010）的要求，于一个月内对申报饭店进行星评工作指导。对符合申报要求的饭店，以省级星评委名义向全国星评委递交推荐报告。

（三）审查与公示

全国星评委在接到省级星评委推荐报告和饭店星级申请材料后，应在一个月内完成审定申请资格、核实申请报告等工作，并对通过资格审查的饭店，在中国旅游网和中国旅游饭店业协会网站上同时公示。对未通过资格审查的饭店，全国星评委应下发正式文件通知省级星评委。

（四）宾客满意度调查

对通过五星级资格审查的饭店，全国星评委可根据工作需要安排宾客满意度调查，并形成专业调查报告，作为星评工作的参考意见。

（五）国家级星评员检查

全国星评委发出《星级评定检查通知书》，委派二到三名国家级星评员，以明查或暗访的形式对申请五星级的饭店进行评定检查。评定检查工作应在 36 ~ 48 小时内完成。检查未予通过的饭店，应根据全国星评委反馈的有关意见进行整改。全国星评委待接到饭店整改完成并申请重新检查的报告后，于一个月内再次安排评定检查。

（六）审核

检查结束后一个月内，全国星评委应根据检查结果对申请五星级的饭店进行审核。审核的主要内容及材料有：国家级星评员检查报告（须有国家级星评员签名）、星级评定检查反馈会原始记录材料（须有国家级星评员及饭店负责人签名）、依据《旅游饭店星级的划分及评定》（GB/T14308 - 2010）打分情况（打分总表须有国家级星评员签名）等。

（七）批复

对于经审核认定达到标准的饭店，全国星评委应作出批准其为五星级旅游饭店的批复，并授予五星级证书和标志牌。对于经审核认定达不到标准的饭店，全国星评委应作出不批准其为五星级饭店的批复。批复结果在中国旅游网和中国旅游饭店业协会网站上同时公示，公示内容包括饭店名称、全国星评委受理时间、国家级星评员评定检查时间、国家级星评员姓名、批复时间。

（八）申诉

申请星级评定的饭店对星评过程及其结果如有异议，可直接向国家旅游局申诉。国家旅游局根据调查结果予以答复，并保留最终裁定权。

（九）抽查

国家旅游局根据《国家级星评监督员管理规则》，派出国家级星评监督员随机抽查星级评定情况，对星评工作进行监督。一旦发现星评过程中存在不符合程序的现象或检查结果不符合标准要求的情况，国家旅游局可对星级评定结果予以否决，并对执行该任务的国家级星评员进行处理。

一星级到四星级饭店的评定程序，各级星评委按照相应职责和权限，参照五星级饭店评定程序执行。一星、二星、三星级饭店的评定检查工作在 24 小时内完成，四星级饭店的评定检查工作在 36 小时内完成。全国星评委保留对一星级到四星级饭店评定结果的否决权。

对于以住宿为主营业务，建筑与装修风格独特，拥有独特客户群体，管理和服务特色鲜明，且业内知名度较高旅游饭店的星级评定，可按照程序申请评定五星级饭店。

白金五星级饭店的评定标准和检查办法另行制订。

五、星级的复核及处理制度

星级复核是星级评定工作的重要组成部分，其目的是督促已取得星级的饭店持续达标，其组织和责任划分完全依照星级评定的责任分工。星级复核分为年度复核和三年期满的评定性复核。

（一）年度复核工作

年度复核工作由饭店对照星级标准自查自纠，并将自查结果报告相应级别星评委，相应级别星评委根据自查结果进行抽查。

（二）评定性复核工作

评定性复核工作由各级星评委委派星评员以明查或暗访的方式进行。

各级星评委应于本地区复核工作结束后进行认真总结，并逐级上报复核结果。

全国星评委委派二至三名国家级星评员同行，以明查或暗访的方式对饭店进行评定性复核检查。全国星评委可根据工作需要，对满三期的五星级饭店进行宾客满意度调查，并形成专业调查报告，作为评定性复核的参考意见。

对复核结果达不到相应标准的星级饭店，相应级别星评委根据情节轻重给予限期整改、取消星级的处理，并公布处理结果。对于取消星级的饭店，应将其星级证书和星级标志牌收回。

（三）星级饭店复核结果的处理

（1）凡被复核饭店出现以下情况，相应级别星评委应作出“限期整改”的处理意见：

五星级：“必备项目检查表”达标，但附录 B“设施设备评分表”得分低于 420 分但高于 380 分，或附录 C“饭店运营质量评价表”得分率低于 85% 但高于 75%。

四星级：“必备项目检查表”达标，但附录 B“设施设备评分表”得分低于 320 分但高于 280 分，或附录 C“饭店运营质量评价表”得分率低于 80% 但高于 70%。

三星级：“必备项目检查表”达标，但附录 B“设施设备评分表”得分低于 220 分但高于 180 分，或附录 C“饭店运营质量评价表”得分率低于 70% 但高于 60%。

（2）凡被复核饭店出现以下任何一种情况，相应级别星评委应作出“取消星级”的处理意见：

五星级：①“必备项目检查表”不达标；②“必备项目检查表”达标，但附录 B“设施设备评分表”得分低于 380 分；③“必备项目检查表”达标，但附录 C“饭店运营质量评价表”得分率低于 75%；④发生重大事故，或遭遇重大投诉事件并被查实，造成恶劣影响；⑤停止饭店经营业务或停业装修改造一年以上。

四星级：①“必备项目检查表”不达标；②“必备项目检查表”达标，但附录 B“设施设备评分表”得分低于 280 分；③“必备项目检查表”达标，但附录 C“饭店运营质量评价表”得分率低于 70%；④发生重大事故，或遭遇重大投诉事件并被查实，造成恶劣影响；⑤停止饭店经营业务或停业装修改造一年以上。

三星级：①“必备项目检查表”不达标；②“必备项目检查表”达标，但附录 B“设施设备评分表”得分低于 180 分；③“必备项目检查表”达标，但附录 C“饭店运营质量评价表”得分率低于 60%；④发生重大事故，或遭遇重大投诉事件并被查实，造成恶劣影响；⑤停止饭店经营业务或停业装修改造一年以上。

二星级：①“必备项目检查表”不达标；②发生重大事故，或遭遇重大投诉事件并被查实，造成恶劣影响；③停止饭店经营业务或停业装修改造一年以上。

一星级：①“必备项目检查表”不达标；②发生重大事故，或遭遇重大投诉事件并被查实，造成恶劣影响；③停止饭店经营业务或停业装修改造一年以上。

整改期限原则上不能超过一年。被取消星级的饭店，自取消星级之日起一年后，方可重新申请星级评定。

各级星评委对星级饭店作出处理的责任划分依照星级评定的责任分工执行。全国星评委保留对各星级饭店复核结果的最终处理权。

接受评定性复核的星级饭店，如其正在进行大规模装修改造，或者其他适当原因而致使暂停营业，可以在评定性复核当年年前提出延期申请。经查属实后，相应级别星评委可以酌情批准其延期一次。延期复核的最长时限不应超过一年，如延期超过一年，须重新申请星级评定。

国家旅游局根据《国家级星评监督员管理规则》，派出国家级星评监督员随机抽查年度复核和评定性复核情况，对复核工作进行监督。一旦发现复核过程中存在不符合程序的现象或检查结果不符合标准要求的情况，国家旅游局可对星级复核结果予以否决。

第二节　旅游饭店行业管理规范

中国旅游饭店业是国内市场化程度较高，并与国际接轨较为畅顺的行业，虽然星级评定制度为我国饭店业从整体上较快达到国际水准奠定了基础，但是由于没有统一的行业规范，在一定程度上影响了饭店经营。为了倡导履行诚信准则，保障客人和旅游饭店的合法权益，维护旅游饭店业经营管理的正常秩序，促进中国旅游饭店的健康发展，中国旅游饭店业协会依据国家有关法律、法规，依据我国《消费者权益保护法》《合同法》《国务院关于计算外宾住房天数的规定》《国际饭店新规程》及有关国际惯例，2002 年 5 月 1 日起颁布实施《中国旅游饭店行业规范》（以下简称《规范》），并于 2009 年 8 月修订。

《规范》涉及饭店预订、等级、入住、饭店消费、保护客人的人身和财产安全、保护客人贵重物品、保护客人一般物品、洗衣物品、停车场管理等内容，明确规定了饭店的权利和义务。《规范》的出台成为中国旅游饭店业发展几十年来规范饭店经营行为的第一部规范，是指导和规范饭店自律行为的准则，标志着中国旅游饭店向更加成熟的方向迈进了一步。既弥补了国家现有法律规范的不足，也为行业主管部门未来制定《饭店法》等相应法律法规摸索了经验，为我国饭店行业法规体系的建立奠定了良好的基础。

一、旅游饭店的入住与收费制度

旅游饭店包括在中国境内开办的各种经济性质的饭店，含宾馆、酒店、度假村等（以下简称“饭店”）。饭店应当遵守国家有关法律、法规和规章，遵守社会道德规范，诚信经营，维护中国旅游饭店行业的声誉。

（一）入住

1. 履行入住合同的规定

饭店应当与客人共同履行住宿合同，因不可抗力不能履行双方住宿合同的，任何一方均应当及时通知对方。双方另有约定的，按约定处理。

饭店由于出现超额预订而使预订客人不能入住的，饭店应当主动替客人安排本地同档次或高于本饭店档次的饭店入住，所产生的有关费用由饭店承担。

饭店应当同团队、会议、长住客人签订住房合同。合同内容应当包括客人入住和离店的时间、房间等级与价格、餐饮价格、付款方式、违约责任等款项。

饭店在办理客人入住手续时，应当按照国家的有关规定，要求客人出示有效证件，并如实登记。

2. 不予接待的情形

以下情况饭店可以不予接待：

（1）携带危害饭店安全的物品入店者；

（2）从事违法活动者；

（3）影响饭店形象者（如携带动物者）；

（4）无支付能力或曾有过逃账记录者；

（5）饭店客满；

（6）法律、法规规定的其他情况。

（二）饭店收费

饭店应当将房价表置于总服务台显著位置，供客人参考。饭店如给予客人房价折扣，应当书面约定。

饭店应在前厅显著位置明示客房价格和住宿时间结算方法，或者确认已将上述信息用适当方式告知客人。

根据国家规定，饭店如果对客房、餐饮、洗衣、电话等服务项目加收服务费，应当在房价表或有关服务价目单上明码标价。

二、保护旅客人身和财产安全制度

（一）保护旅客人身、财产安全的一般法律规定

为了保护客人的人身和财产安全，饭店客房房门应当装置防盗链、门镜、应急疏散图，卫生间内应当采取有效的防滑措施。客房内应当放置服务指南、住宿须知和防火指南。有条件的饭店应当安装客房电子门锁和公共区域安全监控系统。

饭店应当确保健身、娱乐等场所设施、设备的完好和安全。

对可能损害客人人身和财产安全的场所，饭店应当采取防护、警示措施。警示牌应当中外文对照。

饭店应当采取措施，防止客人放置在客房内的财物灭失、毁损。由于饭店的原因造成客人财物灭失、毁损的，饭店应当承担责任。

饭店应当保护客人的隐私权。除日常清扫卫生、维修保养设施设备或者发生火灾等紧急情况外，饭店员工未经客人许可不得随意进入客人下榻的房间。

（二）保管客人贵重物品

饭店应当在前厅处设置有双锁的客人贵重物品保险箱。贵重物品保险箱的位置应当安全、方便、隐蔽，能够保护客人的隐私。饭店应当按照规定的时限，免费提供住店客人贵重物品的保管服务。

饭店应当对住店客人贵重物品的保管服务作出书面规定，并在客人办理入住登记时予以提示。违反规定，造成客人贵重物品灭失的，饭店应当承担赔偿责任。

客人寄存贵重物品时，饭店应当要求客人填写贵重物品寄存单，并办理有关手续。

饭店客房内设置的保险箱仅为住店客人提供存放一般物品之用。对没有按规定将贵重物品存放在饭店前厅贵重物品保险箱内，而造成客房里客人的贵重物品灭失、毁损的，如果责任在饭店一方，可视为一般物品予以赔偿。

如无事先约定，在客人结账退房离开饭店以后，饭店可以将客人寄存在贵重物品保险箱内的物品取出，并按照有关规定处理。饭店应当将此条规定在客人贵重物品寄存单上明示。

客人如果遗失饭店贵重物品保险箱的钥匙，除赔偿锁匙成本费用外，饭店还可以要求客人承担维修保险箱的费用。

【思考】

2008 年《都市时报》报道，从重庆来昆明开会的何先生吃过晚饭回到酒店房间时发现，自己为妻子买的翡翠挂件不见了。但奇怪的是，在 5 个挂件中，窃贼只挑了一个最贵的拿走了，其他的都没动。据了解，何先生是昨天中午由会议主办方安排住进酒店的，同时入住的还有其他 170 余位前来开会的人员。“我下午 5 点 50 分离开房间出去吃饭，等晚上 7 点 20 分回来时就发现旅行包的拉链被打开了。”何先生说，他的旅行包是上锁的，但是锁没有坏，拉链是被强行拉坏的。经检查，一个价值 1280 元的翡翠挂件不翼而飞。发现这一情况，何先生立刻打电话报警。何先生这次来昆明一共买了 5 个翡翠挂件，丢失的是最贵的一件。就在同一天晚上，一起来开会的来自沈阳的 4 个房客也各丢了一部数码相机。事件发生后，该酒店方面拒绝接受采访，只表示会妥善处理这一事件。“这是一起入室盗窃案。”大观派出所刑侦人员使用仪器检测鉴定后表示，目前该案件还在侦破中。据了解，类似的酒店入室盗窃案常有发生，民警提醒广大入住者，最好将贵重物品交由酒店寄存。

问：酒店入室盗窃案发生令人不快，客人应如何保管贵重物品？什么情况下物品遗失的责任由酒店承担？

（三）保管客人一般物品

饭店保管客人寄存在前厅行李寄存处的行李物品时，应当检查其包装是否完好、安全，询问有无违禁物品，并经双方当面确认后，给客人签发行李寄存牌。

客人在餐饮、康乐、前厅行李寄存处等场所寄存物品时，饭店应当当面询问客人寄存物品中有无贵重物品。客人寄存的物品中如有贵重物品的，应当向饭店声明，由饭店员工验收并交饭店贵重物品保管处免费保管；客人事先未声明或不同意核实而造成物品毁损、灭失的，如果责任在饭店一方，饭店按照一般物品予以赔偿；客人对寄存物品没有提出需要采取特殊保管措施的，因为物品自身的原因造成毁损或损耗的，饭店不承担赔偿责任；由于客人没有事先说明寄存物品的情况，造成饭店损失的，除饭店知道或者应当知道而没有采取补救措施的以外，饭店可以要求客人承担相应的赔偿责任。

（四）洗衣服务

客人送洗衣物，饭店应当要求客人在洗衣单上注明洗涤种类及要求，并应当检查衣物状况有无破损。客人如有特殊要求或者饭店员工发现衣物破损的，双方应当事先确认并在洗衣单上注明。客人事先没有提出特殊要求，饭店按照常规进行洗涤，造成衣物损坏的，饭店不承担赔偿责任。客人送洗衣物在洗涤后即时发现破损等问题，而饭店无法证明该衣物是在洗涤以前破损的，饭店承担相应责任。

饭店应当在洗衣单上注明，要求客人将送洗衣物内的物品取出。对洗涤后客人衣物内物品的灭失，饭店不承担责任。

（五）停车场管理

饭店应当保护停车场内饭店客人的车辆安全。由于保管不善，造成车辆灭失或者毁损的，饭店承担相应责任，但因为客人自身的原因造成车辆灭失或者毁损的除外。双方均有过错的，应当各自承担相应的责任。

饭店应当提示客人保管好放置在汽车内的物品。对汽车内放置的物品的灭失，饭店不承担责任。

【思考】

2014年3月，小明一行人入住了某某酒店，并在酒店工作人员的指挥下将自己的汽车停放在酒店指定的停车位置。第二日发现车辆被盗，于是向酒店索赔，双方就赔偿事宜协商未果，小明遂将酒店诉至法院。

法院经审理认为，根据《民法典》规定，小明入住某某酒店时，即与该酒店之间形成了旅店服务合同关系。小明又在酒店工作人员指挥下，将其所有的车辆停放在酒店门前的公共停车空地上，小明车辆的停放位置也处于酒店管控和看守范围，酒店因此负有基于双方旅店服务合同而产生的附随义务，应妥善履行对小明所有车辆的保护看管义务。由于小明未将其驾驶的车辆停放于专门停车场内，就车辆停放也未向酒店索要相关凭证，对车辆的遗失也负有一定的过错，应自行承担部分责任。因此，根据本案实际情况，认定原、被告各承担车辆损失的50%。故锦江法院判决被告应向原告赔偿24000元。

外出入住酒店时，房客即与酒店之间建立了旅店服务合同关系，酒店享有向房客收取费用的权利，同时负有对房客提供住宿的义务，且负有一定程度的保障旅客人身和随身财物安全的义务。但房客是自己的人身及财产权利的第一责任人，应当妥善保护好自己的人身和财产权利。本案中，酒店对小明车辆被盗而承担部分责任原因有三：第一，小明与酒店之间建立了旅店服务合同关系；第二，小明停车系在酒店工作人员指挥下进行停放，亦即酒店知晓小明将车辆停放于其门前的事实；第三，小明停放车辆的地点属于公共停车场所，未将车辆停于专门停车场，自身也具有一定过错。

问：顾客把车停在酒店门口被盗，酒店是否应该承担赔偿责任？酒店对房客的财物负有何种义务？双方过错如何界定？

（六）其他

饭店如果谢绝客人自带酒水和食品进入餐厅、酒吧、舞厅等场所享用，应当将谢绝的告示设置于经营场所的显著位置，或者确认已将上述信息用适当方式告知客人。

饭店有义务提醒客人在客房内遵守国家有关规定，不得私留他人住宿或者擅自将客房转让给他人使用及改变使用用途。对违反规定造成饭店损失的，饭店可以要求入住该房间的客人承担相应的赔偿责任。

饭店可以口头提示或书面通知客人不得自行对客房进行改造、装饰。未经饭店同意进行改造、装饰而造成损失的，饭店可以要求客人承担相应的赔偿责任。

饭店有义务提示客人爱护饭店的财物。由于客人的原因造成损坏的，饭店可以要求客人承担赔偿责任。由于客人原因，饭店维修受损设施、设备期间导致客房不能出租、场所不能开放而发生的营业损失，饭店可视其情况要求客人承担责任。

对饮酒过量的客人，饭店应恰当、及时地劝阻，防止客人在饭店内醉酒。客人醉酒后在饭店内肇事造成损失的，饭店可以要求肇事者承担相应的赔偿责任。

客人结账离店后，如有物品遗留在客房内，饭店应当设法同客人取得联系，将物品归还或寄还给客人，或替客人保管，所产生的费用由客人承担。三个月后仍无人认领的，饭店可登记造册，按拾遗物品处理。

饭店应当提供与本饭店档次相符的产品与服务。饭店所提供的产品与服务如果存在瑕疵，饭店应当采取措施及时加以改进。由于饭店的原因而给客人造成损失的，饭店应当根据损失程度向客人赔礼道歉，或给予相应的赔偿。

第三节　旅游饭店的权利与义务

旅游饭店的权利和义务，体现在它与旅游者或旅行社之间的旅游合同关系中。在法律上，我们把旅游者或旅行社向旅游饭店提出订房的要求称为要约；旅游饭店答应旅游者或旅行社订房的要求称为承诺。订房的要约和承诺达成了协议，旅游饭店与旅游者或旅行社之间的旅游合同关系即告成立。为此，在旅游饭店与旅游者或旅行社之间即产生了法律上的权利义务关系。

旅游者直接到旅游饭店投宿、旅游者向旅游饭店预订房间，经过旅游饭店明示或默示的同意，二者之间的权利义务关系也随之产生。旅游饭店与旅游者之间权利义务关系产生或确立之后，二者之间的协议对双方当事人均有法律上的约束力，任何一方或双方不按协议的规定履行自己的义务，都应承担相应的旅游法律责任。

随着旅游饭店业的不断发展，饭店和旅游者之间的权利义务关系的空间范围已不限于客房和餐厅。现代饭店有许多附属设施，如停车场、游泳池以及娱乐场所等。饭店的责任范围也就扩大到一切由它实际控制的地方。

一、旅游饭店与旅游者之间的权利和义务关系

（一）旅游饭店的权利和义务

1. 饭店的权利

按照协议的约定，旅游饭店有权收取旅游者交付的住宿费和其他各种合理的费用。其他各种合理的费用主要包括：客房饮料费、电报电话费、膳食费、洗衣费等。如果旅游者无力或拒绝支付这些费用时，按照我国《民法典》的有关规定，旅游饭店有权留置由其控制的旅游者的行李物品，并可以折价或变卖该行李物品，从中得到优先受偿的权利。

旅游饭店在有合法理由的情况下，有权拒绝接受旅客。如客房已满、旅客患有传染病或精神病等。在这种情况下，为了对其他旅客的人身、财产安全负责，旅游饭店有拒绝接受的权利。同时，对于以旅游饭店为掩护，进行违法犯罪活动的人，旅游饭店有驱赶其出饭店的权利。

旅游饭店有权要求旅游者爱护饭店内的一切设施和财物。同时，对于旅游者或旅行社无

正当理由取消订房而造成旅游饭店经济损失的，旅游饭店有权要求其进行赔偿。

2. 饭店的义务

不得歧视地接受旅游者。旅游饭店从它产生时起，不加歧视地接受旅游者已成为其基本义务之一。只要旅游饭店有接待条件，不论是本国人还是外国人，不论其是何种族，有何宗教信仰等，旅游饭店都有义务接待。同时，在旅游饭店与旅游者的协议确立之后，旅游饭店有义务按照协议的约定，在期限内为旅游者提供相应标准的客房和服务。

旅游饭店有义务采取措施保证旅游者的人身安全。旅游饭店属于特种服务行业，因此，保证旅游者的人身安全成为旅游饭店的一项法定义务。在我国，旅游饭店必须为旅游者提供符合《中华人民共和国产品质量法》（以下简称《产品质量法》）和《中华人民共和国食品卫生法》（以下简称《食品卫生法》）标准的产品及食品，即旅游饭店一方面为旅游者提供安全的住宿设施，另一方面为旅游者提供符合卫生标准的饮食。同时，旅游饭店还要保护旅游者免受不法行为的侵害。

旅游饭店有义务保证旅游者行李物品的安全。在我国，按照有关法律规定，旅游饭店应当为旅游者行李物品的安全负责。对于旅游者不能带入客房的贵重行李物品，旅游饭店应负责认真保管，并详细登记造册。

（二）旅游者的权利和义务

1. 旅游者的权利

旅游者有权要求旅游饭店提供符合协议约定标准的客房和相关服务；

对于由于旅游饭店的过错造成其人身及其行李物品的损害，有要求赔偿的权利。

2. 旅游者的义务

按照协议的约定，向旅游饭店支付食宿费及其他各种合理费用。

遵守我国的有关法律、法规和旅游政策的规定。不得在旅游饭店进行斗殴、赌博、吸毒、卖淫、奸宿、传播和放映反动、淫秽、迷信的书刊、录音、录像及其他违法犯罪活动等；不得非法将枪支、弹药、炸药、剧毒、放射性等危险品带进旅游饭店；不得发放高大声响、喧哗吵闹，扰乱公共秩序，影响其他旅游者休息；不得私自留客住宿，转租、转让房间、铺位；不得未经饭店同意自行倒换房间等。

旅游者无正当理由不得取消订房、提前退房等。否则，由此造成旅游饭店经济损失的，旅游者应承担赔偿责任。

二、旅游饭店与旅行社之间的权利和义务关系

一般来说，旅行社是通过“预订房间”这种形式与旅游饭店签订旅游合同的。旅游饭店为了防止旅行社取消订房或者在合同约定的时间不提供合同约定数量的客人，在经营中采取了“超额订房”这种措施，以减少自己的经济损失。但是，这种“超额订房”必须建立在科学分析的基础之上，一旦旅行社没有取消订房，或者按照合同约定的时间提供了约定数量的客人，旅游饭店就有义务提供相应数量的房间或床位，并为旅游者提供必要的膳食服务。如果由于旅游饭店“超额预订”的原因，使原来预订房间的客人到来后无房可住，而将其“转住”其他饭店时，其费用及其他各方面的支出均应由旅游饭店承担。相反，如果旅行社没有按照合同的约定时间、人数为旅游饭店输送客人，或者无正当理由而取消订房时，旅游饭店有权要求旅行社承担相应的法律责任。

与旅游饭店的权利和义务相对应，旅行社的权利就是旅游饭店的义务；旅行社的义务就是旅游饭店的权利。因此，旅行社的权利和义务如下：

旅行社有权要求旅游饭店按照旅游合同的约定，提供一定数量的客房、床位和服务，并有义务向旅游饭店支付由此而产生的各种费用。

旅行社有义务按旅游合同约定的时间、人数为旅游饭店输送客人，对旅游饭店的违约行为，旅行社有权要求其承担相应的违约责任。

第四节　旅游饭店的法律责任

一、旅游饭店法律责任的产生根据

（一）因合同违约产生的法律责任

旅游饭店与旅游者或旅行社之间实际上是一种旅游合同关系，当旅游饭店不履行或不完全履行合同约定的义务时，不论是对旅行社违约，还是对旅游者违约，旅游饭店都应承担相应的违约责任。

（二）因侵权行为产生的法律责任

因旅游饭店的过错，造成旅游者人身或行李物品损害时，旅游饭店应承担相应的赔偿责任。旅游饭店除了承担一般的侵权行为赔偿责任外，还应承担特殊侵权行为责任：

（1）雇主责任。因旅游饭店工作人员的过错，造成旅游者人身或行李物品损害的，如果旅游饭店工作人员的行为是在完成其工作过程中形成的，应由旅游饭店承担赔偿责任。旅游饭店承担赔偿责任后，在其内部对有过错的工作人员给予相应的行政处罚或经济制裁；如果旅游饭店工作人员的行为与其工作无关，就应由其本人承担赔偿责任。其行为构成犯罪的，由司法机关依法追究刑事责任。旅游饭店与旅行社之间的旅游合同关系一经成立，对双方当事人都有法律上的约束力，各自依法享有权利，承担义务。

（2）因建筑物等物件引起的侵权。因旅游饭店的建筑物、设施设备以及该建筑物上的搁置物、悬挂物发生倒塌、脱落、坠落造成旅游者人身伤亡或行李物品损失的，旅游饭店应当承担赔偿责任，但是能够证明自己没有过错的除外。

二、旅游饭店法律责任的减轻和免除

因旅游饭店和旅游者双方的过错而给旅游者造成损失时，应根据责任大小来分别承担责任。旅游饭店方不因旅游者一方有责任而减轻或免除自己的责任。

因不可抗力的原因而使旅游饭店违约或造成旅游者人身、行李物品损害时，旅游饭店可不承担法律责任。

由于旅游者本人的过错而造成的损害，旅游饭店可免除责任。

由于物品的自然属性而给旅游者造成人身伤害或因物品的自然消耗，而使旅游者行李物品减少、损坏时，旅游饭店可免除责任。

根据法律、法规的规定或者双方当事人的约定，免除责任的其他条件出现时，旅游饭店

可不承担法律责任。

重要概念

旅游饭店

饭店星级评定制度

饭店行业管理制度

练习题

1. 什么是旅游饭店？旅游饭店星级评定的范围和标准是什么？
2. 我国法律对旅游饭店行业管理如何规范？
3. 旅游饭店与游客之间的权利和义务有哪些？
4. 旅游饭店的法律责任有哪些？

案例辨析

一房两卖的纠纷

案例综述：2017 年 10 月，一对夫妇住客入住某五星级酒店，凌晨 1 点左右，房间被他人用酒店房卡刷开，一对青年情侣进来准备入住，发现房内已经有人，顿时尖叫了起来，这对夫妇住客也被惊醒，并受到了惊吓。客房服务人员查实，这对青年情侣在这间客房里已经住了两天，当晚还到前台办理了续住，但由于前台人员失误，显示空房，继而安排给了其他客人，导致了事故的发生。经过交涉，该酒店和住客达成了和解：酒店给予当晚住宿免费，另送一晚住宿，并赠送 1 件精美礼物，客户不再追究酒店的法律责任。之后住客将此事诉诸媒体，引起广泛热议。媒体对酒店采访，酒店以保护住客隐私为由婉拒，并认为住客违反协议，希望中止赔偿协议的履行。

问：

1. 请剖析案例中的法律关系、法律责任。
2. 请列出相关法条。

研习作业

1. 掌握五星级酒店的评定程序与标准。
2. 从猫途鹰、美团、携程等旅游电子商务平台查阅五星级酒店的试睡员评价及消费者评价意见，提出对现有饭店督查与评级管理制度的改进建议。

第八章　旅游资源保护法规

学习目标

理论学习	能力培养
1. 了解旅游资源保护与管理的各类适用法律、法规	1. 掌握旅游资源相关的法律术语
2. 了解各类旅游资源的法定管理机构	2. 掌握旅游景区管理的一般规范
3. 理解各类旅游资源管理原则	3. 熟悉风景名胜区与自然保护区的设立条件与程序
4. 理解各类旅游资源的类别、等级	4. 掌握文物与世界文化遗产保护的基本法律制度
	5. 掌握各类旅游资源保护与管理的法律禁令与责任

导入案例

从驴友穿越卧龙保护区被营救后所承担的责任说起

据报道，2017 年 10 月 5 日下午，四川卧龙特区公安局接到驴友求助，3 名驴友被困处位于海拔约 4000 米的原始森林中，当地民警、民兵、医务人员的共计投入 100 多人、卫星电话 4 部，开展救援工作，10 月 7 日驴友被安全救出。卧龙森林公安局根据相关规定，对违规穿越卧龙保护区的 3 名涉事驴友开出每人 5000 元的罚单。由于前期的救援工作，产生了人力、物力、医疗药品、车辆及劳务费用总计 64506.10 元。被救援人员个人应承担的费用为 42506.10 元。

思考：自然保护区的区域划分及管理。

旅游资源是旅游业赖以生存的物质基础。改革开放以来，我国已颁布、实施的旅游市场法律法规有 40 多部。在旅游资源方面，中国并没有专门的旅游资源保护法，与旅游资源保护有关的法律法规主要散见于国务院的行政法规和林业、文化、环境保护、城市规划、矿产、水利等部门的部门规章中。主要有：

国务院颁布的《风景名胜区管理条例》《自然保护区条例》，原林业部制定发布、经国家林草局修改的《森林公园管理办法》《中华人民共和国森林法》《中华人民共和国环境保护法》《中华人民共和国城乡规划法》《中华人民共和国矿产资源法》等法律中对风景名胜区保护所作的规定，《中华人民共和国文物保护法》《中华人民共和国文物保护法实施细则》《中华人民共和国水下文物保护管理条例》《地质遗迹保护管理规定》等法律法规中对文化遗迹保护所作的规定。各地方也结合各自特点制定了一些地方性法规。上述各项法律、法规从不同角度规定了旅游资源的开发、利用和保护问题。

为了加强对旅游资源和生态环境的保护，促进旅游业的健康协调可持续发展，建设资源节约型和环境友好型社会，2007 年 9 月 4 日，国家旅游局发布并实施《旅游资源保护暂行办法》，对旅游资源普查、保护、利用、管理及相关的禁止行为作出了规定。

旅游资源是构成旅游业发展的基础，我国旅游资源非常丰富，具有广阔的开发前景，旅游界对旅游资源的含义、价值、应用等许多理论和实用问题进行了多方面的研究。在 1992 年出版的《中国旅游资源普查规范（试行稿）》的学术研究和广泛实践的基础上，中华人民共和国国家质量监督检验检疫总局于 2003 年 2 月 24 日发布了《旅游资源分类、调查与评价（GB/T 18972－2003）》，于 2003 年 5 月 1 日起实施，全国旅游标准化技术委员会于 2017 年 12 月 29 日发布了新一版《旅游资源分类、调查与评价》（标准号 GB/T 18972－2017），并于 2018 年 7 月 1 日起实施。国标对旅游资源的类型划分、调查、评价的实用技术和方法，进行了较深层次的探讨，目的是更好地适用于旅游资源开发与保护、旅游规划与项目建设、旅游行业管理与旅游法规建设、旅游资源信息管理与开发利用等方面的工作。

除此之外，《中华人民共和国文物保护法》《中华人民共和国自然保护区条例》《风景名胜区条例》等从多个角度规范了对不同类型旅游资源的保护。

第一节　旅游资源及其管理与保护概述

一、旅游资源的概念

国家旅游局在 2007 年颁布的《旅游资源保护暂行办法》第二条，全国旅游标准化技术委员会 2017 年颁布的《旅游资源分类、调查与评价（GB/T 18972－2017）》，对旅游资源（tourism resources）均界定为自然界和人类社会凡能对旅游者产生吸引力，可以为旅游业开发利用，并可产生经济效益、社会效益和环境效益的各种事物和因素。

《旅游资源保护暂行办法》中还指出，旅游资源包括已开发的各类自然遗产、文化遗产、地质、森林、风景名胜、水利、文物、城市公园、科教、工农业、湿地、海岛、海洋等各类旅游资源，也包括未开发的具有旅游利用价值的各种物质和非物质资源。

2017 版国标还指出，旅游资源单体（object of tourism resources）是指可作为独立观赏或利用的旅游资源基本类型的单独个体，包括“独立型旅游资源单体”和由同一类型的独立单体结合在一起的“集合型旅游资源单体”。

西方国家将旅游资源称做旅游吸引物（tourist attractions），与中国不同的是，它不仅包括旅游地的旅游资源，而且还包括接待设施和优良的服务因素，甚至还包括舒适快捷的交通条件。

旅游资源并不是一成不变的，它本身是带有发展性质的概念。某些事物在其存在之初并没有被作为旅游资源，但随着旅游者需求的变化，它成了具有吸引力的旅游资源，反之亦然。因此，旅游资源包括未开发的潜在旅游资源和已开发的现实旅游资源。

二、旅游资源的管理

（一）旅游资源的行政管理

《旅游资源保护暂行办法》（以下简称《办法》）第四条规定，国务院旅游行政管理部门负责全国旅游资源的普查、分类、定级、公告及相关保护工作，各地旅游行政管理部门负责本地区的旅游资源的普查、分类、定级、公告及相关保护工作。

《办法》指出，依据国家有关法律法规的规定，依法从事旅游资源开发活动的单位或个人，在取得有关部门的立项和建设许可后，应及时到旅游资源所在地的旅游行政管理部门备案。当地旅游行政管理部门有责任向备案的旅游资源开发单位或个人，提供本地的旅游业发展基本情况、发展预期等相关信息，并做好企业发展的有关业务指导工作。

各级旅游行政管理部门应建立辖区内的旅游资源开发情况资料库，收集、登记旅游资源开发建设单位、建设规模、运营情况等信息，并将可以公开的信息及时向社会公布。开展旅游资源的招商开发活动，应提供全面和可信的项目立项、土地审批、资源保护等方面的信息，严禁虚假宣传，旅游行政管理部门应加强相关监督检查。

（二）旅游资源的分类

《旅游资源分类、调查与评价（GB/T 18972－2017）》规定旅游资源的分类原则为，依据旅游资源的性状，即现存状况、形态、特性、特征划分。分类对象为：稳定的、客观存在的实体旅游资源；不稳定的、客观存在的事物和现象。

2017 版国标中将旅游资源分为“主类（8 个）”“亚类（31 个）”“基本类型（133 个）”3 个层次，较 2003 版减少了 22 个基本类型。每个层次的旅游资源类型有相应的汉语拼音代号，并规定如果发现本分类没有包括的基本类型时，使用者可自行增加。增加的基本类型可归入相应亚类，置于最后，最多可增加 2 个。

（三）旅游资源的普查

《旅游资源保护暂行办法》第五条规定，旅游资源普查是旅游资源保护的基础，县级以上旅游行政管理部门应依据本办法和《旅游资源分类、调查与评价》等国家标准做好本地区的旅游资源普查工作，向社会公布，并适时补充、更新相关信息，作为开展旅游资源保护、制定旅游产业发展规划的基础数据库。《旅游资源分类、调查与评价（GB/T 18972－2017）》关于旅游资源调查提出了四点基本要求：

（1）按照本标准规定的内容和方法进行调查；

（2）保证成果质量，强调整个运作过程的科学性、客观性、准确性，并尽量做到内容简洁和量化；

（3）充分利用与旅游资源有关的各种资料和研究成果，完成统计、填表和编写调查文件等项工作。调查方式以收集、分析、转化、利用这些资料和研究成果为主，并逐个对旅游资源单体进行现场调查核实，包括访问、实地观察、测试、记录、绘图、摄影，必要时进行采样和室内分析；

（4）旅游资源调查分为“旅游资源详查”和“旅游资源概查”两个档次，其调查方式和精度要求不同。

旅游资源详查适用范围和要求：适用于了解和掌握整个区域旅游资源全面情况的旅游资

源调查；完成全部旅游资源调查程序，包括调查准备、实地调查；要求对全部旅游资源单体进行调查，提交全部“旅游资源单体调查表”。

旅游资源概查适用范围和要求：适用于了解和掌握特定区域或专门类型的旅游资源调查；要求对涉及的旅游资源单体进行调查。

（四）旅游资源的评价

旅游资源评价的总体要求是：按照《旅游资源分类、调查与评价（GB/T 18972－2017)》的旅游资源分类体系对旅游资源单体进行评价；采用打分评价方法；评价主要由调查组完成。

1. 评价体系

依据“旅游资源共有因子综合评价系统”赋分，设“评价项目”和“评价因子”两个档次，评价项目为“资源要素价值”“资源影响力”“附加值”。其中：“资源要素价值”项目中含“观赏游憩使用价值”“历史文化科学艺术价值”“珍稀奇特程度”“规模、丰度与几率”“完整性”等5项评价因子；“资源影响力”项目中含“知名度和影响力”“适游期或使用范围”等2项评价因子；“附加值”含“环境保护与环境安全”1项评价因子。

2. 计分方法

基本分值：评价项目和评价因子用量值表示。每一评价因子分为4个档次，其因子分值相应分为4档。

资源要素价值和资源影响力总分值为100分，其中：“资源要素价值”为85分，分配如下：“观赏游憩使用价值”30分、“历史科学文化艺术价值”25分、“珍稀或奇特程度”15分、“规模、丰度与几率”10分、“完整性”5分；“资源影响力”为15分，其中：“知名度和影响力”10分、“适游期或使用范围”5分。

“附加值”中“环境保护与环境安全”，分正分和负分。

三、旅游资源的保护及措施

旅游资源是发展旅游业的基础条件，各国都制定了相关制度对之进行有效的保护。我国从《旅游法》到《旅游资源保护暂行办法》等，从国家、地方政府等不同层面制定了相应的法规来保护旅游资源。《旅游法》第二十一条规定，对自然资源和文物等人文资源进行旅游利用，必须严格遵守有关法律、法规的规定，符合资源、生态保护和文物安全的要求，尊重和维护当地传统文化和习俗，维护资源的区域整体性、文化代表性和地域特殊性，并考虑军事设施保护的需要。有关主管部门应当加强对资源保护和旅游利用状况的监督检查。

（一）旅游资源保护的主体

旅游资源保护是个系统工程，涉及不同部门、不同层面的主体，旅游及相关行政管理部门、开发单位、景区等承担主要保护责任。

《旅游资源保护暂行办法》规定：

（1）各级旅游行政管理部门应与同级人民政府的环保、建设、土地、林业、文化、水利等部门密切合作，承担推进本地区旅游资源保护工作的责任；各级旅游行政管理部门应协调处理好旅游资源保护和旅游发展之间的关系，单独编制旅游资源保护规划，并将旅游资源保护规划的主要内容纳入本地的旅游业发展规划。

（2）任何社会团体和个人都有权利和义务依法从事旅游资源保护工作，依法从事旅游资源开发活动的单位和个人，应提前制定专项的旅游资源开发保护方案。方案包括旅游资源开发过中的保护措施和建成后景区的旅游资源保护措施。并报当地旅游行政管理部门备案；严禁任何单位和个人在未经开发的旅游资源区域开展旅游经营活动，在以上区域开展科学研究、体育运动、探险等非营利活动，应提前向所在地旅游行政管理部门报告备案，包括活动目的、人数、停留天数、相应联系方式及预采取的旅游资源保护措施等内容。

（3）旅游景区从事旅游接待活动，应在旅游资源保护允许容量范围内开展，并制定相应的旅游高峰安全运行预案，及时向社会公布游客流量占景区最大接待容量的信息，合理疏导游客。

《中华人民共和国环境保护法》第二十九条规定，各级人民政府对具有代表性的各种类型的自然生态系统区域，珍稀、濒危的野生动植物自然分布区域，重要的水源涵养区域，具有重大科学文化价值的地质构造、著名溶洞和化石分布区、冰川、火山、温泉等自然遗迹，以及人文遗迹、古树名木，应当采取措施予以保护，严禁破坏。

【思考】

风景名胜资源保护的责任主体是谁？目前有哪些保护旅游资源的法律制度？

（二）旅游资源保护的措施

《中华人民共和国环境保护法》第三十条规定，开发利用自然资源，应当合理开发，保护生物多样性，保障生态安全，依法制定有关生态保护和恢复治理方案并予以实施。

《旅游资源保护暂行办法》要求加强旅游资源保护的宣传：

（1）各级旅游行政管理部门应加强对旅游资源保护的宣传工作，不断增强旅游经营者、民众和游客的旅游资源保护意识；

（2）旅行社、旅游景区、导游人员应担负起教育游客在旅游活动中保护旅游资源的职责。

《办法》在保护资金方面作了如下规定：

（1）各级旅游行政管理部门应确保旅游资源普查工作的资金；

（2）鼓励社会团体、个人通过捐赠等方式依法设立旅游资源保护基金，专门用于旅游资源保护，任何单位和个人不得侵占、挪用。

同时，提出了特别的保障要求：

（1）各级旅游行政管理部门可以根据需要设立本地的“旅游资源保护监督员”和“旅游资源保护公益宣传大使”。监督员和公益宣传大使名单应向社会公布，并报相应旅游行政管理部门备案。若有变动，及时向社会公布并报告备案；

（2）设立旅游资源保护咨询专家组，建立旅游资源保护专家咨询报告制度。专家组由各级旅游行政管理部门负责组建，并向社会公布。所聘专家应包括涉及旅游资源各种类型各方面的专家。专家组为旅游资源保护工作提供咨询、建议、发表评论。并在每个五年规划的末期，提交本时期的《旅游资源保护报告》，由各级旅游行政管理部门向社会发布。

建立旅游资源保护情况通报制度。各级旅游行政管理部门对于本地区发生的重大破坏旅游资源事件应及时报告同级人民政府和上级旅游行政管理部门。经过批准后，及时向社会通报旅游资源破坏事件的相关情况，正确引导舆论，接受社会各界监督。

对于破坏旅游资源的行为，规定：

（1）对于发现的旅游资源破坏事件，任何团体和个人都有义务及时向当地旅游部门举报。由资源所在地旅游行政管理部门对行为主体予以教育、批评、责令其停止违法行为，并根据法律、法规，协同有关部门作出相应处罚；

（2）对于各级旅游行政管理部门对辖区内旅游资源保护未履行监督职责或监督不力，造成严重后果的，由上一级旅游行政管理部门予以通报批评。

第二节　旅游景区管理法律制度

旅游景区，是旅游活动的主要载体，旅游业的核心要素，是旅游产业链中的中心环节，有统一的经营管理机构和明确的地域范围，包括文化古迹、风景名胜区、自然保护区、主题公园、森林公园、地质公园、游乐园、动物园等。国家与地方出台了多个法律、制度规范旅游景区管理，涉及不同层面、不同部门、不同内容，既有专项的法律法规，也有其他法律法规中涉及景区经营与保护的条款。

为编写适合景区发展的行业标准，国家旅游局引入 ISO9000 标准体系中的原则，结合我国旅游景区的现实情况，于 1998 年制定国家标准《旅游区（点）质量等级服务标准》。1999 年 6 月 14 日，该标准由国家质量技术监督局正式批准，并以《旅游区（点）质量等级的划分与评定》文件名称颁布，即 GB/T 17775 - 1999。该标准于 1999 年 10 月 1 日起正式实施，由国家旅游局负责归口管理。标准颁布执行之后先后于 2003 年、2016 年两次修订。

为了加强旅游景区质量等级的评定和管理，提升旅游景区服务质量和管理水平，树立旅游景区行业良好形象，促进旅游业可持续发展，依据国家有关法律、法规和中华人民共和国国家标准《旅游景区质量等级的划分与评定》，2005 年、2012 年国家旅游局先后颁布了《旅游景区质量等级评定管理办法》（2016 年废止）、《旅游景区质量等级管理办法》（本节简称《办法》），对旅游景区的一般质量管理进行了规定。

一、旅游景区的概念

根据《旅游法》第一百一十一条规定，景区，是指为旅游者提供游览服务、有明确的管理界限的场所或者区域。《旅游景区质量等级管理办法》规定，旅游景区是指可接待旅游者，具有观赏游憩、文化娱乐等功能，具备相应旅游服务设施并提供相应旅游服务，且具有相对完整管理系统的游览区。

二、旅游景区的开放管理

（一）旅游景区的开放条件

《旅游法》第四十二条规定，景区开放应当具备下列条件，并听取旅游主管部门的意见：

（1）有必要的旅游配套服务和辅助设施；

（2）有必要的安全设施及制度，经过安全风险评估，满足安全条件；

（3）有必要的环境保护设施和生态保护措施；

（4）法律、行政法规规定的其他条件。

针对不同类型的景区开放条件，如自然保护区、文物保护单位、风景名胜区等，因考虑其独特性，除《旅游法》外，其他相关法律法规有针对性的要求，相关景区开放亦必须遵守。如，经营高空、高速、水上、潜水、探险等高风险旅游项目，应当按照国家有关规定取得经营许可。

（二）旅游景区的定价管理

关于旅游景区是否收费以及如何收费，《旅游法》有明确的规定：

（1）利用公共资源建设的景区的门票以及景区内的游览场所、交通工具等另行收费项目，实行政府定价或者政府指导价，严格控制价格上涨。拟收费或者提高价格的，应当举行听证会，征求旅游者、经营者和有关方面的意见，论证其必要性、可行性；

（2）利用公共资源建设的景区，不得通过增加另行收费项目等方式变相涨价；另行收费项目已收回投资成本的，应当相应降低价格或者取消收费；

（3）公益性的城市公园、博物馆、纪念馆等，除重点文物保护单位和珍贵文物收藏单位外，应当逐步免费开放；

（4）景区应当在醒目位置公示门票价格、另行收费项目的价格及团体收费价格。景区提高门票价格应当提前六个月公布；

（5）将不同景区的门票或者同一景区内不同游览场所的门票合并出售的，合并后的价格不得高于各单项门票的价格之和，且旅游者有权选择购买其中的单项票；

（6）景区内的核心游览项目因故暂停向旅游者开放或者停止提供服务的，应当公示并相应减少收费。

（三）旅游景区的流量管理

旅游景区所能容纳的游客接待规模存在一定限值，景区最大承载量是在景区日开放时间内，在保障景区内每个旅游者人身安全和旅游资源环境安全的前提下，景区能够容纳的最大旅游者数量。景区超过最大承载量接待旅游者，将严重影响景区服务质量，增加景区环境负荷，给旅游者安全带来重大隐患。国际上，通常采取公布景区最大承载量、制定游客流量管控措施、实施门票预约等方式，对景区接待旅游者的数量进行控制，以提升景区旅游安全水平。

《旅游法》第四十五条规定，景区接待旅游者不得超过景区主管部门核定的最大承载量。景区应当公布景区主管部门核定的最大承载量，制定和实施旅游者流量控制方案，并可以采取门票预约等方式，对景区接待旅游者的数量进行控制。旅游者数量可能达到最大承载量时，景区应当提前公告并同时向当地人民政府报告，景区和当地人民政府应当及时采取疏导、分流等措施。

国家旅游局下发《景区最大承载量核定导则》（以下简称《导则》），于 2015 年 4 月 1 日起实施，要求各大景区核算出游客最大承载量，并制订游客流量控制预案。《导则》对景区出现大客流的预警作了规范要求。景区内旅游者数量达到最大承载量 80% 时，应向社会公告并同时向当地政府报告，并在当地政府指挥、指导、协助下，配合景区主管部门和旅游行政主管部门启动应急预案。同时，景区自身要立即停止售票，并对外发布提示。

《导则》指出，景区客流达到最大承载量需要疏散客流。一旦启动应急预案，地方政府组织所有相关部门，重点是交通与公安部门，构建一级指挥调度系统，对通往景区的外围道路入口和主要集散中心（地）进行流量监控，在景区外部进行引导、分流和截流。

根据《导则》规定，景区逐步推进旅游者流量监测常态化，采用门禁票务系统、景点实时监控系统等技术手段，还应针对节假日及大型活动制订相应旅游者流量控制预案。

国家旅游局2016 年12 月颁布的《旅游安全管理办法》第二十四条规定，地方各级旅游主管部门应当在当地人民政府的领导下，依法对景区符合安全开放条件进行指导，核定或者配合相关景区主管部门核定景区最大承载量，引导景区采取门票预约等方式控制景区流量；在旅游者数量可能达到最大承载量时，配合当地人民政府采取疏导、分流等措施。

【思考】

2018 年国家就提出要大力发展全域旅游，新冠肺炎疫情背景下，为满足人民对美好旅居生活的需求。梦旅程积极响应号召，提出了全域智慧旅游的概念。

第一，要严格执行限量措施。旅游景点的限量措施由50% 调节到了 75%，不能超过最大承载量的75%，这就严格要求景点采取一些具体措施，特别是要积极协调公安、交通等部门，加强对景点外部游客的疏导，提前做好分流。主要是要避免游客在旅游景点门口形成聚集。同时，要及时发布旅游景点的流量信息，指导游客及时调整行程，合理规划自己的旅游路线。

第二，实施分时预约制度。分时预约就是把门票预约制度作为景点管理的一个常态化手段，通过实施分时段预约制度，引导游客间隔入园，错峰旅游，将流量管控的关口进一步前移、前置，变被动的现场分流为主动的行前计划和安排，避免游客出游时间过于集中。要实施能约尽约，当然除了老年人这样一些特殊群体以外，要严格控制现场售票和现场取票的数量，改变传统的景点门票营销方式、营销途径，推动门票预约成为旅游景点管理的一个重要手段。

第三，强化现场秩序管理。要从游客流动的规律出发，对旅游活动的全流程加强管理，重点对景点的入口、重要游览点、购票、餐饮这样一些容易形成拥堵的区域，采取有针对性措施，保持人员的间距，严防人员瞬时聚集。要因地制宜，积极采取提前开园的时间、检查点前移、开放多个入口等方式，有效缓解景点入口的压力。同时，还要进一步增强人员配备，加强景点入口和核心游览点的巡视巡查，及时做好疏导、引导工作。

1. 入园环节——无接触入园系统

近日，美团联合全国多家景点共同发布的《中国旅游景点防疫自律公约》，建议广大景点采用无接触服务。为了更好地防止入园过程中出现游客聚集情况，梦旅程还为景点提供了无接触入园解决方案。系统可连接智能闸机等硬件设备，游客无需换取纸质门票，凭借订单中的电子二维码即可扫码快速入园。同时，系统还支持人脸识别，帮助景点实现人脸采集，完成更精准的入园认证。

2. 游览环节——云旅游导览系统

从目前多地发布的景点有序开放工作指南来看，各地方都明确倡导景点提供语音导游服务。梦旅程也为景点提供了智慧导游解决方案，以帮助景点提供无接触讲解服务。梦旅程导览系统可实现全景展示、语音讲解、路线规划、信息传递等一体化导览服务，让游客在手机上就可获取一对一导游服务，从而创造自助式游玩体验，减少游客在游玩途中接触其他人群的风险。

3. 线上营销——景点电商平台

这次疫情，也给了我们景点一个重要的启示——线上的营销工作必须提上日程了。梦旅程除了可帮助景点对接 OTA 等网络平台实现多渠道售票，全网触达客户群体外，还可为景点量身搭建官方电商平台，增强景点营销能力，利用网络渠道销售景点文创纪念品、地方特产，打破时空限制，帮助景点增加收入渠道，实现价值最大化，从而减少疫情对景点的冲击。

4. 综合管控——景点防疫管控平台

为了更全面、及时地帮助景点洞察园区情况，提升应急监控水平，梦旅程还将为景点搭建防疫管控平台，利用大数据帮助景点实现全自动化实时客流统计，自动生成分析图表、景点客流动态趋势等。系统集客流统计、客流监测、客情分析等多种功能为一体，可帮助景点进行数据的汇收集、分析、追踪、回溯，全面提升景点防疫管控能力。

问：全域旅游视角下，如何重新理解旅游资源的内涵和外延？

三、旅游景区质量等级管理

为进一步规范 A 级旅游景区评定程序，严格 A 级旅游景区质量要求，建立和完善 A 级景区退出机制和社会监督体系，切实提高旅游景区管理、经营与服务水平，按照科学、合理、规范的原则，国家旅游局于 2012 年将 2005 年颁布的《旅游景区质量等级评定管理办法》修订为《旅游景区质量等级管理办法》，国家文化和旅游部于 2020 年发布《关于对旅游景区质量等级管理工作中若干问题的解释》，以加强旅游景区质量等级管理和对旅游景区高质量发展工作指导。

旅游景区质量等级管理工作，遵循自愿申报、分级评定、动态管理、以人为本、持续发展的原则。

（一）旅游景区质量等级的申请

凡在中华人民共和国境内正式开业一年以上的旅游景区，均可申请质量等级。旅游景区质量等级划分为 5 个等级，从低到高依次为 A、AA、AAA、AAAA、AAAAA。

申报等级的旅游景区，由所在地旅游景区评定机构逐级提交评定申请报告、旅游景区质量等级评定报告书和创建资料。

（二）旅游景区质量等级的评定

国务院旅游行政主管部门组织设立全国旅游景区质量等级评定委员会，负责全国旅游景区质量等级评定工作的组织和实施，授权并督导省级及以下旅游景区质量等级评定机构开展评定工作。

各省、自治区、直辖市人民政府旅游行政主管部门组织设立本地区旅游景区质量等级评定委员会，按照全国旅游景区质量等级评定委员会授权，负责本行政区域内旅游景区质量等级评定工作的组织和实施。

3A级及以下等级旅游景区由全国旅游景区质量等级评定委员会授权各省级旅游景区质量等级评定委员会负责评定，省级旅游景区评定委员会可向条件成熟的地市级旅游景区评定委员会再行授权。

4A级旅游景区由省级旅游景区质量等级评定委员会推荐，全国旅游景区质量等级评定委员会组织评定。

5A级旅游景区从4A级旅游景区中产生。被公告为4A级三年以上的旅游景区可申报5A级旅游景区。5A级旅游景区由省级旅游景区质量等级评定委员会推荐，全国旅游景区质量等级评定委员会组织评定。

全国旅游景区质量等级评定委员会对申报5A级旅游景区的评定程序包括资料审核、景观价值评价、现场检查、社会公示、发布公告等五个环节，通过审核的景区，进入景观评估程序，未通过审核的景区，一年后方可再次申请重审；通过景观评价的景区，应当经过一年以上的创建提升，未经过景观质量评价的，一年后方可再次申请景观质量评价，两次未通过的，两年后方可重新申报质量等级；现场检查达标的景区，进入社会公示程序，未达标的景区，一年后方可再次申请现场检查。

旅游景区质量等级的标牌、证书由全国旅游景区质量等级评定委员会统一制作，由相应评定机构颁发。旅游景区在对外宣传资料中应正确标明其等级。旅游景区质量等级标牌，须置于旅游景区主要入口显著位置。

（三）旅游景区质量等级的管理

各省、自治区、直辖市人民政府旅游行政主管部门负责对本行政区域内旅游景区质量等级评定标准的实施进行管理和监督。省级旅游景区质量等级评定委员会须全面掌握本地区各级旅游景区新增及变动情况，实现动态管理，每年分别于6月底和12月底将本地区各级旅游景区名称和数量报全国旅游景区质量等级评定委员会备案。

各级旅游景区质量等级评定机构对所评旅游景区要进行监督检查和复核。监督检查采取重点抽查、定期明查和不定期暗访以及社会调查、听取游客意见反馈等方式进行。

4A级及以下等级景区复核工作主要由省级质量等级评定委员会组织和实施，复核分为年度复核与五年期满的评定性复核，年度复核采取抽查的方式，复核比例不低于10%。5A级旅游景区复核工作由全国旅游景区质量等级评定委员会负责，每年复核比例不低于10%。经复核达不到要求的，视情节给予相应处理。

（四）旅游景区质量等级的责任处理

对景区处理方式包括签发警告通知书、通报批评、降低或取消等级。

旅游景区接到警告通知书、通报批评、降低或取消等级的通知后，须认真整改，并在规定期限内将整改情况上报相应的等级评定机构。

旅游景区被处以签发警告通知书和通报批评处理后，整改期满仍未达标的，将给予降低或取消等级处理。凡被降低、取消质量等级的旅游景区，自降低或取消等级之日起一年内不得重新申请等级。

全国旅游景区质量等级评定委员会有权对达不到标准规定的各级旅游景区，作出签发警告通知书、通报批评、降低或取消等级通知的处理。

【思考】

邢台市丰乐园，是在1998年建成的，通过十几年的勤奋，邢台市丰乐园已经由原先野草遍地的样子变成了如今美丽动人的水帘洞了。这儿的风景一年四季也不同样，而且不一样的时节有不一样爽口的新鲜水果，在这儿既可以欣赏生态农业，还能够亲自采收新鲜水果，若是累了也有酒店和独栋别墅供游客歇息，是一处可遇而不可求的乐园。

邢台市丰乐园有别于别的乐园的是，在这可以畅快与自然界亲密，这也是在城市所享有不了的。因而邢台市丰乐园被越来越多的人了解，可是在爆火以后，却有一些商家想趁机大赚一笔，除开门票费以外，走入景区内许多旅游景点也逐渐要门票费了。这一行为严重违背了A级景区的准则，因而多次遭受了警告。

可是在多次警告以后还不变的情形下，有关部门对它进行了“降级”处理。尽管在这里以后它通过了多次整治，可是也难回以前的风光无限情况了。贪欲就好像一个无底深潭，甚至有时连问个路都需要收费。也有的游客反映，她们在景区里的休闲农家乐里吃完一顿饭，就花了400多元，而且全是一般的菜肴。

问：降级容易，升级难，口碑易失，人心难得，景区评级对景区建设有何促进作用？

四、法律责任

对于不符合开放条件而擅自开放的景区，《旅游法》第一百零五条规定：景区不符合本法规定的开放条件而接待旅游者的，由景区主管部门责令停业整顿直至符合开放条件，并处二万元以上二十万元以下罚款。

景区在旅游者数量可能达到最大承载量时，未依照本法规定公告或者未向当地人民政府报告，未及时采取疏导、分流等措施，或者超过最大承载量接待旅游者的，由景区主管部门责令改正，情节严重的，责令停业整顿一个月至六个月。

《旅游法》第一百零六条规定，景区违反本法规定，擅自提高门票或者另行收费项目的价格，或者有其他价格违法行为的，由有关主管部门依照有关法律、法规的规定处罚。

旅游景区为了满足游客需求，丰富经营项目，常常出现将部分经营项目或场地通过委托外包的方式交由他人经营的情况。在景区开放过程中，如果游客因实际经营者的经营行为导致权益受损，而实际经营者不具有赔偿能力或者拖欠、逃避履行责任，游客权益将无法得到保障。

为最大限度保障旅游者合法权益，《旅游法》第五十四条规定：景区、住宿经营者将其部分经营项目或者场地交由他人从事住宿、餐饮、购物、游览、娱乐、旅游交通等经营的，应当对实际经营者的经营行为给旅游者造成的损害承担连带责任。关于连带责任，《民法典》第一百七十八条规定，二人以上依法承担连带责任的，权利人有权请求部分或者全部连带责任人承担责任。连带责任，由法律规定或者当事人约定。基于以上条款，权益受损的游客，既可以向实际经营者索赔，也可以向委托经营的景区要求赔偿。

第三节　风景名胜区管理法律制度

为了加强对风景名胜区的管理，有效保护和合理利用风景名胜资源，2006 年 9 月 19 日中华人民共和国国务院令第 474 号公布《风景名胜区条例》（以下简称《条例》），规定了风景名胜区的设立、规划、保护、利用和管理等，自 2006 年 12 月 1 日起施行。1985 年 6 月 7 日国务院发布的《风景名胜区管理暂行条例》同时废止。2016 年国务院令第 666 号颁布的《国务院关于修改部分行政法规的决定》，对部分条款进行修订。

一、风景名胜区的概念

根据《条例》第二条，风景名胜区，是指具有观赏、文化或者科学价值，自然景观、人文景观比较集中，环境优美，可供人们游览或者进行科学、文化活动的区域。

国家对风景名胜区实行科学规划、统一管理、严格保护、永续利用的原则。

二、风景名胜区的管理

（一）设立

风景名胜区划分为国家级风景名胜区和省级风景名胜区。自然景观和人文景观能够反映重要自然变化过程和重大历史文化发展过程，基本处于自然状态或者保持历史原貌，具有国家代表性的，可以申请设立国家级风景名胜区；具有区域代表性的，可以申请设立省级风景名胜区。

设立国家级风景名胜区，由省、自治区、直辖市人民政府提出申请，国务院建设主管部门会同国务院环境保护主管部门、林业主管部门、文物主管部门等有关部门组织论证，提出审查意见，报国务院批准公布。

设立省级风景名胜区，由县级人民政府提出申请，省、自治区人民政府建设主管部门或者直辖市人民政府风景名胜区主管部门，会同其他有关部门组织论证，提出审查意见，报省、自治区、直辖市人民政府批准公布。

（二）管理机构

风景名胜区所在地县级以上地方人民政府设置的风景名胜区管理机构，负责风景名胜区的保护、利用和统一管理工作。

国务院建设主管部门负责全国风景名胜区的监督管理工作。国务院其他有关部门按照国务院规定的职责分工，负责风景名胜区的有关监督管理工作。

省、自治区人民政府建设主管部门和直辖市人民政府风景名胜区主管部门，负责本行政区域内风景名胜区的监督管理工作。省、自治区、直辖市人民政府其他有关部门按照规定的职责分工，负责风景名胜区的有关监督管理工作。

（三）规划

风景名胜区规划分为总体规划和详细规划。

风景名胜区总体规划的编制，应当体现人与自然和谐相处、区域协调发展和经济社会全面进步的要求，坚持保护优先、开发服从保护的原则，突出风景名胜资源的自然特性、文化内涵和地方特色。风景名胜区应当自设立之日起 2 年内编制完成总体规划。总体规划的规划期一般为 20 年。应当包括下列内容：

（1）风景资源评价；

（2）生态资源保护措施、重大建设项目布局、开发利用强度；

（3）风景名胜区的功能结构和空间布局；

（4）禁止开发和限制开发的范围；

（5）风景名胜区的游客容量；

（6）有关专项规划。

国家级风景名胜区的总体规划，由省、自治区、直辖市人民政府审查后，报国务院审批。省级风景名胜区的总体规划，由省、自治区、直辖市人民政府审批，报国务院建设主管部门备案。

风景名胜区详细规划应当根据核心景区和其他景区的不同要求编制，确定基础设施、旅游设施、文化设施等建设项目的选址、布局与规模，并明确建设用地范围和规划设计条件。风景名胜区详细规划应当符合风景名胜区总体规划。

国家级风景名胜区的详细规划，由省、自治区人民政府建设主管部门或者直辖市人民政府风景名胜区主管部门报国务院建设主管部门审批。省级风景名胜区的详细规划，由省、自治区人民政府建设主管部门或者直辖市人民政府风景名胜区主管部门审批。

风景名胜区规划经批准后，应当向社会公布，任何组织和个人有权查阅。风景名胜区内的单位和个人应当遵守经批准的风景名胜区规划，服从规划管理。风景名胜区规划未经批准的，不得在风景名胜区内进行各类建设活动。

三、风景名胜区的保护

风景名胜区内的景观和自然环境，应当根据可持续发展的原则，严格保护，不得破坏或者随意改变。管理机构应当建立健全风景名胜资源保护的各项管理制度，居民和游览者应当保护风景名胜区的景物、水体、林草植被、野生动物和各项设施。

（一）风景名胜区内禁止的活动与建设

在风景名胜区内禁止进行下列活动：

（1）开山、采石、开矿、开荒、修坟立碑等破坏景观、植被和地形地貌的活动；

（2）修建储存爆炸性、易燃性、放射性、毒害性、腐蚀性物品的设施；

（3）在景物或者设施上刻划、涂污；

（4）乱扔垃圾。

禁止违反风景名胜区规划，在风景名胜区内设立各类开发区和在核心景区内建设宾馆、招待所、培训中心、疗养院以及与风景名胜资源保护无关的其他建筑物；已经建设的，应当按照风景名胜区规划，逐步迁出。

【思考】

湖南张家界国家森林公园建成“百龙天梯”后，在黄金周期间运行良好，大部分旅游者都选择乘坐电梯。这部备受社会各界关注的“世界第一户外观光电梯”已被正式停运，目前还不知何时恢复营运。这部花费1.2亿元人民币才建起来的庞然大物垂直高度达326米，游人乘坐“天梯”只需两分钟便可从山谷直达山顶，免去了攀登的辛苦。然而，就是这部看上去既方便了游人、又增加了一个新景观的“天梯”，自立项到建成一直备受各界的质疑和指责。在自然景区投巨资建这部直插云霄的电梯，究竟是对还是错呢，各方说法不一。张家界国家森林公园管理处一位姓曾的管理人员非常肯定地认为，修电梯是一件好事，并在很大程度上方便了游客，游客能以最快的速度十分省力地到达山顶目的地，此举为旅游开发创造了有利条件，并能带动当地的旅游发展。但不少专家认为，建造电梯破坏了张家界的自然景观，公园内很早就建设了两条观光索道，它们都为游客提供了很大方便。据电梯运营方某旅游公司的吴先生介绍，“天梯”是世界最高的观光电梯和最快的观光电梯，其底部的157米是埋在山体中的，只有上部的170多米裸露在山外，非但对自然景观没有破坏，而且看上去宏伟壮观，为景区增色不少。但是电梯位于武陵源区的中心地带，这里最重要的景观是石英砂岩峰林，既然景观是山本身，将观光电梯修在山腹上，肯定会给自然景观带来严重影响。张家界武陵源风景区是经联合国批准的世界自然遗产之一，但由于前些年的过度开发，这里的“城市化”倾向已非常严重，可以说已损害到这一地区的自然环境和原始风貌。

问：试根据《风景名胜区条例》分析湖南张家界天梯为什么被停运。

（二）风景名胜区内经审批后允许的活动与建设

在风景名胜区内从事以上禁止范围以外的建设活动，应当经风景名胜区管理机构审核后，依照有关法律、法规的规定办理审批手续。

在国家级风景名胜区内修建缆车、索道等重大建设工程，项目的选址方案应当报省、自治区人民政府建设主管部门和直辖市人民政府风景名胜区主管部门核准。

在风景名胜区内进行下列活动，应当经风景名胜区管理机构审核后，依照有关法律、法规的规定报有关主管部门批准：

（1）设置、张贴商业广告；

（2）举办大型游乐等活动；

（3）改变水资源、水环境自然状态的活动；

（4）其他影响生态和景观的活动。

风景名胜区内的建设项目应当符合风景名胜区规划，并与景观相协调，不得破坏景观、污染环境、妨碍游览。

在风景名胜区内进行建设活动的，建设单位、施工单位应当制定污染防治和水土保持方案，并采取有效措施，保护好周围景物、水体、林草植被、野生动物资源和地形地貌。

（三）其他相关要求

国务院建设主管部门应当对国家级风景名胜区的规划实施情况、资源保护状况进行监督检查和评估。对发现的问题，应当及时纠正、处理。

风景名胜区内宗教活动场所的管理，依照国家有关宗教活动场所管理的规定执行。

风景名胜区内涉及自然资源保护、利用、管理和文物保护以及自然保护区管理的，还应当执行国家有关法律、法规的规定。

风景名胜区管理机构应当建立健全安全保障制度，加强安全管理，保障游览安全，并督促风景名胜区内的经营单位接受有关部门依据法律、法规进行的监督检查。

禁止超过允许容量接纳游客和在没有安全保障的区域开展游览活动。

四、法律责任

违反《条例》的规定，有下列行为之一的，由风景名胜区管理机构责令停止违法行为、恢复原状或者限期拆除，没收违法所得，并处50万元以上100万元以下的罚款：

（1）在风景名胜区内进行开山、采石、开矿等破坏景观、植被、地形地貌的活动的；

（2）在风景名胜区内修建储存爆炸性、易燃性、放射性、毒害性、腐蚀性物品的设施的；

（3）在核心景区内建设宾馆、招待所、培训中心、疗养院以及与风景名胜资源保护无关的其他建筑物的。

县级以上地方人民政府及其有关主管部门批准实施本条第一款规定的行为的，对直接负责的主管人员和其他直接责任人员依法给予降级或者撤职的处分；构成犯罪的，依法追究刑事责任。

违反《条例》的规定，在风景名胜区内从事禁止范围以外的建设活动，未经风景名胜区管理机构审核的，由风景名胜区管理机构责令停止建设、限期拆除，对个人处2万元以上5万元以下的罚款，对单位处20万元以上50万元以下的罚款。

在国家级风景名胜区内修建缆车、索道等重大建设工程，项目的选址方案未经省、自治区人民政府建设主管部门和直辖市人民政府风景名胜区主管部门核准，县级以上地方人民政府有关部门核发选址意见书的，对直接负责的主管人员和其他直接责任人员依法给予处分；构成犯罪的，依法追究刑事责任。

个人在风景名胜区内进行开荒、修坟立碑等破坏景观、植被、地形地貌的活动的，由风景名胜区管理机构责令停止违法行为、限期恢复原状或者采取其他补救措施，没收违法所得，并处1000元以上1万元以下的罚款。

在景物、设施上刻划、涂污或者在风景名胜区内乱扔垃圾的，由风景名胜区管理机构责令恢复原状或者采取其他补救措施，处50元的罚款；刻划、涂污或者以其他方式故意损坏国家保护的文物、名胜古迹的，按照治安管理处罚法的有关规定予以处罚；构成犯罪的，依法追究刑事责任。

未经风景名胜区管理机构审核，在风景名胜区内进行下列活动的，由风景名胜区管理机构责令停止违法行为、限期恢复原状或者采取其他补救措施，没收违法所得，并处5万元以上10万元以下的罚款；情节严重的，并处10万元以上20万元以下的罚款：

（1）设置、张贴商业广告的；

（2）举办大型游乐等活动的；

（3）改变水资源、水环境自然状态的活动的；

（4）其他影响生态和景观的活动。

施工单位在施工过程中，对周围景物、水体、林草植被、野生动物资源和地形地貌造成破坏的，由风景名胜区管理机构责令停止违法行为、限期恢复原状或者采取其他补救措施，并处2万元以上10万元以下的罚款；逾期未恢复原状或者采取有效措施的，由风景名胜区管理机构责令停止施工。

【思考】

2017 年，景区管委会收到中央第八环境保护督察组督察反馈意见，反映喀纳斯国家级自然保护区存在旅游开发违法违规项目。面对被指出的问题，当地政府高度重视，抓紧整改。阿勒泰地区行署印发《阿勒泰地区贯彻落实中央环境保护督察反馈意见整改方案》，景区管委会印发《喀纳斯景区贯彻落实中央第八环境保护督察组反馈意见整改方案》，压实工作责任，明确工作任务，加快整改工作推进。并邀请国家林草局和生态环境部有关专家赴实地核查论证，形成了《新疆喀纳斯国家级自然保护区 27 处人工设施整改方案专家咨询意见》，进一步优化整改方案。保护区内 8 处违法违规设施进行拆除，合计拆除建筑面积 27919.95 平方米，并采取覆土、撒播草籽等措施加快生态恢复，完成生态修复面积 45646.7 平方米。

为确保整改工作既依法依规、不打折扣，又分门别类、不搞“一刀切”，除拆除违建之外，国家林业和草原局组织专家对 19 处承担着保护区公安消防、护林防火、基础民生、生态旅游等功能的民生设施实地论证后予以保留并完成手续补办，达到了保留设施合法合规的要求。“在环保督察整改期间，为全面改善保护区内环境卫生状况，还组织景区内各村庄开展了环境整治专项行动。”拆除违建 2.6 万平方米，硬化道路 74.16 公里，美化、绿化、植被恢复 2000 余平方米，通过治理，景区整体面貌焕然一新。

问：请结合喀纳斯违法违规项目等，思考“绿水青山就是金山银山”理念对旅游资源开发与保护的指导意义。

第四节　自然保护区和国家公园管理法律制度

世界各国划出一定的范围来保护珍贵的动、植物及其栖息地已有很长的历史渊源，但国际上一般都把 1872 年经美国政府批准建立的第一个国家公园——黄石公园看作是世界上最早的自然保护区。20 世纪以来，自然保护区事业发展很快，特别是第二次世界大战后，在世界范围内成立了许多国际机构，从事自然保护区的宣传、协调和科研等工作，如“国际自然及自然资源保护联盟”、联合国教科文组织的“人与生物圈计划”等。全世界自然保护区的数量和面积不断增加，并成为一个国家文明与进步的象征之一。到 2019 年 6 月，我国 34 处国家级自然保护区已被联合国教科文组织的“人与生物圈计划”列为国际生物圈保护区。

一、自然保护区管理演变

我国自然保护区分为广义和狭义两种。广义的自然保护区，是指受国家法律特殊保护的各种自然区域的总称，不仅包括自然保护区本身，而且包括国家公园、风景名胜区、自然遗迹地等各种保护地区。狭义的自然保护区，是指以保护特殊生态系统进行科学研究为主要目的而划定的自然保护区，即严格意义的自然保护区。2021 年 5 月 26 日，生态环境部会同自然资源部、住房和城乡建设部、水利部、农业农村部、应急管理部、国家统计局、中国气象局、国家林业和草原局等相关部门共同编制完成《2020 中国生态环境状况公报》(以下简称《公报》),《公报》显示:2020 年全国已建立国家级自然保护区 474 处,总面积约 98.34 万平方千米;国家级风景名胜区 244 处,总面积约 10.66 万平方千米;国家地质公园 281 处,总面积约 4.63 万平方千米;国家海洋公园 67 处,总面积约 0.737 万平方千米。

1956 年,全国人民代表大会通过一项提案,提出了建立自然保护区的问题,同年 10 月林业部草拟了《天然森林伐区(自然保护区)划定草案》,并在广东肇庆建立中国的第一个自然保护区——鼎湖山自然保护区。20 世纪 70 年代末、80 年代初以来,中国自然保护事业发展迅速。

“国家公园”的概念源自美国,名词译自英文的“ National Park”,1872 年美国国会批准设立了美国、也是世界最早的国家公园,即黄石国家公园。自黄石国家公园设立以来,全世界已有 100 多个国家设立了多达 1200 处风情各异、规模不等的国家公园。国家公园是指国家为了保护一个或多个典型生态系统的完整性,为生态旅游、科学研究和环境教育提供场所,而划定的需要特殊保护、管理和利用的自然区域。它既不同于严格的自然保护区,也不同于一般的旅游景区。一般都具有两个比较明显的特征:一是国家公园自然状况的天然性和原始性,即国家公园通常都以天然形成的环境为基础,以天然景观为主要内容,人为的建筑、设施只是为了方便而添置的必要辅助。二是国家公园景观资源的珍稀性和独特性,即国家公园天然或原始的景观资源往往为一国所罕见,并在国内、甚至在世界上都有着不可替代的重要而特别的影响。

2013 年,党的十八届三中全会首次提出建立国家公园。2015 年,我国启动国家公园体制试点,开展东北虎豹、祁连山、大熊猫、三江源、海南热带雨林、武夷山、神农架、普达措、钱江源、南山 10 处国家公园体制试点,试点区涉及 12 个省份,总面积超过 22 万平方公里,约占我国陆域国土面积的 2.3%。2017 年,《建立国家公园体制总体方案》出台,指出要建立“统一、规范、高效”的管理体制。2019 年 6 月 26 日,中共中央办公厅、国务院办公厅印发了《关于建立以国家公园为主体的自然保护地体系的指导意见》。2020 年,国家林业和草原局组织有关方面对 10 个国家公园体制试点任务完成情况开展评估验收,全面完成国家公园试点任务,从国家公园“体制试点”转向“有效管理”。完成自然保护地勘界立标并与生态保护红线衔接,制定自然保护地内建设项目负面清单,构建统一的自然保护地分类分级管理体制。

到 2025 年,健全国家公园体制,完成自然保护地整合归并优化,完善自然保护地体系的法律法规、管理和监督制度,提升自然生态空间承载力,初步建成以国家公园为主体的自然保护地体系。到 2035 年,显著提高自然保护地管理效能和生态产品供给能力,自然保护地规模和管理达到世界先进水平。

建立以国家公园为主体的自然保护地体系,是贯彻习近平生态文明思想的重大举措,是党的十九大提出的重大改革任务。自然保护地是生态建设的核心载体、中华民族的宝贵财富、美丽中国的重要象征,在维护国家生态安全中居于首要地位。我国经过 60 多年的努力,已建立数量众多、类型丰富、功能多样的各级各类自然保护地,在保护生物多样性、保存自然遗产、改善生态环境质量和维护国家生态安全方面发挥了重要作用,但仍然存在重叠设置、多头管理、边界不清、权责不明、保护与发展矛盾突出等问题。加快建立以国家公园为主体的自然保护地体系，提供高质量生态产品，是推进美丽中国建设的重要举措。

二、自然保护区建设与管理

《中华人民共和国自然保护区条例》是为加强自然保护区的建设和管理，保护自然环境和自然资源制定，由国务院于1994年10月9日发布，自1994年12月1日起实施。2017年10月7日第687号中华人民共和国国务院令，对《中华人民共和国自然保护区条例》进行了修改。

（一）自然保护区的设立

根据《中华人民共和国自然保护区条例》，自然保护区，是指对有代表性的自然生态系统、珍稀濒危野生动植物物种的天然集中分布区、有特殊意义的自然遗迹等保护对象所在的陆地、陆地水体或者海域，依法划出一定面积予以特殊保护和管理的区域。

《中华人民共和国自然保护区条例》第十条规定，凡具有下列条件之一的，应当建立自然保护区：

（1）典型的自然地理区域、有代表性的自然生态系统区域以及已经遭受破坏但经保护能够恢复的同类自然生态系统区域；

（2）珍稀、濒危野生动植物物种的天然集中分布区域；

（3）具有特殊保护价值的海域、海岸、岛屿、湿地、内陆水域、森林、草原和荒漠；

（4）具有重大科学文化价值的地质构造、著名溶洞、化石分布区、冰川、火山、温泉等自然遗迹；

（5）经国务院或者省、自治区、直辖市人民政府批准，需要予以特殊保护的其他自然区域。

《中华人民共和国自然保护区条例》规定，自然保护区分为国家级自然保护区和地方级自然保护区。

在国内外有典型意义、在科学上有重大国际影响或者有特殊科学研究价值的自然保护区，列为国家级自然保护区。国家级自然保护区的建立，由自然保护区所在的省、自治区、直辖市人民政府或者国务院有关自然保护区行政主管部门提出申请，经国家级自然保护区评审委员会评审后，由国务院环境保护行政主管部门进行协调并提出审批建议，报国务院批准。

除列为国家级自然保护区的外，其他具有典型意义或者重要科学研究价值的自然保护区列为地方级自然保护区。地方级自然保护区可以分级管理，具体办法由国务院有关自然保护区行政主管部门或者省、自治区、直辖市人民政府根据实际情况规定，报国务院环境保护行政主管部门备案。地方级自然保护区的建立，由自然保护区所在的县、自治县、市、自治州人民政府或者省、自治区、直辖市人民政府有关自然保护区行政主管部门提出申请，经地方级自然保护区评审委员会评审后，由省、自治区、直辖市人民政府环境保护行政主管部门进行协调并提出审批建议，报省、自治区、直辖市人民政府批准，并报国务院环境保护行政主管部门和国务院有关自然保护区行政主管部门备案。

跨两个以上行政区域的自然保护区的建立，由有关行政区域的人民政府协商一致后提出申请，并按照前两款规定的程序审批。建立海上自然保护区，须经国务院批准。

自然保护区可以分为核心区、缓冲区和实验区。

自然保护区内保存完好的天然状态的生态系统以及珍稀、濒危动植物的集中分布地，应当划为核心区，禁止任何单位和个人进入；除依照本条例第二十七条的规定经批准外，也不允许进入从事科学研究活动。

核心区外围可以划定一定面积的缓冲区，只准进入从事科学研究观测活动。

缓冲区外围划为实验区，可以进入从事科学试验、教学实习、参观考察、旅游以及驯化、繁殖珍稀、濒危野生动植物等活动。

原批准建立自然保护区的人民政府认为必要时，可以在自然保护区的外围划定一定面积的外围保护地带。

（二）自然保护区的管理

《中华人民共和国自然保护区条例》第八条规定，国家对自然保护区实行综合管理与分部门管理相结合的管理体制。国务院环境保护行政主管部门负责全国自然保护区的综合管理。国务院林业、农业、地质矿产、水利、海洋等有关行政主管部门在各自的职责范围内，主管有关的自然保护区。

县级以上地方人民政府负责自然保护区管理的部门的设置和职责，由省、自治区、直辖市人民政府根据当地具体情况确定。

国家级自然保护区，由其所在地的省、自治区、直辖市人民政府有关自然保护区行政主管部门或者国务院有关自然保护区行政主管部门管理。地方级自然保护区，由其所在地的县级以上地方人民政府有关自然保护区行政主管部门管理。

有关自然保护区行政主管部门应当在自然保护区内设立专门的管理机构，配备专业技术人员，负责自然保护区的具体管理工作。

自然保护区管理机构的主要职责是：

（1）贯彻执行国家有关自然保护的法律、法规和方针、政策；

（2）制定自然保护区的各项管理制度，统一管理自然保护区；

（3）调查自然资源并建立档案，组织环境监测，保护自然保护区内的自然环境和自然资源；

（4）组织或者协助有关部门开展自然保护区的科学研究工作；

（5）进行自然保护的宣传教育；

（6）在不影响保护自然保护区的自然环境和自然资源的前提下，组织开展参观、旅游等活动。

【小知识】

1956年中国建立第一个自然保护区——鼎湖山自然保护区，经过50多年的努力，中国的自然保护区建设取得了显著的成绩。目前中国80%的陆地生态系统种类、85%的野生动植物种群和65%的高等植物群落，特别是国家重点保护的珍稀濒危动植物绝大多数都在自然保护区里得到较好的保护。自然保护区还作为宣传教育的基地，通过对国家有关自然保护的法律法规和方针政策及自然保护科普知识的宣传，使公民的自然保护意识得到很大提高。

截至2010年年底，全国已建立各种类型、不同级别的自然保护区2588个，保护区总面积约14944万公顷，陆地自然保护区面积约占国土面积的14.9%。其中，国家级自然保护区有319个，面积为9267.56万公顷。中国自然保护区在国际上影响日益扩大，全国已有达赉湖、长白山、五大连池、卧龙、亚丁、鼎湖山、梵净山、神农架、武夷山、博格达峰、锡林郭勒、赛罕乌拉、盐城、西双版纳、天目山、茂兰、丰林、九寨沟、南麂列岛、山口、黄龙、高黎贡山、白水江、宝天曼等28处自然保护区加入“世界人与生物圈保护区网络”；内蒙古达赉湖、鄂尔多斯遗鸥，辽宁大连斑海豹，吉林向海，黑龙江扎龙、三江、兴凯湖、洪河，江苏盐城、大丰麋鹿，上海崇明东滩，江西鄱阳湖，湖南东洞庭湖、南洞庭湖、西洞庭湖，广东惠东港口海龟、湛江红树林，广西山口红树林，海南东寨港，青海青海湖和香港特别行政区米埔等30处自然保护区被列入“国际重要湿地名录”；张家界、九寨沟、黄龙和高丽贡山等20处自然保护区被列为世界自然遗产地。

中国十大自然保护区分别为：①珠穆朗玛峰自然保护区（西藏·日喀则）。②可可西里自然保护区（青海·玉树）。③神农架自然保护区（湖北）。④卧龙自然保护区（四川·阿坝州）。⑤梵净山自然保护区（贵州）。⑥演绎欧陆生态图（新疆·阿勒泰）。⑦北回归沙漠带上的绿洲（广东·肇庆）。⑧盐城丹顶鹤自然保护区（江苏·盐城）。⑨西双版纳热带雨林自然保护区（云南·西双版纳）。⑩鸡公山自然保护区（河南）。

三、国家公园建设与管理

（一）总体目标

建成中国特色的以国家公园为主体的自然保护地体系，推动各类自然保护地科学设置，建立自然生态系统保护的新体制新机制新模式，建设健康稳定高效的自然生态系统，为维护国家生态安全和实现经济社会可持续发展筑牢基石，为建设富强民主文明和谐美丽的社会主义现代化强国奠定生态根基。

（二）基本原则

坚持严格保护，世代传承。牢固树立尊重自然、顺应自然、保护自然的生态文明理念，把应该保护的地方都保护起来，做到应保尽保，让当代人享受到大自然的馈赠和天蓝地绿水净、鸟语花香的美好家园，给子孙后代留下宝贵自然遗产。

坚持依法确权，分级管理。按照山水林田湖草是一个生命共同体的理念，改革以部门设置、以资源分类、以行政区划分设的旧体制，整合优化现有各类自然保护地，构建新型分类体系，实施自然保护地统一设置，分级管理、分区管控，实现依法有效保护。

坚持生态为民，科学利用。践行绿水青山就是金山银山理念，探索自然保护和资源利用新模式，发展以生态产业化和产业生态化为主体的生态经济体系，不断满足人民群众对优美生态环境、优良生态产品、优质生态服务的需要。

坚持政府主导，多方参与。突出自然保护地体系建设的社会公益性，发挥政府在自然保护地规划、建设、管理、监督、保护和投入等方面的主体作用。建立健全政府、企业、社会组织和公众参与自然保护的长效机制。

坚持中国特色，国际接轨。立足国情，继承和发扬我国自然保护的探索和创新成果。借鉴国际经验，注重与国际自然保护体系对接，积极参与全球生态治理，共谋全球生态文明建设。

（三）构建科学合理的自然保护地体系

（1）明确自然保护地功能定位。自然保护地是由各级政府依法划定或确认，对重要的自然生态系统、自然遗迹、自然景观及其所承载的自然资源、生态功能和文化价值实施长期保护的陆域或海域。建立自然保护地目的是守护自然生态，保育自然资源，保护生物多样性与地质地貌景观多样性，维护自然生态系统健康稳定，提高生态系统服务功能；服务社会，为人民提供优质生态产品，为全社会提供科研、教育、体验、游憩等公共服务；维持人与自然和谐共生并永续发展。要将生态功能重要、生态环境敏感脆弱以及其他有必要严格保护的各类自然保护地纳入生态保护红线管控范围。

（2）科学划定自然保护地类型。按照自然生态系统原真性、整体性、系统性及其内在规律，依据管理目标与效能并借鉴国际经验，将自然保护地按生态价值和保护强度高低依次分为 3 类。

国家公园：是指以保护具有国家代表性的自然生态系统为主要目的，实现自然资源科学保护和合理利用的特定陆域或海域，是我国自然生态系统中最重要、自然景观最独特、自然遗产最精华、生物多样性最富集的部分，保护范围大，生态过程完整，具有全球价值、国家象征，国民认同度高。

自然保护区：是指保护典型的自然生态系统、珍稀濒危野生动植物种的天然集中分布区、有特殊意义的自然遗迹的区域。具有较大面积，确保主要保护对象安全，维持和恢复珍稀濒危野生动植物种群数量及赖以生存的栖息环境。

自然公园：是指保护重要的自然生态系统、自然遗迹和自然景观，具有生态、观赏、文化和科学价值，可持续利用的区域。确保森林、海洋、湿地、水域、冰川、草原、生物等珍贵自然资源，以及所承载的景观、地质地貌和文化多样性得到有效保护。包括森林公园、地质公园、海洋公园、湿地公园等各类自然公园。

制定自然保护地分类划定标准，对现有的自然保护区、风景名胜区、地质公园、森林公园、海洋公园、湿地公园、冰川公园、草原公园、沙漠公园、草原风景区、水产种质资源保护区、野生植物原生境保护区（点）、自然保护小区、野生动物重要栖息地等各类自然保护地开展综合评价，按照保护区域的自然属性、生态价值和管理目标进行梳理调整和归类，逐步形成以国家公园为主体、自然保护区为基础、各类自然公园为补充的自然保护地分类系统。

（3）确立国家公园主体地位。做好顶层设计，科学合理确定国家公园建设数量和规模，在总结国家公园体制试点经验基础上，制定设立标准和程序，划建国家公园。确立国家公园在维护国家生态安全关键区域中的首要地位，确保国家公园在保护最珍贵、最重要生物多样性集中分布区中的主导地位，确定国家公园保护价值和生态功能在全国自然保护地体系中的主体地位。国家公园建立后，在相同区域一律不再保留或设立其他自然保护地类型。

（4）编制自然保护地规划。落实国家发展规划提出的国土空间开发保护要求，依据国土空间规划，编制自然保护地规划，明确自然保护地发展目标、规模和划定区域，将生态功能重要、生态系统脆弱、自然生态保护空缺的区域规划为重要的自然生态空间，纳入自然保护地体系。

（5）整合交叉重叠的自然保护地。以保持生态系统完整性为原则，遵从保护面积不减少、保护强度不降低、保护性质不改变的总体要求，整合各类自然保护地，解决自然保护地区域交叉、空间重叠的问题，将符合条件的优先整合设立国家公园，其他各类自然保护地按照同级别保护强度优先、不同级别低级别服从高级别的原则进行整合，做到一个保护地、一套机构、一块牌子。

（6）归并优化相邻自然保护地。制定自然保护地整合优化办法，明确整合归并规则，严格报批程序。对同一自然地理单元内相邻、相连的各类自然保护地，打破因行政区划、资源分类造成的条块割裂局面，按照自然生态系统完整、物种栖息地连通、保护管理统一的原则进行合并重组，合理确定归并后的自然保护地类型和功能定位，优化边界范围和功能分区，被归并的自然保护地名称和机构不再保留，解决保护管理分割、保护地破碎和孤岛化问题，实现对自然生态系统的整体保护。在上述整合和归并中，对涉及国际履约的自然保护地，可以暂时保留履行相关国际公约时的名称。

（四）建立统一规范高效的管理体制

（1）统一管理自然保护地。理顺现有各类自然保护地管理职能，提出自然保护地设立、晋（降）级、调整和退出规则，制定自然保护地政策、制度和标准规范，实行全过程统一管理。建立统一调查监测体系，建设智慧自然保护地，制定以生态资产和生态服务价值为核心的考核评估指标体系和办法。各地区各部门不得自行设立新的自然保护地类型。

（2）分级行使自然保护地管理职责。结合自然资源资产管理体制改革，构建自然保护地分级管理体制。按照生态系统重要程度，将国家公园等自然保护地分为中央直接管理、中央地方共同管理和地方管理 3 类，实行分级设立、分级管理。中央直接管理和中央地方共同管理的自然保护地由国家批准设立；地方管理的自然保护地由省级政府批准设立，管理主体由省级政府确定。探索公益治理、社区治理、共同治理等保护方式。

（3）合理调整自然保护地范围并勘界立标。制定自然保护地范围和区划调整办法，依规开展调整工作。制定自然保护地边界勘定方案、确认程序和标识系统，开展自然保护地勘界定标并建立矢量数据库，与生态保护红线衔接，在重要地段、重要部位设立界桩和标识牌。确因技术原因引起的数据、图件与现地不符等问题可以按管理程序一次性纠正。

（4）推进自然资源资产确权登记。进一步完善自然资源统一确权登记办法，每个自然保护地作为独立的登记单元，清晰界定区域内各类自然资源资产的产权主体，划清各类自然资源资产所有权、使用权的边界，明确各类自然资源资产的种类、面积和权属性质，逐步落实自然保护地内全民所有自然资源资产代行主体与权利内容，非全民所有自然资源资产实行协议管理。

（5）实行自然保护地差别化管控。根据各类自然保护地功能定位，既严格保护又便于基层操作，合理分区，实行差别化管控。国家公园和自然保护区实行分区管控，原则上核心保护区内禁止人为活动，一般控制区内限制人为活动。自然公园原则上按一般控制区管理，限制人为活动。结合历史遗留问题处理，分类分区制定管理规范。

（五）创新自然保护地建设发展机制

（1）加强自然保护地建设。以自然恢复为主，辅以必要的人工措施，分区分类开展受损自然生态系统修复。建设生态廊道、开展重要栖息地恢复和废弃地修复。加强野外保护站点、巡护路网、监测监控、应急救灾、森林草原防火、有害生物防治和疫源疫病防控等保护管理设施建设，利用高科技手段和现代化设备促进自然保育、巡护和监测的信息化、智能化。配置管理队伍的技术装备，逐步实现规范化和标准化。

（2）分类有序解决历史遗留问题。对自然保护地进行科学评估，将保护价值低的建制城镇、村屯或人口密集区域、社区民生设施等调整出自然保护地范围。结合精准扶贫、生态扶贫，核心保护区内原住居民应实施有序搬迁，对暂时不能搬迁的，可以设立过渡期，允许开展必要的、基本的生产活动，但不能再扩大发展。依法清理整治探矿采矿、水电开发、工业建设等项目，通过分类处置方式有序退出；根据历史沿革与保护需要，依法依规对自然保护地内的耕地实施退田还林还草还湖还湿。

（3）创新自然资源使用制度。按照标准科学评估自然资源资产价值和资源利用的生态风险，明确自然保护地内自然资源利用方式，规范利用行为，全面实行自然资源有偿使用制度。依法界定各类自然资源资产产权主体的权利和义务，保护原住居民权益，实现各产权主体共建保护地、共享资源收益。制定自然保护地控制区经营性项目特许经营管理办法，建立健全特许经营制度，鼓励原住居民参与特许经营活动，探索自然资源所有者参与特许经营收益分配机制。对划入各类自然保护地内的集体所有土地及其附属资源，按照依法、自愿、有偿的原则，探索通过租赁、置换、赎买、合作等方式维护产权人权益，实现多元化保护。

（4）探索全民共享机制。在保护的前提下，在自然保护地控制区内划定适当区域开展生态教育、自然体验、生态旅游等活动，构建高品质、多样化的生态产品体系。完善公共服务设施，提升公共服务功能。扶持和规范原住居民从事环境友好型经营活动，践行公民生态环境行为规范，支持和传承传统文化及人地和谐的生态产业模式。推行参与式社区管理，按照生态保护需求设立生态管护岗位并优先安排原住居民。建立志愿者服务体系，健全自然保护地社会捐赠制度，激励企业、社会组织和个人参与自然保护地生态保护、建设与发展。

（六）加强自然保护地生态环境监督考核

实行最严格的生态环境保护制度，强化自然保护地监测、评估、考核、执法、监督等，形成一整套体系完善、监管有力的监督管理制度。

（1）建立监测体系。建立国家公园等自然保护地生态环境监测制度，制定相关技术标准，建设各类各级自然保护地“天空地一体化”监测网络体系，充分发挥地面生态系统、环境、气象、水文水资源、水土保持、海洋等监测站点和卫星遥感的作用，开展生态环境监测。依托生态环境监管平台和大数据，运用云计算、物联网等信息化手段，加强自然保护地监测数据集成分析和综合应用，全面掌握自然保护地生态系统构成、分布与动态变化，及时评估和预警生态风险，并定期统一发布生态环境状况监测评估报告。对自然保护地内基础设施建设、矿产资源开发等人类活动实施全面监控。

（2）加强评估考核。组织对自然保护地管理进行科学评估，及时掌握各类自然保护地管理和保护成效情况，发布评估结果。适时引入第三方评估制度。对国家公园等各类自然保护地管理进行评价考核，根据实际情况，适时将评价考核结果纳入生态文明建设目标评价考核体系，作为党政领导班子和领导干部综合评价及责任追究、离任审计的重要参考。

（3）严格执法监督。制定自然保护地生态环境监督办法，建立包括相关部门在内的统一执法机制，在自然保护地范围内实行生态环境保护综合执法，制定自然保护地生态环境保护综合执法指导意见。强化监督检查，定期开展“绿盾”自然保护地监督检查专项行动，及时发现涉及自然保护地的违法违规问题。对违反各类自然保护地法律法规等规定，造成自然保护地生态系统和资源环境受到损害的部门、地方、单位和有关责任人员，按照有关法律法规严肃追究责任，涉嫌犯罪的移送司法机关处理。建立督查机制，对自然保护地保护不力的责任人和责任单位进行问责，强化地方政府和管理机构的主体责任。

（七）保障措施

（1）加强党的领导。地方各级党委和政府要增强“四个意识”，严格落实生态环境保护党政同责、一岗双责，担负起相关自然保护地建设管理的主体责任，建立统筹推进自然保护地体制改革的工作机制，将自然保护地发展和建设管理纳入地方经济社会发展规划。各相关部门要履行好自然保护职责，加强统筹协调，推动工作落实。重大问题要及时报告党中央、国务院。

（2）完善法律法规体系。加快推进自然保护地相关法律法规和制度建设，加大法律法规立改废释工作力度。修改完善自然保护区条例，突出以国家公园保护为主要内容，推动制定出台自然保护地法，研究提出各类自然公园的相关管理规定。在自然保护地相关法律、行政法规制定或修订前，自然保护地改革措施需要突破现行法律、行政法规规定的，要按程序报批，取得授权后施行。

（3）建立以财政投入为主的多元化资金保障制度。统筹包括中央基建投资在内的各级财政资金，保障国家公园等各类自然保护地保护、运行和管理。国家公园体制试点结束后，结合试点情况完善国家公园等自然保护地经费保障模式；鼓励金融和社会资本出资设立自然保护地基金，对自然保护地建设管理项目提供融资支持。健全生态保护补偿制度，将自然保护地内的林木按规定纳入公益林管理，对集体和个人所有的商品林，地方可依法自主优先赎买；按自然保护地规模和管护成效加大财政转移支付力度，加大对生态移民的补偿扶持投入。建立完善野生动物肇事损害赔偿制度和野生动物伤害保险制度。

（4）加强管理机构和队伍建设。自然保护地管理机构会同有关部门承担生态保护、自然资源资产管理、特许经营、社会参与和科研宣教等职责，当地政府承担自然保护地内经济发展、社会管理、公共服务、防灾减灾、市场监管等职责。按照优化协同高效的原则，制定自然保护地机构设置、职责配置、人员编制管理办法，探索自然保护地群的管理模式。适当放宽艰苦地区自然保护地专业技术职务评聘条件，建设高素质专业化队伍和科技人才团队。引进自然保护地建设和发展急需的管理和技术人才。通过互联网等现代化、高科技教学手段，积极开展岗位业务培训，实行自然保护地管理机构工作人员继续教育全覆盖。

（5）加强科技支撑和国际交流。设立重大科研课题，对自然保护地关键领域和技术问题进行系统研究。建立健全自然保护地科研平台和基地，促进成熟科技成果转化落地。加强自然保护地标准化技术支撑工作。自然保护地资源可持续经营管理、生态旅游、生态康养等活动可研究建立认证机制。充分借鉴国际先进技术和体制机制建设经验，积极参与全球自然生态系统保护，承担并履行好与发展中大国相适应的国际责任，为全球提供自然保护的中国方案。

【小知识】

国家公园由国家确立并主导管理，是我国生态文明制度建设的重要内容。2021 年 10 月 12 日，中国正式公布第一批国家公园名单：三江源国家公园、大熊猫国家公园、东北虎豹国家公园、海南热带雨林国家公园、武夷山国家公园。

四、法律责任

《中华人民共和国自然保护区条例》规定，禁止在自然保护区内进行砍伐、放牧、狩猎、捕捞、采药、开垦、烧荒、开矿、采石、挖沙等活动；但是，法律、行政法规另有规定的除外。

禁止任何人进入自然保护区的核心区。因科学研究的需要，必须进入核心区从事科学研究观测、调查活动的，应当事先向自然保护区管理机构提交申请和活动计划，并经自然保护区管理机构批准；其中，进入国家级自然保护区核心区的，应当经省、自治区、直辖市人民政府有关自然保护区行政主管部门批准。

禁止在自然保护区的缓冲区开展旅游和生产经营活动。因教学科研的目的，需要进入自然保护区的缓冲区从事非破坏性的科学研究、教学实习和标本采集活动的，应当事先向自然保护区管理机构提交申请和活动计划，经自然保护区管理机构批准。

外国人进入自然保护区，应当事先向自然保护区管理机构提交活动计划，并经自然保护区管理机构批准；其中，进入国家级自然保护区的，应当经省、自治区、直辖市环境保护、海洋、渔业等有关自然保护区行政主管部门按照各自职责批准。

《中华人民共和国自然保护区条例》规定，违反本条例规定，有下列行为之一的单位和个人，由自然保护区管理机构责令其改正，并可以根据不同情节处以100元以上5000元以下的罚款：

（1）擅自移动或者破坏自然保护区界标的；

（2）未经批准进入自然保护区或者在自然保护区内不服从管理机构管理的；

（3）经批准在自然保护区的缓冲区内从事科学研究、教学实习和标本采集的单位和个人，不向自然保护区管理机构提交活动成果副本的。

违反本条例规定，在自然保护区进行砍伐、放牧、狩猎、捕捞、采药、开垦、烧荒、开矿、采石、挖沙等活动的单位和个人，除可以依照有关法律、行政法规规定给予处罚的以外，由县级以上人民政府有关自然保护区行政主管部门或者其授权的自然保护区管理机构没收违法所得，责令停止违法行为，限期恢复原状或者采取其他补救措施；对自然保护区造成破坏的，可以处以300元以上1万元以下的罚款。

自然保护区管理机构违反本条例规定，拒绝环境保护行政主管部门或者有关自然保护区行政主管部门监督检查，或者在被检查时弄虚作假的，由县级以上人民政府环境保护行政主管部门或者有关自然保护区行政主管部门给予300元以上3000元以下的罚款。

自然保护区管理机构违反本条例规定，有下列行为之一的，由县级以上人民政府有关自然保护区行政主管部门责令限期改正；对直接责任人员，由其所在单位或者上级机关给予行政处分：

（1）开展参观、旅游活动未编制方案或者编制的方案不符合自然保护区管理目标的；

（2）开设与自然保护区保护方向不一致的参观、旅游项目的；

（3）不按照编制的方案开展参观、旅游活动的；

（4）违法批准人员进入自然保护区的核心区，或者违法批准外国人进入自然保护区的；

（5）有其他滥用职权、玩忽职守、徇私舞弊行为的。

违反本条例规定，给自然保护区造成损失的，由县级以上人民政府有关自然保护区行政主管部门责令赔偿损失。

妨碍自然保护区管理人员执行公务的，由公安机关依照《中华人民共和国治安管理处罚法》的规定给予处罚；情节严重，构成犯罪的，依法追究刑事责任。

造成自然保护区重大污染或者破坏事故，导致公私财产重大损失或者人身伤亡的严重后果，构成犯罪的，对直接负责的主管人员和其他直接责任人员依法追究刑事责任。

自然保护区管理人员滥用职权、玩忽职守、徇私舞弊，构成犯罪的，依法追究刑事责任；情节轻微，尚不构成犯罪的，由其所在单位或者上级机关给予行政处分。

【思考】

2020 年森林督查发现，山西省娄烦县自然资源局实施土地整理项目，非法占用山西汾河上游省级自然保护区林地 22.83 公顷（342.45 亩），其中，缓冲区林地 4.90 公顷（73.50 亩）、实验区林地 17.93 公顷（268.95 亩）。国家林草局北京专员办进行了跟踪督办，娄烦县公安局已于 2021 年 1 月 14 日刑事立案调查。

问：非法占用省级自然保护区林地，相关人员要承担什么责任？

第五节　文物保护与世界遗产管理法律制度

文物承载灿烂文明，传承历史文化，维系民族精神，是弘扬中华优秀传统文化的珍贵财富，是促进经济社会发展的优势资源，是培育社会主义核心价值观、凝聚共筑中国梦磅礴力量的深厚滋养。保护文物功在当代，利在千秋。

截至 2016 年 10 月 31 日，第一次全国可移动文物普查统计的全国国有可移动文物共计 108154907 件/套。按登录文物的实际数量统计，北京、陕西、山东 3 省市登录文物数量超过 500 万件，河南、山西、江苏、浙江、湖北、四川、甘肃、湖南、天津、广东、辽宁、内蒙古、重庆、河北、安徽等 15 个省、自治区、直辖市的登录文物数量超过 100 万件。全国共登录珍贵文物 3856268 件，其中一级文物 218911 件，二级文物 551192 件，三级文物 3086165 件。2019 年年末，共有国家级非遗代表性传承人 3068 人，国家级非遗代表性项目 1372 项，有非物质文化遗产保护机构 2453 个，国务院公布八批全国重点文物保护单位总数为 5058 处，核定公布国家历史文化名城 118 处，国家历史文化名镇名村 350 处。

2016 年，国家文物局印发《关于促进文物合理利用的若干意见》，2017 年 10 月 18 日，习近平同志在党的十九大报告中指出，要加强文物保护利用。为深入贯彻落实党的十九大精神，进一步做好文物保护利用和文化遗产保护传承工作，2018 年 10 月 8 日，中共中央办公厅、国务院办公厅印发了《关于加强文物保护利用改革的若干意见》，这是中华人民共和国成立以来第一份专门针对文物保护利用改革并以中办、国办名义印发的中央政策文件，核心是聚焦文物工作的重点难点和改革发展问题，加强顶层设计、制度创新和精准管理，在保护中发展，在发展中保护，努力走出一条符合国情的文物保护利用之路。

一、文物

为了加强对文物的保护，继承中华民族优秀的历史文化遗产，促进科学研究工作，进行爱国主义和革命传统教育，建设社会主义精神文明和物质文明，1982 年 11 月 19 日第五届全国人民代表大会常务委员会第二十五次会议通过了《中华人民共和国文物保护法》，1991 年、2007 年、2013 年、2015 年、2017 年先后进行了五次修正。《中华人民共和国文物保护法实施条例》根据《中华人民共和国文物保护法》制定。2003 年 5 月 13 日国务院第 8 次常务会议通过，2003 年 5 月 18 日发布，自 2003 年 7 月 1 日起施行，2013 年、2016 年、2017 年先后三次修订。

（一）文物

根据《中华人民共和国文物保护法》第二条，在中华人民共和国境内，下列文物受国家保护：

（1）具有历史、艺术、科学价值的古文化遗址、古墓葬、古建筑、石窟寺和石刻、壁画；

（2）与重大历史事件、革命运动或者著名人物有关的以及具有重要纪念意义、教育意义或者史料价值的近代现代重要史迹、实物、代表性建筑；

（3）历史上各时代珍贵的艺术品、工艺美术品；

（4）历史上各时代重要的文献资料以及具有历史、艺术、科学价值的手稿和图书资料等；

（5）反映历史上各时代、各民族社会制度、社会生产、社会生活的代表性实物。

文物认定的标准和办法由国务院文物行政部门制定，并报国务院批准。

具有科学价值的古脊椎动物化石和古人类化石同文物一样受国家保护。

历史上各时代重要实物、艺术品、文献、手稿、图书资料、代表性实物等可移动文物，分为珍贵文物和一般文物；珍贵文物分为一级文物、二级文物、三级文物。

（二）文物所有权

中华人民共和国境内地下、内水和领海中遗存的一切文物，属于国家所有。古文化遗址、古墓葬、石窟寺属于国家所有。国家指定保护的纪念建筑物、古建筑、石刻、壁画、近代现代代表性建筑等不可移动文物，除国家另有规定的以外，属于国家所有。

国有不可移动文物的所有权不因其所依附的土地所有权或者使用权的改变而改变。

下列可移动文物，属于国家所有：

（1）中国境内出土的文物，国家另有规定的除外；

（2）国有文物收藏单位以及其他国家机关、部队和国有企业、事业组织等收藏、保管的文物；

（3）国家征集、购买的文物；

（4）公民、法人和其他组织捐赠给国家的文物；

（5）法律规定属于国家所有的其他文物。

属于国家所有的可移动文物的所有权不因其保管、收藏单位的终止或者变更而改变。国有文物所有权受法律保护，不容侵犯。

属于集体所有和私人所有的纪念建筑物、古建筑和祖传文物以及依法取得的其他文物，其所有权受法律保护。文物的所有者必须遵守国家有关文物保护的法律、法规的规定。

【思考】

原告余临昌诉称益阳市博物馆保管的某青铜罍，系其失窃物。请求人民法院判令益阳市博物馆返还其青铜罍，并赔偿经济损失 5 万元。被告益阳市博物馆辩称：诉争的青铜罍系出土文物，所有权属于国家，益阳市博物馆依法予以征集，手续完备。余临昌的诉讼请求没有事实和法律依据，依法应予驳回。

法院经审理查明：1981 年前后，余临昌携妻儿回岳父家，岳父将其意外发现的一"铜坛子"（后被鉴定为商末周初"举父乙"涡纹罍，属于国家一级文物）赠与余临昌。余临昌将"铜坛子"先后委托其表妹和姐姐、姐夫代管。1989 年 3 月，胡建云与其兄到余临昌姐夫家中盗得"铜坛子"，并交予益阳市博物馆，益阳市博物馆对胡建云奖励现金共 850 元。1990 年 11 月，余临昌得知"铜坛子"被盗，向公安机关报案，公安机关于 1991 年 4 月 10 日正式办理立案手续，并对涉案青铜罍进行了扣押。1991 年 5 月 30 日，余临昌向益阳市资阳区人民法院提起诉讼，请求责令益阳市博物馆返还青铜罍。该院于 1995 年 9 月 5 日判决支持了余临昌的诉讼请求。益阳市博物馆不服，上诉至益阳市中级人民法院。该院于 2004 年 4 月 10 日裁定撤销一审判决，驳回余临昌的起诉。2006 年 4 月 10 日，益阳市公安局赫山分局以胡建云的行为不构成犯罪为由决定撤销案件。后余临昌再次提起本案诉讼。

案例分析：

该案要解决的核心问题是发现人可否因其挖掘、发现行为而取得出土文物所有权。对此，民间认识不一，司法实践中争议颇多。依据《中华人民共和国民法通则》第七十九条第一款"所有人不明的埋藏物、隐藏物，归国家所有。接收单位应当对上缴的单位和个人，给予表扬或者物质奖励。"和《最高人民法院关于贯彻执行〈中华人民共和国民法通则〉若干问题的意见（试行）》第九十三条"公民、法人对于挖掘、发现的埋藏物、隐藏物，如果能够证明属其所有，而且根据现行法律、政策又可以归其所有的，应当予以保护。"的规定，发现人主张发现之物归其所有时，须承担归其所有和归其所有未违反现行法律、政策的举证责任，举证不能或达不到证明目的，则不能确认该物为其所有。又根据《中华人民共和国文物保护法》第五条第四款（一）项的规定，中国境内出土的文物，除另有规定外，属国家所有。因我国现行法律对出土文物的权属已有明确规定，发现人以其挖掘、发现行为而主张出土文物所有权，没有法律依据。

该案中，余临昌主张是通过接受发现人赠与的合法方式获得了诉争文物，涉及合法收藏文物是否即取得该文物所有权的问题，虽然我国法律就此未作明确规定，但收藏的文物存在私有和国有之分，两者显然有所区别。该案判决指出了出土文物属国家所有的法律规定，相对于国有文物收藏单位的益阳市博物馆，余临昌不享有返还原物请求权，因此法院依法驳回了其诉讼请求。从《中华人民共和国文物保护法》的立法目的分析，该案例还说明了合法收藏国有文物不等同于合法取得该文物所有权，不能改变该文物的国有属性，体现了法律对国有文物的保护，保障了中华历史文化遗产的承继，同时为类似情形指明了法律规定，为相似案件指出了裁判思路，极具引导意义和宣传价值。

（来源：湖南法院网）

问：旅游工作者应该具备的基本文物知识有哪些？如该争议发生在 2022 年，现行《民法典》中有关物权的哪些条款可以适用？

二、文物保护单位

（一）文物保护单位

文物保护单位的概念最早是1956年国务院《关于在农业生产建设中保护文物的通知》中第一次提出来的，1961年被写入了《文物保护管理暂行条例》。1982年《中华人民共和国文物保护法》第十三条规定，国务院文物行政部门在省级、市、县级文物保护单位中，选择具有重大历史、艺术、科学价值的确定为全国重点文物保护单位，或者直接确定为全国重点文物保护单位，报国务院核定公布。

省级文物保护单位，由省、自治区、直辖市人民政府核定公布，并报国务院备案。

市级和县级文物保护单位，分别由设区的市、自治州和县级人民政府核定公布，并报省、自治区、直辖市人民政府备案。

尚未核定公布为文物保护单位的不可移动文物，由县级人民政府文物行政部门予以登记并公布。

（二）历史文化名城、街区、村镇

保存文物特别丰富并且具有重大历史价值或者革命纪念意义的城市，由国务院核定公布为历史文化名城。

保存文物特别丰富并且具有重大历史价值或者革命纪念意义的城镇、街道、村庄，由省、自治区、直辖市人民政府核定公布为历史文化街区、村镇，并报国务院备案。

历史文化名城和历史文化街区、村镇所在地的县级以上地方人民政府应当组织编制专门的历史文化名城和历史文化街区、村镇保护规划，并纳入城市总体规划。

（三）文物保护单位内禁止行为

文物保护单位的保护范围内不得进行其他建设工程或者爆破、钻探、挖掘等作业。但是，因特殊情况需要在文物保护单位的保护范围内进行其他建设工程或者爆破、钻探、挖掘等作业的，必须保证文物保护单位的安全，并经核定公布该文物保护单位的人民政府批准，在批准前应当征得上一级人民政府文物行政部门同意；在全国重点文物保护单位的保护范围内进行其他建设工程或者爆破、钻探、挖掘等作业的，必须经省、自治区、直辖市人民政府批准，在批准前应当征得国务院文物行政部门同意。

在文物保护单位的建设控制地带内进行建设工程，不得破坏文物保护单位的历史风貌；工程设计方案应当根据文物保护单位的级别，经相应的文物行政部门同意后，报城乡建设规划部门批准。不得建设污染文物保护单位及其环境的设施，不得进行可能影响文物保护单位安全及其环境的活动。对已有的污染文物保护单位及其环境的设施，应当限期治理。

建设工程选址，应当尽可能避开不可移动文物；因特殊情况不能避开的，对文物保护单位应当尽可能实施原址保护。实施原址保护的，建设单位应当事先确定保护措施，根据文物保护单位的级别报相应的文物行政部门批准；未经批准的，不得开工建设。无法实施原址保护，必须迁移异地保护或者拆除的，应当报省、自治区、直辖市人民政府批准；迁移或者拆除省级文物保护单位的，批准前须征得国务院文物行政部门同意。全国重点文物保护单位不得拆除；需要迁移的，须由省、自治区、直辖市人民政府报国务院批准。依照前款规定拆除的国有不可移动文物中具有收藏价值的壁画、雕塑、建筑构件等，由文物行政部门指定的文物收藏单位收藏。

国有不可移动文物不得转让、抵押。建立博物馆、保管所或者辟为参观游览场所的国有文物保护单位，不得作为企业资产经营。非国有不可移动文物不得转让、抵押给外国人。非国有不可移动文物转让、抵押或者改变用途的，应当根据其级别报相应的文物行政部门备案。

使用不可移动文物，必须遵守不改变文物原状的原则，负责保护建筑物及其附属文物的安全，不得损毁、改建、添建或者拆除不可移动文物。对危害文物保护单位安全、破坏文物保护单位历史风貌的建筑物、构筑物，当地人民政府应当及时调查处理，必要时，对该建筑物、构筑物予以拆迁。

三、馆藏文物

博物馆、图书馆和其他文物收藏单位对收藏的文物，必须区分文物等级，设置藏品档案，建立严格的管理制度，并报主管的文物行政部门备案。

（一）馆藏文物取得方式

根据《中华人民共和国文物保护法》第三十七条，文物收藏单位可以通过下列方式取得文物：

（1）购买；

（2）接受捐赠；

（3）依法交换；

（4）法律、行政法规规定的其他方式。

文物收藏单位应当充分发挥馆藏文物的作用，通过举办展览、科学研究等活动，加强对中华民族优秀的历史文化和革命传统的宣传教育。

（二）调拨、交换、借用文物规定

国有文物收藏单位之间因举办展览、科学研究等需借用馆藏文物的，应当报主管的文物行政部门备案；借用馆藏一级文物的，应当同时报国务院文物行政部门备案。非国有文物收藏单位和其他单位举办展览需借用国有馆藏文物的，应当报主管的文物行政部门批准；借用国有馆藏一级文物，应当经国务院文物行政部门批准。

调拨、交换、借用的文物必须严格保管，不得丢失、损毁。

禁止国有文物收藏单位将馆藏文物赠与、出租或者出售给其他单位、个人。

修复馆藏文物，不得改变馆藏文物的原状；复制、拍摄、拓印馆藏文物，不得对馆藏文物造成损害。具体管理办法由国务院制定。

不可移动文物的单体文物的修复、复制、拍摄、拓印，适用前款规定。博物馆、图书馆和其他收藏文物的单位应当按照国家有关规定配备防火、防盗、防自然损坏的设施，确保馆藏文物的安全。

四、民间收藏文物

文物收藏单位以外的公民、法人和其他组织可以收藏通过下列方式取得的文物：

（1）依法继承或者接受赠与；

（2）从文物商店购买；

（3）从经营文物拍卖的拍卖企业购买；

（4）公民个人合法所有的文物相互交换或者依法转让；

（5）国家规定的其他合法方式。

文物收藏单位以外的公民、法人和其他组织收藏的前款文物可以依法流通。

公民、法人和其他组织不得买卖下列文物：

（1）国有文物，但是国家允许的除外；

（2）非国有馆藏珍贵文物；

（3）国有不可移动文物中的壁画、雕塑、建筑构件等，但是依法拆除的国有不可移动文物中的壁画、雕塑、建筑构件等不属于《中华人民共和国文物保护法》第二十条第四款规定的应由文物收藏单位收藏的除外；

（4）来源不符合《中华人民共和国文物保护法》第五十条规定的文物。

五、文物保护

（一）目标、方针、任务

根据《关于加强文物保护利用改革的若干意见》，到2025年，紧紧围绕走出一条符合我国国情的文物保护利用之路，文物依法保护水平显著提升，文物保护利用传承体系基本形成，文物安全形势明显好转，文物机构队伍更加优化，文物领域社会参与活力不断焕发，文物工作在坚定文化自信、推动中华文化走出去、促进经济社会发展中的重要作用进一步发挥，文物保护利用成果更多更好惠及人民群众，文物治理体系和治理能力现代化初步实现。

根据《中华人民共和国文物保护法》第四条，文物工作贯彻保护为主、抢救第一、合理利用、加强管理的方针。

文物保护工作的主要任务：

（1）构建中华文明标识体系；

（2）创新文物价值传播推广体系；

（3）完善革命文物保护传承体系；

（4）开展国家文物督察试点；

（5）建立文物安全长效机制；

（6）建立文物资源资产管理机制；

（7）建立健全不可移动文物保护机制；

（8）大力推进文物合理利用；

（9）健全社会参与机制；

（10）激发博物馆创新活力；

（11）促进文物市场活跃有序发展；

（12）深化“一带一路”文物交流合作；

（13）加强科技支撑；

（14）创新人才机制；

（15）加强文物保护管理队伍建设；

（16）完善文物保护投入机制。

【小知识】

习近平谈历史文化遗产保护

历史文化遗产承载着中华民族的基因和血脉，不仅属于我们这一代人，也属于子孙万代。考古遗迹和历史文物是历史的见证，必须保护好、利用好。习近平总书记多次强调要守护好前人留给我们的宝贵财富。

历史文化遗产承载着中华民族的基因和血脉，不仅属于我们这一代人，也属于子孙万代。要敬畏历史、敬畏文化、敬畏生态，全面保护好历史文化遗产，统筹好旅游发展、特色经营、古城保护，筑牢文物安全底线，守护好前人留给我们的宝贵财富。

——2022 年 1 月 27 日，习近平在山西省晋中市考察调研时指出

要保护传承弘扬长江文化。长江造就了从巴山蜀水到江南水乡的千年文脉，是中华民族的代表性符号和中华文明的标志性象征，是涵养社会主义核心价值观的重要源泉。要把长江文化保护好、传承好、弘扬好，延续历史文脉，坚定文化自信。要保护好长江文物和文化遗产，深入研究长江文化内涵，推动优秀传统文化创造性转化、创新性发展。要将长江的历史文化、山水文化与城乡发展相融合，突出地方特色，更多采用“微改造”的“绣花”功夫，对历史文化街区进行修复。

——2020 年 11 月 14 日，习近平主持召开全面推动长江经济带发展座谈会时指出

考古遗迹和历史文物是历史的见证，必须保护好、利用好。要建立健全历史文化遗产资源资产管理制度，建设国家文物资源大数据库，加强相关领域文物资源普查、名录公布的统筹指导，强化技术支撑，引导社会参与。要把历史文化遗产保护放在第一位，同时要合理利用，使其在提供公共文化服务、满足人民精神文化生活需求方面充分发挥作用。要健全不可移动文物保护机制，把文物保护管理纳入国土空间规划编制和实施。要制定“先考古、后出让”的制度设计和配套政策，对可能存在历史文化遗存的土地，在依法完成考古调查、勘探、发掘前不得使用。要深刻汲取国内外重大文物灾害事故教训，督察落实主体责任，强化隐患整治，增强历史文化遗产防护能力。要加强执法督察，规范举报流程，严厉打击文物犯罪。

——2020 年 9 月 28 日，习近平主持十九届中央政治局第二十三次集体学习时指出

长三角区域城市开发建设早、旧城区多，改造任务很重，这件事涉及群众切身利益和城市长远发展，再难也要想办法解决。同时，不能一律大拆大建，要注意保护好历史文化和城市风貌，避免“千城一面、万楼一貌”。

——2020 年 8 月 20 日，习近平主持召开扎实推进长三角一体化发展座谈会时指出

云冈石窟是世界文化遗产，保护好云冈石窟，不仅具有中国意义，而且具有世界意义。历史文化遗产是不可再生、不可替代的宝贵资源，要始终把保护放在第一位。发展旅游要以保护为前提，不能过度商业化，让旅游成为人们感悟中华文化、增强文化自信的过程。要深入挖掘云冈石窟蕴含的各民族交往交流交融的历史内涵，增强中华民族共同体意识。

——2020 年 5 月 11 日，习近平在山西考察时强调

陕西是中华民族和华夏文明重要发祥地之一。要加大文物保护力度，弘扬中华优秀传统文化、革命文化、社会主义先进文化，培育社会主义核心价值观，加强公共文化产品和服务供给，更好满足人民群众精神文化生活需要。

——2020 年 4 月 23 日，习近平在陕西考察时强调

城市规划和建设要高度重视历史文化保护，不急功近利，不大拆大建。要突出地方特色，注重人居环境改善，更多采用微改造这种“绣花”功夫，注重文明传承、文化延续，让城市留下记忆，让人们记住乡愁。

——2018 年 10 月 24 日，习近平在广东考察时指出

通州有不少历史文化遗产，要古为今用，深入挖掘以大运河为核心的历史文化资源。保护大运河是运河沿线所有地区的共同责任，北京要积极发挥示范作用。

——2017 年 2 月 24 日，习近平在北京考察时指出

各级党委和政府要增强对历史文物的敬畏之心，树立保护文物也是政绩的科学理念，统筹好文物保护与经济社会发展，全面贯彻“保护为主、抢救第一、合理利用、加强管理”的工作方针，切实加大文物保护力度，推进文物合理适度利用，使文物保护成果更多惠及人民群众。各级文物部门要不辱使命，守土尽责，提高素质能力和依法管理水平，广泛动员社会力量参与，努力走出一条符合国情的文物保护利用之路，为实现“两个一百年”奋斗目标、实现中华民族伟大复兴的中国梦做出更大贡献。

——2016 年 3 月 23 日，习近平对文物工作作出重要指示强调

要增强城市宜居性，引导调控城市规模，优化城市空间布局，加强市政基础设施建设，保护历史文化遗产。

——2015 年 11 月，习近平主持召开中央财经领导小组第十一次会议时指出

历史文化是城市的灵魂，要像爱惜自己的生命一样保护好城市历史文化遗产。北京是世界著名古都，丰富的历史文化遗产是一张金名片，传承保护好这份宝贵的历史文化遗产是首都的职责，要本着对历史负责、对人民负责的精神，传承历史文脉，处理好城市改造开发和历史文化遗产保护利用的关系，切实做到在保护中发展、在发展中保护。

（二）文物保护机构

一切机关、组织和个人都有依法保护文物的义务。

国务院文物行政部门主管全国文物保护工作。地方各级人民政府负责本行政区域内的文物保护工作。县级以上地方人民政府承担文物保护工作的部门对本行政区域内的文物保护实施监督管理。县级以上人民政府有关行政部门在各自的职责范围内，负责有关的文物保护工作。

基本建设、旅游发展必须遵守文物保护工作的方针，其活动不得对文物造成损害公安机关、工商行政管理部门、海关、城乡建设规划部门和其他有关国家机关，应当依法认真履行所承担的保护文物的职责，维护文物管理秩序。

国家发展文物保护事业。县级以上人民政府应当将文物保护事业纳入本级国民经济和社会发展规划，所需经费列入本级财政预算。国家用于文物保护的财政拨款随着财政收入增长

而增加。国有博物馆、纪念馆、文物保护单位等的事业性收入，专门用于文物保护，任何单位或者个人不得侵占、挪用。国家鼓励通过捐赠等方式设立文物保护社会基金，专门用于文物保护，任何单位或者个人不得侵占、挪用。

（三）考古发掘

根据《中华人民共和国文物保护法》，一切考古发掘工作，必须履行报批手续；从事考古发掘的单位，应当经国务院文物行政部门批准。地下埋藏的文物，任何单位或者个人都不得私自发掘。

进行大型基本建设工程，建设单位应当事先报请省、自治区、直辖市人民政府文物行政部门组织从事考古发掘的单位在工程范围内有可能埋藏文物的地方进行考古调查、勘探。考古调查、勘探中发现文物的，由省、自治区、直辖市人民政府文物行政部门根据文物保护的要求会同建设单位共同商定保护措施；遇有重要发现的，由省、自治区、直辖市人民政府文物行政部门及时报国务院文物行政部门处理。

需要配合建设工程进行的考古发掘工作，应当由省、自治区、直辖市文物行政部门在勘探工作的基础上提出发掘计划，报国务院文物行政部门批准。国务院文物行政部门在批准前，应当征求社会科学研究机构及其他科研机构和有关专家的意见。

确因建设工期紧迫或者有自然破坏危险，对古文化遗址、古墓葬急需进行抢救发掘的，由省、自治区、直辖市人民政府文物行政部门组织发掘，并同时补办审批手续。

在进行建设工程或者在农业生产中，任何单位或者个人发现文物，应当保护现场，立即报告当地文物行政部门，文物行政部门接到报告后，如无特殊情况，应当在二十四小时内赶赴现场，并在七日内提出处理意见。文物行政部门可以报请当地人民政府通知公安机关协助保护现场；发现重要文物的，应当立即上报国务院文物行政部门，国务院文物行政部门应当在接到报告后十五日内提出处理意见。依照前款规定发现的文物属于国家所有，任何单位或者个人不得哄抢、私分、藏匿。

非经国务院文物行政部门报国务院特别许可，任何外国人或者外国团体不得在中华人民共和国境内进行考古调查、勘探、发掘。

（四）文物出境进境

《中华人民共和国文物保护法》规定，国有文物、非国有文物中的珍贵文物和国家规定禁止出境的其他文物，不得出境；但是依照本法规定出境展览或者因特殊需要经国务院批准出境的除外。

文物出境，应当经国务院文物行政部门指定的文物进出境审核机构审核。经审核允许出境的文物，由国务院文物行政部门发给文物出境许可证，从国务院文物行政部门指定的口岸出境。

任何单位或者个人运送、邮寄、携带文物出境，应当向海关申报；海关凭文物出境许可证放行。

文物出境展览，应当报国务院文物行政部门批准；一级文物超过国务院规定数量的，应当报国务院批准。一级文物中的孤品和易损品，禁止出境展览。

【小知识】

64件中国永久禁止出国展览的国宝：由国家文物局根据地方文物部门和有关方面专家的意见评选出，并印发有《首批禁止出国（境）展览文物目录》。

（1）彩绘鹳鱼石斧图陶缸：属新石器时代仰韶文化，1978年出土于河南省临汝县阎村。现藏中国国家博物馆。

（2）陶鹰鼎：属新石器时代，1957年出土于陕西省华县太平庄。现藏中国国家博物馆。

（3）后母戊铜鼎：属商后期，1939年河南省安阳市武官村出土。现藏中国国家博物馆。

（4）利簋：属西周早期，1976年出土于陕西临潼。现藏中国国家博物馆。

（5）大盂鼎：属西周康王时期，清道光间在陕西眉县礼村出土。现藏中国国家博物馆。

（6）虢季子白盘：属西周，清道光年间陕西宝鸡虢镇虢川司出土。现藏中国国家博物馆。

（7）明代凤冠：1957年北京市昌平县定陵出土。现藏中国国家博物馆。

（8）嵌绿松石象牙杯：属商代，1976年安阳市殷墟妇好墓出土。现藏中国国家博物馆。

（9）晋侯苏钟：属西周厉王时期，1992年山西曲沃晋侯墓地八号墓出土。现藏上海博物馆。

（10）大克鼎：属西周晚期，1890年（清光绪十六年）陕西扶风法门镇任村出土。现藏上海博物馆。

（11）太保鼎：属西周初期，传清道光间山东寿张县梁山出土。现藏天津博物馆。

（12）河姆渡出土朱漆碗：属新石器时代，1977年浙江河姆渡遗址T231出土。现藏浙江省博物馆。

（13）良渚出土玉琮王：属新石器时代。现藏浙江省文物考古研究所。

（14）水晶杯：属战国时期，1990年杭州半山镇石塘村战国墓出土。现藏浙江省文物考古研究所。

（15）淅川出土铜禁：属春秋中期，1978年河南淅川下寺出土。现藏河南博物院。

（16）莲鹤铜方壶：属春秋中期。此壶为一对，一件现藏北京故宫博物院，另一件藏河南省博物馆。

（17）齐王墓青铜方镜：属西汉时期。现藏淄博市博物馆。

（18）铸客大铜鼎：属战国时期，是现存周代以来最大最重的鼎。现藏安徽省博物馆。

（19）朱然墓出土漆木屐：属三国时期（吴）。现藏马鞍山市博物馆。

（20）朱然墓贵族生活图漆盘：属三国时期（吴）。现藏马鞍山市博物馆。

（21）司马金龙墓出土漆屏：属北魏时期，1965年山西大同司马金龙墓出土。现藏大同市博物馆。

（22）娄睿墓《鞍马出行图》壁画：属北齐时期，1979 年山西太原娄睿墓出土。现藏山西省博物馆。

（23）涅槃变相碑：属唐代，山西省临猗县大云寺遗物。现藏山西省博物馆。

（24）常阳太尊石像：属唐代，山西省运城盐湖区安邑镇道观遗物。现藏山西省博物馆。

（25）大玉戈：属商代前期，1974 年黄陂盘龙城李家嘴三号墓出土。现藏湖北省博物馆。

（26）曾侯乙编钟：属战国早期，1978 年湖北随州擂鼓墩曾侯乙墓出土。现藏湖北省博物馆。

（27）曾侯乙墓外棺：属战国早期，1978 年湖北随州擂鼓墩曾侯乙墓出土。现藏湖北省博物馆。

（28）彩漆木雕小座屏：属战国时期，1965 年湖北省江陵望山 1 号墓出土。现藏湖北省博物馆。

（29）红山文化女神像：属新石器晚期。现藏辽宁省文物考古研究所。

（30）鸭形玻璃注：属北燕时期，1965 年出土于辽宁省朝阳市北票县西官营子“北燕冯素弗墓”。现藏辽宁省博物馆。

（31）青铜神树：属商代，1986 年四川广汉三星堆二号祭祀坑出土。现藏三星堆博物馆。

（32）玉边璋：属商代，1986 年四川广汉三星堆一号祭祀坑出土。现藏三星堆博物馆。

（33）摇钱树：属东汉，1990 年四川绵阳何家山二号汉墓出土。现藏四川绵阳博物馆。

（34）铜奔马：属东汉，1969 年 10 月出土于甘肃省武威市雷台汉墓。现藏甘肃省博物馆。

（35）铜车马：属秦代，1978 年 6 月陕西西安临潼区秦陵封土西侧出土。现藏秦始皇兵马俑博物馆。

（36）墙盘：属西周中期，1976 年 12 月陕西扶风出土。现藏陕西省周原扶风博物馆。

（37）淳化大鼎：属西周早期，1979 年陕西咸阳淳化县史家塬出土。现藏陕西省历史博物馆。

（38）何尊：属西周时期。现藏陕西宝鸡市博物馆。

（39）茂陵石雕：西汉茂陵霍去病墓之大型石刻。现藏陕西茂陵博物馆。

（40）河姆渡出土陶：属新石器时代，1977 年河姆渡遗址 T243 出土。现藏浙江省博物馆。

（41）大秦景教流行中国碑：唐代陕西西安大秦寺遗物。现藏西安碑林博物馆。

（42）舞马衔杯仿皮囊式银壶：属唐代。现藏陕西省历史博物馆。

（43）兽首玛瑙杯：唐代，1970 年西安南郊何家村出土。现藏陕西省历史博物馆。

（44）景云铜钟：唐代，陕西省西安景云观遗物。

（45）银花双轮十二环锡杖：唐代，1987 年 4 月法门寺地宫出土。现藏法门寺博物馆。

（46）八重宝函：唐代，1987 年 4 月法门寺地宫出土。现藏法门寺博物馆。

（47）铜浮屠：唐代，1987 年 4 月法门寺地宫出土。现藏法门寺博物馆。

（48）错金银四龙四凤铜方案座：属战国时期中山国。现藏河北省文物研究所。

（49）“五星出东方利中国”锦护膊：东汉晚期，1995 年出土于民丰县尼雅遗址 1 号墓地。现藏于新疆博物馆。

（50）中山王铁足铜鼎：属战国时期。现藏河北省文物研究所。

（51）刘胜金缕玉衣：西汉，1968 年河北满城中山靖王刘胜墓出土。现藏河北省博物馆。

（52）长信宫灯：属西汉。现藏河北省博物馆。

（53）铜屏风构件 5 件：1983 年广州西汉南越王墓出土。现藏西汉南越王墓博物馆。

（54）角形玉杯：西汉，1983 年西汉南越王墓出土。现藏广州南越王博物馆。

（55）人物御龙帛画：战国中期晚段时期文物。现藏湖南省博物馆。

（56）人物龙凤帛画：战国中期晚段，1949 年湖南长沙东南郊楚墓出土。现藏湖南省博物馆。

（57）直裾素纱禅衣：西汉，1972 年湖南长沙马王堆一号墓出土。现藏湖南省博物馆。

（58）马王堆一号墓木棺椁：西汉，1972 年湖南长沙马王堆一号墓出土。现藏湖南省博物馆。

（59）马王堆一号墓 T 型帛画：西汉，1972 年湖南长沙马王堆一号墓出土。现藏湖南省博物馆。

（60）红地云珠日天锦：属北朝时期。现藏青海省文物考古研究所。

（61）西夏文佛经《吉祥遍至口和本续》：西夏时期，1991 年宁夏回族自治区贺兰县拜寺沟方塔出土。现藏宁夏回族自治区文物考古研究所。

（62）青花釉里红瓷仓：元，1974 年在江西省景德镇凌氏墓出土。现藏江西省博物馆。

（63）竹林七贤砖印模画：1960 年 4 月在江苏省南京市西善桥南朝墓葬出土。现藏南京博物院。

（五）世界遗产的保护

世界遗产是指被联合国教科文组织和世界遗产委员会确认的人类罕见的、无法替代的财富，是全人类公认的具有突出意义和普遍价值的文物古迹及自然景观，包括世界文化遗产（包含文化景观）、世界自然遗产、世界文化与自然双重遗产三类。广义概念，根据形态和性质，分为物质遗产和非物质文化遗产。

1. 申请条件

提名的遗产必须具有“突出的普世价值”以及至少满足以下十项基准之一：

（1）表现人类创造力的经典之作。

（2）在某期间或某种文化圈里对建筑、技术、纪念性艺术、城镇规划、景观设计之发展有巨大影响，促进人类价值的交流。

（3）呈现有关现存或者已经消失的文化传统、文明的独特或稀有之证据。

（4）关于呈现人类历史重要阶段的建筑类型，或者建筑及技术的组合，或者景观上的卓越典范。

（5）代表某一个或数个文化的人类传统聚落或土地使用，提供出色的典范——特别是因为难以抗拒的历史潮流而处于消灭危机的场合。

（6）具有显著普遍价值的事件、活的传统、理念、信仰、艺术及文学作品，有直接或实质的连结（世界遗产委员会认为该基准应最好与其他基准共同使用）。

（7）包含出色的自然美景与美学重要性的自然现象或地区。

（8）代表生命进化的纪录、重要且持续的地质发展过程、具有意义的地形学或地文学特色等的地球历史主要发展阶段的显著例子。

（9）在陆上、淡水、沿海及海洋生态系统及动植物群的演化与发展上，代表持续进行中的生态学及生物学过程的显著例子。

（10）拥有最重要及显著的多元性生物自然生态栖息地，包含从保育或科学的角度来看，符合普世价值的濒临绝种动物种。

2. 评定标准

世界遗产的评定标准主要依据：《保护世界文化和自然遗产公约》第一、第二条规定。遗产项目要列入《世界遗产名录》，必须经过严格的考核和审批程序。

每年举行一次的世界遗产委员会会议将对申请列入名单的遗产项目进行审批，其主要依据是该委员会此前委托有关专家对各国提名的遗产遗址进行实地考察而提出的评价报告。

对各国提名的遗产遗址考察，主要由该委员会会同国际古迹遗址理事会（ICOMOS）和世界保护联盟（IUCN）组织专家进行。前者总部设在巴黎，成立于1965年，是国际上唯一从事文化遗产保护理论、方法、科学技术的运用与推广的非政府国际机构，有80多个国家会员和4500多名个人会员；后者总部设在瑞士日内瓦，成立于1948年，原名国际自然及自然资源保护联盟，宗旨是促进和鼓励人类对自然资源的保护与永久利用，成员包括分布在120个国家的官方机构、民间团体、科研和保护机构。两者受世界遗产委员会委托，分别对提名列入《名录》的文化和自然遗产地进行考察并提交评价报告。

3. 申报程序

根据联合国教科文组织文件，世界遗产的申报需要完成9个步骤：

（1）一个国家首先要签署《保护世界文化和自然遗产公约》并保证保护该国的文化和自然遗产，成为缔约国。

（2）任何缔约国要把本土上具有突出普遍价值的文化和自然遗产列出一个预备名单。

（3）从预备名单中筛选要列入《世界遗产名录》的遗产。

（4）把填写好的提名表格寄给联合国教科文组织世界遗产中心。

（5）联合国教科文组织世界遗产中心检查提名是否完全，并送交世界自然保护联盟和国际古迹遗址理事会评审。

（6）专家到现场评估遗产的保护和管理情况。按照文化与自然遗产的标准，世界自然保护联盟和国际古迹遗址理事会对上交的提名进行评审。

（7）世界自然保护联盟和国际古迹遗址理事会提交评估报告。

（8）世界遗产委员会主席团的 7 名成员审查提名评估报告，并向委员会提交推荐名单。

（9）由 21 名成员组成的世界遗产委员会最终决定入选、推迟入选或淘汰的名单。

【小知识】

联合国教科文组织于 1972 年 11 月 16 日在第十七次大会上正式通过了《保护世界文化和自然遗产公约》（以下简称《公约》），其目的是保护世界文化和自然遗产。《世界遗产名录》（The World Heritage List）是于 1976 年世界遗产委员会成立时建立。截至 2021 年 7 月 25 日，世界遗产总数达 1 122 项，分布在世界 167 个国家，世界文化与自然双重遗产 39 项，世界自然遗产 213 项，世界文化遗产 869 项。

中国于 1985 年 12 月 12 日正式加入《公约》，1986 年，中国开始向联合国教科文组织申报世界遗产项目。1999 年 10 月 29 日，中国当选为世界遗产委员会成员。截至 2021 年 7 月 25 日，中国世界遗产总数达到 56 处，其中世界文化遗产 33 项、世界文化遗产景观 5 项、世界文化与自然双重遗产 4 项、世界自然遗产 14 项。中国是世界上拥有世界遗产类别最齐全的国家之一，也是世界自然遗产数量最多的国家（14 项）、世界文化与自然双重遗产数量最多的国家之一（与澳大利亚并列，均为 4 项）。中国的首都北京是世界上拥有遗产项目数最多的城市（7 项）。

六、法律责任

根据《中华人民共和国文物保护法》，违反法律规定的行为，根据情节严重情况，将承担相应的刑事责任、民事责任和行政责任。主要有以下几类。

（一）刑事责任

有下列行为之一，构成犯罪的，依法追究刑事责任：

（1）盗掘古文化遗址、古墓葬的；

（2）故意或者过失损毁国家保护的珍贵文物的；

（3）擅自将国有馆藏文物出售或者私自送给非国有单位或者个人的；

（4）将国家禁止出境的珍贵文物私自出售或者送给外国人的；

（5）以牟利为目的倒卖国家禁止经营的文物的；

（6）走私文物的；

（7）盗窃、哄抢、私分或者非法侵占国有文物的；

（8）应当追究刑事责任的其他妨害文物管理行为。

造成文物灭失、损毁的，依法承担民事责任。

构成违反治安管理行为的，由公安机关依法给予治安管理处罚。

构成走私行为，尚不构成犯罪的，由海关依照有关法律、行政法规的规定给予处罚。

（二）行政责任

有下列行为之一，尚不构成犯罪的，由县级以上人民政府文物主管部门责令改正，造成严重后果的，处五万元以上五十万元以下的罚款；情节严重的，由原发证机关吊销资质证书：

（1）擅自在文物保护单位的保护范围内进行建设工程或者爆破、钻探、挖掘等作业的；

（2）在文物保护单位的建设控制地带内进行建设工程，其工程设计方案未经文物行政部门同意、报城乡建设规划部门批准，对文物保护单位的历史风貌造成破坏的；

（3）擅自迁移、拆除不可移动文物的；

（4）擅自修缮不可移动文物，明显改变文物原状的；

（5）擅自在原址重建已全部毁坏的不可移动文物，造成文物破坏的；

（6）施工单位未取得文物保护工程资质证书，擅自从事文物修缮、迁移、重建的。

刻划、涂污或者损坏文物尚不严重的，或者损毁依照本法第十五条第一款规定设立的文物保护单位标志的，由公安机关或者文物所在单位给予警告，可以并处罚款。

有下列行为之一的，由县级以上人民政府文物主管部门责令改正，没收违法所得，违法所得一万元以上的，并处违法所得二倍以上五倍以下的罚款；违法所得不足一万元的，并处五千元以上二万元以下的罚款：

（1）转让或者抵押国有不可移动文物，或者将国有不可移动文物作为企业资产经营的；

（2）将非国有不可移动文物转让或者抵押给外国人的；

（3）擅自改变国有文物保护单位的用途的。

有下列行为之一，尚不构成犯罪的，由县级以上人民政府文物主管部门责令改正，可以并处二万元以下的罚款，有违法所得的，没收违法所得：

（1）文物收藏单位未按照国家有关规定配备防火、防盗、防自然损坏的设施的；

（2）国有文物收藏单位法定代表人离任时未按照馆藏文物档案移交馆藏文物，或者所移交的馆藏文物与馆藏文物档案不符的；

（3）将国有馆藏文物赠与、出租或者出售给其他单位、个人的；

（4）违反规定处置国有馆藏文物的；

（5）违反规定挪用或者侵占依法调拨、交换、出借文物所得补偿费用的。

买卖国家禁止买卖的文物或者将禁止出境的文物转让、出租、质押给外国人，尚不构成犯罪的，由县级以上人民政府文物主管部门责令改正，没收违法所得，违法经营额一万元以上的，并处违法经营额二倍以上五倍以下的罚款；违法经营额不足一万元的，并处五千元以上二万元以下的罚款。

文物商店、拍卖企业有前款规定的违法行为的，由县级以上人民政府文物主管部门没收违法所得、非法经营的文物，违法经营额五万元以上的，并处违法经营额一倍以上三倍以下的罚款；违法经营额不足五万元的，并处五千元以上五万元以下的罚款；情节严重的，由原发证机关吊销许可证书。

未经许可，擅自设立文物商店、经营文物拍卖的拍卖企业，或者擅自从事文物的商业经营活动，尚不构成犯罪的，由工商行政管理部门依法予以制止，没收违法所得、非法经营的文物，违法经营额五万元以上的，并处违法经营额二倍以上五倍以下的罚款；违法经营额不足五万元的，并处二万元以上十万元以下的罚款。

有下列情形之一的，由工商行政管理部门没收违法所得、非法经营的文物，违法经营额五万元以上的，并处违法经营额一倍以上三倍以下的罚款；违法经营额不足五万元的，并处五千元以上五万元以下的罚款；情节严重的，由原发证机关吊销许可证书：

（1）文物商店从事文物拍卖经营活动的；

（2）经营文物拍卖的拍卖企业从事文物购销经营活动的；

（3）拍卖企业拍卖的文物，未经审核的；

（4）文物收藏单位从事文物的商业经营活动的。

有下列行为之一，尚不构成犯罪的，由县级以上人民政府文物主管部门会同公安机关追缴文物；情节严重的，处五千元以上五万元以下的罚款：

（1）发现文物隐匿不报或者拒不上交的；

（2）未按照规定移交拣选文物的。

文物行政部门、文物收藏单位、文物商店、经营文物拍卖的拍卖企业的工作人员，有违法行为的，依法给予行政处分，情节严重的，依法开除公职或者吊销其从业资格；构成犯罪的，依法追究刑事责任：

公安机关、工商行政管理部门、海关、城乡建设规划部门和其他国家机关，违反法律规定滥用职权、玩忽职守、徇私舞弊，造成国家保护的珍贵文物损毁或者流失的，对负有责任的主管人员和其他直接责任人员依法给予行政处分；构成犯罪的，依法追究刑事责任。

重要概念

旅游资源

旅游景区

风景名胜区

自然保护区

国家公园

文物

世界遗产

练习题

1. 什么是旅游资源？如何管理旅游资源？
2. 如何定义旅游景区？如何进行旅游景区管理？旅游景区管理的法律制度有哪些？
3. 什么是风景名胜区？我国对风景名胜区是如何实施管理和保护的？
4. 什么是自然保护区？我国对自然保护区是如何进行建设与管理的？
5. 如何对文物保护单位和世界遗产进行保护？违反文物保护法应该承担哪些法律责任？

案例辨析

案例综述：2017 年春节期间，有游客为逃避购票，偷偷翻墙进入雅戈尔野生动物园。

据推测，其私自翻越了高达3米的外围墙，又无视警示标识钻过铁丝网。即便围墙外侧有明显的警示标识，该游客依然视若无睹，爬上了老虎散放区高达3米的围墙，并翻越了顶有70厘米宽网格状铁栅栏。该游客跳进虎山后，没有躲避正在休息的老虎，反而近距离逗弄老虎，被一只老虎拖咬，其他进食老虎看到后也围向被拖拽的游客。从目击者拍摄的视频中看到，一只老虎咬住一黑衣男子的右脚，欲将男子向林子深处拖拽，被拖拽的男子面部布满血迹，老虎拖拽过程中未见男子挣扎。事发后动物园工作人员曾用鞭炮、水枪、鸣枪等方式驱赶老虎，咬人的老虎也被当场击毙，将游客救出，但游客被送医后不治身亡。

问：

1. 请剖析案例中的法律关系、法律责任。

2. 请列出相关法条。

研习作业

1. 试对比我国与美国、日本等国家在国家公园设置等方面的差异，思考国家公园改革所面临的管理制度变革。

2. 总结归纳各类旅游资源保护的行政管理制度，列表对比颁布时间、管理范围与主要目标。

第九章　旅游交通管理法律制度

学习目标

理论学习	能力培养
1. 了解旅游交通的概念与特征 2. 熟悉旅游交通主要法规的构成 3. 理解航空运输承运人的权利与义务 4. 理解铁路运输承运人的权利与义务 5. 理解公路运输承运人的权利与义务	1. 掌握旅客航空运输管理规定 2. 掌握旅客铁路运输管理规定

导入案例

不合格车辆的责任承担

2019 年 10 月黄金周期间，西安游客激增，某旅行社组织散客成团后，因长期合作方旅游汽车公司车辆运力不足，遂向具有营运资质的某汽车公司预订旅游大巴，双方通过电话联系，就本次旅游大巴租赁的时间、价格和要求等事宜达成了口头一致。在约定的出团日期，该公司派出的旅游大巴按照要求接上游客前往旅游目的地，如期开展行程。返程途中，恰逢旅游主管部门随机抽查，发现该旅游大巴没有营运资质，旅游主管部门对此进行查处，要求旅行社在第二天就旅游大巴资质问题提交说明。翌日，旅行社提交了情况说明，认为该汽车公司是具有资质的公司，预订旅游大巴属于正常业务流程，因此旅行社主观上不存在过错，而汽车公司派出了没有资质的旅游大巴，应该承担责任。在了解了相关事实之后，旅游主管部门内部存在两种意见，一种认为应当对旅行社实施行政处罚，一种主张不对旅行社实施行政处罚。

思考：旅行社是否应当承担责任？旅游交通运输承运人的义务是什么？

旅游交通是旅游六要素“行”的实现途径，是实现旅游者空间转移的基本手段。目前，国际上规范各类运输的国际公约比较齐全，我国先后颁布了《中华人民共和国道路运输条例》《中华人民共和国民用航空法》《中华人民共和国铁路法》《中华人民共和国公路法》《中华人民共和国国际海运条例》《中华人民共和国海上交通安全管理法》等法律、法规，为促进旅游业以及交通运输业的健康、持续发展奠定了基础。

第一节　旅游交通管理概述

一、旅游交通

旅游交通是指旅游者利用某种手段和途径，实现从一个地点到达另一个地点的空间转移过程。旅游交通是旅游业产生和发展的先决条件，旅游地社会经济发展的重要推动力，旅游业稳定而重要的收入来源，也是旅游活动的重要内容。包括铁路交通、水运交通、公路交通、航空交通和特种旅游交通。特种旅游交通，诸如旅游包机、旅游车、游船、景区索道等，则专门为旅游者提供交通运输服务。旅游交通是随着交通运输业与旅游业的发展而发展的，是同整个交通运输系统联系在一起的，是大交通运输网络中的一部分，与通常所指的交通运输之间很难划分出一个明确的界限。

旅游交通可以划分为航空、铁路、公路、水路和特种旅游交通等基本类型。在旅游业中，对旅游交通的基本要求是安全、快速、舒适、方便、经济。各种旅游交通类型由于运输方式的不同都存在不同的弱点和局限性。因此，各类旅游交通方式应充分发挥各自的优势，更好地为旅游业服务。特种旅游交通主要是指为满足旅游者某种特殊需求而产生的旅游交通方式。除了为旅游者提供空间位移服务之外，还可以满足游客的娱乐需求。根据其自身的特殊性特种旅游交通可分为以下几类：用于景点和景区内的专门交通工具，如观光游览车、电瓶车等；在景点和景区内的某些特殊地段，为了旅客旅行安全或减少行走距离、节省体力而设置的交通工具，如缆车、索道、渡船等；有探险娱乐及在特殊需要情况下使用的交通工具，如帆船、飞翔伞、热气球等；带有娱乐性质，辅助旅游者游览观赏的旅游交通工具，如轿子、滑竿、马匹、骆驼等。因有些项目带有娱乐、观赏性质，可以提高旅游价值，进而招徕游客；还便于辅助老弱病残游客完成旅游活动。

二、旅游交通管理

现代旅游交通的产生是工业革命的直接产物。

（一）旅游交通管理部门

我国的旅游交通管理体制，主要实行国务院领导下的部门管理体制。国家旅游局、民航局、铁路局、交通运输部等旅游交通主管部门，按照“统一领导、分级管理”的原则，对旅游车船运输、民航运输、铁路运输、公路和水上运输进行部门管理。

国务院民用航空主管部门对全国民用航空活动实施统一监督管理；根据法律和国务院的决定，在本部门的权限内，发布有关民用航空活动的规定、决定。国务院民用航空主管部门设立的地区民用航空管理机构依照国务院民用航空主管部门的授权，监督管理各地区的民用航空活动。

铁路，包括国家铁路、地方铁路、专用铁路和铁路专用线。国家铁路是指由国务院铁路主管部门管理的铁路。地方铁路是指由地方人民政府管理的铁路。专用铁路是指由企业或者其他单位管理，专为本企业或者本单位内部提供运输服务的铁路。铁路专用线是指由企业或者其他单位管理的与国家铁路或者其他铁路线路接轨的岔线。国务院铁路主管部门主管全国铁路工作，对国家铁路实行高度集中、统一指挥的运输管理体制，对地方铁路、专用铁路和铁路专用线进行指导、协调、监督和帮助。

公路按其在公路路网中的地位分为国道、省道、县道和乡道，并按技术等级分为高速公路、一级公路、二级公路、三级公路和四级公路。具体划分标准由国务院交通主管部门规定。国务院交通主管部门主管全国公路工作。县级以上地方人民政府交通主管部门主管本行政区域内的公路工作；但是，县级以上地方人民政府交通主管部门对国道、省道的管理、监督职责，由省、自治区、直辖市人民政府确定。乡、民族乡、镇人民政府负责本行政区域内的乡道的建设和养护工作。县级以上地方人民政府交通主管部门可以决定由公路管理机构依照本法规定行使公路行政管理职责。

国务院交通运输主管部门主管全国海上交通安全工作。国家海事管理机构统一负责海上交通安全监督管理工作，其他各级海事管理机构按照职责具体负责辖区内的海上交通安全监督管理工作。

国务院交通主管部门主管全国内河交通安全管理工作。国家海事管理机构在国务院交通主管部门的领导下，负责全国内河交通安全监督管理工作。国务院交通主管部门在中央管理水域设立的海事管理机构和省、自治区、直辖市人民政府在中央管理水域以外的其他水域设立的海事管理机构（以下统称“海事管理机构”）依据各自的职责权限，对所辖内河通航水域实施水上交通安全监督管理。县级以上地方各级人民政府应当加强本行政区域内的内河交通安全管理工作，建立、健全内河交通安全管理责任制。

国家旅游局是国务院主管全国旅游业的直属机构，在旅游车船管理方面设置综合业务司，负责管理本行业的旅游车船业务工作，协调与民航、铁路、交通部门之间的关系。

（二）旅游交通国内法

世界各国立法机关制定的，用于调整其境内旅游交通运输关系的法律、法规，对加强交通运输管理、形成交通领域良好的秩序，协调客运关系、规范承运人与旅客的权利义务关系以及正确处理各类旅游交通矛盾与纠纷发挥了重要作用。

我国先后制定了一系列调整交通运输关系的单项法律、法规。在航空运输方面，有《国内民航旅客、行李运输规则》《中国民航旅客、行李国际运输规则》《中华人民共和国航空法》《民用航空安全保卫条例》《国内航空运输旅客身体损害赔偿暂行规定》《民用航空运输不定期飞行管理暂行规定》等。在铁路运输方面，有《旅客意外伤害强制保险条例》《铁路路外人员伤亡事故处理暂行规定》《旅客发生急病死亡处理办法》《铁路旅客及行李包裹运输规程》《中华人民共和国铁路法》等。在公路、海上运输方面有《公路汽车旅客运输规则》《公路运输管理暂行条例》，《海上轮船旅客及行李包裹运送试行规则》《水路运输管理暂行条例》等。

（三）旅游交通国际公约

世界其他国家，诸如日本、美国、法国等都有较为完备的国内旅游交通法规体系。由于各国交通运输法都是根据本国的需要，依本国的具体情况而制定，所以，不同国家的规定差异较大。对于国际旅游而言，同一性质、同一或类似的交通运输纠纷在不同的发生地根据不同国家的法律，常会有迥异的结果，这对国际游客大为不利，故世界各国以及国际社会都在极力寻求广泛、合理的旅游交通合作关系，制定一系列的国际法律文件。各国只要加入或签字批准，就需遵守这些统一规定。

为协调世界各国政府有关旅游交通运输的经济和法律事务，促进世界旅游交通业的发展，充分维护与保障旅游者的合法权益，世界上成立了许多旅游交通运输方面的国际组织。诸如，国际民用航空组织（International Civil Aviation Organization，ICAO）、国际航空运输协会（International Air Transport Association ，IATA）、国际铁路联盟（International Union of Railways，IUR）、国际海事组织（International Maritime Organization，IMO）等。

在世界旅游交通运输的国际组织和有关国家政府的努力下，制定了一系列的国际交通运输方面的国际公约，其范围涉及航空、铁路、海上运输等。诸如，1961 年在瑞士伯尔尼签订年的《国际铁路运输公约》，是目前调整国际铁路客运关系的一项基本公约，该公约于 1975 生效；1961 年签订的《布鲁塞尔公约》是国际海上旅客运输的主要国际公约；以 1929 年《华沙公约》为核心，包括一系列补充修正性公约或议定书在内的，调整国际航空运输关系的国际公约体系基本建立。这些国际交通运输公约在公约的适用范围、旅客的人身安全及赔偿、行李损害责任及赔偿、诉讼时效、承运人与旅客的权利义务关系等方面都作出了详细的规定，为解决旅游交通运输方面的国际纠纷提供了法律依据。

第二节　旅游运输合同

旅游运输合同是《中华人民共和国民法典》及各类旅游交通法规所调整的法律关系。《中华人民共和国民法典》第八百零九条规定，运输合同是承运人将旅客或者货物从起运地点运输到约定地点，旅客、托运人或者收货人支付票款或者运输费用的合同。客运合同自承运人向旅客出具客票时成立，但是当事人另有约定或者另有交易习惯的除外。

一、承运人的主要权利和义务

（一）承运人的主要权利

1. 收取运输费用与服务费的权利

承运人向旅客提供交通运输服务，有权要求旅客支付票款或运输费用。如果由于旅客的原因导致的误机、漏乘、错乘、客票遗失、超程乘运、超级乘运等引起客票变更、补票、退票服务，可按照规定合理、合法收取相应的服务费用。

2. 特定条件下拒绝运输的权利

旅客无票乘坐、超程乘坐、越级乘坐或者持不符合减价条件的优惠客票乘坐的，应当补交票款，承运人可以按照规定加收票款；旅客不支付票款的，承运人可以拒绝运输。

旅客因自己的原因不能按照客票记载的时间乘坐的，应当在约定的期限内办理退票或者变更手续；逾期办理的，承运人可以不退票款，并不再承担运输义务。

旅客违反规定携带危险或违禁物品的，承运人可以将危险物品或者违禁物品卸下、销毁或者送交有关部门。旅客坚持携带或者夹带危险物品或者违禁物品的，承运人应当拒绝运输。

【小知识】

火车票退票规定：

（一）按照铁路网发布的消息，关于退票规定如下：

（1）开车前15天（含）以上退票的，不收取退票费；

（2）票面乘车站开车时间前48小时以上的按票价5%计；

（3）24小时以上、不足48小时的按票价10%计；

（4）不足24小时的按票价20%计。

开车前48小时至8天期间内，改签或变更到站至距开车8天以上的其他列车，又在距开车8天前退票的，仍核收5%的退票费。办理车票改签或“变更到站”时，新车票票价低于原车票的，退还差额，对差额部分核收退票费并执行现行退票费标准。

上述计算的尾数以5角为单位，尾数小于2.5角的舍去、2.5角及以上且小于7.5角的计为5角、7.5角及以上的进为1元。退票费最低按2元计收。

改签或变更到站后的车票乘车日期在春运期间的，退票时一律按开车时间前不足24小时标准核收退票费。

（二）如果在窗口办理退票的，须在开车前办理：

（1）乘车人本人办理的，请提供车票和购票时所使用的本人有效身份证件原件办理退票；

（2）代乘车人办理的，请提供车票及代办人本人的有效身份证件原件和购票时所使用的乘车人有效身份证件原件；

（3）居民身份证无法自动识读或者使用居民身份证以外的其他有效身份证件购票的，请提供订单号码。

国航退票手续费规定：①开车前8天（含当日）：不收取退票费用；②7天以内至48小时内：扣除票价5%费用，例如车票100元，48小时前退票将扣除5%，也就是5元；③48小时至24小时：扣除票价10%计算，例如车票100元，开车前24小时，但是却不足48小时，扣除10%也就是10元；④24小时以内：扣除票价20%计算，例如车票100元，距离开车前24小时以内，扣除20%，也就是20元；⑤开车前48小时至15天期间，改签/变更到站距开车15天以上，又在距开车15天退票的，仍核收5%的退票费；⑥已经改签（含变更到站）后的车票乘车日期在春运期间，退票时一律按照票面票价20%核收退票费；⑦如果出现乘客因为伤、病，中途下车的，在退票时，核收应退票款20%的退票费；⑧如果遇到列车全程停运，在收到退票通知后之开车后5日内，申请退票即可，退票时不收取手续费，已经换取了纸质车票时需要到车站窗口办理退票；⑨挂失补车票不能办理改签、变更到站，但是可以退票，退票时按照规定核收补充的手续费。

3. 有要求旅客赔偿的权利

如果旅客违反旅游运输合同的约定，例如，旅客预定机座，在约定的期限内未能前来购买定座客票，给航空部门造成损失的，承运人有权要求其赔偿。在旅游运输过程中，旅客损害或破坏旅游交通工具、交通设施，旅游交通部门或企业有权要求其赔偿，情况严重的，依法由司法机关处理。

（二）承运人的义务

从事公共运输的承运人不得拒绝旅客、托运人通常、合理的运输要求。

1. 保障旅客与货物的安全

承运人应当严格履行安全运输义务，及时告知旅客安全运输应当注意的事项。旅客对承运人为安全运输所作的合理安排应当积极协助和配合。

2. 按照运输合同提供服务

承运人应当在约定期限或者合理期限内，按照约定的或者通常的运输路线将旅客、货物安全运输到约定地点。

承运人应当按照有效客票记载的时间、班次和座位号运输旅客。承运人迟延运输或者有其他不能正常运输情形的，应当及时告知和提醒旅客，采取必要的安置措施，并根据旅客的要求安排改乘其他班次或者退票；由此造成旅客损失的，承运人应当承担赔偿责任，但是不可归责于承运人的除外。

承运人擅自降低服务标准的，应当根据旅客的请求退票或者减收票款；提高服务标准的，不得加收票款。

3. 救助与赔偿

承运人在运输过程中，应当尽力救助患有急病、分娩、遇险的旅客。

承运人应当对运输过程中旅客的伤亡承担赔偿责任；但是，伤亡是旅客自身健康原因造成的或者承运人证明伤亡是旅客故意、重大过失造成的除外。承运人对运输过程中货物的毁损、灭失承担赔偿责任。但是，承运人证明货物的毁损、灭失是因不可抗力、货物本身的自然性质或者合理损耗以及托运人、收货人的过错造成的，不承担赔偿责任。

【思考】

2011 年 4 月 15 日 14：10，T70 次旅客列车上第 12 号车厢突然响起一片喧哗声，该车厢乘务员立即上前查看，原来有一名女性旅客，突发疾病，脸色苍白，昏迷不醒。

乘务员立即通知列车长，列车长马上安排广播员广播寻医救人，并赶到 12 号车厢查看旅客情况，动员相邻座位的旅客让出座位，先让该旅客躺平。经询问该旅客没有陪同人员，名叫孙晓颖，55 岁，身份证号码为 ××××××××××××××××××，持有乌鲁木齐至北京新空客特快硬座车票一张，携带红色拉杆箱一个。经赶来的好心医生的检查救治，旅客仍昏迷不醒，医生与列车长商议，建议该旅客在前方站台下车，以免耽误病情。

问：对于旅客，承运人有什么义务？

二、旅客的主要权利和义务

（一）旅客的主要权利

1. 享有按规定免费携带行李物品的权利

我国民航、铁路、公路、水运旅客运输对旅客随身携带的行李物品的免费重量有不同的规定，在规定的范围内，旅客享有的此项权利，任何人和单位不得干预。

2. 享有按规定购买优惠票的权利

客运客票是旅客乘坐旅游交通工具的具有法律效力的凭证。我国民航、铁路、公路、水运的客票分为不同的档次。不同等级的客票的价款不同。对于不同的购票主体，享有不同的购票优惠。

3. 享有按规定享有服务的权利

旅客有权享用约定的交通工具，交通运输部门不得擅自改变交通运输的班次、运输起止时间、交通工具的类型、档次等。在交通运输期间，旅客有权享受到交通部门提供的一切免费的或者收费的服务和设施设备。

以前航班延误、取消，旅客焦急、无奈，现在再遇这类情况，旅客可以要求赔偿。《航空客运消费者权益保护应急措施协定》2003 年 4 月 24 日在沪实施，旅客可借此维护自己的合法权益。

【小知识】

航班延误经济补偿指导意见

航班延误 4 小时以上必须即时报告当地民航管理部门。

航空公司因自身原因延误 4 小时以上应对旅客进行经济补偿。

因主观原因或客观原因延误后不作有效处理，造成航班延误 12 小时以上的，将视情节轻重暂停或撤销航班或航线经营许可权。

为进一步加大工作力度，努力使全年航班正点率达到 80% 以上，民航总局出台了三项举措，即建立航班正常报告制度，就国内航空公司因自身原因造成航班延误给予旅客经济补偿提出指导意见（试行），明确航班正常与（航线）（航班）经营权挂钩的具体措施：

各航空公司每月 10 日前要向总部所在地地区管理局报送上月航班正常报告书，并抄报民航总局运输司，报告书由企业主要负责人签署。各航空公司内部要建立航班延误即时报告制度，根据延误程度逐级报告，及时、妥善地作出处理。凡发生延误 2 小时以上航班，必须即时报告当日值班领导；凡发生延误 4 小时以上航班，必须即时报告当地管理局和安全监管办公室，地区管理局和安监办值班领导及有关部门对延误航班的处理进行督促检查。

《民航总局对国内航空公司因自身原因造成航班延误给予旅客经济补偿的指导意见（试行）》的主要内容是：航空公司因自身原因造成航班延误，除按照《中国民用航空旅客、行李国内运输规则》的有关规定，做好航班不正常情况下的服务工作之外，还应根据航班延误 4 小时（含）以上不超过 8 小时、延误 8 小时（含）以上不同延误时间的实际情况，对旅客进行经济补偿。经济补偿可以采用多种方式。航空公司应根据并尊重旅客本人的意愿和选择，通过现金、购票折扣和里程等方式予以兑现。为避免进一步延误影响后续航班和旅客，防止空勤人员疲劳驾驶形成飞行安全隐患，经济补偿一般不在机场现场进行。航空公司可以采取登记、信函寄回等方便旅客的办法完成经济补偿。具体的补偿方法和方案由各航空公司在此框架下根据各自的情况制定。

民航总局在指导意见中还要求各机场、空管部门认真做好工作，向航空公司提供优质服务。机场要维护好候机楼内的秩序，制止旅客在航班延误后，采取“罢乘”“占机”等过激方式，影响运输生产正常进行。

民航总局在指导意见中强调，《中华人民共和国民用航空法》第一百二十六条对因航班延误给旅客造成的损失，承运人应当承担的责任及其免责条件作了规定。本指导意见所指“补偿”措施，属在发生航班较长时间延误的情况下，航空公司主动安抚旅客、加强服务的措施。旅客因航班延误造成损失向承运人的索赔争议，应按有关法律程序处理。

关于将航班正常与航线（航班）经营权挂钩的具体措施包括四项内容：一是对今年上半年航班正常率、航班计划执行率低于行业平均水平的航空公司，在审定下一航季航班计划时，限制其航班总量的增加。二是对前一季度航班正常率较低的航空公司，停止审批下一个季度的加班包机飞行；在运输旺季，有限制地审批加班包机飞行。三是对擅自改变所给定的航班时刻，或售票时刻与公布时刻不一致的航空公司，撤销该航班经营许可和飞行时刻。四是对因航空公司主观原因，或客观原因延误后不作有效处理，造成航班12小时以上延误的，视情节轻重，暂停或撤销该航班（或航线）经营许可。

4. 享有按规定获得赔偿的权利

由于承运人的违约造成的违约责任以及由于承运人的原因导致的旅客人身或财产的损失等侵权行为，旅客享有按规定获得赔偿的权利。

（二）旅客的义务

旅客应遵守旅游交通运输的有关规定的义务，主要有以下方面。

1. 支付合法费用

旅客、托运人或者收货人应当支付票款或者运输费用。承运人未按照约定路线或者通常路线运输增加票款或者运输费用的，旅客、托运人或者收货人可以拒绝支付增加部分的票款或者运输费用。

2. 接受相关检查

旅客乘机、车、船应接受相关的客票检查、行李检查，甚至身份检查。

3. 遵守有关规定

旅客应当按照有效客票记载的时间、班次和座位号乘坐。实名制客运合同的旅客丢失客票的，可以请求承运人挂失补办，承运人不得再次收取票款和其他不合理费用。

按照有关规定，在购票、托运行李物品时，应该出具相应的证明。旅客变更运输合同的内容或者终止运输合同时，必须符合有关规章的规定与约定。

旅客随身携带行李应当符合约定的限量和品类要求；超过限量或者违反品类要求携带行李的，应当办理托运手续。

旅客不得随身携带或者在行李中夹带易燃、易爆、有毒、有腐蚀性、有放射性以及可能危及运输工具上人身和财产安全的危险物品或者违禁物品。

在运输过程中旅客随身携带物品毁损、灭失，承运人有过错的，应当承担赔偿责任。

第三节　民航运输管理法规

一、国际航空组织与协定

国际民用航空组织（民航组织）是联合国的一个专门机构，1944 年为促进全世界民用航空安全、有序地发展而成立。民航组织总部设在加拿大蒙特利尔，制订国际空运标准和条例，是 191 个缔约国（截至 2011 年）在民航领域中开展合作的媒介。52 个国家于 1944 年 11 月 1 日至 12 月 7 日参加了在芝加哥召开的国际会议，签订了《国际航空运输协定》（通称《芝加哥公约》），按照公约规定成立了临时国际民航组织（PICAO）。1947 年 4 月 4 日，《芝加哥公约》正式生效，国际民航组织也因之正式成立，并于 5 月 6 日召开了第一次大会。同年 5 月 13 日，国际民航组织正式成为联合国的一个专门机构。

国际航空运输协会（International Air Transport Association，IATA）是一个由世界各国航空公司所组成的大型国际组织，其前身是 1919 年在海牙成立并在第二次世界大战时解体的国际航空业务协会，总部设在加拿大的蒙特利尔，执行机构设在日内瓦。与监管航空安全和航行规则的国际民航组织相比，它更像是一个由承运人（航空公司）组成的国际协调组织，管理在民航运输中出现的诸如票价、危险品运输等等问题，主要作用是通过航空运输企业来协调和沟通政府间的政策，并解决实际运作的问题。

国际航空运输涉及世界各主权国家的领空问题，因此加强国际航空的协调与合作十分必要。1929 年 10 月 12 日，德国、奥地利、苏联、比利时、巴西、法国等 23 个国家在华沙共同签订了《华沙公约》，全称为《统一国际航空运输某些规则的公约》。为适应国航空运输的发展，根据国际航空运输的实际，不断对《华沙公约》进行修改和补充，形成以《华沙公约》为核心，包括一系列补充修正性公约或议定书在内的调整国际航空运输的国际公约体系。它包括：1929 年签订的《华沙公约》、1955 年签订的《海牙议定书》、1961 签订的《瓜达拉哈拉公约》、1971 年签订的《危地马拉协议书》、1975 年签订的《蒙特科第 1、2，3 号附加议定书和第四号议定书》。

二、公共航空运输管理

我国分别于 1958 年 7 月和 1975 年 8 月批准了《华沙公约》和《海牙议定书》。1979 年 12 月 11 日加入了 1966 年的《蒙特利尔协议》。中国民用航空局参照上述有关国际公约，结合我国航空运输实际，制定《中国民航旅客、行李国际运输规则》，于 1984 年 10 月 1 日起施行。2021 年 2 月 24 日，《公共航空运输旅客服务管理规定》经中华人民共和国交通运输部第 4 次部务会议通过，自 2021 年 9 月 1 日起施行。《中国民用航空旅客、行李国际运输规则》同时废止。此外，交通运输部还出台了《航班正常管理规定》《公共航空货物运输管理规定》《公共航空运输服务消费者投诉管理办法》等有关规章。

1995 年 10 月 30 日，第八届全国人民代表大会常务委员会第十六次会议通过了《中华人民共和国民用航空法》，并于 2009 年、2015 年、2016 年、2017 年、2018 年、2021 年六次修正。该法规定了民用航空器权利、适航管理、航空人员、机场、航空运输、法律责任等。

为了加强公共航空运输旅客服务管理，保护旅客合法权益，维护航空运输秩序，根据《中华人民共和国民用航空法》《中华人民共和国消费者权益保护法》《中华人民共和国电子商务法》等法律、行政法规，2021年2月24日中华人民共和国交通运输部通过《公共航空运输旅客服务管理规定》，自2021年9月1日起施行。原民航总局于1996年2月28日公布的《中国民用航空旅客、行李国内运输规则》（民航总局令第49号）、2004年7月12日公布的《中国民用航空总局关于修订〈中国民用航空旅客、行李国内运输规则〉的决定》（民航总局令第124号）和1997年12月8日公布的《中国民用航空旅客、行李国际运输规则》（民航总局令第70号）同时废止。

中国民用航空局（以下简称“民航局”）负责对公共航空运输旅客服务实施统一监督管理。

（一）运输凭证

根据《中华人民共和国民用航空法》规定，承运人运送旅客，应当出具客票。旅客乘坐民用航空器，应当交验有效客票。客票是航空旅客运输合同订立和运输合同条件的初步证据。旅客未能出示客票、客票不符合规定或者客票遗失，不影响运输合同的存在或者有效。《公共航空运输旅客服务管理规定》第二十条规定，承运人或者其航空销售代理人出票后，应当以电子或者纸质等书面方式告知旅客涉及行程的重要内容，至少应当包括：

（1）航班的主要服务信息；

（2）旅客姓名；

（3）票号或者合同号以及客票有效期；

（4）出行提示信息，包括航班始发地停止办理乘机登记手续的时间要求、禁止或者限制携带的物品等；

（5）免费获取所适用运输总条件的方式。

①客票变更。包括旅客自愿变更客票和旅客非自愿变更客票。退票包括旅客自愿退票和旅客非自愿退票。旅客自愿变更客票或者自愿退票的，承运人或者其航空销售代理人应当按照所适用的运输总条件、客票使用条件办理。由于承运人原因导致旅客非自愿变更客票的，承运人或者其航空销售代理人应当在有可利用座位或者被签转承运人同意的情况下，为旅客办理改期或者签转，不得向旅客收取客票变更费。由于非承运人原因导致旅客非自愿变更客票的，承运人或者其航空销售代理人应当按照所适用的运输总条件、客票使用条件办理。旅客非自愿退票的，承运人或者其航空销售代理人不得收取退票费。

②行李票。承运人载运托运行李时，行李票可以包含在客票之内或者与客票相结合。行李票是行李托运和运输合同条件的初步证据。旅客未能出示行李票、行李票不符合规定或者行李票遗失，不影响运输合同的存在或者有效。

③航班超售。承运人超售客票的，应当在超售前充分考虑航线、航班班次、时间、机型以及衔接航班等情况，最大程度避免旅客因超售被拒绝登机。承运人应当在运输总条件中明确超售处置相关规定，因承运人超售导致实际乘机旅客人数超过座位数时，承运人或者其地面服务代理人应当根据征集自愿者程序，寻找自愿放弃行程的旅客。未经征集自愿者程序，不得使用优先登机规则确定被拒绝登机的旅客。在征集自愿者时，承运人或者其地面服务代理人应当与旅客协商自愿放弃行程的条件。承运人的优先登机规则应当符合公序良俗原则，

考虑的因素至少应当包括老幼病残孕等特殊旅客的需求、后续航班衔接等。承运人或者其地面服务代理人应当在经征集自愿者程序未能寻找到足够的自愿者后，方可根据优先登机规则确定被拒绝登机的旅客。承运人或者其地面服务代理人应当按照超售处置规定向被拒绝登机旅客给予赔偿，并提供相关服务。旅客因超售自愿放弃行程或者被拒绝登机时，承运人或者其地面服务代理人应当根据旅客的要求，出具因超售而放弃行程或者被拒绝登机的证明。因超售导致旅客自愿放弃行程或者被拒绝登机的，承运人应当按照规定办理客票变更或者退票。

（二）承运人的责任

因发生在民用航空器上或者在旅客上、下民用航空器过程中的事件，造成旅客人身伤亡的，承运人应当承担责任；但是，旅客的人身伤亡完全是由于旅客本人的健康状况造成的，承运人不承担责任。

因发生在民用航空器上或者在旅客上、下民用航空器过程中的事件，造成旅客随身携带物品毁灭、遗失或者损坏的，承运人应当承担责任。因发生在航空运输期间的事件，造成旅客的托运行李毁灭、遗失或者损坏的，承运人应当承担责任。

旅客随身携带物品或者托运行李的毁灭、遗失或者损坏完全是由于行李本身的自然属性、质量或者缺陷造成的，承运人不承担责任。

因发生在航空运输期间的事件，造成货物毁灭、遗失或者损坏的，承运人应当承担责任；但是，承运人证明货物的毁灭、遗失或者损坏完全是由于下列原因之一造成的，不承担责任：

（1）货物本身的自然属性、质量或者缺陷；

（2）承运人或者其受雇人、代理人以外的人包装货物的，货物包装不良；

（3）战争或者武装冲突；

（4）政府有关部门实施的与货物入境、出境或者过境有关的行为。

航空运输期间，是指在机场内、民用航空器上或者机场外降落的任何地点，托运行李、货物处于承运人掌管之下的全部期间。

旅客、行李或者货物在航空运输中因延误造成的损失，承运人应当承担责任；但是，承运人证明本人或者其受雇人、代理人为了避免损失的发生，已经采取一切必要措施或者不可能采取此种措施的，不承担责任。

在旅客、行李运输中，经承运人证明，损失是由索赔人的过错造成或者促成的，应当根据造成或者促成此种损失的过错的程度，相应免除或者减轻承运人的责任。旅客以外的其他人就旅客死亡或者受伤提出赔偿请求时，经承运人证明，死亡或者受伤是旅客本人的过错造成或者促成的，同样应当根据造成或者促成此种损失的过错的程度，相应免除或者减轻承运人的责任。

在货物运输中，经承运人证明，损失是由索赔人或者代行权利人的过错造成或者促成的，应当根据造成或者促成此种损失的过错的程度，相应免除或者减轻承运人的责任。

（三）赔偿责任限额

国内航空运输承运人的赔偿责任限额由国务院民用航空主管部门制定，报国务院批准后公布执行。

旅客或者托运人在交运托运行李或者货物时，特别声明在目的地点交付时的利益，并在必要时支付附加费的，除承运人证明旅客或者托运人声明的金额高于托运行李或者货物在目的地点交付时的实际利益外，承运人应当在声明金额范围内承担责任；《中华人民共和国民用航空法》第一百二十九条的其他规定，除赔偿责任限额外，适用于国内航空运输。

国际航空运输承运人的赔偿责任限额按照下列规定执行：

（1）对每名旅客的赔偿责任限额为16600计算单位；但是，旅客可以同承运人书面约定高于本项规定的赔偿责任限额。

（2）对托运行李或者货物的赔偿责任限额，每公斤为17计算单位。旅客或者托运人在交运托运行李或者货物时，特别声明在目的地点交付时的利益，并在必要时支付附加费的，除承运人证明旅客或者托运人声明的金额高于托运行李或者货物在目的地点交付时的实际利益外，承运人应当在声明金额范围内承担责任。

托运行李或者货物的一部分或者托运行李、货物中的任何物件毁灭、遗失、损坏或者延误的，用以确定承运人赔偿责任限额的重量，仅为该一包件或者数包件的总重量；但是，因托运行李或者货物的一部分或者托运行李、货物中的任何物件的毁灭、遗失、损坏或者延误，影响同一份行李票或者同一份航空货运单所列其他包件的价值的，确定承运人的赔偿责任限额时，此种包件的总重量也应当考虑在内。

（3）对每名旅客随身携带的物品的赔偿责任限额为332计算单位。

（四）航班延误责任

2016年3月24日，交通运输部通过《航班正常管理规定》（交通运输部令2016年第56号），自2017年1月1日起施行，旨在提高航班正常率，有效处置航班延误，提升民航服务质量，维护消费者合法权益和航空运输秩序。

在航班出港延误或者取消方面作出规定：

航班出港延误或者取消承运人应当根据运输总条件、客票使用条件，为旅客妥善办理退票或者改签手续。旅客要求出具航班延误或者取消书面证明的，承运人应当及时提供。

航班出港延误或者取消时，承运人应当按照运输总条件，做好旅客服务工作。承运人或者地面服务代理人应当按照下列情形为旅客提供食宿服务：

（1）由于机务维护、航班调配、机组等承运人自身原因，造成航班在始发地出港延误或者取消，承运人应当向旅客提供餐食或者住宿等服务。

（2）由于天气、突发事件、空中交通管制、安检以及旅客等非承运人原因，造成航班在始发地出港延误或者取消，承运人应当协助旅客安排餐食和住宿，费用由旅客自理。

（3）国内航班在经停地延误或者取消，无论何种原因，承运人均应当向经停旅客提供餐食或者住宿服务。

（4）国内航班发生备降，无论何种原因，承运人均应当向备降旅客提供餐食或者住宿服务。

在航班出港延误或者取消时，承运人、航空销售代理人或者地面服务代理人应当优先为残疾人、老年人、孕妇、无成人陪伴儿童等需特别照料的旅客提供服务。机场管理机构应当在航站楼内为旅客提供医疗服务。

机上延误期间，在不影响航空安全的前提下，承运人应当保证盥洗设备的正常使用。机上延误超过2小时（含）的，应当为机上旅客提供饮用水和食品。机上延误超过3个小时

（含）且无明确起飞时间的，承运人应当在不违反航空安全、安全保卫规定的情况下，安排旅客下飞机等待。

三、民航旅客消费者投诉

为维护公共航空运输消费者的合法权益，提高公共航空运输服务质量，规范公共航空运输服务投诉管理工作，依据《中华人民共和国民用航空法》《中华人民共和国消费者权益保护法》《航班正常管理规定》《公共航空运输旅客服务管理规定》《公共航空货物运输管理规定》等有关法律、行政法规及部门规章，制定《公共航空运输服务消费者投诉管理办法》，于 2017 年 1 月 1 日起施行。

消费者可在投诉事项发生之日起 6 个月内向民航行政机关投诉，可以拨打民航服务质量监督电话“12326”，或者通过民航服务质量监督平台 App 和网站 www. 12326. cn 进行投诉。中国民用航空局消费者事务中心（以下简称“消费者事务中心”）代表民航行政机关受理消费者投诉。

投诉是指消费者在接受公共航空运输服务的过程中，与被投诉企业发生争议，请求民航行政机关保护其合法权益的行为。投诉人应当为消费者本人，并提供其真实姓名、身份证件及有效的联系方式，有具体的投诉请求及相应的争议事实。

消费者事务中心应当对投诉是否符合受理条件进行判断，并以短信或电话等方式告知消费者：符合受理条件的，在收到投诉之日起 7 个工作日内将投诉转发被投诉企业，并告知消费者投诉受理情况和处理时限；不符合受理条件的，在收到投诉之日起 7 个工作日内告知消费者投诉不予受理及其依据。

消费者对投诉处理结果不认可的，可在被投诉企业作出处理结果后的 10 个工作日内向消费者事务中心申请调解。消费者事务中心应当自收到调解申请之日起 20 个工作日内完成调解工作。双方在调解中达成一致意见的，消费者事务中心应当通过民航服务质量监督平台出具调解书，经双方确认后，投诉结案。调解书应当写明投诉请求、基本事实和调解结果。双方在调解中未达成一致意见，或者未对调解书进行确认的，消费者事务中心应当开展合规性评估。

合规性评估，是指消费者事务中心对投诉事实、投诉处理程序和处理结果等是否符合民航服务相关规定、是否符合被投诉企业对外公布的运输总条件和服务承诺等规则的判断。消费者事务中心应当依据消费者和被投诉企业在民航服务质量监督平台上提供的投诉事实、投诉处理情况和相关证据开展合规性评估工作。消费者事务中心应当自启动合规性评估之日起 20 个工作日内完成评估工作，通过民航服务质量监督平台向被投诉企业和消费者出具评估意见书，并以短信或电话等方式告知双方。

第四节　铁路运输管理法规

《中华人民共和国铁路法》于 1990 年 9 月 7 日第七届全国人民代表大会常务委员会第十五次会议，2009 年、2015 年两次修正。

国务院铁路主管部门主管全国铁路工作，对国家铁路实行高度集中、统一指挥的运输管理体制，对地方铁路、专用铁路和铁路专用线进行指导、协调、监督和帮助。

一、运输凭证

铁路运输合同是明确铁路运输企业与旅客、托运人之间权利义务关系的协议。旅客车票、行李票、包裹票和货物运单是合同或者合同的组成部分。

铁路运输企业应当保证旅客按车票载明的日期、车次乘车，并到达目的站。因铁路运输企业的责任造成旅客不能按车票载明的日期、车次乘车的，铁路运输企业应当按照旅客的要求，退还全部票款或者安排改乘到达相同目的站的其他列车。

旅客乘车应当持有效车票。对无票乘车或者持失效车票乘车的，应当补收票款，并按照规定加收票款；拒不交付的，铁路运输企业可以责令其下车。

二、铁路运输企业

铁路运输企业应当保证旅客和货物运输的安全，做到列车正点到达。

铁路运输企业应当保证旅客按车票载明的日期、车次乘车，并到达目的站。因铁路运输企业的责任造成旅客不能按车票载明的日期、车次乘车的，铁路运输企业应当按照旅客的要求，退还全部票款或者安排改乘到达相同目的站的其他列车。

铁路运输企业应当采取有效措施做好旅客运输服务工作，做到文明礼貌、热情周到，保持车站和车厢内的清洁卫生，提供饮用开水，做好列车上的饮食供应工作。

铁路运输企业应当按照合同约定的期限或者国务院铁路主管部门规定的期限，将货物、包裹、行李运到目的站；逾期运到的，铁路运输企业应当支付违约金。

铁路运输企业逾期三十日仍未将货物、包裹、行李交付收货人或者旅客的，托运人、收货人或者旅客有权按货物、包裹、行李灭失向铁路运输企业要求赔偿。

铁路运输企业应当对承运的货物、包裹、行李自接受承运时起到交付时止发生的灭失、短少、变质、污染或者损坏，承担赔偿责任：

（1）托运人或者旅客根据自愿申请办理保价运输的，按照实际损失赔偿，但最高不超过保价额。

（2）未按保价运输承运的，按照实际损失赔偿，但最高不超过国务院铁路主管部门规定的赔偿限额；如果损失是由于铁路运输企业的故意或者重大过失造成的，不适用赔偿限额的规定，按照实际损失赔偿。

由于下列原因造成的货物、包裹、行李损失的，铁路运输企业不承担赔偿责任：

（1）不可抗力。

（2）货物或者包裹、行李中的物品本身的自然属性，或者合理损耗。

（3）托运人、收货人或者旅客的过错。

因旅客、托运人或者收货人的责任给铁路运输企业造成财产损失的，由旅客、托运人或者收货人承担赔偿责任。

三、铁路运输企业损害赔偿

为正确审理铁路运输人身损害赔偿纠纷案件，依法维护各方当事人的合法权益，2010年1月4日，最高人民法院审判委员会第1482次会议通过《最高人民法院关于审理铁路运输人身损害赔偿纠纷案件适用法律若干问题的解释》，对铁路行车事故及其他铁路运营事故造成的铁路运输人身损害赔偿、与铁路运输企业建立劳动合同关系或者形成劳动关系的铁路职工在执行职务中发生的人身损害进行司法解释。

铁路运输造成人身损害的，铁路运输企业应当承担赔偿责任；法律另有规定的，依照其规定。铁路运输人身损害的受害人、依法由受害人承担扶养义务的被扶养人以及死亡受害人的近亲属为赔偿权利人，有权请求赔偿。赔偿权利人要求对方当事人承担侵权责任的，由事故发生地、列车最先到达地或者被告住所地铁路运输法院管辖；赔偿权利人依照《民法典》第三编的规定要求承运人承担违约责任予以人身损害赔偿的，由运输始发地、目的地或者被告住所地铁路运输法院管辖。

铁路运输造成无民事行为能力人人身损害的，铁路运输企业应当承担赔偿责任；监护人有过错的，按照过错程度减轻铁路运输企业的赔偿责任，但铁路运输企业承担的赔偿责任应当不低于全部损失的百分之五十。

铁路运输造成限制民事行为能力人人身损害的，铁路运输企业应当承担赔偿责任；监护人及受害人自身有过错的，按照过错程度减轻铁路运输企业的赔偿责任，但铁路运输企业承担的赔偿责任应当不低于全部损失的百分之四十。

铁路旅客运送期间发生旅客人身损害，赔偿权利人要求铁路运输企业承担违约责任的，人民法院应当依照《民法典》第八百一十一条、第八百二十二条、第八百二十三条等规定，确定铁路运输企业是否承担责任及责任的大小；赔偿权利人要求铁路运输企业承担侵权赔偿责任的，人民法院应当依照有关侵权责任的法律规定，确定铁路运输企业是否承担赔偿责任及责任的大小。

【小知识】

《民法典》客运合同

第八百一十一条　承运人应当在约定期限或者合理期限内将旅客、货物安全运输到约定地点。

第八百一十二条　承运人应当按照约定的或者通常的运输路线将旅客、货物运输到约定地点。

第八百一十三条　旅客、托运人或者收货人应当支付票款或者运输费用。承运人未按照约定路线或者通常路线运输增加票款或者运输费用的，旅客、托运人或者收货人可以拒绝支付增加部分的票款或者运输费用。

第二节 客运合同

第八百一十四条　客运合同自承运人向旅客出具客票时成立，但是当事人另有约定或者另有交易习惯的除外。

第八百一十五条　旅客应当按照有效客票记载的时间、班次和座位号乘坐。旅客无票乘坐、超程乘坐、越级乘坐或者持不符合减价条件的优惠客票乘坐的，应当补交票款，承运人可以按照规定加收票款；旅客不支付票款的，承运人可以拒绝运输。

实名制客运合同的旅客丢失客票的，可以请求承运人挂失补办，承运人不得再次收取票款和其他不合理费用。

第八百一十六条　旅客因自己的原因不能按照客票记载的时间乘坐的，应当在约定的期限内办理退票或者变更手续；逾期办理的，承运人可以不退票款，并不再承担运输义务。

第八百一十七条　旅客随身携带行李应当符合约定的限量和品类要求；超过限量或者违反品类要求携带行李的，应当办理托运手续。

铁路旅客运送期间因第三人侵权造成旅客人身损害的，由实施侵权行为的第三人承担赔偿责任。铁路运输企业有过错的，应当在能够防止或者制止损害的范围内承担相应的补充赔偿责任。铁路运输企业承担赔偿责任后，有权向第三人追偿。

车外第三人投掷石块等击打列车造成车内旅客人身损害，赔偿权利人要求铁路运输企业先予赔偿的，人民法院应当予以支持。铁路运输企业赔付后，有权向第三人追偿。

第五节　公路运输管理规定

公路交通是旅游业不可或缺的重要运输方式，为了加强公路的建设和管理，促进公路事业的发展，适应社会主义现代化建设和人民生活的需要，1997 年 7 月 3 日第八届全国人民代表大会常务委员会第二十六次会议通过《中华人民共和国公路法》，1998 年 1 月 1 日起施行。1999 年、2004 年、2009 年、2016 年、2017 年五次修正。此外，2003 年 10 月 28 日第十届全国人民代表大会常务委员会第五次会议通过《中华人民共和国道路交通安全法》，2004 年 5 月 1 日起施行。2007 年、2011 年、2021 年三次修正。2004 年 4 月 30 日，中华人民共和国国务院令第 405 号公布《中华人民共和国道路交通安全法实施条例》，2017 年修正。2020 年 7 月 6 日，交通运输部令第 17 号公布《道路旅客运输及客运站管理规定》，自 2020 年 9 月 1 日起施行。

一、旅游客运

《旅游法》第五十三条规定，从事道路旅游客运的经营者应当遵守道路客运安全管理的各项制度，并在车辆显著位置明示道路旅游客运专用标识，在车厢内显著位置公示经营者和驾驶人信息、道路运输管理机构监督电话等事项。

旅游客运属于道路客运经营，是使用客车运送旅客、为社会公众提供服务、具有商业性质的道路客运活动。交通运输部主管全国道路客运及客运站管理工作。县级以上地方人民政府交通运输主管部门负责组织领导本行政区域的道路客运及客运站管理工作。县级以上道路运输管理机构负责具体实施道路客运及客运站管理工作。

旅游客运是指以运送旅游观光的旅客为目的，在旅游景区内运营或者其线路至少有一端在旅游景区（点）的一种客运方式。

旅游客运按照营运方式分为定线旅游客运和非定线旅游客运。定线旅游客运按照班车客运管理，非定线旅游客运按照包车客运管理。

二、旅游客运管理

旅游客运管理由《中华人民共和国道路运输条例》《道路旅客运输及客运站管理规定》等各项法规进行规范，2021 年 1 月 13 日，交通运输部与文化和旅游部联合下发《关于进一步加强和改进旅游客运安全管理工作的指导意见》（以下简称《意见》），进一步规范旅游客运许可管理。

《意见》指出，各地交通运输主管部门要会同文化和旅游、公安、市场监管部门根据本地区旅游业发展水平，加强对旅游客运市场供求状况及发展趋势的分析研判，认真执行审查客运申请时应当考虑客运市场的供求状况、普遍服务和方便群众等因素的要求，完善包车客运运力投放规则，规范旅游客运企业、包车客运企业（以下统称“旅游包车企业”）及旅游客运、包车客运车辆（以下统称“旅游包车”）市场准入，确保准入管理公平、公正、公开，维护公平竞争、优胜劣汰的良好市场秩序。对依法取得道路客运经营许可资质的市场主体，交通运输主管部门要及时将相关许可信息交换至市场监管部门，由市场监管部门通过国家企业信用信息公示系统归集于市场主体名下，并向社会公示。对未取得相应经营许可、擅自从事客运经营（以下统称“非法营运”）的市场主体，交通运输主管部门要依法查处并责令停止经营，情节严重的，提请市场监管部门依法吊销其营业执照。

严格旅游包车和团组监管。督促旅行社、旅游包车企业包租车辆环节，通过查阅有关证照材料、登录互联网道路运输便民政务服务系统和旅游监管服务平台校验等方式，查验旅游包车企业、车辆、驾驶员和旅行社、导游资质资格。各地文化和旅游部门要全面推行旅行社用车“五不租”制度，即不租用未取得相应客运经营许可的经营者车辆、未持有效道路运输证的车辆、未安装卫星定位装置的车辆、未投保承运人责任险的车辆、未签订包车合同的车辆，要推进跨省旅游团组电子行程单制度。交通运输、文化和旅游部门要建立健全衔接机制，推动实现旅游包车客运标志牌（以下简称“包车牌”）和旅游团组行程单信息共享比对，运用“电子围栏”等技术强化旅游包车和旅游团组精准监管。

强化旅游客运监管执法。各地交通运输、公安、文化和旅游部门要强化节假日、旅游旺季等重点时段，旅游集散中心、旅游景区（点）等重点区域的旅游客运监督管理，加强执法协作和违法行为移送，从严查处各类违法行为。交通运输主管部门要从严查处破坏卫星定位装置以及恶意人为干扰、屏蔽卫星定位装置信号、旅游包车线路两端均不在车籍所在地、未持有效包车牌运行、招揽包车合同外的旅客乘车等违法行为。

规范旅行社安全管理。旅行社要建立健全安全管理制度和应急预案，完善岗位安全生产责任、安全事故报告和处理等制度；选择具有合法运营资质、安全记录良好的地接社承接当地旅游服务，要求地接社使用具备相应资质的旅游包车企业和车辆；提前对旅游线路进行安全评估，合理安排时间和行驶路线，遇极端天气或者安全隐患路段，要及时与地接社、旅游包车企业沟通，合理变更旅游行程或者与游客商议解除合同。

规范旅游包车企业安全管理。旅游包车企业要严格落实安全生产主体责任，对照《道路旅客运输企业安全管理规范》《道路运输车辆动态监督管理办法》，健全安全生产责任制，统一车辆技术管理、人员聘用管理、车辆调度、动态监控，规范签订包车合同，严禁旅游包车挂靠经营，坚决防止“以包代管”“挂而不管”等。

重要概念

旅游交通
承运人
旅客的权利
旅客的义务
运输凭证
旅游客运

练习题

1. 旅游者的合法权益受法律保护，游客在旅游活动中享有哪些权利和义务？
2. 在旅游交通运输中，承运人需承担哪些义务？享有哪些权利？
3. 航空运输中承运人的法律责任有哪些？
4. 铁路运输中承运人的法律责任有哪些？
5. 公路运输中承运人的法律责任有哪些？
6. 关于承运人责任免除或减轻有哪些规定？
7. 旅客有哪些主要权利？
8. 承运人对旅客随身携带物品和托运的行李承担怎样的责任？

案例辨析

案例综述：2018 年 7 月 5 日 17 点 45 分左右，两艘载有 127 名中国游客船只返回普吉岛途中，突遇特大暴风雨，分别在珊瑚岛和梅通岛发生倾覆。7 月 8 日中午，中国驻泰国大使吕健说，泰国警方及有关部门已经对普吉游船翻沉事故正式立案调查，中方也将参与相关调查。截至 2018 年 7 月 11 日 18 时，该沉船事故所造成的中国游客遇难人数定格在 47 人。7 月 16 日，沉海的“凤凰号”船主沃拉乐（26 岁）被送往普吉法院审理收押，且被反对保释。2018 年 8 月 22 日至 23 日，泰国普吉府政府联合当地旅游协会举行系列活动，悼念在“凤凰号”游船倾覆事故中遇难的 47 名中国游客。2018 年 11 月 17 日，泰国移民局表示，导致 47 名中国游客遇难的普吉海难遗留沉船“凤凰号”或将打捞上岸。12 月 17 日晚间，泰国警方公布了对沉船“凤凰号”的最新调查结果。结果显示，凤凰号船体在设计、建造等多方面“不合格”。

问：

1. 请剖析案例中的法律关系、法律责任。
2. 请列出相关法条。

研习作业

1. 旅游交通与一般交通运输相比较，有何特点？
2. 试比较中外旅游交通管理的异同，分析如何根据我国国情特点优化旅游交通管理。

第十章　出入境管理法律制度

学习目标

理论学习	能力培养
1. 护照和签证的概念、种类、作用 2. 了解我国边防检查制度、海关检查制度、安全检查制度、卫生检疫制度、动植物检疫制度	1. 掌握相关证件申请程序和申请机关 2. 熟悉我国出国（境）旅游管理制度、边境旅游、中国旅游者出入境的权利和义务

导入案例

办理签证后被拒出境

2019 年 3 月 3 日，某旅行社接到游客刘某的咨询电话，主要目的是咨询代办签证业务。刘某表示，其护照有效期至 2019 年 10 月中旬，准备今年 5 月前往境外度假，考虑到护照有效期接近半年，旅行社是否可以代为办理签证，旅行社的答复是可以办理。刘某遂委托该旅行社办理签证，签证办妥后，游客预订了 5 月中旬的机票及境外的住宿。但等到游客抵达机场准备出境，但被边检阻止出境，理由是护照有效期已在半年之内，游客的度假计划和支付的费用全部泡汤。游客要求旅行社承担退还所有费用，旅行社则认为自己仅仅是受托代为办理签证，而且签证已经办妥，游客被拒出境和旅行社的服务无关，不应当承担任何责任。

思考：旅行社是否应该承担责任？出境旅游应该注意哪些事项？

随着国民经济的增长和居民生活水平的提升，中国游客在旅游目的地选择上更趋国际化，中国游客也因人口基数大、消费力强而成为世界各国争抢的“香饽饽”。为保障中国公民出入中国国境的正当权利和利益，1985 年 11 月 22 日第六届全国人民代表大会常务委员会第十三次会议通过《中华人民共和国公民出境入境管理法》，自 1986 年 2 月 1 日起施行。随后又制定了《中华人民共和国外国人入境出境管理法》。

近年来我国出境旅游高速增长，入境旅游平稳发展，为了规范旅行社组织中国公民出国旅游活动，保障出国旅游者和出国旅游经营者的合法权益，2002 年 5 月 27 日，中华人民共和国国务院令第 354 号公布《中国公民出国旅游管理办法》，其于 2017 年被修订。庞大的出境入境人口规模，对护照、签证政策等相关出境入境管理提出了更高的要求，为了进一步规范出境入境管理，维护中华人民共和国的主权、安全和社会秩序，促进对外交往和对外开放，2012 年 6 月 30 日，第十一届全国人民代表大会常务委员会第二十七次会议通过《中华人民共和国出境入境管理法》，自 2013 年 7 月 1 日起施行，全面规范出境入境管理，前两部出境入境相关法律被废止。

第一节　中国公民旅游出入中国国境管理

中国公民出境入境、外国人入境出境、外国人在中国境内停留居留的管理，以及交通运输工具出境入境的边防检查等，适用中华人民共和国出境入境管理法律制度。

国家保护中国公民出境入境合法权益。在中国境内的外国人的合法权益受法律保护。在中国境内的外国人应当遵守中国法律，不得危害中国国家安全、损害社会公共利益、破坏社会公共秩序。

一、出入境管理机构

（一）公安部、外交部按照各自职责负责有关出境入境事务的管理

中华人民共和国驻外使馆、领馆或者外交部委托的其他驻外机构（以下简称“驻外签证机关”）负责在境外签发外国人入境签证。出入境边防检查机关负责实施出境入境边防检查。县级以上地方人民政府公安机关及其出入境管理机构负责外国人停留居留管理。公安部、外交部可以在各自职责范围内委托县级以上地方人民政府公安机关出入境管理机构、县级以上地方人民政府外事部门受理外国人入境、停留居留申请。

（二）国家在对外开放的口岸设立出入境边防检查机关

中国公民、外国人以及交通运输工具应当从对外开放的口岸出境入境，特殊情况下，可以从国务院或者国务院授权的部门批准的地点出境入境。出境入境人员和交通运输工具应当接受出境入境边防检查。

出入境边防检查机关负责对口岸限定区域实施管理。根据维护国家安全和出境入境管理秩序的需要，出入境边防检查机关可以对出境入境人员携带的物品实施边防检查。必要时，出入境边防检查机关可以对出境入境交通运输工具载运的货物实施边防检查，但是应当通知海关。

二、出入境有效证件

国家移民管理局（中华人民共和国出入境管理局）作为出入境证件的签发机关。如护照系国外办理，则签发机关为中华人民共和国驻外大使馆或领事馆等其他机构。

（一）护照

中华人民共和国护照是中华人民共和国公民出入国境和在国外证明国籍和身份的证件。任何组织或者个人不得伪造、变造、转让、故意损毁或者非法扣押护照。

为了规范中华人民共和国护照的申请、签发和管理，保障中华人民共和国公民出入中华人民共和国国境的权益，2006 年 4 月 29 日主席令第 50 号公布《中华人民共和国护照法》，

自 2007 年 1 月 1 日起施行。

护照分为普通护照、外交护照和公务护照。护照由外交部通过外交途径向外国政府推介。

普通护照由公安部出入境管理机构或者公安部委托的县级以上地方人民政府公安机关出入境管理机构以及中华人民共和国驻外使馆、领馆和外交部委托的其他驻外机构签发。公民因前往外国定居、探亲、学习、就业、旅行、从事商务活动等非公务原因出国的，由本人向户籍所在地的县级以上地方人民政府公安机关出入境管理机构申请普通护照。公民申请普通护照，应当提交本人的居民身份证、户口簿、近期免冠照片以及申请事由的相关材料。国家工作人员因本法第五条规定的原因出境申请普通护照的，还应当按照国家有关规定提交相关证明文件。公安机关出入境管理机构应当自收到申请材料之日起十五日内签发普通护照；对不符合规定不予签发的，应当书面说明理由，并告知申请人享有依法申请行政复议或者提起行政诉讼的权利。在偏远地区或者交通不便的地区或者因特殊情况，不能按期签发护照的，经护照签发机关负责人批准，签发时间可以延长至三十日。公民因合理紧急事由请求加急办理的，公安机关出入境管理机构应当及时办理。

普通护照的登记项目包括：护照持有人的姓名、性别、出生日期、出生地，护照的签发日期、有效期、签发地点和签发机关。普通护照的有效期为：护照持有人未满十六周岁的五年，十六周岁以上的十年。普通护照样本如图 10－1 所示。

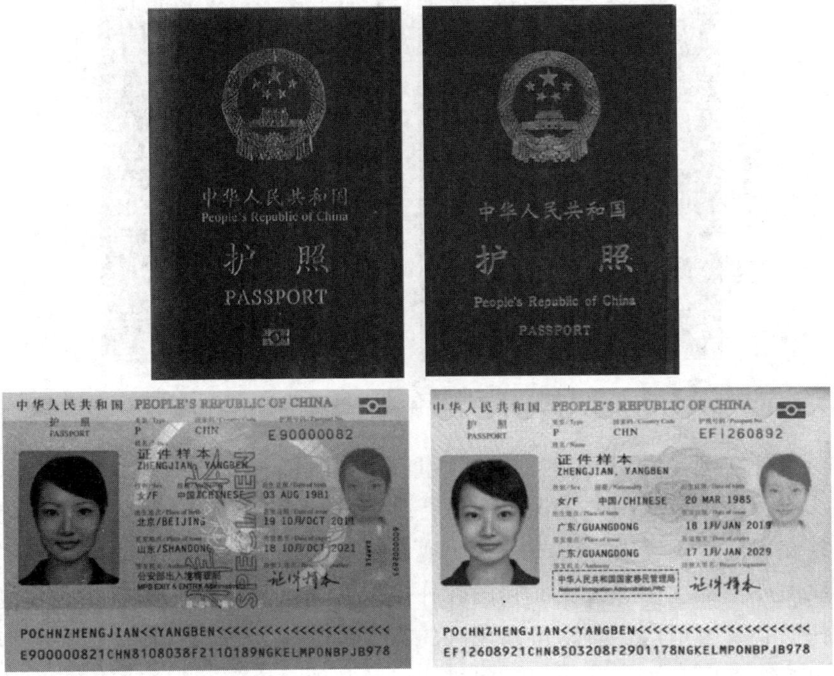

图 10－1　普通护照样本

2019 年 3 月前，中华人民共和国普通护照的签发机关为公安部出入境管理局；2019 年 3 月起，普通护照签发机关调整为中华人民共和国国家移民管理局。

申请人有下列情形之一的，护照签发机关不予签发护照：

（1）不具有中华人民共和国国籍的；

（2）无法证明身份的；

（3）在申请过程中弄虚作假的；

（4）被判处刑罚正在服刑的；

（5）人民法院通知有未了结的民事案件不能出境的；

（6）属于刑事案件被告人或者犯罪嫌疑人的；

（7）国务院有关主管部门认为出境后将对国家安全造成危害或者对国家利益造成重大损失的。

申请人有下列情形之一的，护照签发机关自其刑罚执行完毕或者被遣返回国之日起六个月至三年以内不予签发护照：

（1）因妨害国（边）境管理受到刑事处罚的；

（2）因非法出境、非法居留、非法就业被遣返回国的。

公务普通护照由外交部、中华人民共和国驻外使、领馆或者外交部委托的其他驻外机构以及外交部委托的省、自治区、直辖市和设区的市人民政府外事部门颁发给中国各级政府部门副县、副处级以下公务员和国有企事业单位因公出国人员等。公务普通护照样本如图10－2所示。

图 10－2　公务普通护照样本

外交护照由外交部签发。外交官员、领事官员及其随行配偶、未成年子女和外交信使持用外交护照。前两款规定之外的公民出国执行公务的，由其工作单位依照规定向外交部门提出申请，由外交部门根据需要签发外交护照或者公务护照。

公务护照由外交部、中华人民共和国驻外使馆、领馆或者外交部委托的其他驻外机构以及外交部委托的省、自治区、直辖市和设区的市人民政府外事部门签发。在中华人民共和国驻外使馆、领馆或者联合国、联合国专门机构以及其他政府间国际组织中工作的中国政府派出的职员及其随行配偶、未成年子女持用公务护照。

外交护照和公务护照样本如图 10－3 所示。

图 10－3　外交护照和公务护照样本

外交护照、公务护照的登记项目包括：护照持有人的姓名、性别、出生日期、出生地，护照的签发日期、有效期和签发机关。外交护照、公务护照的签发范围、签发办法、有效期以及公务护照的具体类别，由外交部规定。

（二）中国公民出入境其他有效证件

1. 中华人民共和国旅行证

中华人民共和国旅行证是代替护照使用的国际旅行证件，由中国驻外国的外交代表机关、领事机关及其他外交部授权的驻外机关颁发给以下人员：

（1）临时出国护照遗失、被盗抢、损毁、过期，而急于回国的中国公民；

（2）紧急情况下来不及申办护照的中国公民；

（3）未持有“港澳居民来往内地通行证”，而需赴内地的中国籍港澳居民；

（4）未持有“台湾居民来往大陆通行证”，而需赴大陆的中国籍台湾居民；

（5）部分情况特殊的中国籍未成年人。

中华人民共和国旅行证样本如图 10－4 所示。

图 10－4　中华人民共和国旅行证样本

2. 往来港澳通行证及签注

往来港澳通行证签发给因私事往来香港或澳门地区的内地居民。定居国外的中国公民来内地后可申请往来港澳通行证。

电子往来港澳通行证嵌有非接触式集成电路芯片，储存持证人个人资料及证件、签注签发管理信息，可以使用口岸自助查验通道实现自助通关。

2014 年 5 月至 2019 年 5 月，往来港澳通行证的签发机关为公安部出入境管理局；自 2019 年 6 月起，往来港澳通行证签发机关调整为中华人民共和国出入境管理局。往来港澳通行证样本如图 10－5 所示。

图 10－5　往来港澳通行证样本

内地居民前往港澳地区还必须办理相应的签注，签注种类有：探亲（T）、商务（S）、团队旅游（L）、个人旅游（G）、逗留（D）、其他（Q）。

往来港澳签注直接打印在证件背面，可以重复擦写。内地和港澳地区口岸查验部门，查验时不再加盖验讫章，签注的使用情况由计算机信息系统记录管理。

3. 往来台湾通行证及签注

往来台湾通行证签发给前往台湾地区定居、探亲、访友、旅游、接受和处理财产、处理婚丧事宜或参加经济、科技、文化、教育、体育、学术等活动的大陆居民。定居国外的中国公民来大陆后可申请往来台湾通行证。

2014 年 5 月至 2019 年 5 月，往来台湾通行证的签发机关为公安部出入境管理局；自 2019 年 6 月起，往来台湾通行证签发机关调整为中华人民共和国出入境管理局。往来台湾通行证样本如图 10－6 所示。

图 10－6　往来台湾通行证样本

大陆居民前往台湾地区还必须办理相应的签注，签注种类有团队旅游（L）、个人旅游（G）、探亲（T）、定居（D）、应邀（Y）、商务（S）、学习（X）、乘务（C）、其他（Q）。

往来台湾签注直接打印在卡式证件背面，可以重复擦写。有效的本式往来台湾通行证可以继续申办贴纸签注。

4. 港澳居民来往内地通行证

港澳居民来往内地通行证的签发对象为港澳居民中的中国公民，俗称“回乡证”。首次申请地在香港的，港澳居民来往内地通行证号码的生成规则是，“H” ＋8 位阿拉伯数字；

首次申请地在澳门的，港澳居民来往内地通行证号码的生成规则是，“M” +8 位阿拉伯数字。港澳居民来往内地通行证样本如图 10－7 所示。

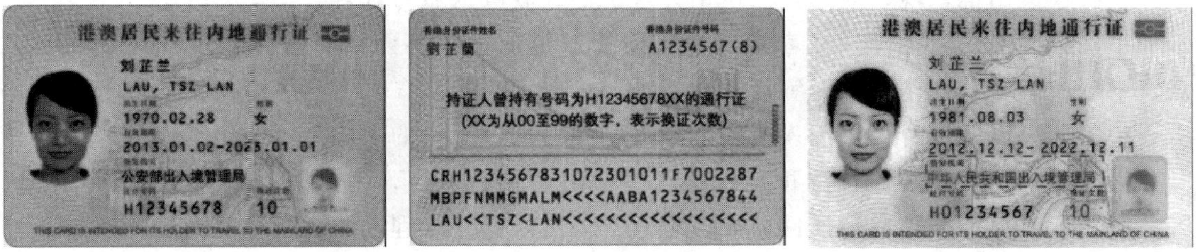

图 10－7　港澳居民来往内地通行证样本

1999 版港澳居民来往内地通行证（最后一批证件有效期至 2022 年 12 月），由广东省公安厅签发。2013 年 1 月至 2019 年 5 月，港澳居民来往内地通行证的签发机关为公安部出入境管理局；自 2019 年 6 月起，港澳居民来往内地通行证签发机关调整为中华人民共和国出入境管理局。

5. 台湾居民来往大陆通行证

台湾居民来往大陆通行证的签发对象为居住在台湾地区的中国公民，俗称“台胞证”。台湾居民来往大陆通行证样本如图 10－8 所示。

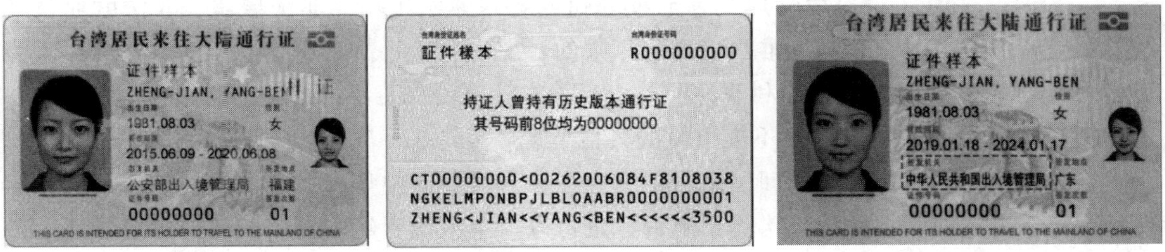

图 10－8　台湾居民来往大陆通行证样本

旧版的台湾居民来往大陆通行证（最后一批证件有效期至 2020 年 9 月）、2015 版台湾居民来往大陆通行证（2019 年 2 月前签发的）的签发机关，均为公安部出入境管理局。2019 年 4 月起，台湾居民来往大陆通行证签发机关调整为中华人民共和国出入境管理局。

【小知识】

出入境证件不仅可以在通关时使用，对于港澳居民和华侨等人员来说，出入境证件还可以作为其在境内学习、工作、生活的身份证明文件。2019 年初建立了出入境证件身份认证平台，平台上线后，港澳居民、华侨等借助平台的“实名、实人、实证”认证功能，在住宿、交通、电信、金融、人社、教育、求职、卫生医疗、财税、交管、市场监管等领域使用出入境证件时，可享受与内地居民使用身份证同等的便利。

为规范认证平台的接入使用，国家移民管理局于 2019 年 9 月 11 日出台了《出入境证件身份认证管理办法（试行）》，其中规定了使用单位的资质条件、材料种类、接入流程。为便利政府部门、企事业等使用单位接入认证平台，国家移民管理局研发建设了出入境证件身份认证用户管理系统（www. nia. gov. cn），实现了用户注册、材料提交、进度查询、材料审核全程在线办理。

三、出入境一般要求

中国公民出境入境，应当依法申请办理护照或者其他旅行证件。

中国公民前往其他国家或者地区，还需要取得前往国签证或者其他入境许可证明。但是，中国政府与其他国家政府签订互免签证协议或者公安部、外交部另有规定的除外。

中国公民以海员身份出境入境和在国外船舶上从事工作的，应当依法申请办理海员证。

中国公民往来内地与香港特别行政区、澳门特别行政区，中国公民往来大陆与台湾地区，应当依法申请办理通行证件，并遵守有关规定。具体管理办法由国务院规定。

中国公民出境入境，应当向出入境边防检查机关交验本人的护照或者其他旅行证件等出境入境证件，履行规定的手续，经查验准许，方可出境入境。

具备条件的口岸，出入境边防检查机关应当为中国公民出境入境提供专用通道等便利措施。

中国公民有下列情形之一的，不准出境：

（1）未持有效出境入境证件或者拒绝、逃避接受边防检查的；

（2）被判处刑罚尚未执行完毕或者属于刑事案件被告人、犯罪嫌疑人的；

（3）有未了结的民事案件，人民法院决定不准出境的；

（4）因妨害国（边）境管理受到刑事处罚或者因非法出境、非法居留、非法就业被其他国家或者地区遣返，未满不准出境规定年限的；

（5）可能危害国家安全和利益，国务院有关主管部门决定不准出境的；

（6）法律、行政法规规定不准出境的其他情形。

定居国外的中国公民要求回国定居的，应当在入境前向中华人民共和国驻外使馆、领馆或者外交部委托的其他驻外机构提出申请，也可以由本人或者经由国内亲属向拟定居地的县级以上地方人民政府侨务部门提出申请。

定居国外的中国公民在中国境内办理金融、教育、医疗、交通、电信、社会保险、财产登记等事务需要提供身份证明的，可以凭本人的护照证明其身份。

四、出国旅游管理

（一）出国旅游目的地

根据《中国公民出国旅游管理办法》第二条，出国旅游的目的地国家，由国务院旅游行政部门会同国务院有关部门提出，报国务院批准后，由国务院旅游行政部门公布。任何单位和个人不得组织中国公民到国务院旅游行政部门公布的出国旅游的目的地国家以外的国家旅游；组织中国公民到国务院旅游行政部门公布的出国旅游的目的地国家以外的国家进行涉及体育活动、文化活动等临时性专项旅游的，须经国务院旅游行政部门批准。

（二）计划与组织

《中国公民出国旅游管理办法》规定，国务院旅游行政部门根据上年度全国入境旅游的业绩、出国旅游目的地的增加情况和出国旅游的发展趋势，在每年的 2 月底以前确定本年度组织出国旅游的人数安排总量，并下达省、自治区、直辖市旅游行政部门。省、自治区、直辖市旅游行政部门根据本行政区域内各组团社上年度经营入境旅游的业绩、经营能力、服务质量，按照公平、公正、公开的原则，在每年的3月底以前核定各组团社本年度组织出国旅游的人数安排。国务院旅游行政部门应当对省、自治区、直辖市旅游行政部门核定组团社年度出国旅游人数安排及组团社组织公民出国旅游的情况进行监督。

国务院旅游行政部门统一印制《中国公民出国旅游团队名单表》（以下简称《名单表》），在下达本年度出国旅游人数安排时编号发放给省、自治区、直辖市旅游行政部门，由省、自治区、直辖市旅游行政部门核发给组团社。组团社应当按照核定的出国旅游人数安排组织出国旅游团队，填写《名单表》。旅游者及领队首次出境或者再次出境，均应当填写在《名单表》中，经审核后的《名单表》不得增添人员。

旅游团队应当从国家开放口岸整团出入境。旅游团队出入境时，应当接受边防检查站对护照、签证、《名单表》的查验。经国务院有关部门批准，旅游团队可以到旅游目的地国家按照该国有关规定办理签证或者免签证。旅游团队出境前已确定分团入境的，组团社应当事先向出入境边防检查总站或者省级公安边防部门备案。旅游团队出境后因不可抗力或者其他特殊原因确需分团入境的，领队应当及时通知组团社，组团社应当立即向有关出入境边防检查总站或者省级公安边防部门备案。

组团社应当维护旅游者的合法权益。组团社向旅游者提供的出国旅游服务信息必须真实可靠，不得作虚假宣传，报价不得低于成本。

组团社应当按照旅游合同约定的条件，为旅游者提供服务。组团社应当保证所提供的服务符合保障旅游者人身、财产安全的要求；对可能危及旅游者人身安全的情况，应当向旅游者作出真实说明和明确警示，并采取有效措施，防止危害的发生。

组团社组织旅游者出国旅游，应当选择在目的地国家依法设立并具有良好信誉的旅行社（以下简称“境外接待社”），并与之订立书面合同后，方可委托其承担接待工作。

（三）组织出境旅游单位法律责任

《中国公民出国旅游管理办法》规定，因组团社或者其委托的境外接待社违约，使旅游者合法权益受到损害的，组团社应当依法对旅游者承担赔偿责任。

组团社有下列情形之一的，旅游行政部门可以暂停其经营出国旅游业务；情节严重的，取消其出国旅游业务经营资格：①入境旅游业绩下降的；②因自身原因，在1年内未能正常开展出国旅游业务的；③因出国旅游服务质量问题被投诉并经查实的；④有逃汇、非法套汇行为的；⑤以旅游名义弄虚作假，骗取护照、签证等出入境证件或者送他人出境的；⑥国务院旅游行政部门认定的影响中国公民出国旅游秩序的其他行为。

任何单位和个人违反规定，未经批准擅自经营或者以商务、考察、培训等方式变相经营出国旅游业务的，由旅游行政部门责令停止非法经营，没收违法所得，并处违法所得2倍以上5倍以下的罚款。

组团社不为旅游团队安排专职领队的，由旅游行政部门责令改正，并处5000元以上2万元以下的罚款，可以暂停其出国旅游业务经营资格；多次不安排专职领队的，并取消其出国旅游业务经营资格。

组团社违反规定，向旅游者提供虚假服务信息或者低于成本报价的，由工商行政管理部门依照《中华人民共和国消费者权益保护法》《中华人民共和国反不正当竞争法》的有关规定给予处罚。

组团社或者旅游团队领队违反规定，对可能危及人身安全的情况未向旅游者作出真实说明和明确警示，或者未采取防止危害发生的措施的，由旅游行政部门责令改正，给予警告；情节严重的，对组团社暂停其出国旅游业务经营资格，并处5000元以上2万元以下的罚款，对旅游团队领队可以暂扣直至吊销其导游证；造成人身伤亡事故的，依法追究刑事责任，并承担赔偿责任。

组团社或者旅游团队领队违反规定，未要求境外接待社不得组织旅游者参与涉及色情、赌博、毒品内容的活动或者危险性活动，未要求其不得擅自改变行程、减少旅游项目、强迫或者变相强迫旅游者参加额外付费项目，或者在境外接待社违反前述要求时未制止的，由旅游行政部门对组团社处组织该旅游团队所收取费用2倍以上5倍以下的罚款，并暂停其出国旅游业务经营资格，对旅游团队领队暂扣其导游证；造成恶劣影响的，对组团社取消其出国旅游业务经营资格，对旅游团队领队吊销其导游证。

旅游团队领队违反本规定，与境外接待社、导游及为旅游者提供商品或者服务的其他经营者串通欺骗、胁迫旅游者消费或者向境外接待社、导游和其他为旅游者提供商品或者服务的经营者索要回扣、提成或者收受其财物的，由旅游行政部门责令改正，没收索要的回扣、提成或者收受的财物，并处索要的回扣、提成或者收受的财物价值2倍以上5倍以下的罚款；情节严重的，并吊销其导游证。

旅游者在境外滞留不归，旅游团队领队不及时向组团社和中国驻所在国家使领馆报告，或者组团社不及时向有关部门报告的，由旅游行政部门给予警告，对旅游团队领队可以暂扣其导游证，对组团社可以暂停其出国旅游业务经营资格。旅游者因滞留不归被遣返回国的，由公安机关吊销其护照。

第二节　外国人入出中国国境管理

为了对入出国境的人员、交通工具和行李物品进行管理和检查，从1985年开始，我国先后制定和颁布了《中华人民共和国公民出境入境管理法》《中华人民共和国海关法》和《中华人民共和国出境入境边防检查条例》等一系列法律和行政法规，对入出中国国境的人员、交通工具和行李物品的检查和管理作出了规定。

为了维护中华人民共和国的主权、安全和社会秩序，有利于发展国际交往，1985年11月22日六届全国人大常委会第13次会议通过《中华人民共和国外国人入境出境管理法》，自1986年2月1日起施行。2012年6月30日，经十一届全国人大常委会第27次会议通过《中华人民共和国出境入境管理法》，2013年7月1日起施行，同时废止《中华人民共和国外国人入境出境管理法》。

外国人入境、过境和在中国境内居留，必须经中国政府主管机关许可。

外国人入境、出境、过境，必须从对外国人开放的或者指定的口岸通行，接受边防检查机关的检查。外国的交通工具入境、出境、过境，必须从对外国人开放的或者指定的口岸通行，接受边防检查机关的检查和监护。

中国政府保护在中国境内的外国人的合法权利和利益。外国人的人身自由不受侵犯，非经人民检察院批准或者决定或者人民法院决定，并由公安机关或者国家安全机关执行，不受逮捕。外国人在中国境内，必须遵守中国法律，不得危害中国国家安全、损害社会公共利益、破坏社会公共秩序。

一、外国人入出境签证类型

签证是一国政府授权机关依照本国法律法规，为申请入、出或过境本国的外国人颁发的一种许可证明。根据《中华人民共和国出入境管理法》，外国人入境，应当向驻外签证机关申请办理签证，另有规定的除外。

签证分为外交签证、礼遇签证、公务签证、普通签证。对因外交、公务事由入境的外国人，签发外交、公务签证；对因身份特殊需要给予礼遇的外国人，签发礼遇签证。外交签证、礼遇签证、公务签证的签发范围和签发办法由外交部规定。对因工作、学习、探亲、旅游、商务活动、人才引进等非外交、公务事由入境的外国人，签发相应类别的普通签证。普通签证的类别和签发办法由国务院规定。

香港特区给予部分国家和地区人员免签证待遇，不享受免签证待遇的外国人赴港，须申请香港特区签证。澳门特区给予部分国家和地区人员免签证待遇，除少数特定国家人员外，不享受免签证待遇的外国人，原则上可在澳门口岸办理落地签证。

同时申请前往中国内地、香港特区、澳门特区的外国人，须分别申请内地签证和赴港、赴澳签证。

中国普通签证的种类：

C 字签证：发给执行乘务、航空、航运任务的国际列车乘务员、国际航空器机组人员、国际航行船舶的船员及船员随行家属和从事国际道路运输的汽车驾驶员。

D 字签证：发给入境永久居留的人员。

F 字签证：发给入境从事交流、访问、考察等活动的人员。

G 字签证：发给经中国过境的人员。

J1 字签证：发给外国常驻（居留超过 180 日）中国新闻机构的外国常驻记者。

J2 字签证：发给入境进行短期（停留不超过 180 日）采访报道的外国记者。

L 字签证：发给入境旅游人员。

M 字签证：发给入境进行商业贸易活动的人员。

Q1 字签证：发给因家庭团聚申请赴中国居留的中国公民的家庭成员（配偶、父母、子女、子女的配偶、兄弟姐妹、祖父母、外祖父母、孙子女、外孙子女以及配偶的父母）和具有中国永久居留资格的外国人的家庭成员（配偶、父母、子女、子女的配偶、兄弟姐妹、祖父母、外祖父母、孙子女、外孙子女以及配偶的父母），以及因寄养等原因申请入境居留的人员。

Q2 字签证：发给入境短期（不超过 180 日）探亲的居住在中国境内的中国公民的亲属和具有中国永久居留资格的外国人的亲属。

R 字签证：发给国家需要的外国高层次人才和急需紧缺专门人才。

S1 字签证：发给入境长期（超过 180 日）探亲的因工作、学习等事由在中国境内居留的外国人的配偶、父母、未满 18 周岁的子女、配偶的父母，以及因其他私人事务需要在中国境内居留的人员。

S2 字签证：发给入境短期（不超过 180 日）探亲的因工作、学习等事由在中国境内停留居留的外国人的家庭成员（配偶、父母、子女、子女的配偶、兄弟姐妹、祖父母、外祖父母、孙子女、外孙子女以及配偶的父母）以及因其他私人事务需要在中国境内停留的人员。

X1 字签证：发给在中国境内长期（超过 180 日）学习的人员。

X2 字签证：发给在中国境内短期（不超过 180 日）学习的人员。

Z 字签证：发给在中国境内工作的人员。

二、外国人签证办理

外国人申请办理签证，应当向驻外签证机关提交本人的护照或者其他国际旅行证件，以及申请事由的相关材料，按照驻外签证机关的要求办理相关手续、接受面谈。中华人民共和国驻外使馆、领馆或者外交部委托的其他驻外机构负责在境外签发外国人入境签证。

符合《中华人民共和国出境入境管理法》第二十条有关规定情形的外国人，可以申请办理口岸签证。口岸签证机关签发的签证一次入境有效，签证注明的停留期限不得超过三十日。包括：

出于人道原因需要紧急入境，应邀入境从事紧急商务、工程抢修或者具有其他紧急入境需要并持有有关主管部门同意在口岸申办签证的证明材料的外国人，可以在国务院批准办理口岸签证业务的口岸，向公安部委托的口岸签证机关（以下简称“口岸签证机关”）申请办理口岸签证。

旅行社按照国家有关规定组织入境旅游的，可以向口岸签证机关申请办理团体旅游签证。

外国人向口岸签证机关申请办理签证，应当提交本人的护照或者其他国际旅行证件，以及申请事由的相关材料，按照口岸签证机关的要求办理相关手续，并从申请签证的口岸入境。

外国人有下列情形之一的，不予签发签证：

（1）被处驱逐出境或者被决定遣送出境，未满不准入境规定年限的；

（2）患有严重精神障碍、传染性肺结核病或者有可能对公共卫生造成重大危害的其他传染病的；

（3）可能危害中国国家安全和利益、破坏社会公共秩序或者从事其他违法犯罪活动的；

（4）在申请签证过程中弄虚作假或者不能保障在中国境内期间所需费用的；

（5）不能提交签证机关要求提交的相关材料的；

（6）签证机关认为不宜签发签证的其他情形。

对不予签发签证的，签证机关可以不说明理由。

外国人有下列情形之一的，可以免办签证：

（1）根据中国政府与其他国家政府签订的互免签证协议，属于免办签证人员的；

（2）持有效的外国人居留证件的；

（3）持联程客票搭乘国际航行的航空器、船舶、列车从中国过境前往第三国或者地区，在中国境内停留不超过二十四小时且不离开口岸，或者在国务院批准的特定区域内停留不超过规定时限的；

（4）国务院规定的可以免办签证的其他情形。

【小知识】

外国人过境144小时免办签证政策与适用国家

2019年10月23日起，全国共有18个省（自治区、直辖市）23个城市30个口岸对53个国家人员实施过境144小时、72小时免办签证政策。其中，北京、天津、石家庄、秦皇岛、上海、杭州、南京、沈阳、大连、青岛、成都、厦门、昆明、武汉、广州、深圳、揭阳、重庆、西安、宁波20个城市27个口岸实施外国人过境144小时免办签证政策，并在京津冀、长三角等地区实现区域、口岸联动；长沙、桂林、哈尔滨3个城市3个口岸实施外国人过境72小时免办签证政策。

适用外国人过境144小时免办签证政策的国家名单：奥地利、比利时、捷克、丹麦、爱沙尼亚、芬兰、法国、德国、希腊、匈牙利、冰岛、意大利、拉脱维亚、立陶宛、卢森堡、马耳他、荷兰、波兰、葡萄牙、斯洛伐克、斯洛文尼亚、西班牙、瑞典、瑞士、摩纳哥、俄罗斯、英国、爱尔兰、塞浦路斯、保加利亚、罗马尼亚、乌克兰、塞尔维亚、克罗地亚、波黑、黑山、马其顿、阿尔巴尼亚、白俄罗斯、美国、加拿大、巴西、墨西哥、阿根廷、智利、澳大利亚、新西兰、韩国、日本、新加坡、文莱、阿拉伯联合酋长国、卡塔尔。

（https：//www. nia. gov. cn/n741440/n741547/c1174466/content. html）

三、外国人入境

外国人入境，应当向出入境边防检查机关交验本人的护照或者其他国际旅行证件、签证或者其他入境许可证明，履行规定的手续，经查验准许，方可入境。

外国人有下列情形之一的，不准入境：

（1）未持有效出境入境证件或者拒绝、逃避接受边防检查的；

（2）具有本法第二十一条第一款第一项至第四项规定情形的；

（3）入境后可能从事与签证种类不符的活动的；

（4）法律、行政法规规定不准入境的其他情形。

对不准入境的，出入境边防检查机关可以不说明理由。

四、外国人出境

外国人出境，应当向出入境边防检查机关交验本人的护照或者其他国际旅行证件等出境入境证件，履行规定的手续，经查验准许，方可出境。

外国人有下列情形之一的，不准出境：

（1）被判处刑罚尚未执行完毕或者属于刑事案件被告人、犯罪嫌疑人的，但是按照中国与外国签订的有关协议，移管被判刑人的除外；

（2）有未了结的民事案件，人民法院决定不准出境的；

（3）拖欠劳动者的劳动报酬，经国务院有关部门或者省、自治区、直辖市人民政府决定不准出境的；

（4）法律、行政法规规定不准出境的其他情形。

五、外国人在中国境内旅行规定

外国人来中国旅行，应按照中国的有关法律进行。外国人在我国旅游期间，应遵守我国法律、法规的规定，服从有关部门的管理，应同我国旅游者一样，爱护我国风景名胜区的景物、林木植被、野生动物、各项设施和文物。如有损毁景物、林木植被、捕杀野生动物或污染、破坏环境的，由有关部门或管理机关责令停止破坏活动，赔偿经济损失，并可根据情节处以罚款。对破坏风景名胜区游览秩序和安全制度，不听劝阻的，由有关部门或管理机构给予警告或罚款。属于违反有关治安管理规定的，由公安机关依法处罚，上述行为情节严重，触犯刑律的，依法追究刑事责任。

（一）在开放地区旅行的规定

外国人持有有效签证和居留证件，可以前往中国政府规定的对外国人开放的地区旅行，无须申请并获得许可。随着我国改革开放步伐的进一步加快，我国对外国人开放的地区不断扩大。截至 2015 年 11 月，允许外国人来中国旅行的开放地区从 1985 年公布的 244 个，增加到 2650 个县、市，目前全国只有不到 8% 的地区未对外开放。

（二）在未开放地区旅行的规定

按照我国法律规定，外国人前往不对外开放的地区旅行，必须向当地公安机关申请旅行证。外国人前往不对外国人开放的市、县旅行，须事先向所在市、县公安局申请旅行证，获准后方可前往。申请旅行证须履行下列手续：交验护照或居留证件；提供与旅行事由有关的证明；填写旅行申请表。外国人未经允许，不得进入不对外国人开放的场所。外国人的旅行证的有效期最长为一年，但不得超过外国人所持签证或居留证件的有效期限。外国人领取旅行证后，如要求延长旅行证有效期，增加不对外国人开放的旅行地点，增加旅行人数，必须向公安局申请延期或变更。

第三节　港澳台与边境旅游管理

根据《中华人民共和国公民出境入境管理法》，1986 年 12 月 3 日国务院批准，1986 年 12 月 25 日公安部公布《中国公民因私事往来香港地区或澳门地区的暂行管理办法》，香港特别行政区颁布《香港特别行政区的旅游签证和进入许可规例》（每年年底更新入境旅游签证新政策），其中规定了赴港旅游相关政策。1991 年 12 月 17 日中华人民共和国国务院令第 93 号发布《中国公民往来台湾地区管理办法》，2015 年 6 月 14 日《国务院关于修改〈中国公民往来台湾地区管理办法〉的决定》对其予以修订，规定了大陆居民往来台湾地区以及台湾居民来往大陆的办法。

一、内地居民自内地前往港澳

内地居民自内地前往港澳，通常应向国务院港澳事务办公室或公安部及其授权机关申请前往港澳通行证，同时办理签注。驻外使领馆不签发此类通行证，也不在此类通行证上签发签注。

内地公民因私事前往中国香港、中国澳门，凭我国公安机关签发的前往港澳通行证或者往来港澳通行证，从指定的口岸通行；返回内地也可以从其他对外开放的口岸通行。港澳同胞来往于中国香港、中国澳门与内地之间，凭我国公安机关签发的港澳同胞回乡证或者入出境通行证，从中国对外开放的口岸通行。

二、大陆居民自大陆前往台湾地区

大陆居民前往台湾地区，凭公安机关出入境管理部门签发的旅行证件，从开放的或者指定的出入境口岸通行。大陆居民前往台湾地区定居、探亲、访友、旅游、接受和处理财产、处理婚丧事宜或者参加经济、科技、文化、教育、体育、学术等活动，须向户口所在地的市、县公安局提出申请。经批准前往台湾地区的大陆居民，由公安机关签发或者签注旅行证件。

三、境外中国公民前往中国香港

（一）持中华人民共和国护照/旅行证者前往中国香港

在海外的中华人民共和国护照或旅行证持有者按以下办法办理：

1. 下列情况免办进入许可

居住在海外的中国公民，如属下列情况之一，可免办进入许可：

持中华人民共和国护照或旅行证，过境中国香港不超过24小时且不出机场者，可免办进入许可；持中华人民共和国护照，自海外过境中国香港前往内地、第三国或地区，凭有效护照、目的地签证（如永久居留、有效工作、学习签证等）及已经确认的联程机（车、船）票，可入境中国香港停留7天，免办进入许可。目的地为中国内地或中国澳门者，可不出示联程机票。

2. 下列情况须办进入许可

居住在海外的中国公民，如属下列情况之一，须事先办理进入许可：

持有效中华人民共和国护照并在港无不良记录的内地居民，赴港短期旅游、商务、考察，或赴港工作、受训、就读或居留的，或过境中国香港停留超过7天的，需事先向中国驻外使领馆申请办理赴港进入许可；持中华人民共和国旅行证过境出机场者，均须事先申请并办理进入许可。

（二）中国澳门居民前往中国香港

（1）下列澳门永久性居民可免办进入许可赴港旅游，最长逗留180天：

持有效澳门永久性居民身份证且符合一般入境规定的澳门永久性居民；

持澳门居民往来香港特别行政区旅游证及澳门永久性居民身份证明的人员。

（2）持澳门居民往来香港特别行政区旅游证的澳门非永久性居民，可免办进入许可赴港旅游，最长停留30天。

（3）持澳门特别行政区护照及澳门特别行政区旅行证者：

若过境香港往来澳门与另一个国家或地区，且符合一般的入境规定，包括持有前往目的地的有效入境证件及经确认已预订前往海外的续程车/船/机票，可免办进入许可并在香港最长停留7天。

（三）中国台湾地区居民前往中国香港

持“台湾居民来往大陆通行证”者，如符合一般的入境规定，并以旅客身份在港逗留不超过 30 天，免办进入许可。

旅居海外的中国台湾地区同胞前往中国香港，如无“台湾居民来往大陆通行证”，可就近向总领事馆申请中华人民共和国旅行证，并同时申请进入许可。

（四）境外中国公民前往中国澳门

澳门特别行政区政府旅游局关于来澳旅游人士的规定，来澳旅游人士须具备有效的护照或旅行证件以及签证。除获法定豁免“签证”及“入境许可”之访澳人士，所有访澳旅客均须持有“签证”或“入境许可”方可进入澳门。

澳门入境签证可通过中华人民共和国驻外使领馆申请，并应在有效期内使用，否则即告失效；持有人准予在签证上所注明之期限在中国澳门逗留。需要签证的旅客，亦可在抵达中国澳门时办理“入境许可”（即“口岸签证”）。但某些国家的旅客必须预先通过中华人民共和国驻外使领馆申领有效澳门签证方可进入中国澳门。

持中国护照人员如持有第三国有效居留证或第三国有效签证，可免签在澳停留 7 天。上述人员如欲延长在澳停留期限，可于其所持在澳逗留许可到期前五日向澳门治安警察局出入境事务厅递交申请，延期最多为 90 天。

驻外使领馆不负责签发前往港澳通行证，该证由国务院港澳事务办公室或公安部及其授权机关在国内签发给在中国内地的居民使用。

第四节　出入境检验检疫管理

为了对入出国境的人员、交通工具和行李物品进行管理和检查，从 1985 年开始，我国先后制定和颁布了《中华人民共和国公民出境入境管理法》《中华人民共和国外国人入境出境管理法》《中华人民共和国海关法》和《中华人民共和国出境入境边防检查条例》等一系列法律和行政法规，对入出中国国境的人员、交通工具和行李物品的检查和管理作出了规定。

一、海关检查制度

海关是主权国家设立的，对进出国境的货物、运输工具、旅客行李、邮递物品、货币、金银等执行监督管理、稽征关税、查禁走私的国家行政机关，分为海关和陆关，统称为海关。为了维护国家的主权和利益，加强海关监督管理，促进对外经济贸易和科技文化交往，保障社会主义现代化建设，我国于 1987 年 1 月 22 日第六届全国人民代表大会常务委员会第十九次会议通过《中华人民共和国海关法》，2000 年、2013 年（2 次）、2016 年、2017 年、2021 年对其进行了六次修正。1989 年 11 月 1 日海关总署令第 9 号公布《中华人民共和国海关对进出境旅客行李物品监管办法》，自 1989 年 12 月 1 日起实施，2010 年、2017 年二次修改。

（一）海关检查管理机构

中华人民共和国海关是国家的进出关境（以下简称“进出境”）监督管理机关。海关依照《中华人民共和国海关法》和其他有关法律、行政法规，监管进出境的运输工具、货物、行李物品、邮递物品和其他物品（以下简称“进出境运输工具、货物、物品”），征收关税和其他税、费，查缉走私，并编制海关统计和办理其他海关业务。

国务院设立海关总署，统一管理全国海关。

国家在对外开放的口岸和海关监管业务集中的地点设立海关。海关的隶属关系，不受行政区划的限制。

海关依法独立行使职权，向海关总署负责。

国家在海关总署设立专门侦查走私犯罪的公安机构，配备专职缉私警察，负责对其管辖的走私犯罪案件的侦查、拘留、执行逮捕、预审。

海关侦查走私犯罪公安机构履行侦查、拘留、执行逮捕、预审职责，应当按照《中华人民共和国刑事诉讼法》的规定办理。

海关侦查走私犯罪公安机构根据国家有关规定，可以设立分支机构。各分支机构办理其管辖的走私犯罪案件，应当依法向有管辖权的人民检察院移送起诉。

地方各级公安机关应当配合海关侦查走私犯罪公安机构依法履行职责。

国家实行联合缉私、统一处理、综合治理的缉私体制。海关负责组织、协调、管理查缉走私工作。有关规定由国务院另行制定。

各有关行政执法部门查获的走私案件，应当给予行政处罚的，移送海关依法处理；涉嫌犯罪的，应当移送海关侦查走私犯罪公安机构、地方公安机关依据案件管辖分工和法定程序办理。

海关可以行使下列权力：

（1）检查进出境运输工具，查验进出境货物、物品；对违反《中华人民共和国海关法》或者其他有关法律、行政法规的，可以扣留。

（2）查阅进出境人员的证件；查问违反《中华人民共和国海关法》或者其他有关法律、行政法规的嫌疑人，调查其违法行为。

（3）查阅、复制与进出境运输工具、货物、物品有关的合同、发票、账册、单据、记录、文件、业务函电、录音录像制品和其他资料；对其中与违反《中华人民共和国海关法》或者其他有关法律、行政法规的进出境运输工具、货物、物品有牵连的，可以扣留。

（4）在海关监管区和海关附近沿海沿边规定地区，检查有走私嫌疑的运输工具和有藏匿走私货物、物品嫌疑的场所，检查走私嫌疑人的身体；对有走私嫌疑的运输工具、货物、物品和走私犯罪嫌疑人，经直属海关关长或者其授权的隶属海关关长批准，可以扣留；对走私犯罪嫌疑人，扣留时间不超过二十四小时，在特殊情况下可以延长至四十八小时。

在海关监管区和海关附近沿海沿边规定地区以外，海关在调查走私案件时，对有走私嫌疑的运输工具和除公民住处以外的有藏匿走私货物、物品嫌疑的场所，经直属海关关长或者其授权的隶属海关关长批准，可以进行检查，有关当事人应当到场；当事人未到场的，在有见证人在场的情况下，可以径行检查；对其中有证据证明有走私嫌疑的运输工具、货物、物品，可以扣留。

海关附近沿海沿边规定地区的范围，由海关总署和国务院公安部门会同有关省级人民政府确定。

(5) 在调查走私案件时，经直属海关关长或者其授权的隶属海关关长批准，可以查询案件涉嫌单位和涉嫌人员在金融机构、邮政企业的存款、汇款。

(6) 进出境运输工具或者个人违抗海关监管逃逸的，海关可以连续追至海关监管区和海关附近沿海沿边规定地区以外，将其带回处理。

(7) 海关为履行职责，可以配备武器。海关工作人员佩带和使用武器的规则，由海关总署会同国务院公安部门制定，报国务院批准。

(8) 法律、行政法规规定由海关行使的其他权力。

《中华人民共和国海关法》第八条规定，进出境运输工具、货物、物品，必须通过设立海关的地点进境或者出境。在特殊情况下，需要经过未设立海关的地点临时进境或者出境的，必须经国务院或者国务院授权的机关批准，并依照本法规定办理海关手续。

(二) 对进出境运输工具的监督和检查

进出境运输工具到达或者驶离设立海关的地点时，运输工具负责人应当向海关如实申报，交验单证，并接受海关监管和检查。停留在设立海关的地点的进出境运输工具，未经海关同意，不得擅自驶离。

进出境船舶、火车、航空器到达和驶离时间、停留地点、停留期间更换地点以及装卸货物、物品时间，运输工具负责人或者有关交通运输部门应当事先通知海关。

运输工具装卸进出境货物、物品或者上下进出境旅客，应当接受海关监管。

上下进出境运输工具的人员携带物品的，应当向海关如实申报，并接受海关检查。

(三) 对进出境旅客行李物品的监督和检查

进出境旅客行李物品，必须通过设立海关的地点进境或者出境。

进出境旅客必须将所带的全部行李物品交海关查验。在交验前，应填写“旅客行李申报单”或海关规定的其他申报单证向海关申报；或按海关规定的申报方式如实向海关申报。

旅客经由实施“红绿通道”验放制度的海关进出境，应按照海关公布的选择“红绿通道”的规定，选择通道，办理行李物品进境或出境手续。

查验进出境旅客行李物品的时间和场所，由海关指定。海关查验行李物品时，物品所有人应当到场并负责搬移物品，开拆和重封物品的包装。海关认为必要时，可以单独进行查验。海关对进出境行李物品加施的封志，任何人不得擅自开启或者损毁。

进出境旅客可以自行办理报关纳税手续，也可以委托他人办理报关纳税手续；接受委托办理报关纳税手续的代理人应当按照《中华人民共和国海关对进出境旅客行李物品监管办法》对其委托人的各项规定办理海关手续，承担各项义务和责任。

旅客行李物品，应以自用合理数量为限，超出自用合理数量范围的，不准进境或出境。旅客行李物品，经海关审核，按《中华人民共和国海关对进出境旅客行李物品监管办法》附件《旅客进出境行李物品分类表》(以下简称《分类表》)规定的范围验放。进出境物品的合理数量和准许各类旅客进出境物品的具体限值、限量及征免税规定，另行制定。

旅客携运《中华人民共和国禁止进出境物品表》所列的物品进出境，在海关检查以前主动报明的，分别予以没收或者责令退回，并可酌情处以罚款。藏匿不报的，按照规定处罚。

旅客携运《中华人民共和国限制进出境物品表》所列物品和中华人民共和国政府特别

管制的物品进出境，海关按国家有关法规办理。

旅客以分离运输方式运进行李物品，应当在进境时向海关申报。经海关核准后，自旅客进境之日起六个月内（含六个月，下同）运进。海关办理验放手续时，连同已经放行的行李物品合并计算。以分离运输方式运出的行李物品，应由物品所有人凭有效的出境证件在出境前办妥海关手续。

经海关核准暂时进出境的旅行自用物品，在旅客行李物品监管时限内，由旅客复带出境或进境。海关依照规定凭担保准予暂时免税放行的其他物品，应由旅客在规定期限内，办结进出境手续或将原物复带出境或进境。

进出境物品所有人声明放弃的物品和自运输工具申报进境之日起逾期三个月（易腐及易失效的物品可提前处理，下同）未办理海关手续的物品，以及在海关监管区内逾期三个月无人认领的物品，均由海关按照规定处理。

进境旅客携带“境外售券、境内提货”单据进境，应向海关申报，海关办理物品验放手续时，连同其随身携带的实物合并计入有关征免税限量。

进出境旅客未按管理规定办理进出境物品的报关、纳税以及其他有关手续的，有关物品不准进境或出境。对违反本办法并构成走私或违反海关监管规定行为的，海关依照《中华人民共和国海关法》和《中华人民共和国海关行政处罚实施条例》给予处罚。

【思考】

近日，合肥海关缉私部门成功破获一起海南离岛免税“套代购”走私案件，抓获嫌疑人1名，查获iPhone、iPad、化妆品一批，案值137万元。经查犯罪嫌疑人鲁某利用其“地接导游”的身份，在驾车带旅客游玩的过程中，以减免车费的方式诱导游客在离岛免税商店让渡免税额度，鲁某以游客的名义购买免税商品，而后通过寄递渠道运至全国各地销售。海关提醒，以牟利为目的为他人购买免税品或将所购免税品在国内市场再次销售的；组织、利用他人购买离岛免税品的资格和额度购买免税品谋取非法利益的，均属于离岛免税“套代购”走私违法行为，由海关按照相关法律法规处理，构成犯罪的，依法追究刑事责任。

问：如何避免离岛免税制度成为走私违法的漏网之鱼？

短期旅客。短期旅客携带进出境的行李物品应以旅行需用物品为限。短期旅客中的居民和非居民中的中国籍人携带进境属于《分类表》第三类物品，海关按照规定的限值、限量予以征税或免税放行。凭特殊通行证件来往香港、澳门地区的短期旅客进出境行李物品的管理规定，海关依据本办法另行制定的规定办理。

长期旅客。长期旅客中的非居民进境后，在规定期限内报运进境其居留期间自用物品或安家物品，海关凭中华人民共和国政府主管部门签发的长期居留证件（或常住户口登记证件）、其他批准文件和身份证件，办理通关手续。

过境旅客。过境旅客未经海关批准，不得将物品留在境内。进境后不离开海关监管下的交通工具或海关监管区直接出境的旅客，海关一般不对其行李物品进行查验，但必要时，海关可以查验。

【小知识】

"短期旅客"指获准进境或出境暂时居留不超过一年的旅客。

"长期旅客"指获准进境或出境连续居留时间在一年以上（含一年）的旅客。

"过境旅客"指凭有效过境签证，从境外某地，通过境内，前往境外另一地的旅客。

二、卫生检疫制度

卫生检疫是指国境卫生检疫机关依法律规定对进出国境的旅游者及其携带的动植物和交通运输工具等实施传染病检疫、监测和卫生监督。为了防止传染病由国外传入或者由国内传出，实施国境卫生检疫，保护人体健康，我国于1986年12月2日第六届全国人民代表大会常务委员会第十八次会议通过《中华人民共和国国境卫生检疫法》，2007年、2009年、2018年三次修正。1989年3月6日卫生部令第2号公布《中华人民共和国卫生检疫法实施细则》，2010年、2016年、2019年三次修订。其他还有《中华人民共和国进出境动植物检疫法》《中华人民共和国进出境动植物检疫法实施条例》《出入境人员携带物检疫管理办法》等一系列法律法规。

（一）卫生检疫管理机构

在中华人民共和国国际通航的港口、机场以及陆地边境和国界江河的口岸设立国境卫生检疫机关，依照规定实施传染病检疫、监测和卫生监督。

传染病是指检疫传染病和监测传染病。检测传染病指鼠疫、霍乱、黄热病以及国务院确定和公布的其他传染病；监测传染病由国务院卫生行政管理部门确定和公布。

在国外或者国内有检疫传染病大流行的时候，国务院可以下令封锁有关的国境或者采取其他紧急措施。

（二）旅游者入出境检疫的规定

根据《中华人民共和国国境卫生检疫法》，入境、出境的人员、交通工具和集装箱，以及可能传播检疫传染病的行李、货物、邮包等，均应当按照规定接受检疫，经卫生检疫机关许可，方准入境或者出境。必须在最先到达的国境口岸的指定地点接受检疫。除引航员外，未经国境卫生检疫机关许可，任何人不准上下交通工具，不准装卸行李、货物、邮包等物品。出境的旅游者和交通工具，必须在最后离开的国境口岸接受检疫。

来自外国的船舶、航空器因故停泊、降落在中国境内非口岸地点的时候，船舶、航空器的负责人应当立即向就近的国境卫生检疫机关或者当地卫生行政管理部门报告。除紧急情况外，未经国境卫生检疫机关或者当地卫生行政管理部门的许可，包括旅游者在内的任何人不准上下船舶、航空器，不准装卸行李、货物、邮包等。

国境卫生检疫机关依据检疫医师的检疫结果，对未染有传染病的旅游者、交通工具或已实施卫生处理的交通工具，签发入境检疫证或出境检疫证。

国境卫生检疫机关对检疫传染病的染疫人必须立即采取隔离措施。隔离期限根据医学检查结果确定；对检疫传染病染疫嫌疑人应当将其留验，留验期限根据该传染病的潜伏期决定。因患检疫传染病而死亡的尸体，必须就近火化。

接受入境检疫的旅游者的交通工具有下列情形之一的，应当实施消毒、除鼠、除虫或其他卫生处理。来自检疫传染病疫区的；被检疫传染病污染的；发现有与人类健康有关的啮齿动物或病媒昆虫的。如果旅游者拒绝对其交通工具进行卫生处理，除有特殊情况外，准许该交通工具在国境卫生检疫机关的监督下，立即离开我国国境。

根据《出入境人员携带物检疫管理办法》，出入境人员携带下列物品，应当向海关申报并接受检疫：

（1）入境动植物、动植物产品和其他检疫物；

（2）出入境生物物种资源、濒危野生动植物及其产品；

（3）出境的国家重点保护的野生动植物及其产品；

（4）出入境的微生物、人体组织、生物制品、血液及血液制品等特殊物品（以下简称“特殊物品”）；

（5）出入境的尸体、骸骨等；

（6）来自疫区、被传染病污染或者可能传播传染病的出入境的行李和物品；

（7）其他应当向海关申报并接受检疫的携带物。

出入境人员禁止携带下列物品进境：

（1）动植物病原体（包括菌种、毒种等）、害虫及其他有害生物；

（2）动植物疫情流行的国家或者地区的有关动植物、动植物产品和其他检疫物；

（3）动物尸体；

（4）土壤；

（5）《中华人民共和国禁止携带、邮寄进境的动植物及其产品名录》所列各物；

（6）国家规定禁止进境的废旧物品、放射性物质以及其他禁止进境物。

携带动植物、动植物产品和其他检疫物出境，依法需要申报的，携带人应当按照规定申报并提供有关证明。输入国家或者地区、携带人对出境动植物、动植物产品和其他检疫物有检疫要求的，由携带人提出申请，海关依法实施检疫并出具有关单证。

海关对入境中转人员携带物实行检疫监督管理。

出入境人员拒绝、阻碍海关及其工作人员依法执行职务的，依法移送有关部门处理。

【思考】

余某和唐某均为我国赴菲律宾务工人员。2020 年 8 月 27 日，为有效预防输入新冠病毒肺炎疫情，我国驻菲律宾大使馆发出通知，要求自菲律宾回国中国公民需持乘机日 3 日内新冠病毒核酸检测阴性证明申领带“HS”标识的绿色健康码后登机。为回国躲避菲律宾疫情，余某、唐某于 8 月 30 日、9 月 3 日先后 2 次进行新冠病毒核酸检测，结果均为阳性。为了违规搭乘飞机回国，9 月 7 日，2 人联系中介，分别以 1.7 万元人民币的价格购买伪造的菲律宾圣卢克医院新冠病毒核酸检测阴性证明，并以伪造证明向使馆隐瞒疫情，申领了绿色健康码。9 月 9 日，2 人乘坐东方航空 MU212 航班抵达浦东国际机场，经新冠病毒核酸检测呈阳性，随即被送往隔离点隔离观察。9 月 10 日，2 人确诊患新冠病毒肺炎后被送往上海公共卫生临床中心治疗。10 月 4 日，余某、唐某被松江公安分局以妨害国境卫生检疫罪立案侦查，同日决定采取取保候审强制措施。

2021 年 1 月 21 日，松江公安分局以涉嫌妨害国境卫生检疫罪将余某、唐某移送松江区人民检察院审查起诉，司法机关将依法予以追诉。

问：妨害国境卫生检疫，将承担什么责任？

三、邮轮检疫制度

邮轮的原意是指海洋上的定线、定期航行的大型客运轮船。现在通常所说的邮轮，实际上是指在海洋中航行的旅游客轮。邮轮旅游产品越来越受到欢迎，中国邮轮经济起步较晚，但是发展十分迅速，目前中国正在使用的国际邮轮港口有 15 个，正在规划建设及升级的邮轮港口 6 个。中国已成为亚太地区邮轮航线的重要始发港和环球航线的重要挂靠港，以中国为核心的亚洲邮轮市场已经成为全球最具成长性的市场。

为了规范出入境邮轮检疫监管工作，防止疫病疫情传播，促进邮轮经济发展，根据《中华人民共和国国境卫生检疫法》及其实施细则、《中华人民共和国动植物检疫法》及其实施条例、《中华人民共和国食品安全法》及其实施条例、《中华人民共和国传染病防治法》及其实施办法、《突发公共卫生事件应急条例》《国际航行船舶进出中华人民共和国口岸检查办法》等法律法规的规定，2016 年 10 月 25 日国家质量监督检验检疫总局令第 185 号公布《出入境邮轮检疫管理办法》，2018 年两次修正。

《出入境邮轮检疫管理办法》规定，对进出中华人民共和国国境口岸的外国籍邮轮和航行国际航线的中华人民共和国籍邮轮及相关经营、服务单位的检疫监督管理。

海关总署统一管理全国出入境邮轮检疫监管工作。主管海关负责所辖口岸的出入境邮轮检疫监管工作。

（一）邮轮入境检疫

海关对出入境邮轮实施风险管理。海关总署根据邮轮卫生状况、运营方及其代理人检疫风险控制能力、信用等级、现场监管情况及其他相关因素，制定邮轮检疫风险评估技术方案，确定邮轮检疫风险等级划分标准。

邮轮运营方负责建立并运行邮轮公共卫生安全体系，包括：

（1）食品安全控制计划；

（2）饮用水安全控制计划；

（3）娱乐用水安全控制计划；

（4）医学媒介生物监测计划；

（5）邮轮公共场所卫生制度；

（6）废弃物管理制度；

（7）胃肠道疾病的监测与控制体系；

（8）突发公共卫生事件应对工作机制。

在邮轮入境前 24 小时或者离开上一港口后，邮轮负责人或者其代理人应当向入境口岸海关申报，提交沿途寄港、靠泊计划、人员健康情况、《船舶免予卫生控制措施/卫生控制措施证书》等信息。

如申报内容有变化，邮轮负责人或者其代理人应当及时向海关更正。

入境邮轮应当依法接受检疫查验。海关根据入境邮轮申报信息及邮轮检疫风险等级确定检疫方式，及时通知邮轮负责人或者其代理人，检疫方式有：靠泊检疫；随船检疫；锚地检疫；电讯检疫。

入境旅客、邮轮员工及其他人员应当接受检疫。入境邮轮在中国境内停留期间，旅客、邮轮员工及其他人员不得将动植物、动植物产品和其他检疫物带离邮轮；需要带离时，应当向口岸海关申报。

（二）邮轮出境检疫

出境邮轮在离港前4个小时，邮轮负责人或者其代理人应当向出境口岸海关申报邮轮出境检疫信息。海关对出境邮轮实施检疫，未完成检疫事项的邮轮不得出境。出境检疫完毕后，海关工作人员对出境邮轮应当签发《交通工具出境卫生检疫证书》。海关可以根据风险评估情况确定是否实施登轮检疫。

对邮轮实施出境检疫完毕后，除引航员和经海关许可的人员外，其他人员不得上下邮轮，不准装卸行李、邮包、货物等物品。违反上述规定，该邮轮必须重新实施出境检疫。出境检疫完毕后超过24小时仍未开航的出境邮轮，应当重新实施出境检疫。

重要概念

护照
签证
海关检查
检疫

练习题

1. 中国公民出入境证件有哪几类？我国有哪些国家机关管理出入境证件？
2. 中国公民出入境一般有哪些要求？组织出境旅游单位应承担哪些法律责任？
3. 外国人在中国境内应该遵守哪些旅行规定？
4. 港澳台与边境旅游有哪些管理法规？
5. 我国如何处理出现在我国国境的卫生检疫结果？

案例辨析

案例综述：2019年1月，游客姜某所在公司组织员工出境旅游，由某国旅旅行社组团，前往澳大利亚、新西兰。旅行社为公司参团员工办理了出团的手续及签证等。但姜某在出境时被我国边检人员拒绝出境，理由是游客的护照缺页，游客只得临时返程。事后，姜某要求旅行社退还团费。旅行社认为，旅行社很忙，不可能对游客提供的每一本护照进行检查，由于游客个人原因取消行程，应当承担取消行程所产生的全部损失，包括机票、境外地接费用等。姜某认为，自己对护照管理不善是应当承担部分责任，但不是全责；出境旅游合同由公司负责人代为签订，旅行社没有就护照相关事宜通知到个人，只要旅行社事先检查护照，仍然可以避免被拒出境事件的发生，旅行社没有履行审核义务，也应当承担相应的责任。

问：

1. 请剖析案例中的法律关系、法律责任。
2. 请列出相关法条。

研习作业

1. 列举并熟悉我国公民出境旅游目的地国家和地区。
2. 列举并熟悉对我国公民免签与落地签政策的国家和地区。

第十一章　旅游安全管理

学习目标

理论学习	能力培养
1. 了解旅游安全管理的基本内容 2. 了解旅游安全事故的级别 3. 了解旅游保险合同及相关程序	1. 熟悉旅游事故处理办法 2. 掌握旅游安全事故处理流程 3. 掌握旅游保险合同的投保与理赔

导入案例

索道轿厢坠落游客遇难

2014 年 4 月日，某省某 5A 景区索道因机械故障，一轿厢松动，运行中坠落高达几十米的山谷。轿厢中有 5 名游客，其中 1 人死亡，4 人受重伤。索道紧急制动，200 余名游客滞留在索道上近 5 个小时。期间，一名 70 岁游客感觉因过于紧张，导致心脏问题突发，幸而抢救及时，没有生命危险。事故发生后，景区即刻上报，当地紧急组织调集周边消防、卫生、特警等救援力量数百人赴现场施救。索道经专业人员检查抢修后，恢复正常运行。

思考：旅游活动中，遭遇危险安全事故，各方人员应如何处理？

旅游安全是旅游业发展的重要基础条件，人们离开常住地到异国他乡去旅游，不免要受到时间、空间、气候、交通等方面条件的限制和影响，不可避免地会出现各种不安全因素。此外，在旅游活动中，无论是旅游者还是旅游经营者，都会面临各种风险，如旅游者人身财产安全问题等。自 1990 年以来，国家旅游局先后制定了《旅游安全管理暂行办法》《旅游安全管理暂行办法实施细则》以及《重大旅游安全事故报告制度试行办法》等一整套旅游安全规章制度。2009 年，国家旅游局综合司牵头主持修订了《旅游安全管理暂行办法》，形成《旅游安全保障办法》。2013 年 10 月 1 日，《旅游法》实施，其中也有一系列关于旅游安全的内容。为了加强旅游安全管理，提高应对旅游突发事件的能力，保障旅游者的人身、财产安全，促进旅游业持续健康发展，根据《中华人民共和国旅游法》《中华人民共和国安全生产法》《中华人民共和国突发事件应对法》《旅行社条例》和《安全生产事故报告和调查处理条例》等法律、行政法规，2016 年 9 月 7 日，国家旅游局第 11 次局长办公会议审议通过《旅游安全管理办法》，自 2016 年 12 月 1 日起施行。

第一节　旅游安全管理概述

旅游安全管理，主要包括旅游经营者的安全生产、旅游主管部门的安全监督管理，以及旅游突发事件的应对等。

一、旅游安全管理职责

《旅游法》第七十六条规定，县级以上人民政府统一负责旅游安全工作。县级以上人民政府有关部门依照法律、法规履行旅游安全监管职责。

《旅游安全管理办法》规定，各级旅游主管部门应当在同级人民政府的领导和上级旅游主管部门及有关部门的指导下，在职责范围内，依法对旅游安全工作进行指导、防范、监管、培训、统计分析和应急处理。

旅游经营者应当承担旅游安全的主体责任，加强安全管理，建立、健全安全管理制度，关注安全风险预警和提示，妥善应对旅游突发事件。

旅游从业人员应当严格遵守本单位的安全管理制度，接受安全生产教育和培训，增强旅游突发事件防范和应急处理能力。

旅游主管部门、旅游经营者及其从业人员应当依法履行旅游突发事件报告义务。

二、旅游经营安全

《旅游法》第七十九条规定，旅游经营者应当严格执行安全生产管理和消防安全管理的法律、法规和国家标准、行业标准，具备相应的安全生产条件，制定旅游者安全保护制度和应急预案。

（一）旅游经营者安全经营要求

《旅游安全管理办法》规定，旅游经营者应当遵守下列要求：

（1）服务场所、服务项目和设施设备符合有关安全法律、法规和强制性标准的要求；

（2）配备必要的安全和救援人员、设施设备；

（3）建立安全管理制度和责任体系；

（4）保证安全工作的资金投入。

（二）旅游经营安全措施要求

旅游经营者应当定期检查本单位安全措施的落实情况，及时排除安全隐患；对可能发生的旅游突发事件及采取安全防范措施的情况，应当按照规定及时向所在地人民政府或者人民政府有关部门报告。

旅游经营者应当对其提供的产品和服务进行风险监测和安全评估，依法履行安全风险提示义务，必要时应当采取暂停服务、调整活动内容等措施。

经营高风险旅游项目或者向老年人、未成年人、残疾人提供旅游服务的，应当根据需要采取相应的安全保护措施。

【思考】

2022年7月22日15时50分左右，一上海籍游客潘某（10岁）在家人陪同下游玩某地心谷景区“步步惊心”项目时，不慎从悬空桥上坠落。事故发生后，景区第一时间将潘某送往中心医院进行全力救治，并安排专人全程陪护。经初步诊断，潘某腰椎、胸椎骨折，头皮裂伤，暂无生命危险。县文旅部门已责令该公司关停该游乐项目，并对景区进行全方位安全隐患排查。相关部门对事故原因进行了调查。

问：儿童受伤谁之过？

（三）旅游从业人员安全教育

旅游经营者应当对从业人员进行安全生产教育和培训，保证从业人员掌握必要的安全生产知识、规章制度、操作规程、岗位技能和应急处理措施，知悉自身在安全生产方面的权利和义务。

旅游经营者建立安全生产教育和培训档案，如实记录安全生产教育和培训的时间、内容、参加人员以及考核结果等情况。

未经安全生产教育和培训合格的旅游从业人员，不得上岗作业；特种作业人员必须按照国家有关规定经专门的安全作业培训，取得相应资格。

（四）对游客的安全管理

旅游经营者应当主动询问与旅游活动相关的个人健康信息，要求旅游者按照明示的安全规程，使用旅游设施和接受服务，并要求旅游者对旅游经营者采取的安全防范措施予以配合。

【思考】

2020年10月，年逾古稀的尚女士跟随旅行团赴云南旅行。在香格里拉游览松赞林寺时，尚某身体出现异样，嘴唇发紫、指甲发黑，无奈之下尚某只能放弃继续游览青山绿水的计划，暂时在休息点小憩。晚饭后，尚某返回酒店休息。次日7时许，尚某的同伴发现她已呼唤不醒，医务人员到达现场后确认尚某已经死亡，原因为心源性猝死、高血压病、高原反应。此前，尚某曾与旅行社签订《境内旅游合同》，旅行社则向诚泰保险投保了旅行社责任险。事故发生后，尚某家属依照合同向旅行社及诚泰保险索赔，二者以“已尽告知义务，尚某死亡与旅行社及保险公司无关”为由拒赔。愤怒之下，尚某家属将二者一起告上法庭。

问：旅客在休息时突发疾病猝死，谁来承担责任？

旅行社组织和接待旅游者，应当合理安排旅游行程，向合格的供应商订购产品和服务。旅行社及其从业人员发现履行辅助人提供的服务不符合法律、法规规定或者存在安全隐患的，应当予以制止或者更换。

旅行社组织出境旅游，应当制作安全信息卡。安全信息卡应当包括旅游者姓名、出境证件号码和国籍，以及紧急情况下的联系人、联系方式等信息，使用中文和目的地官方语言（或者英文）填写。旅行社应当将安全信息卡交由旅游者随身携带，并告知其自行填写血型、过敏药物和重大疾病等信息。

【相关法条】

《旅游法》第八十条规定，旅游经营者应当就旅游活动中的下列事项，以明示的方式事先向旅游者作出说明或者警示：

（1）正确使用相关设施、设备的方法；

（2）必要的安全防范和应急措施；

（3）未向旅游者开放的经营、服务场所和设施、设备；

（4）不适宜参加相关活动的群体；

（5）可能危及旅游者人身、财产安全的其他情形。

（五）旅游突发事件应急预案与处理

旅游经营者应当依法制定旅游突发事件应急预案，与所在地县级以上地方人民政府及其相关部门的应急预案相衔接，并定期组织演练。

旅游突发事件发生后，旅游经营者及其现场人员应当采取合理、必要的措施救助受害旅游者，控制事态发展，防止损害扩大。

旅游经营者应当按照履行统一领导职责或者组织处置突发事件的人民政府的要求，配合其采取的应急处置措施，并参加所在地人民政府组织的应急救援和善后处置工作。

旅游突发事件发生在境外的，旅行社及其领队应当在中国驻当地使领馆或者政府派出机构的指导下，全力做好突发事件应对处置工作。

旅游突发事件发生后，旅游经营者的现场人员应当立即向本单位负责人报告，单位负责人接到报告后，应当于1小时内向发生地县级旅游主管部门、安全生产监督管理部门和负有安全生产监督管理职责的其他相关部门报告；旅行社负责人应当同时向单位所在地县级以上地方旅游主管部门报告。

情况紧急或者发生重大、特别重大旅游突发事件时，现场有关人员可直接向发生地、旅行社所在地县级以上旅游主管部门、安全生产监督管理部门和负有安全生产监督管理职责的其他相关部门报告。

旅游突发事件发生在境外的，旅游团队的领队应当立即向当地警方、中国驻当地使领馆或者政府派出机构，以及旅行社负责人报告。旅行社负责人应当在接到领队报告后1小时内，向单位所在地县级以上地方旅游主管部门报告。

三、旅游目的地安全风险提示制度

《旅游法》第七十七条规定，国家建立旅游目的地安全风险提示制度。旅游目的地安全风险提示的级别划分和实施程序，由国务院旅游主管部门会同有关部门制定。《旅游安全管理办法》对旅游目的地安全风险提示提出了具体要求。

（一）风险提示等级与发布

1. 等级

根据可能对旅游者造成的危害程度、紧急程度和发展态势，风险提示级别分为一级（特别严重）、二级（严重）、三级（较重）和四级（一般），分别用红色、橙色、黄色和蓝色标示。

风险提示级别的划分标准，由国家旅游局会同外交、卫生、公安、国土、交通、气象、地震和海洋等有关部门制定或者确定。

风险提示信息，应当包括风险类别、提示级别、可能影响的区域、起始时间、注意事项、应采取的措施和发布机关等内容。

一级、二级风险的结束时间能够与风险提示信息内容同时发布的，应当同时发布；无法同时发布的，待风险消失后通过原渠道补充发布。

三级、四级风险提示可以不发布风险结束时间，待风险消失后自然结束。

2. 发布

国家旅游局负责发布境外旅游目的地国家（地区），以及风险区域范围覆盖全国或者跨省级行政区域的风险提示。发布一级风险提示的，需经国务院批准；发布境外旅游目的地国家（地区）风险提示的，需经外交部门同意。

地方各级旅游主管部门应当及时转发上级旅游主管部门发布的风险提示，并负责发布前款规定之外涉及本辖区的风险提示。

风险提示信息应当通过官方网站、手机短信及公众易查阅的媒体渠道对外发布。一级、二级风险提示应同时通报有关媒体。

（二）旅游经营者风险应对措施

风险提示发布后，旅行社应当根据风险级别采取下列措施：

（1）四级风险的，加强对旅游者的提示。

（2）三级风险的，采取必要的安全防范措施。

（3）二级风险的，停止组团或者带团前往风险区域；已在风险区域的，调整或者中止行程。

（4）一级风险的，停止组团或者带团前往风险区域，组织已在风险区域的旅游者撤离。

其他旅游经营者应当根据风险提示的级别，加强对旅游者的风险提示，采取相应的安全防范措施，妥善安置旅游者，并根据政府或者有关部门的要求，暂停或者关闭易受风险危害的旅游项目或者场所。

风险提示发布后，旅游者应当关注相关风险，加强个人安全防范，并配合国家应对风险暂时限制旅游活动的措施，以及有关部门、机构或者旅游经营者采取的安全防范和应急处置措施。

第二节 旅游突发事件处理

一、旅游突发事件

《旅游安全管理办法》第三十九条规定，旅游突发事件，是指突然发生，造成或者可能造成旅游者人身伤亡、财产损失，需要采取应急处置措施予以应对的自然灾害、事故灾难、公共卫生事件和社会安全事件。

根据旅游突发事件的性质、危害程度、可控性以及造成或者可能造成的影响，旅游突发事件一般分为特别重大、重大、较大和一般四级。

（一）特别重大旅游突发事件

特别重大旅游突发事件，是指下列情形：

（1）造成或者可能造成人员死亡（含失踪）30 人以上或者重伤 100 人以上；

（2）旅游者 500 人以上滞留超过 24 小时，并对当地生产生活秩序造成严重影响；

（3）其他在境内外产生特别重大影响，并对旅游者人身、财产安全造成特别重大威胁的事件。

（二）重大旅游突发事件

重大旅游突发事件，是指下列情形：

（1）造成或者可能造成人员死亡（含失踪）10 人以上、30 人以下或者重伤 50 人以上、100 人以下；

（2）旅游者 200 人以上滞留超过 24 小时，对当地生产生活秩序造成较严重影响；

（3）其他在境内外产生重大影响，并对旅游者人身、财产安全造成重大威胁的事件。

（三）较大旅游突发事件

较大旅游突发事件，是指下列情形：

（1）造成或者可能造成人员死亡（含失踪）3 人以上、10 人以下或者重伤 10 人以上、50 人以下；

（2）旅游者 50 人以上、200 人以下滞留超过 24 小时，并对当地生产生活秩序造成较大影响；

（3）其他在境内外产生较大影响，并对旅游者人身、财产安全造成较大威胁的事件。

（四）一般旅游突发事件

一般旅游突发事件，是指下列情形：

（1）造成或者可能造成人员死亡（含失踪）3 人以下或者重伤 10 人以下；

（2）旅游者 50 人以下滞留超过 24 小时，并对当地生产生活秩序造成一定影响；

（3）其他在境内外产生一定影响，并对旅游者人身、财产安全造成一定威胁的事件。

二、旅游突发事件的处理

（一）地方旅游主管部门的处理

《旅游安全管理办法》规定，地方各级旅游主管部门应当根据有关法律、法规的规定，制定、修订本地区或者本部门旅游突发事件应急预案，并报上一级旅游主管部门备案，必要时组织应急演练。

旅游突发事件发生后，发生地县级以上旅游主管部门应当根据同级人民政府的要求和有关规定，启动旅游突发事件应急预案，并采取下列一项或者多项措施：

（1）组织或者协同、配合相关部门开展对旅游者的救助及善后处置，防止次生、衍生事件；

（2）协调医疗、救援和保险等机构对旅游者进行救助及善后处置；

（3）按照同级人民政府的要求，统一、准确、及时发布有关事态发展和应急处置工作的信息，并公布咨询电话。

旅游突发事件发生后，发生地县级以上旅游主管部门应当根据同级人民政府的要求和有关规定，参与旅游突发事件的调查，配合相关部门依法对应当承担事件责任的旅游经营者及其责任人进行处理。

各级旅游主管部门应当建立旅游突发事件报告制度。

旅游主管部门在接到旅游经营者报告后，应当向同级人民政府和上级旅游主管部门报告。一般旅游突发事件上报至设区的市级旅游主管部门；较大旅游突发事件逐级上报至省级旅游主管部门；重大和特别重大旅游突发事件逐级上报至国家旅游局。向上级旅游主管部门报告旅游突发事件，应当包括下列内容：

（1）事件发生的时间、地点、信息来源；

（2）简要经过、伤亡人数、影响范围；

（3）事件涉及的旅游经营者、其他有关单位的名称；

（4）事件发生原因及发展趋势的初步判断；

（5）采取的应急措施及处置情况；

（6）需要支持协助的事项；

（7）报告人姓名、单位及联系电话。

前款所列内容暂时无法确定的，应当先报告已知情况；报告后出现新情况的，应当及时补报、续报。

各级旅游主管部门应当建立旅游突发事件信息通报制度。旅游突发事件发生后，旅游主管部门应当及时将有关信息通报相关行业主管部门。

旅游突发事件处置结束后，发生地旅游主管部门应当及时查明突发事件的发生经过和原因，总结突发事件应急处置工作的经验教训，制定改进措施，并在30日内按照下列程序提交总结报告：

（1）一般旅游突发事件向设区的市级旅游主管部门提交；

（2）较大旅游突发事件逐级向省级旅游主管部门提交；

（3）重大和特别重大旅游突发事件逐级向国家旅游局提交。

旅游团队在境外遇到突发事件的，由组团社所在地旅游主管部门提交总结报告。

省级旅游主管部门应当于每月5日前，将本地区上月发生的较大旅游突发事件报国家旅游局备案，内容应当包括突发事件发生的时间、地点、原因及事件类型和伤亡人数等。

县级以上地方各级旅游主管部门应当定期统计分析本行政区域内发生旅游突发事件的情况，并于每年1月底前将上一年度相关情况逐级报国家旅游局。

（二）旅游经营者的处理

1. 逐级上报

旅游突发事件发生后，陪同人员应立即上报主管部门，主管部门应当及时报告归口管理部门。如导游人员在带团游览中，如果发生了旅游安全事故，导游人员应当立即向其所属旅行社和当地旅游行政管理部门报告。

2. 保护现场

对事故发生地现场保护十分重要，它直接关系到能否准确地确定事故性质、寻找破案线索，也关系到安全事故的妥善处理。所以，一旦发生旅游安全事故，现场有关人员一定配合事故发生地的公安或其他有关方面，严格保护事故发生地现场。

3. 组织抢救

旅游安全事故发生后，有关旅游经营单位及人员要积极配合公安、交通、救护等有关方面，组织对旅游者进行紧急救援，并采取有效措施，妥善处理善后事宜。

4. 领导到位

安全事故发生后，有关旅游经营单位和当地旅游行政管理部门的负责人，应当及时赶赴现场，进行现场指挥，并采取适当的处理措施，以利于安全事故的处理。

5. 严格程序

对于特别重大事故，应当严格按照国务院《特别重大事故调查程序暂行规定》进行处理。

【思考】

2018 年国庆节前夕，广东某国际旅行社接受郑州优某公司广州办事处委托，组织该公司 101 名员工前往肇庆西江边的砚州岛开展为期两天的拓展旅游活动。双方签订的旅游合同特别约定，旅游者不得擅自到西江游泳。开展活动前，旅行社团体部经理与公司负责人勘察了拓展旅游地，该区域有禁止游泳的警示牌。双方在签订旅游合同的基础上，又增加了旅游行程、活动安排、注意事项、有关要求等合同附件。拓展旅游活动按照合同的约定进展顺利。10 月 4 日上午，在游览鼎湖区砚州岛、用完午餐后，公司负责人与随团导游员协商，给予旅游者 1 小时时间整理行李、稍事休息，下午 4 时集中乘车返回广州。导游员随即宣布自由活动，在告知集合时间的同时，提醒大家不要下西江玩水、游泳。当日下午约 2：30 时许，七八名旅游者擅自到沙滩戏水。约 2：40时，三名游客走到水深处突然溺水，大呼“救命”，一名游客获救，两名游客失踪。旅游者向 110 报案。公安部门接报后，及时赶赴现场，会同海事部门、当地村镇人员搜救。10 月 6 日上午 8 时许，在当地公安、海事、旅游及所在镇政府、村委会等有关单位努力下，于事发现场下游 2 公里处找到两名失踪者遗体。事故发生后，市委、市政府和省旅游局高度重视事件的处理。市旅游局及时启动旅游突发事件应急预案，主要领导等有关人员，赶赴事发地点，协调相关部门。事发地区政府组成了由公安、海事、旅游以及所在镇政府村委会等单位参加的工作小组，研究部署事故的善后处理工作。

问：旅游安全事故的处理程序是怎样的？

三、外国旅游者发生伤亡情况的处理

（一）特别注意事项

在重大和特别重大旅游安全事故中，经常会发生外国旅游者伤亡情况，对于外国旅游者伤亡的事故，应当特别注意下列事宜：

（1）立即通过外事管理部门通知有关国家驻华使馆和组团单位；

（2）为前来了解、处理事故的外国使领馆人员和组团单位及伤亡者家属提供方便；

（3）与有关部门协调，为国际急救组织前来参与对在国外投保的旅游者（团）的伤亡处理提供方便；

（4）对在华死亡的外国旅游者严格按照外交部《外国人在华死亡后处理程序》办理。

（二）主要内容

《外国人在华死亡后的处理程序》的主要内容如下：

1. 死因确定

死亡可分正常死亡和非正常死亡。因年迈或其他疾病而自然死亡的，属于正常死亡；因意外突发事故死亡的，属于非正常死亡。在旅游活动中，外国旅游者在华旅游期间的死亡情况，也可分正常死亡和非正常死亡。

一经发现外国人在华死亡，发现人（包括个人或单位）应当立即报告当地公安局、外事办公室并在上述部门同意后通知死者所属的旅游团负责人。如属正常死亡，善后处理工作由接待单位负责。没有接待单位的（包括零散旅客），由公安机关会同有关部门共同处理。如属非正常死亡，应保护好现场，由公安机关进行取证并处理。一般来说，尸体在处理前应妥善保存（如防腐、冷冻等）。

2. 对外通知

一经确定死亡后，根据《维也纳领事关系公约》或者双边领事条约的规定以及国际惯例，应尽快通知死者家属及其所属国家驻华使、领馆。

凡属正常死亡的外国人，在通报公安部门和地方外事办公室后，由接待或聘用单位负责通知；如死者在华无接待单位，由公安部门负责通知。如果死者所属国家同我国签订的领事条约中有通知时限规定，要按条约规定办，如无此条约规定，应按《维也纳领事关系公约》的规定和国际惯例尽快通知。

3. 尸体解剖

正常死亡者或者死因明确的非正常死亡者，一般不需做尸体解剖。若死者家属或其所属驻华使、领馆要求解剖，我方可同意，但必须要有死者家属或使、领馆有关官员签字的书面请求。对于非正常死亡者，为查明死因，需要进行解剖时，由公安、司法机关按有关规定办理。

4. 出具证明

正常死亡，由县级以上医院出具“死亡证明书”。如死者死前曾住医院治疗或抢救，应其家属要求，医院可提供“诊断书”或“病历摘要”。对于非正常死亡，可由公安机关或司法机关的法医出具“死亡鉴定书”。为了减少不必要的麻烦，证明书的内容应简单明了，解剖证明书也不必过于详细。交死者家属或死者所属使、领馆的“死亡证明书”“死亡鉴定书”“解剖结果证明书”等，应注意与死因相符。对外公布死因要慎重，如死因尚不明确，或有其他致死原因，在查明前不要轻易对外公布，待查清或内部意见统一后，再对外公布和提供证明。

县级或县级以上的医院出具的“死亡证明书”、公安机关或司法机关的法医出具的“死亡鉴定书”，如死者家属要求办理认证手续（按规定这两种证书无需办理认证），可直接办理认证或有关外国驻华使、领馆认证。

5. 处理尸体

对在华死亡的外国人尸体的处理，可在当地火化，亦可将尸体运回其本国。究竟如何处理，应尊重死者家属或所属使、领馆的意愿。如果死者家属要求火化尸体，必须由死者家属或所属使、领馆提出书面请求并签字后进行，骨灰由他们带回或运送回国，如外方不愿在中国火化，可同意将尸体运送回国。但是，运输手续和费用原则上由外方自理。如果办理手续有困难，接待单位或有关部门可给予协助。

为了做好外方工作和从礼节上考虑，对受聘或有接待单位的死者，在火化或尸体运送回国前，可由聘用或接待单位为死者举行一次简单的追悼仪式。如外方要求举行宗教仪式，应视当地条件允许，可安排举行一个简单的宗教仪式。

如外方要求将死者在中国土葬，可以以我国殡葬改革、提倡火葬为由，予以婉拒。如果外方要求将骨灰埋在中国或撒在中国的土地上，一般亦予以婉拒。但如死者是对中国做出特殊贡献的友好知名人士，应报请省级或国家民政部门决定。

遗体运输。中国民航国内运输，一般不办理尸体的运输业务。特殊情况需向当地民航管理局提出申请，并应按照民航运输的规定包装，并提供必要的证明文件。

6. 遗物处理

清点死者遗物，应有死者偕行人员及其所属使、领馆人员和我方人员在场。如无偕行人员，使、领馆人员又不能到场时，可请公证处公证人员到场。遗物必须清点造册，并列出清单，清点人要逐一签字。接收遗物者要开出收据，并注明接收时间、地点、在场人等。如死者有遗嘱，应将遗嘱拍照或复制，原件交死者家属或所属使、领馆。

7. 善后报告

死者善后事宜处理结束，聘用或接待单位应写出《死亡善后处理报告》报主管单位、外办、公安厅（局）、外交部。内容应包括死亡原因、抢救措施、诊断结果、善后处理情况及外方反应等。

8. 伤亡赔偿

近年来，在旅游活动中，旅游者在事故中因为伤亡引起的赔偿案件屡有发生，对于外国旅游者的赔偿，按照国家有关保险规定妥善处理。

【思考】

据媒体报道，近日，我国26名游客参团赴柬埔寨旅游，在团队自由活动的前一天，全体游客与旅行社签订了一份《自由活动证明》，约定在自由活动期间，旅行社不安排导游、领队、车、餐等服务，且游客在自由活动期间的一切安全责任自负。自由活动期间，14名游客在网上预约了司机和当地导游前往荔枝山旅游。乘坐的客运汽车从荔枝山景区下山时，由于事发路段正在维修，柬籍司机在下坡时没有减速，导致翻车事故发生，造成中国游客8人重伤、3人轻伤，2人送医院后抢救无效身亡。事发后，柬籍司机和导游逃离现场。游客人身损害事故的责任认定及其索赔工作如何开展，成为人们关注的焦点。

问：旅行社如何处理游客的伤亡情况？

重要概念

旅游安全管理

旅游突发事件

旅游目的地安全风险

练习题

1. 根据《旅游安全管理办法》旅游经营者应该遵守哪些安全经营要求？旅游经营有哪些安全措施要求？

2. 旅游目的地安全风险提示分为哪几个等级？如何发布风险提示？

3. 旅游突发事件分为哪几个级别？如何处理旅游突发事件？

4. 外国人在华死亡后的处理程序是什么？

案例辨析

案例综述：2019 年 5 月，滨海某市某旅行社和某中学学校达成协议，由旅行社组织初一、初二同学参加滨海研学旅游活动。旅行社安排的研学旅游活动包括海岸地形地貌考察、海水养殖参观及海滨娱乐项目。其中海滨娱乐项目在一片尚未开发的天然滨海区域进行，同学们参加了海滨烧烤、沙滩打球、沙滩嬉水等娱乐项目。海滩边，树立着巨大的“禁止下海”警示牌，但旅行社导游人员未予以重视。当天下午 4 点时，刮起了 5 级大风，大风越来越大，气象台发布了警告。村巡逻队开始巡逻海岸，路过此地时，发现同学们顶着大风在沙滩游玩，巡逻队立刻联系带队老师，并告诉同学们潮水危险，希望同学们赶快离开，但都未引起旅行社导游和带队老师的重视。下午 5 点左右，一个巨浪袭来，将几位正在海滩嬉水的同学被海浪卷走。事后，虽经有关部门积极搜救，但仍然有多名同学失联。

问：

1. 请剖析案例中的法律关系、法律责任。

2. 请列出相关法条。

研习作业

1. 查找近年来在未开放区域的旅游安全事故并剖析原因，从制度角度给出解决建议。

2. 策划一次不同类型的旅游安全意识教育活动，如山区、海滨、高危项目等。

参考文献

［1］陈国生．旅游政策法规［M］．南京：东南大学出版社，2007.

［2］傅云新，蔡晓梅．旅游学［M］．广州：中山大学出版社，2007.

［3］袁正新，张国兴．旅游政策与法规［M］．北京：中国林业出版社，2008.

［4］李文汇，朱华．旅游政策与法律法规［M］．北京：北京大学出版社，2014.

［5］杨智勇．旅游法规［M］．北京：北京大学出版社，2017.

［6］复苏．公安部：目前中国只有不到8%的地区未对外开放［EB/OL］.（2005－11－22）．https：//www. cctv. com/news/china/20051122/100207. shtml.

［7］．霖澳律师事务所．旅游跟团需注意：你被“转让”了［EB/OL］．（2018－05－17）．http：//www. law2006. com/cases/36. html.

［8］藏域快讯．假期外出旅游，这些法律问题你必须都知道［EB/OL］．（2018－08－06）．https：//www. sohu. com/a/245453453_ 100239884.

［9］郭佳．文化和旅游部专项整治34家旅行社被吊销［EB/OL］．（2018－09－28）．https：//baijiahao. baidu. com/s?id = 1612812476109987275&wfr = spider&for = pc.

［10］东莞旅游．“3. 15”，旅游消费维权知多少［EB/OL］．（2019－03－15）．https：//www. sohu. com/a/301447532_356020.

［11］国家移民管理局．外国人过境144小时免办签证政策与适用国家［EB/OL］.（2019－10－23）．https：//www. nia. gov. cn/n741440/n741547/c1174466/content. html.

［12］台州市人民政府行政审批处．因不可抗力引起的旅游合同解除及退款案例解读［EB/OL］．（2020－02－20）．http：//wgltj. zjtz. gov. cn/art/2020/2/20/art _ 1229057604 _ 151938. html.

［13］新浪财经．三部门：因疫情造成游客滞留，新增食宿费用游客承担［EB/OL］.（2020－07－29）．http：//finance. sina. com. cn/china/bwdt/2020－07－29/doc－iivhuipn5669466. shtml.

［14］光明网．疫情属不可抗力，旅游合同解除！法院判令“康辉旅游”退款4万余元［EB/OL］.（2021－01－20）．https：//www. sohu. com/a/445738819_162758.

［15］光明网．山西：旅游投诉典型案例解析助力消费者维权［EB/OL］.（2022－03－14）．https：//m. gmw. cn/baijia/2022－03/14/1302844111. html.

［16］环球网．习近平谈历史文化遗产保护［EB/OL］.（2022－03－23）．https：//baijiahao. baidu. com/s?id = 1728049727711711343&wfr = spider&for = pc.

［17］掌趣爱生活．河北一景区受到“降级”处理，曾风光无限，却因胡乱收费被警告［EB/OL］．（2022－05－18）．https：//baijiahao. baidu. com/s?id = 1733134505937351790&wfr = spider&for = pc.

[18] 光明网．案值137万元！这个导游涉案海南离岛免税“套代购”走私［EB/OL］.（2022－06－19）. https：//m. gmw. cn/baijia/2022－06/19/1303004642. html.

[19] 新疆维吾尔自治区人民政府网．喀纳斯国家级自然保护区：拆违护绿 守护生态“红利”［EB/OL］.（2022－07－21）. http：//zgtks. gov. cn/xinjiang/dcdt/202207/42ee585367db4f80a64219774340cf2d. shtml.

[20] 美术史知识大全．64件中国永久禁止出国展览的国宝［EB/OL］.（2022－09－28）. https：//www. sohu. com/a/343957758_ 651511.

[21] 刘硕，熊丰．最高检、公安部发布新一批依法惩治妨害疫情防控典型案例［EB/OL］.（2022－06－19）. https：//baijiahao. baidu. com/s?id＝1731429272576939694&wfr＝spider&for＝pc.

[22] 中华人民共和国香港特别行政区政府入境事务处，香港特别行政区的旅游签证和进入许可规例［EB/OL］.（2022－12－23）. https：//www. immd. gov. hk/hks/services/visas/visit－transit/visit－visa－entry－permit. html.

附　录

引用法律法规目录

1. 国际航空运输协定（国际民用航空组织，1944 年）
2. 中华人民共和国民法典（全国人民代表大会，2020 年）
3. 中华人民共和国护照法（全国人民代表大会常务委员会，2006 年）
4. 中华人民共和国非物质文化遗产法（全国人民代表大会常务委员会，2011 年）
5. 中华人民共和国出入境管理法（全国人民代表大会常务委员会，2012 年）
6. 中华人民共和国消费者权益保护法（全国人民代表大会常务委员会，2013 年修正）
7. 中华人民共和国环境保护法（全国人民代表大会常务委员会，2014 年修订）
8. 中华人民共和国铁路法（全国人民代表大会常务委员会，2015 年修正）
9. 中华人民共和国公路法（全国人民代表大会常务委员会，2017 年修正）
10. 中华人民共和国文物保护法（全国人民代表大会常务委员会，2017 年修正）
11. 中华人民共和国国境卫生检疫法（全国人民代表大会常务委员会，2018 年修正）
12. 中华人民共和国旅游法（全国人民代表大会常务委员会，2018 年修正）
13. 中华人民共和国公司法（全国人民代表大会常务委员会，2018 年修正）
14. 中华人民共和国森林法（全国人民代表大会常务委员会，2019 年修订）
15. 中华人民共和国城乡规划法（全国人民代表大会常务委员会，2019 年修正）
16. 中华人民共和国道路交通安全法（全国人民代表大会常务委员会，2021 年修正）
17. 中华人民共和国海关法（全国人民代表大会常务委员会，2021 年修正）
18. 中华人民共和国海上交通安全法（全国人民代表大会常务委员会，2021 年修订）
19. 中华人民共和国民用航空法（全国人民代表大会常务委员会，2021 年修正）
20. 中国公民因私事往来香港地区或者澳门地区的暂行管理办法（国务院，1986 年）
21. 中华人民共和国进出境动植物检疫法实施条例（国务院，1996 年）
22. 中国公民往来台湾地区管理办法（国务院，2015 年修订）
23. 风景名胜区条例（国务院，2016 年修订）
24. 导游人员管理条例（国务院，2017 年修订）
25. 旅行社条例（国务院，2017 年修订）
26. 中华人民共和国道路交通安全法实施条例（国务院，2017 年修订）
27. 中国公民出国旅游管理办法（国务院，2017 年修订）
28. 中华人民共和国文物保护法实施条例（国务院，2017 年修订）

29. 中华人民共和国自然保护区条例（国务院，2017 年修订）
30. 关于统筹推进自然资源资产产权制度改革的指导意见（国务院，2019 年）
31. 中华人民共和国道路运输条例（国务院，2019 年修订）
32. 中华人民共和国国际海运条例（国务院，2019 年修订）
33. 中华人民共和国国境卫生检疫法实施细则（国务院，2019 年修订）
34. 中华人民共和国内河交通安全管理条例（国务院，2019 年修订）
35. 关于严禁在历史建筑、公园等公共资源中设立私人会所的暂行规定（中共中央办公厅、国务院办公厅，2014 年）
36. 关于建立资源环境承载能力监测预警长效机制的若干意见（中共中央办公厅、国务院办公厅，2017 年）
37. 关于加强文物保护利用改革的若干意见（中共中央办公厅、国务院办公厅，2018 年）
38. 关于建立以国家公园为主体的自然保护地体系的指导意见（中共中央办公厅、国务院办公厅，2019 年）
39. 中国公民因私事往来香港地区或澳门地区的暂行管理办法（公安部，1986 年）
40. 中华人民共和国普通护照和出入境通行证签发管理办法（公安部，2011 年修正）
41. 航班正常管理规定（交通运输部，2016 年）
42. 国家级旅游度假区管理办法（文化和旅游部，2019 年）
43. 在线旅游经营服务管理暂行规定（文化和旅游部，2020 年）
44. 道路旅客运输及客运站管理规定（交通运输部，2020 年）
45. 公共航空运输旅客服务管理规定（交通运输部，2021 年）
46. 关于进一步加强和改进旅游客运安全管理工作的指导意见（交通运输部，2021 年）
47. 最高人民法院关于审理旅游纠纷案件适用法律若干问题的规定（最高人民法院，2020 年修正）
48. 最高人民法院关于审理铁路运输人身损害赔偿纠纷案件适用法律若干问题的解释（最高人民法院，2020 年修正）
49. 最高人民法院关于审理铁路运输损害赔偿案件若干问题的解释（最高人民法院，2020 年修正）
50. 最高人民法院关于审理精神损害赔偿案件适用法律若干问题的解释（最高人民法院，2021 年）
51. 最高人民法院关于审理人身损害赔偿案件适用法律若干问题的解释（最高人民法院，2022 年）
52. 中华人民共和国出境入境边防检查条例（国家移民管理局，1995 年）
53. 外国人在中国永久居留审批管理办法（国家移民管理局，2004 年）
54. 边境旅游暂行管理办法（国家旅游局，2010 年）
55. 旅游投诉处理办法（国家旅游局，2010 年）
56. 旅行社责任保险管理办法（国家旅游局，2011 年）
57. 旅游行政处罚办法（国家旅游局，2013 年）
58. 中外合资旅行社试点暂行办法（国家旅游局、对外贸易经济合作部，1998 年）
59. 设立外商控股、外商独资旅行社暂行规定（国家旅游局、商务部，2003 年）

60. 旅游资源保护暂行办法（国家旅游局，2007 年）

61. 关于进一步加强旅游景区餐饮服务食品安全监管工作的意见（国家食品药品监督管理局、国家旅游局，2010 年）

62. 旅游饭店星级的划分与评定（国家质检总局、国家标准化管理委员会，2010 年）

63. 中外合资经营旅行社试点经营出境旅游业务监管暂行办法（国家旅游局、商务部，2010 年）

64. 旅行社责任保险管理办法（国家旅游局、中国保险监督管理委员会，2011 年）

65. 旅游饭店星级的划分与评定实施办法（国家旅游局，2011 年）

66. 关于加强旅游景区旺季服务质量与安全管理的通知（国家旅游局，2012 年）

67. 旅游景区质量等级管理办法（国家旅游局，2012 年）

68. 旅游服务质量保证金存取管理办法（国家旅游局，2013 年）

69. 景区最大承载量核定导则（国家旅游局，2015 年）

70. 导游自由执业试点地区、实施方案及管理办法（国家旅游局，2016 年）

71. 旅行社条例实施细则（国家旅游局，2016 年修改）

72. 旅游安全管理办法（国家旅游局，2016 年）

73. 森林公园管理办法（国家林业和草原局，2016 年修订）

74. 关于深化导游体制改革加强导游队伍建设的意见（国家旅游局，2017 年）

75. 旅游资源分类、调查和评价（国家质量监督检验检疫总局、国家标准化管理委员会，2017 年）

76. 中华人民共和国海关对进出境旅客行李物品监管办法（海关总署，2017 年修改）

77. 导游管理办法（国家旅游局，2018 年）

78. 旅游市场监督检查操作指南（国家旅游局，2018 年）

79. 出入境人员携带物检疫管理办法（国家质量监督检验检疫总局，2018 年修正）

80. 出入境邮轮检疫管理办法（国家质量监督检验检疫总局，2018 年修正）

81. 出入境证件身份认证管理办法（试行）（国家移民管理局，2019 年）

82. 公共航空运输服务消费者投诉管理办法（中国民用航空局，2021 年修订）

83. 关于对旅游景区质量等级管理工作中若干问题的解释（文化和旅游部资源司，2020 年）

84. 旅游市场监督检查规范（试行）（国家旅游局旅游质量监督管理所，2011 年）

85. 中国旅游饭店行业规范（中国旅游饭店业协会，2009 年修订）